NIFD
国家金融与发展实验室
National Institution for Finance & Development

中国国家资产负债表2018

李　扬　张晓晶　常　欣　等著

中国社会科学出版社

图书在版编目（CIP）数据

中国国家资产负债表.2018 / 李扬等著 . —北京：中国社会
科学出版社，2018.11

ISBN 978 - 7 - 5203 - 3651 - 2

Ⅰ.①中… Ⅱ.①李… Ⅲ.①资金平衡表—中国—
2018 Ⅳ.①F231.1

中国版本图书馆 CIP 数据核字（2018）第 265929 号

出 版 人	赵剑英
责任编辑	王 茵 王 衡
责任校对	冯英爽
责任印制	王 超

出 版	中国社会科学出版社
社 址	北京鼓楼西大街甲 158 号
邮 编	100720
网 址	http://www.csspw.cn
发 行 部	010 - 84083685
门 市 部	010 - 84029450
经 销	新华书店及其他书店

印刷装订	环球东方（北京）印务有限公司
版 次	2018 年 11 月第 1 版
印 次	2018 年 11 月第 1 次印刷

开 本	710×1000 1/16
印 张	23.5
字 数	373 千字
定 价	95.00 元

应当关注"债务密集度"上升问题
（代序）

李　扬

我们对国家资产负债表的研究，始自 2011 年。自那以来，我们以《中国国家资产负债表》为总题目，连续出版了三部专著。现在读者诸君拿在手中的《中国国家资产负债表 2018》，就是这个系列成果的第三部。自 2017 年上半年以来，回应社会各界希望更及时、更系统、更高频率得到国家资产负债的资料及相关研究成果的需求，我们又以国家金融与发展实验室《国衡论坛》之名，按季度发布国家资产负债表、债务及杠杆率的分析报告，可以免费自国家金融与发展实验室的网站上获得。

我们很高兴地看到，当初被我们戏称为"帝王之术"的这项枯燥的基础性研究工作，如期产生了越来越大的政策影响，且为越来越多的现实问题和理论问题的研究提供了坚实的数据基础和分析框架；很多研究人员在这项研究的基础上，向相关领域扩大，并且衍生出一批新的成果。在这篇序言中，我拟就全球"债务密集度"上升问题展开讨论。这项研究，可以说是国家资产负债表的衍生成果之一。

全球债务规模和杠杆率仍在上升

如所周知，从 2007 年开始的国际金融危机是一场债务危机。既然是债务危机，减少债务、降低杠杆率，就是走出危机的必要条件。然而，IMF、NIFD 数据显示，截至 2018 年 4 月，全球债务水平高达 320

万亿美元，远远超过 2007 年年底的 237 万亿美元，增长了 83 万亿美元。与此一致，全球的杠杆率也从 2007 年年底的 209%，上升至 2017 年底的 245%，跃增了 36%。债务规模膨胀和杠杆率上升的直接后果，破坏了金融与实体经济的稳定关联，降低了货币政策的效力，自不待言，甚至也对去杠杆的合理性，提出了质疑。在一片言之凿凿的"减少债务"和"降杠杆"政策宣示中，债务和杠杆率却稳步上行，的确是对十年来全球宏观经济政策的讽刺。

考量债务和杠杆率不降反增之现象并提出应对之策，可有两种思路。第一种思路，因循传统政策框架，密致地检讨过去减债和去杠杆政策的疏漏，动员更多的政策手段，并加强协同，把债务规模和杠杆率降下来。然而，在信用经济条件下，经济增长与债务增长保持着密切的正向对应关系，只要政策当局对经济稳定和经济增长有所企望，债务水平下降显然就十分困难。第二种思路是批判性的。鉴于债务和经济增长存在某种均衡关系，是否存在这种可能：某些条件的发展变化，使得这均衡点随时间的推移而在缓缓上升？换言之，高债务和高杠杆，如今或许是一种新常态？这第二种思路，近年来颇为一些处在前沿上的研究者推崇，早在 2015 年，英国前金融服务管理局（FSA）主席阿代尔·特纳勋爵在其著作《债务和魔鬼》[①] 中明确提出了这一假说。在他看来，如果这个世界如本·富兰克林 1789 年所说，"除了死亡和税收以外，没有什么事情是确定无疑的"，那么如今，在这确定无疑的事情清单中，显然应当将债务加上去。

为了更好地刻画债务与实体经济增长的关系，债务密集度概念应运而生。我们把"为了支持某一水平的 GDP 增长，需要创造的债务增量"定义为债务密集度，那么显然，全球金融危机以来，全球各经济体的债务密集度都在稳步上升（见图 1）。这一现象在实体经济领域中的镜像，就是资本产出弹性持续下降，换言之，为了实现某一确定单位的 GDP 增长，我们现在比过去需要投入更多的资本。

债务密集度上升和资本产出弹性下降，意味着劳动生产率和全要素生产率下降。这样看，这已不仅仅是一个金融现象了。

---

① 阿代尔·特纳：《债务和魔鬼》，中信出版社 2016 年版。

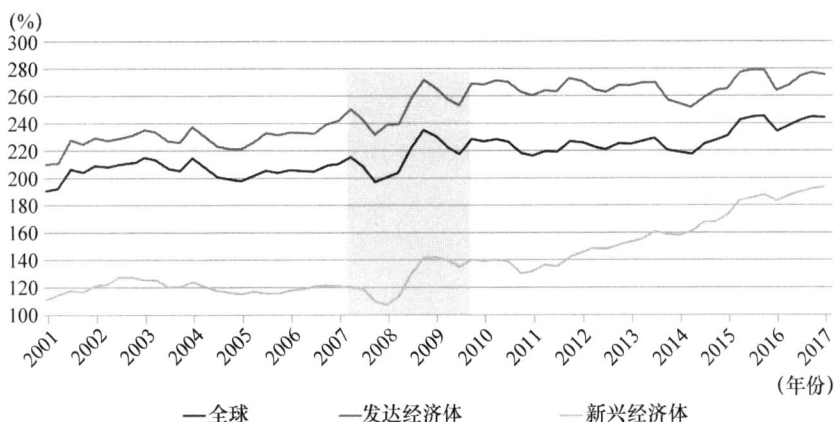

图1　全球杠杆率仍在上升（2001—2017 年）

资料来源：国家金融与发展实验室。

债务密集度上升的趋势潜含在货币金融的发展进程中

从历史上看，人类社会脱离蒙昧时代，货币便出现了。货币的出现对经济发展有两方面的作用。首先是对实体经济的促进作用，其主要体现就是，它解决了储蓄和投资的跨期配置问题。也就是说，若无货币，每一个经济主体的当期储蓄都必须而且也只能转化为其当期投资，并且，这种转化只能"自我消化"，其低效率显而易见。货币的出现，改变了这种状况：生产者当年生产的东西若未完全消费（产生储蓄），他可以将之卖出，从而用货币的形式保有其储蓄，以备后用。

其次，货币的出现已经酝酿着经济的虚拟化。第一，货币一经产生，就有了价值和使用价值的分离，两者就可能不相一致。第二，由于货币供应很可能而且经常是与货币需求不对应的，通货膨胀或通货紧缩就有可能发生。事实上，一部货币史，就是探讨货币供应怎样与对货币的需求相吻合的历史；所谓对货币供求的研究，其核心内容就是努力寻找一种机制，使得货币的需求得以充分展示，使得货币的供应得以伸缩自如，进而，使得货币的供给和对货币的需求，经常吻合。

在货币的基础上，金融发展起来。在这里，金融指的是已经提供到市场上的货币的有条件转移。正因为有了金融，举凡信用、期限和利率问题等，开始出现在经济生活中。

金融出现的革命性意义在于使得储蓄资源可以跨主体（在赤字单位和盈余单位之间调节余缺）、跨空间（储蓄从此单一地区向其他地区转移）转移，从而进一步提高了资源配置的效率。我们常说，市场经济条件下是"物跟钱走"，就是说，资源的配置现在体现为货币的配置，而货币的配置是通过货币的流通和金融交易完成的。在这里，虚拟的货币金融流动引领了实体经济因素的配置过程。

同时我们也看到，金融活动在货币流通的基础上产生之后，经济活动进一步虚拟化了，"金融上层建筑"也显著不断膨胀。这不仅表现在经济资源的实际流转逐渐被掩盖在货币借贷的洪流之下，还表现在货币交易自身开始成为目的，一批以经营货币为业的专门机构和人群应运而生。与此同时，当我们用存款/贷款的方式、用发行债券的方式、用发行股票的方式等，更为有效地展开资源配置的时候，诸如信用风险、市场风险、利率风险等新的风险也产生了。更有甚者，金融产品一经产生，其自身也就成为交易的对象；在其自身供求关系的左右下，金融产品的价格可以飙升、飙落，从而引起货币供求的盈缩，带来社会的剧烈动荡。

回到上文提及的"债务密集度"概念上来。金融发展的结果是经济增长的债务密集度显著提高。

金融发展的下一阶段就是金融衍生品的出现。这里所说的金融衍生品，指的是其价值是名义规定的，衍生于所依据的资产或指数的业务或合约。其中，"所依据的资产"指的是货币、股票、债券等原生金融工具。应当说，金融衍生工具的出现是有巨大积极作用的。通过远期、调期、互换、期货、期权等手段，通过一系列令人眼花缭乱的"结构性""通道""平台"操作，我们的经济社会得以大规模地规避和转移风险，得以大大提高了流动性，进而得以大大提高了资源配置效率。

然而，衍生金融工具的产生和发展，在使金融上层建筑进一步膨胀的同时，产生了对经济进一步疏远化的效果。如果说在金融原生品上，金融与实体经济的关系还是若即若离，在金融衍生产品上，这种联系是彻底地被割断了。因为金融衍生品本就不是根据实体经济来定义的，它的全部价值，都存在于其赖以产生的金融原生产品的价格波动之中。发展到这里，金融活动已经变成了一个影子、一种称呼、一种符号、一组数字。更有甚者,对金融产品价格变化的追求甚至操纵,在衍生品市场上可能成为无可厚非的常规,因为它们本就是因应这些产品的价格波动而生的。

显然,金融衍生品的发展,使得经济增长的金融密集度的提高获得了几乎无限的空间。

这里的讨论无非是想提请研究者们注意这样的事实:从货币到金融,再到金融衍生品,资源配置效率在不断提高,实体经济亦日益发展;然而,经济增长的债务密集度也在不断上升,这个过程不仅使金融与实体经济日渐"疏离",而且逐步弱化了货币金融政策的效力。

经济金融化的影响

自20世纪下半叶,金融创新大行其道,经济金融化逐渐进入了人们的视野,并潜在地改造着我们的世界。经济金融化正是不断提高债务密集度的主要驱动力。

不妨先从房地产市场说起。全球危机伊始,时任美联储主席伯南克便明确指出:危机的根源,在于金融对于实体经济日益疏远。关于实体经济,他给出了一个颇出人意料的定义——除了金融和投资性房地产之外的其他产业都是实体经济。这是一个非常有启发意义的定义。在这里,伯南克事实上指出了一个很重要的发展趋势——随着金融创新不断发展,我们的经济正经历着一个不断金融化的过程。

这个过程,在投资性房地产市场上最早表现出来。房地产的流动性是极差的。一旦金融因素介入,即一旦在流动性极差的不动产业之上累加出足够多的创新金融产品,这个非流动的不动产便可能拥有足够的流动性。现实发展就是如此。首先,银行针对住房提供抵押贷款,其期限,美国最长可达50年,中国则是30年。长达30—50年的贷款活动出现在银行的资产负债表中,无疑会导致期限错配,即借短用长问题;倘若住房抵押贷款规模上升到一个显著水平,则会使提供抵押贷款的银行陷入严重的流动性不足风险之中。开辟抵押贷款的交易市场,是解决问题的途径之一。但是,抵押贷款期限过长、规模过大,以至于住房市场有一点风吹草动,市场交易便会停止,流动性风险将立即降临。

金融工程的出现，完美地解决了此处的期限错配问题。我们可以把足够数量和规模的抵押贷款聚合在一起，形成一个贷款池。进而，基于该贷款池中各贷款的现金流，对之进行分拆、重组、打包，形成符合要求的新的现金流，然后，以这些现金流为据，发行新的债券（抵押贷款证券），如此，通过被称作抵押贷款证券化的一系列操作，住房市场的流动性便奇迹般地提高了。

显然，抵押贷款证券化的原理是可以大范围复制和推广的，于是我们就有了各式各样的资产证券化。正是这样一些证券化产品，构成发达经济体影子银行体系的主体，其规模，如今在美国已达其社会信用总量的30%左右。

债务密集度不断提高的事实，还可以从各单个金融领域的发展及其同实体经济的关系的变化中观察到。例如，经济的证券化率（各类证券总市值/GDP）上升，金融相关比率（金融资产总量/GDP）不断提高，证券市场年交易量、信贷余额、年保费收入、外汇日交易量等对GDP的比率稳步上升，贸易相关的资本流动与非贸易相关的资本流动的比率的逆转（20世纪末已达1∶45），等等，都是佐证。

毫无疑问，债务密集度不断提高，正逐步改变着人们之间的经济关系，使得债权/债务关系、股权/股利关系、风险/保险关系等金融关系，逐渐在经济社会中占据了主导地位。这种变化的潜在影响，仍待我们进行全面估计。

贫富差距扩大的影响

债务密集度提高，还同贫富差距加剧有关。

说到贫富差距，不能不提及法国年轻学者皮凯蒂（Thomas Piketty），以及他风靡一时的著作《21世纪的资本论》。正像其书名所显示的那样，皮凯蒂继承了马克思的分析思路，从资本和劳动两个基本要素及其相互关系来展开其全部分析。不过，马克思的理论兴趣从而其分析起点在生产领域，他关心的是，在流通和交换过程背后的剩余价值的生产过程，搞清楚资本生产的秘密后，他再将自己的视野扩展至流通、分配和消费领域。皮凯蒂则不然，他的主要注意力集中于分配领域。他将经济高度抽象为资本和劳动力两大基本要素，并假定两者都被用于生产并分享产出的收益。在他的分析架构中，资本与劳动力的区别在于，资本可买入、卖出、拥有，而且从理论上讲可无限累积，劳动力是个人能力的使用，可获得酬劳，但不能被别人所拥有。皮凯蒂认为，由于资本回报率总是高于经济增长率，所以贫富差距是资本主义固有现象。他由此预测，发达国家贫富差距将会继续扩大。

根据皮凯蒂的研究，在可以观察到的300年左右的数据中，资本主义世界的投资回报平均维持在每年4%—5%，而GDP平均每年增长1%—2%。投资回报率高达5%，意味着每14年财富就能翻番，而2%的经济增长，则意味着财富翻番需要35年。在100年的时间里，资本拥有者的财富翻了7番，是开始的128倍，而同期整体经济规模只比100年前增大8倍。长此以往的结果是：虽然拥有资本和不拥有资本的人都较过去变得更加富有，但贫富差距变得越来越大。

对于这里讨论的问题而言，贫富差距扩大的意义是什么？其意义在于，穷人和富人处置自身收入和财富的方式存在根本性区别；正是这些区别，为债务密集度上升提供了又一基础。一般而言，富人的消费倾向较低，因而他们更倾向于用"理财"方式来处置自己规模庞大且增长迅速的储蓄；相反，穷人的消费倾向较高，他们用"理财"方式处置的储蓄只占一个较小的比重。基于上述分配结构，随着经济的增长，少数富人所拥有的国民收入和国民财富的比重将不断增大，例如，在发达经济体中，约10%的人群拥有70%以上的国民收入和国民财富。然而，这一部分富裕的少数人并不把自己的收入和财富直接投入发展实体经济，而是"用货币生产货币""用金融生产金融"，正是他们的这种偏好，促成了金融上层建筑日趋膨胀，并因而提高了债务的密集度。

问题的国际方面

全球债务密集度不断提高，更同国际货币体系的演变有密切关系。1971年之前，国际储备货币与黄金挂钩，当时实行的是"双挂钩"

制,即美元与黄金挂钩,各国货币与美元挂钩。形象地说,基于这种复杂的"挂钩"关系,1971 年之前的国际货币体系存在一个"黄金锚"。

1971 年《牙买加协议》以后,美元与黄金脱钩。在那之后的几年里,国际货币体系如无锚之舟,在全球危机的惊涛骇浪中风雨飘摇。最后,还是美国"打开了新世界的大门",里根政府全面开启了以债务为锚发行美元的机制。这种机制,在其国内,使得公开市场交易,即在公开市场上买卖政府债务,成为货币政策操作的主要手段;对外,则使得美国的贸易逆差,成为各国乃至整个世界经济不断获得新增储备货币的主要途径。换言之,《牙买加协议》之后的国际货币机制的核心是世界经济和全球贸易的正常发展,要以美国不断产生贸易赤字,大多数国家不断产生贸易顺差为条件。

里根政府开创的"新范式"一经发动,便一发不可收。1981 年,美国国债余额为 9979 亿美元。1983 年"星球大战"计划实施时,美国国债余额为 1.38 万亿美元。1989 年里根离任,该余额跃增为 2.86 万亿美元。这样一种通过买卖政府债务而调控货币发行的新范式,为美国政府的宏观调控开创了一种新模式,由于政府可以通过发债融资,支持其财政支出和货币体系运转,其对税收的依赖下降。正是在这个意义上,里根经济学开启的连续减税计划顺利实施并大获成功。

我们看到,以美国政府债务支撑美国国内货币体系和国际货币体系的体制机制,在危机以后似乎进一步加强了。2018 年美国政府债务创下了 21 万亿美元新高,但特朗普政府依然可以同时实施大规模减税,其基本原因就在这里。

金融周期

金融密集度提高影响深远。一个最显著的影响就是经济周期变形了。近年来,大家的注意力都集中在金融周期上。

过去我们所知道的危机,都是生产过剩型危机。整个过程肇始于盲目生产,导致产品过剩,进而引发物价剧烈波动,然后,企业倒闭、失业率上升、市场萧条、银行关门、金融市场狂泻等,接踵而至。这种可以被称作为"古典型"的危机，通常经过危机—萧条—复苏—繁荣四个阶段。而如今我们看到的危机已经有了显著的变化，主要变化有二：其一，整个危机的进程只留下了"上行"和"下走"两个阶段，且波动剧烈；其二，这个周期和实体经济周期日渐脱离了关系。过去的危机，主要表现为GDP的增长出现剧烈波动，如今，即便在危机中，GDP的增长都相对平稳（见图2），但是，金融市场却是天翻地覆、骤涨骤跌。

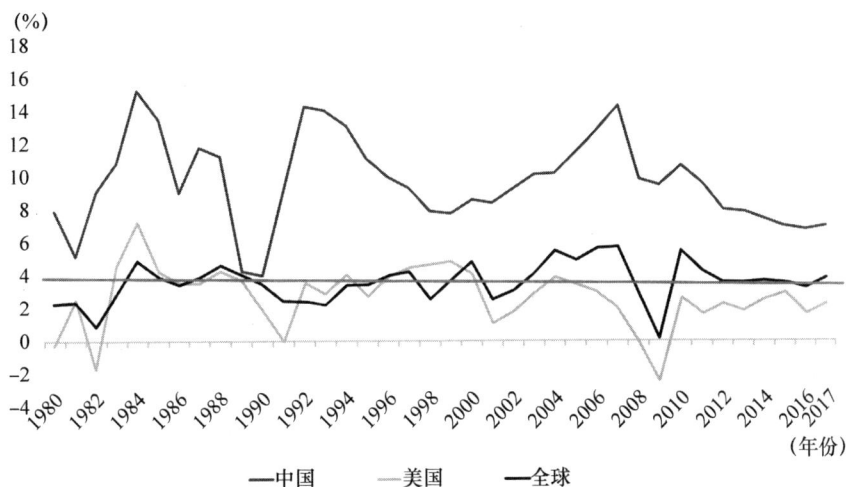

图2　全球经济增长（1980—2017年）

资料来源：国家金融与发展实验室。

从20世纪70年代开始，随着金融创新的全面开展，经济不断"金融化"或"类金融化"，经济运行显著受到金融的"繁荣—萧条"周期的影响，经典的经济周期产生了大变形。主要表现在金融周期逐渐趋于主导，巨量的债务和货币源源不断地注入并滞留于经济体系。这不仅加大了金融体系对实体经济的偏离程度，而且使得金融方面的扭曲往往先于实体经济的扭曲发生，导致传统的经济危机机制发生了明显改变：在过量的货币和信用在实体经济中转化为全面通货膨胀之前，由资产价格高位崩溃带来的金融危机就已经爆发。

这一变化，对传统的中央银行宏观调控机制及其理论提出了挑战。教科书告诉我们的货币政策传导机制，主要有两条线索，一条是影响物价,另一条是改变利率水平。物价变化,引起生产扩张或收缩;利率变动,提高或降低生产成本,这样一些变化,进一步引导了企业和居民的行为变化,进而引起经济增长的变化。如今则不同,在货币政策的两条传统渠道尚未来得及起作用时,资产的价格就改变了,这一变化,直接改变了市场主体的资产负债表,从而引发市场主体经济行为的调整。这不免让人想起《桃花扇》中的那句名吟:"眼看他起高楼,眼看他宴宾客,眼看他楼塌了。"

这个变化的影响,全面而深刻。它告诉我们,要驱动同样水平的经济增长,如今需要提供越来越多的债务增量。债务的累积造成资产价格泡沫膨胀,形成金融周期。也就是说,在现代金融体系下,危机的发生可直接经由资产价格路径而非传统的一般物价和利率路径。这同时也回答了最近几十年一直困扰货币经济学界的一个问题——货币政策要不要管资产价格?过去的回答是"不",现在的回答显然是"要"了。如此,诸如房地产市场、资本市场,大宗产品市场等,都要进入货币政策的眼界。这意味着,如果债务密集度不断提高的趋势得到确认,我们中央银行的宏观调控理论就须改写。

面向未来

以上,我们从多个角度,阐述了债务密集度上升的必然性和主要渠道,并初步讨论了其可能产生的影响。如果认可这样的趋势,并接受我们的解释,有一个"终极之问"便会提出:这个过程将把我们引向何方?

在2017年一个讨论金融科技、数字货币的会议上,主持人曾问过我类似的问题,当时我的回答是,按照这样的发展趋势,货币的消灭就有了现实的途径。在这里,我愿意用同样的回答来回应上述终极之问。我认为,经济金融化的进程,在提高债务密集度的同时,逐渐将一切都数字化。正是数字化,使得人人金融、物物金融有了现实的可能。正是这人人金融、物物金融的发展,为我们展开了货币消亡的现实途径。这让我忆起恩格斯的一句著名的论断:"凡在历史上产生的,必在历史中灭亡。"我们要做的,就是具体探讨其消亡的条件、路径和过程。

目　录

第一编　总报告

第二编　部门分析

第三编　专题分析

图 目 录

表目录

第一编

总　报　告

1

SNA 体系下中国国家资产
负债表的编制

1.1 SNA 体系的发展与主要特征

国民账户体系的发展

国民账户体系（System of National Accounts，SNA）是联合国和世界银行等国际组织联合推出的具有指导意义的国民经济核算体系方法，这一体系最早由剑桥大学经济学家理查德·斯通（Richard Stone）所构建，并于 1953 年开始被联合国采用。这一账户体系的最初构建思路是凯恩斯的国民收入恒等式，也就是著名的"储蓄 = 投资"恒等式，这被称作国民收入与产出账户（National Income and Product Accounts，NIPA）。在第二次世界大战时期，斯通与凯恩斯是亲密的战友，凯恩斯的经济预测以及对财政部的建议多来自斯通国民账户分析的支持。斯通本人也被称作国民账户之父，并由此获得了 1984 年的诺贝尔经济学奖。

同时期的部分国民账户专家也提出了 NIPA 的一些不完善之处。最重要的批评集于两点。第一，国民收入与产出账户都属于经济流量数据，而对资产负债表这类存量数据并未给予充分重视；第二，这个账户体系仅把全社会划分为私人部门和公共部门两类，忽视了金融资产的作用，使得储蓄转化为投资的具体过程没有被考虑到（Lavoie，1984）。对于第二个问题，这一恒等式直接假设储蓄转化为投资，而并没有考虑在转化过程中资金是如何通过资产负债关系流动的。例如，居民部门储蓄起来的财富既可以通过银行存款—贷款过程成为企业的可投资资金，也可以通过直接股权投资进入企业成为可投资资金，甚至企业的一部分盈余可以不分配给其所有者而是直接以留存收益储蓄的方式成为可投资资金。这些过程在国民收入与产出账户（第一版 SNA）中并没有被考虑。事实上，凯恩斯本人写作《就业、利息与货币通论》的目的之一就在于打通实体部门与金融部门之间的联系，建立一个非两分法的一般理论，因此将金融部门中资金的具体流动过程纳入考虑是非常重要的。可惜凯恩斯在第二次世界大战后不久去世，未能解决这一缺陷。而第一个问题（没能考虑资产负债存量）也是和第二个问题直接相关。正是因为没考虑到金融资产的流动过程和金融部门的具体作用，才产生了这两点不完善。这种账户设计也直接影响到了理论经济学发展，在传统经济学中从储蓄到投资的转化似乎是直接完成的，理论中很少考虑从储蓄到投资转化的具体机制。Dawson（1991）认为传统基于凯恩斯理论的国民账户系统假设"部门盈余最终会形成实际投资"，但并没有考虑"金融资产与负债流动的相关内容，而正是金融资产的这种流动才能让储蓄通过金融体系最终形成投资"。

　　与此同时，美国国民经济研究局（NBER）的另一位经济学家科普兰（Morris Copeland）正在致力于从另一个方面构建国民账户统计。科普兰是一位偏于数量化的美国制度学派经济学家，他的研究从资金流动过程出发，并设计出一套资金流量账户（Flow-of-funds Accounts）（Copeland，1949）。美联储自 1952 年开始采用并公布这一账户（Z.1账户）。科普兰希望能够通过这个国民统计流量表来回答"当对国民产出的购买增加时，用来购买的这些货币来自哪里？当对国民产出的购买下降时，没花掉的那部分货币又是到哪里去了？"（Copeland，1949）。流量表的出现，恰恰是为了解决国民收入与产出账户的缺陷，解释了每个部门的储蓄如何通过金融资产与负债的关系转化为投资。

　　一些经济学家也积极采用这一思想进行理论上的统一，比较有代表性的著作是格利和肖 1960 年的《金融理论中的货币》（Gurley & Shaw，1960），明斯基 1975 年的《约翰·梅奈德·凯恩斯》（明斯基，2009）等。格利和肖在《金融理论中的货币》中首先尝试了将国民账户体系中各部门资产负债表应用于理论经济学分析，利用资产负债表恒等式来构建经济增长模型。他们认为"任何经济体系都是一个包含住户、企业和政府部门这 3 个支出单位的整体"，并且"基本经济体系都可以首先观察其部门资产负债表"，"增长空间受金融体系的限制，如果没有包括货币在内的金融资产，储蓄、资本积累以及储蓄到投资过程的资源有效配置都将受到限制，从而压抑产出和收入的增长"（Gurley & Shaw，1960）。这是将国家资产负债表分析方法与主流经济学相结合的最早尝试。明斯基更是强调资产负债表的作用，他认为"构建资本主义经济体系模型需要将微观主体的资产负债表与利润表相关联。复式记账体系的原则是一张资产负债表中的金融资产与负债都会在其他主体的资产负债表中找到对应，因此每一笔交易都需要记四笔账"（Minsky，1996）。遗憾的是，明斯基所倡导的这一方法在当时并非经济学主流，其后未受到足够的重视。剑桥大学的戈德利教授沿着这一思路进行研究，开创了存流量一致（Stock-flow-consistence）的分析方法（Godley & Lavoie，2006）。联合国于 1968 年的第二版 SNA 中也加入了这一流量账户，将国民收入账户与金融交易、资产存量和国家资产负债表完全统一在一起。1993 年，联合国进一步修订了 SNA 体系，将交易流量账户与资产负债存量账户改为矩阵表达方式，每个部门的资产负债表由核算期初的资产负债存量，经过核算期内各类交易流量的影响、资产价值重估的影响以及资产其他物量变化的影响后，形成了核算期末的资产负债表。这一完善的体系也被保留至今。

有了这一完善的账户统计后，经济学家也开始尝试利用其数据来分析实际问题，如 Backus 等（1980）。Dawson 于 1996 年也编辑了一部关于资金流量账户实践使用的手册《资金流量分析：实践使用手册》（Dawson，1996）。但总的来说，由于理论经济学发展的惯性，这一流量表和加入了流量表的 SNA 体系并未受到充分重视，建立于这一体系之上的经济学文献凤毛麟角。这一现象在 2008 年国际金融危机后有了显著改观，大量相关文献开始出现，尤其是欧洲中央银行经济学家所出版的两卷本《金融危机的资金流量表分析视角》（Winkler et al.，2013）。他们对国际金融危机中的资金流动作了细致入微的分析，以此来加深对危机的理解，并试图基于"丰富的资金流量表数据库"（the rich flow-of-funds dataset）开发出新的实证分析工具。IMF 的一些经济学家也进一步认识到基于 SNA 资产负债表分析的重要性，并提出了"国民财富方法"（National Wealth Approach，NWA），成为传统资产负债分析方法的进一步拓展 (Frecaut, 2017)。

中国对资金流量账户统计的起步较晚，但起点较高。中国人民大学的黄达、王传纶等著名经济学家自 20 世纪 80 年代即开始了对资金流量表的教学研究工作，并提出将资金流量分析在中国加以利用的设想（王传纶，1980）。国家统计局与中国人民银行于 1992 年开始分别编制实物账户与金融账户的资金流量表，如表 1 - 1 所示。之后贝多广（1995）、李扬（1998）、许宪春（2002）等经济学家分别开始用资金流量表对宏观经济进行分析。

将资金流量表与传统国民收入与产出账户结合在一起，形成一套完整的基于 SNA 体系的资产负债表，这是很多发达经济体国民账户发展过程中的一个必经阶段。在中国，资产负债表作为国民经济核算体系的一个重要构成，一直处在探索阶段。统计局试编过 1998 年和 1999 年的资产负债表，并未对外公布。2013 年十八届三中全会提出编制国家资产负债表，这相当于定下了目标。2018 年年初，国家统计局终于编制出了 2015 年的中国国家资产负债表，惜乎未能公开，但在国民账户体系的完善上也具有里程碑的意义。

四式记账法与资产净值

不同于一般意义上的资产负债表，SNA 体系中的资产负债表有其鲜明的特征。其中最重要的两项是"四式"（Quadruple Entries）记账法和资产净值（Net Worth）概念。

1. 四式记账法

普通商业企业资产负债表采用的是复式记账原则，即"有借必有贷，借贷必相等"。举例来说，当银行需要减记一笔不良贷款时，银行的资产负债表需要在资产和负债两方同时记录这笔操作：资产方记录一笔贷款余额下降，负债方要将自有资本减记相应金额，这才能达到资产负债表的平衡。

但科普兰认为这还不够，因为"任何涉及货币流动的交易都会涉及交易双方，复式记账法不适用于全社会账户体系，而应采用四式记账法"（Copeland, 1949）。除了银行账户发生相应变化之外，还要在这笔不良贷款所对应的企业资产负债表中记录下这一行为。在企业的负债方

表 1—1　历年实物资金流量表

单位：亿元

年份	居民				非金融企业				政府				金融部门			
项目	可支配收入	储蓄	资本形成	净金融投资	可支配收入	储蓄	资本形成	净金融投资	可支配收入	储蓄	资本形成	净金融投资	可支配收入	储蓄	资本形成	净金融投资
1992	18453	5453	1838	3615	2847	2847	7624	-3835	5389	1186	583	-340	312	312	42	271
1993	22827	6415	2484	3931	5030	5030	12229	-6135	6943	1455	927	-536	528	528	78	450
1994	32292	10448	3213	7235	6418	6418	15663	-7969	8927	1529	1319	-1076	587	587	147	451
1995	40292	11922	4160	7762	8840	8840	19573	-9144	9916	1538	1564	-1624	882	882	174	719
1996	48125	14169	5603	8566	8672	8672	21182	-10382	12570	2607	1822	-1346	953	953	178	778
1997	53842	16921	6000	10920	9660	9660	21504	-10259	14363	3144	2272	-717	622	622	191	432
1998	57043	17814	6533	11281	10775	10775	21976	-9234	15120	2761	2624	-1835	441	441	181	261
1999	59733	17813	7102	10711	12229	12229	23003	-7920	16089	2372	2703	-3188	838	838	144	694
2000	66539	20684	7687	13144	17153	17153	24058	-4426	14314	-1347	2987	-6965	518	518	110	408
2001	71865	22429	8490	14260	19327	19327	27733	-5943	16324	-1174	3390	-7354	1254	1254	156	1100
2002	77423	24367	10704	14261	21314	21314	30661	-7525	19506	746	4017	-5695	1928	1928	183	1744
2003	87268	29619	13264	17941	24339	24339	36367	-12827	21947	1911	6266	-5146	2867	2867	66	2801
2004	98509	33290	17441	17435	33247	33247	44090	-14436	26518	4183	7568	-1385	3076	3076	69	3007
2005	112910	39951	21880	19527	36988	36988	47515	-13520	32574	6175	8386	-337	3101	3101	76	3024
2006	131426	48851	20635	30214	42687	42687	62000	-23923	39725	9196	10231	1898	4303	4303	87	4216

续表

项目 年份	居民				非金融企业				政府				金融部门			
	可支配收入	储蓄	资本形成	净金融投资	可支配收入	储蓄	资本形成	净金融投资	可支配收入	储蓄	资本形成	净金融投资	可支配收入	储蓄	资本形成	净金融投资
2007	158559	62226	23005	42243	54208	54208	76259	-29579	51192	15292	11571	8463	5285	5285	108	5176
2008	185926	74256	27432	51160	65451	65451	95648	-36330	60544	18792	15065	5736	7106	7106	181	6926
2009	207302	83718	33950	56338	64171	64171	110710	-57543	62603	16913	19574	2045	8406	8406	228	8177
2010	243122	102363	40613	71639	72069	72069	129794	-75518	74116	20760	22900	6077	13207	13207	296	12910
2011	285773	116816	56995	74356	78990	78990	147080	-87502	90203	27048	23868	8408	15179	15179	400	14779
2012	321399	130815	62772	82437	78876	78876	163348	-101281	101301	29892	26122	6454	16855	16855	531	16325
2013	357113	137351	72634	87703	100204	100204	172643	-98762	110376	29130	28263	4393	14963	14963	636	14327
2014	391110	148570	76608	89343	116262	116262	191859	-95175	121574	35801	33577	4419	15933	15933	673	15260
2015	422629	156649	73717	98433	113178	113178	200718	-103871	127186	30900	37759	-6009	22662	22662	642	22021
2016	459535	166092	52671	132508	118442	118442	228318	-130197	132389	25902	47513	-20412	29617	29617	635	28982

资料来源：国家统计局。

减掉相应的银行贷款，同时在所有者权利中加进这一数额。这种操作体现了国民经济的整体性：我们可以将其视为一个封闭的水管，任何一笔资金流动都有相应的流出方和流入方，在这个大水管中不存在黑洞。四式记账法体现了最简单的"冤有头，债有主"的原则，一个主体的负债一定对应着另外一个主体的资产，资产负债表总是两个部门一起变动，一笔交易需要记四笔账。

明斯基也很早就发现了这一问题，他认为"构建资本主义经济体系模型需要将微观主体的资产负债表与利润表相关联。复式记账体系的原则是一张资产负债表中的金融资产与负债都会在其他主体的资产负债表中找到对应，因此每一笔交易都需要记四笔账"（Minsky，1996）。相应的"借"和"贷"概念也被国民账户体系中的"来源"和"运用"所替代。

由此，可推出 SNA 体系下的国家资产负债表的第一个恒等式：

全社会的金融资产 = 全社会负债 　　　　　　　　　　（恒等式 1）

恒等式 1 直接来自四式记账法，在每记一笔负债的同时，一定在其他部门记入了一笔资产，使得存量的金融资产一定等于负债。SNA 体系中不存在实物负债的概念，全部负债都为金融负债。举例来说，银行通过向企业提供 100 元贷款的形式形成一笔对企业债权，在银行资产负债表上表现出企业存款和贷款的增加。这一过程也要反映到企业资产负债表中，在其资产方增加存款的同时，在负债方增加一笔贷款，如表 1 – 2 所示。

表 1 – 2 　　　　　　　　　　　　银行新增贷款的四式记账法

银行	
对企业贷款 + 100	企业存款 + 100
企业	
银行存款 + 100	银行贷款 + 100

资料来源：国家资产负债表研究中心（CNBS）。

恒等式 1 适用于所有债权融资所形成的金融资产与负债，但面对股权融资则出现矛盾。股权从法律意义上来说是企业对自身的所有权，对持有方来说是一笔金融资产，但对企业来说股权并不对应着负债（Ritter, 1963）。在支付责任上，债务的还本付息是债务合同所约定好的责任，但对股权所有者的分红则没有法律约定的义务。然而在现实中，这一区分又极为模糊。罗宾逊夫人很早就指出这一问题，认为企业出于对股票市场信心的考虑并不会在盈利下降时减少分红，债权人出于对企业破产的担心也倾向于在企业无力还本付息时通过债务重组减免利息（Robinson, 2013）。在现实经济中，企业债权和股权法律责任的区别并不明显，国民账户学家李特干脆直接建议"尽管法律上有所区别，但为简化起见，完全可以将债权和股权都看作完全相同的事物，都当作企业的债权处理"（Ritter, 1963）。

从本质上看，企业股权和债权都是一种物化的金融索取权（Materialized Financial Claims）。金融索取权即对金融资源占有的权利，物化指的是这种权利被股权或债权合同的方式记录下来。在这一框架下，股权和债权的区别在于债权是一种已经通过合同建立好的支付责任，而股权则是未建立好的支付责任，其支付取决于企业经营业绩以及净资产状况（Giron & Rodriguez-Vives, 2017）。

2. 资产净值概念

与国家资产负债表相对应的一个概念是资产净值（Net Worth），即每个部门总资产与总负债的差额，这里的总负债不同于传统资产负债表的负债概念，而是债权和股权的加总。即：

总资产 = 债权 + 股权 + 资产净值　　　　　　　　　　（恒等式2）

另一概念是在传统资产负债表中常用的净资产（Net Asset），即总资产与负债方债权之差，或者说：净资产 = 负债方股权 + 资产净值。在传统资产负债表中，总资产与负债之差直接被定义为净资产，也就是企业的所有者权益，没有必要再划分为股权和资产净值。但在 SNA 体系下的国家资产负债表中，这一划分非常重要。这是前文所提出的四式记账法的客观要求，因为四式记账法要求每一种金融资产都需要在两个部门的资产负债表中有所对应，并且数值相同，而这一点在传统资产负债表记账系统内并不能天然满足。以美国经济分析局按年度公布的国家资产负债表举例来说，2016 年年底非金融企业的总资产为 41.4 万亿美元，而负债方的债权与股权之和为 42.1 万亿美元，二者之差为资产净

值 - 0.7 万亿美元，如表 1 - 3 所示。这一缺口出现的关键在于象征企业所有者权益的"股权与投资基金份额"本该表示为总资产与负债之差，但由于 SNA 体系要求"冤有头，债有主"的四式记账法，这部分股权一定对应着其他部门的金融资产，主要是被居民部门所持有，并按照市场价格来计价。因此这部分的股权是所谓的"被物化的金融索取权"，并不能简单用资产与负债轧差得出。假设这部分股权全部为企业发行的股票并被居民持有，那么居民的金融资产应记录这些股票的市场价值，而在企业资产负债表中也同样应记录这些股票的市场价值。这里最关键的问题是：宏观经济系统并没有任何机制来保证这部分股票市值与企业总资产和负债的轧差时刻相同。事实上，只有在股票市净率等于 1 时，这两者才能相同。

表 1 - 3　　　　　　　　　美国非金融企业资产负债表　　　　　单位：万亿美元

	2012 年	2016 年		2012 年	2016 年
总资产	31.5	41.4	总负债与资产净值	31.5	41.4
非金融资产	16.4	21.3	总负债	30.1	42.1
金融资产	15.1	20.1	其中：股权与投资基金份额	18.0	26.9
			资产净值	1.3	- 0.7

资料来源：美国经济分析局表 S.5。

　　如果说企业负债方的债权和股权是被物化了的金融索取权，那么资产净值可被看作未物化的金融索取权（Unmaterialized Financial Claims）（Giron & Rodriguez-Vives，2017）。

　　资产净值可正也可负，这一表现方式与传统直觉相差较大，对于理解国家资产负债表非常关键。例如美国非金融企业 2012 年的资产净值为 1.3 万亿美元，2016 年为 - 0.7 万亿美元。如果还是采用传统资产负债表中净资产（Net Asset）概念，则美国 2016 年非金融企业部门的净资产应为 26.9 - 0.7 = 26.2 万亿美元。这一反直觉的地方在于，当企业具有较好的经营业绩，股票市值上涨时，其资产净值是下降的，反之则上升。这是因为，股价上升的过程，实际上是企业内在价值被物化于其股权价值之内的过程，企业非物化的金融索取权下降。

另一方面来看，资产净值还可以用托宾的 Q 比率来表示。托宾 Q 的分子是整个企业的市场价值，即资产负债表右端债权价值和股权价值之和；分母为整个企业的重置成本，即资产负债表左端非金融资产与金融资产之和（Tobin，1969）。当且仅当企业的资产净值为 0 时，托宾 Q 等于 1；当企业市场价值高于其重置成本时，托宾 Q 大于 1，资产净值为负；反之亦然。

SNA 账户序列

目前最新版的 SNA 是《国民经济核算体系 2008》（简称"SNA 2008"）。SNA 对经济活动的记录是通过一系列账户完成的，一个完整的 SNA 账户应包括两部分：一套流量账户序列和一套资产负债表。流量账户序列是指在核算期内各类相互联系、相互作用的经济活动的记录，属于流量表；而资产负债表则是表达期初和期末各部门持有资产和负债的存量价值，属于存量表。

1. 流量账户序列

每个流量账户都涉及一类特定的活动，如生产、收入、分配和消费等，每个账户都分别显示各部门可以利用的经济来源和使用方向。总来源与总使用之间的差额成为每个账户的平衡项。账户的平衡项转入下一个账户成为初始项，从而使得流量账户之间成为一个环环相扣的账户序列。平衡项反映的是这类经济活动的经济成果，具有重要的经济意义，如增加值、可支配收入和储蓄等。核算期内，所有对于各部门资产和负债产生影响的经济活动都会记录到流量账户中，是形成全社会资产负债表的基础。按照大类来分，流量账户序列可分为经常账户和积累账户。

（1）经常账户

经常账户主要记录了经济过程，包括生产、收入、分配和消费，即生产中收入的形成以及收入在不同部门之间的分配和再分配，以及通过消费或者储蓄过程对可支配收入的运用。生产账户记录了这个体系的生产活动，其平衡项为总增加值。公式可表达为：市场性产出 + 最终自用产出 + 非市场性产出 = 总产出 = 总增加值 + 中间消耗。这个总增加值就是各个部门对 GDP 所做贡献的指标。收入分配和使用账户是由一套环环相扣的账户组成的，主要表现了收入的五方面内容：生产中如何形成收入；收入如何分配给有贡献的单位；收入如何进行再分配；再分配的收入如何被最终消费和储蓄；用于财富积累的储蓄如何形成。整个收入账户的平衡项是储蓄，下一步会转入积累账户中的资本账户。

（2）积累账户

积累账户是指能够影响资产负债表从期初状态到期末状态变化的流量账户。储蓄被用于获取金融资产或非金融资产。如果储蓄为负，则消费超过可支配收入的部分一定是通过处置资产或新增负债而进行弥补的。积累账户包括四个子账户：资本账户、金融账户、资产物量其他变化账户和重估价账户。

资本账户主要记录非金融资产的获得与处置，包括与其他单位进行交易、与生产有关的内部记账交易（存货变动或固定资本消耗）以及通过资本转移进行财富再分配。

金融账户记录的是涉及金融资产所有权变化的所有交易，包括货币性实物交易和纯粹的金融交易（或严格的金融交易）两类。在第一类交易中，金融资产所有权的变化是为了充当实物交换的媒介，如企业减少存款或增加贷款向员工支付工资、居民使用现金购买消费品、政府征税等；在第二类交易中，交易的对象不涉及实物，所有权的变化仅围绕金融资产和/或负债而发生，如企业划转银行存款清偿应付账款、获得SDR 份额等。在第二类交易中，一项金融资产/负债的变动会伴随着另一项金融资产/负债的等额反向变动，因此这类交易必然导致金融资产的变动与金融负债的变动在数额上相等，而不会影响净金融投资水平（资金余缺）。作为流量账户序列关于经济交易核算的最后一个平衡项，金融账户的净金融投资（资金余缺）与资本账户非金融投资核算的平衡项——净金融投资正好是两个不同方向上出现的同一个概念，其背后的机理就在于金融交易和实物交易之间的对应关系。在实物交易中，它虽然直观上度量的是非金融投资的资金余缺状况，实际上却是前序所有交易积累的结果，反映了到非金融投资为止，所有非金融交易中资金来源总额与资金使用总额之间的差额；在金融交易中，则反映了非金融投资中资金余缺的调剂方式，是对后者的解释，也是对整个实物交易中资金余缺调剂方式的解释。金融账户因此完整记录了储蓄如何向投资转化的资金调配过程，伴随资金在部门之间的流动，反映了金融资产的获得与处置以及负债的发生和偿付。而金融交易所反映的融资过程一般是从事各种经济活动的先决条件（高敏雪等，2013）。

资产其他物量变化账户记录的是交易之外的因素引起的资产和负债的变动。例如固定资产因自燃而导致的损失。重估价账户记录的是因价格变化引起的资产和负债价值的变动。

2. 资产负债表

资产负债表反映的是各部门在期初和期末的资产和负债存量价值。在任何时刻，每当交易发生、价格变化或影响持有资产负债物量的其他变化发生时，资产负债的价值就会自动发生变化。这些变化既被记录到了反映流量的积累账户中，同时也在期初和期末资产负债表的变动中得到反映。因此，期初和期末的资产负债变化是可以被 SNA 体系完全解释出来的。

表 1-4 到表 1-6 为一个完整的 SNA 账户序列，从经常账户、积累账户到期末资产负债表。假设这个表所表现的是非金融企业的 SNA 序列。在生产账户中的来源部分是经济体当期生产的增加值；资金运用部分表现出的第一个恒等式，即增加值＝工资＋税收＋利润。在收入形成账户中，由生产账户所产生的这部分收入再加上非生产性活动所产生的收入（财产性净收入和经常性转移净收入）就形成了可支配收入；在运用方可支配收入会进一步形成最终消费和储蓄。实际上，储蓄就是可支配收入减去消费后的剩余。在下一个资本账户中，储蓄再加上非经常性账户中所得到的收入（资本转移形成的净收入）形成了全部可投资的资金来源；在资金运用方则表现为两种类型的投资，实物投资（资本形成总额）与金融投资（资金余缺）。实际上，全部可投资的资金来源减去实物投资的部分，剩余部分都会形成金融资产。金融账户表现的是金融资产配置行为，资金余缺（即储蓄减实物投资后剩余的部分）可以形成包括货币、存款、贷款、证券等各类金融资产。这个账户的恒等式是在一期中出售掉的金融资产总量加上资金余缺等于增加的金融资产总量。金融账户所表现出的各类金融资产变动，再加上期初的资产负债表，形成了期末资产负债表。例如非金融企业部门当期总储蓄100 元，投资花掉 50 元（这部分会形成实物资产），剩余 50 元以银行存款方式持有，那么期末资产负债表就是在期初资产负债表的基础上加

入 50 元银行存款。更完善的 SNA 序列还应该包括一个价值重估账户，即使没有出现资金流动，金融资产自身的市场价格也可能会发生变化。例如随着股民对宏观经济信心增强，股价上涨，则金融资产存量的价值需要根据市场价格重估，这才能形成一套完整的 SNA 序列。

表 1－4　　　　　　　　**SNA 标准下的经常账户序列**

账户分类	运用	来源
生产账户	中间消耗	产出
收入形成账户	雇员报酬 生产和进口税与生产和进口补贴	增加值
初次收入分配账户	财产收入	营业盈余 混合收入 雇员报酬 生产和进口税与生产和进口补贴 财产收入
收入再分配账户	经常转移 所得税和财产税等经常税 净社会缴款 实物社会转移以外的社会福利 其他经常转移	初始收入 经常转移 所得税和财产税等经常税 净社会缴款 实物社会转移以外的社会福利 其他经常转移
实物收入再分配账户	实物社会转移	可支配收入 实物社会转移
可支配收入使用账户	最终消费支出 养老金权益变化调整	调整后可支配收入 养老金权益变化调整
净剩余	储蓄	

注：阴影部分为平衡项，起到关联两个流量账户的作用。

资料来源：联合国等（2012）。

表 1－5　　　　　　　　**SNA 体系下的积累账户序列**

账户分类	资产变化	负债和资产净值变化
资本账户	固定资本形成总额 固定资本消耗（－） 存货变化 贵重物品的获得减处置 非生产资产的获得减处置	储蓄 应收资本转移（＋） 应付资本转移（－）

续表

账户分类	资产变化	负债和资产净值变化
金融账户	金融资产净获得 　货币黄金与 SDR 　通货和存款 　债务性证券 　贷款 　股票与投资基金份额 　保险、养老金和标准化担保计划 　金融衍生工具和雇员股票期权 　其他应收/应付	净借出（＋）/净借入（－） 金融负债净发生 　货币黄金与 SDR 　通货和存款 　债务性证券 　贷款 　股票与投资基金份额 　保险、养老金和标准化担保计划 　金融衍生工具和雇员股票期权 　其他应收/应付
资产物量其他 变化账户		
重估价账户		

注：阴影部分为平衡项，起到关联两个流量账户的作用。

资料来源：联合国等（2012）。

表 1-6　　　　　　　　SNA 体系下的资产负债表账户

账户分类	资产存量及其变化	资产存量及其变化
期初资产负债账户	非金融资产 金融资产/负债	非金融资产 金融资产/负债
		资产净值
交易和其他流量总额	非金融资产 金融资产/负债	非金融资产 金融资产/负债
		资产净值变化总额
期末资产负债账户	非金融资产 金融资产/负债	非金融资产 金融资产/负债
		资产净值

资料来源：联合国等（2012）。

将以上序列简化表示，可以反映在三个公式中：

$$S = Y_D - C$$

$$\Delta V_s = S - I$$

$$\Delta V = \Delta V_s + \Delta V_a$$

其中，S 为总储蓄，Y_D 为可支配收入，C 为消费，I 为投资，ΔV 为净金融财富的增量，ΔV_s 为储蓄所形成的净金融资产增量，ΔV_a 为存量资产的价值重估所形成的净金融资产增量。对于每一个部门，可支配收入减去消费支出后的剩余部分形成总储蓄，总储蓄可分为实物储蓄和金融储蓄。实物储蓄就是实物投资（资本形成），金融储蓄则成为本部门净金融资产的增量。这三个公式连在一起，便形成了一个典型的 SNA 账户序列，从可支配收入连接到净金融资产的增量。需要说明的是，这套 SNA 序列恒等式表达的是每个部门各自的序列，如果将全社会各个部门加总在一起，则一个部门由储蓄所形成的净金融资产增加量，必然等于其他部门净金融资产的减小量，在全社会范围内净金融投资为 0，储蓄总是等于实物投资。

国家统计局自 1992 年开始发布居民、非金融企业、政府和金融部门的资金流量表。资金流量表包含实物交易的资金流量表和金融交易的资金流量表两大部分。实物交易的资金流量表中的变量包括各部门的可支配收入、消费支出、总储蓄和资本形成，由此可得出各部门每一期净金融资产的增量。金融交易的资金流量表为每一种金融工具在当期的增减，可以理解为不考虑价值重估的净金融资产增量，也就是上式中的 ΔV_s。本书在资产负债表的编制中，将完全依据以上 SNA 恒等式及资金流量表信息。

G20 国家资产负债表编制现状

尽管 SNA 体系下的国民账户统计规则已逐渐趋于完善，但完全遵循这一体系公布全部国民经济账户流量和存量的国家仍然不多。国际金融危机后，国际机构和各国统计部门无不更为深刻地认识到了国家资产负债表与资金流量表对风险监测与危机预警的重要性。各国统计当局也正在加强统计制度的规范与国际上学术交流合作来增加数据的完善性及国际上可比性。

早在 2008 年，由国际清算银行（BIS）、欧洲央行（ECB）、欧盟统计局（Eurostat）、国际货币基金组织（IMF）、经济合作与发展组织（OECD）、联合国（UN）和世界银行（WB）共同发起成立了经济与金融统计国际成员组织（Inter-Agency Group on Economic and Financial Statistics，IAG），以便加强国际统计制度合作与数据整理。IAG 极其强调各国分部门资产负债表的重要性，并认为非银行金融机构的数据最为重要，加强资产负债表编制的工作应从 G20 国家开始（IMF & FSB，2009）。

当前全部 G20 国家都已经建立了 SNA 体系下资产负债表与资金流量表的编制工作，但只有法国建立了最为完整的统计体系，其他国家或多或少都存在某些方面的缺陷。发达国家的统计制度普遍比较完善，都公布了 SNA 体系下的资产负债表和交易账户表（即资金流量表），大部分按照季度公布。而发展中国家这方面的进度较为滞后。墨西哥的资产负债表只包括金融资产与负债，阿根廷、印度和南非的资产负债表只包括部分非金融资产。其余国家的统计当局尚未公布资产负债表。阿根廷、俄罗斯、沙特和土耳其尚未建立起金融交易的资金流量表，如表 1 -7 和表 1 -8 所示。

表 1 -7   G20 经济体金融资产与负债统计数据

	资产负债表				交易账户（资金流量表）			
	全部经济体	SNA部门	SNA主要金融工具	频率	全部经济体	SNA部门	SNA主要金融工具	频率
法国	有	全部	全部	季度	有	全部	全部	季度
美国	有	全部	全部	季度	有	全部	全部	季度
日本	有	全部	全部	季度	有	全部	全部	季度
澳大利亚	有	全部	全部	季度	有	全部	全部	季度
加拿大	有	全部	全部	季度	有	全部	全部	季度
德国	有	全部	全部	季度	有	全部	全部	季度
意大利	有	全部	全部	季度	有	全部	全部	季度
英国	有	全部	全部	季度	有	全部	全部	季度
韩国	有	全部	全部	年度	有	全部	全部	年度
墨西哥	有	全部	全部	年度	有	全部	全部	年度
中国	无	无	无	无	有	全部	部分	年度
南非	无	无	无	无	有	全部	全部	年度
印度尼西亚	无	无	无	无	有	分类不同	部分	季度
印度	无	无	无	无	有	分类不同	部分	年度

续表

	资产负债表				交易账户（资金流量表）			
	全部 经济体	SNA 部门	SNA 主要 金融工具	频率	全部 经济体	SNA 部门	SNA 主要 金融工具	频率
巴西	无	无	无	无	有	无	部分	季度
阿根廷	无	无	无	无	无	无	无	无
俄罗斯	无	无	无	无	无	无	无	无
沙特	无	无	无	无	无	无	无	无
土耳其	无	无	无	无	无	无	无	无

资料来源：IMF（2011）。

表 1-8   **G20 经济体非金融资产与负债统计数据**

	资产负债表				交易账户（资金流量表）			
	全部 经济体	SNA 部门	SNA 主要资产	频率	全部 经济体	SNA 部门	SNA 主要资产	频率
法国	有	全部	全部	年度	有	全部	全部	季度
美国	有	全部	不包括贵重品	季度	有	全部	不包括贵重品	季度
澳大利亚	有	全部	不包括贵重品	季度	有	全部	不包括贵重品	季度
加拿大	有	全部	不包括贵重品	季度	有	全部	不包括贵重品	季度
日本	有	全部	不包括贵重品	年度	有	全部	全部	季度
英国	有	全部	不包括自然资源	年度	有	全部	不包括自然资源	季度
德国	有	全部	部分	年度	有	全部	全部	季度
意大利	有	无	只包括固定资产	年度	有	无	固定资产	季度
韩国	有	全部	只包括固定资产	年度	有	无	部分	季度
阿根廷	有	全部	部分	年度	有	无	部分	季度
印度	有	分类 不同	部分	年度	有	分类 不同	部分	年度
南非	有	无	部分	年度	有	无	部分	季度
墨西哥	无	无	无	无	有	全部	全部	年度
巴西	无	无	无	无	有	全部	不包括贵重品	年度
中国	无	无	无	无	有	全部	不包括贵重品	年度
印度尼西亚	无	无	无	无	有	分类 不同	部分	季度

	资产负债表				交易账户（资金流量表）			
	全部经济体	SNA部门	SNA 主要资产	频率	全部经济体	SNA部门	SNA 主要资产	频率
沙特	无	无	无	无	有	无	全部	年度
俄罗斯	无	无	无	无	有	无	部分	季度
土耳其	无	无	无	无	有	无	固定资产	季度

注：贵重品指宝石、古董、艺术品等具有较高价值含量的非金融资产。

资料来源：IMF（2011）。

除以上 19 个 G20 国家外，大部分欧洲的 OECD 国家也都具有较为完善的资产负债统计体系，几乎全部欧洲的 OECD 国家都已按年度公布金融资产负债表。非以上 19 个 G20 国家中公布金融资产负债表的国家包括奥地利、比利时、智利、捷克、丹麦、爱沙尼亚、芬兰、希腊、匈牙利、冰岛、爱尔兰、以色列、拉脱维亚、卢森博格、荷兰、波兰、葡萄牙、斯洛伐克、斯洛文尼亚、西班牙、瑞典和瑞士。

1.2　中国国家资产负债表的编制

本节详细介绍在已有数据和相应估算基础上中国 SNA 体系下的国家资产负债表编制方法。

国民经济核算体系的核算主体是中国经济领土内所有常驻机构单位，这些机构单位所积累的资产和负债加总构成了中国国家资产负债表的基础。编制国家资产负债表，需包括全部常驻机构单位。在 SNA 规范标准及中国统计局资金流量表的实践中，一般将全部单位归总成五个部门：居民部门、非金融企业部门、金融机构部门、政府部门和国外部门。

居民部门是指所有常住居民户组成的集合，包括城镇常驻居民户、农村常驻居民户和城乡个体经营者。非金融企业部门是指以营利为目的、从事非金融经济活动的所有常驻非金融企业组成的集合，包括农业、工业、建筑业、服务业、执行企业会计制度的事业单位。金融机构部门是指从事金融活动的所有常驻独立核算单位组成的集合，包括银行、保险及其他非银机构等。政府部门是指由行使国家管理职能的行政单位和为社会提供非市场化服务的事业单位组成的集合。国外部门是指与中国常驻机构单位发生经济往来的所有非常驻机构单位组成的集合，其资产负债表并非是所有国外部门的全部资产负债表加总，而仅是与中国常驻机构单位所发生经济活动交易往来过程中形成的金融资产与负债累计存量，仅反映中国经济总体与国外机构往来活动的总规模和结构关系。将五个部门的资产负债表汇总在一起，形成最终的国家资产负债表。

在具体资产和负债的核算中，资产分为非金融资产和金融资产两大类，负债只包括金融负债。金融资产与负债同时发生、同时消失、数量相等、方向相反，一个部门所拥有的金融资产数额，必然等于另一个部门所承担的负债数额。我们首先介绍金融资产与负债的编制标准和具体方法，再介绍非金融资产的编制方法，最后汇总获得历年编制结果。

金融资产与负债

金融资产与负债的本质是索取权凭证，产生于各个主体的融资过程。相应地，约定还本付息的融资产生债务类金融资产，剩余索取权融资产生股权类金融资产。从融资方式来看，金融资产与负债可划分为两种类型：直接融资产生的金融资产和间接融资产生的金融资产。间接融资指的是通过金融部门媒介所进行的，这个过程所产生的金融资产与负债会体现在金融部门和对应部门的资产负债表之中。直接融资是去金融媒介类的融资，例如企业的债券发行、股权融资、企业间贸易贷款等与银行无关的融资方式。在这类融资过程中，金融机构起到牵线搭桥的媒介作用，但融资所产生的金融资产与负债并不一定会表现在金融机构的资产负债表中。在金融机构部门资产负债表一章中，我们将详细介绍所有由金融机构媒介的间接融资所产生的金融资产与负债估算方法，这类金融资产全部体现在金融机构资产负债表之中。

金融资产包括国内外各种金融债权、债务、股权、储备资产等。与中国人民银行所编制的资金流量表一致，本书将金融资产与负债具体划分为以下 14 种类型：通货、存款、贷款、未贴现银行承兑汇票、保险、金融机构往来、准备金、债券、股票及股权、证券投资基金份额、中央银行贷款、直接投资、国际储备资产、其他。

我们在金融资产的分类和估算中充分考虑了中国影子银行的资产。第一，在金融机构资产负债表中，来源部分的"证券投资基金份额"项中包含了公募基金、基金专户、私募基金、券商资管产品、券商自营产品、信托产品等几乎所有影子银行资金来源部分，在银行的存款中也重新纳入了"非保本理财"，在实体经济的贷款中加入了"小额贷款""P2P 理财"等民间借贷部分。因此，我们的估算属于广义上对全部金融资产和负债的估算，其涵盖范围大于人民银行"资金流量表"中所统计的金融资产。第二，在资金运用方，我们根据资产负债表中资产等于负债的恒等式原则，估算出了全部影子银行资产中在金融部门内部循环的部分和流入实体经济的部分。在其他一些关于资产负债表的估算中，有些将内部循环的这部分资产在金融机构部门资产负债表的来源和运用两边同时轧差掉，因而可能会同时低估金融资产和负债。我们的估算则倾向于不进行轧差，全部记录各类金融资产和负债，这有利于对金融资产和负债更为全面地掌握。

1. 通货

通货是指以现金形式存在于市场流通领域的货币，包括本币与外币。对于通货的持有者，属于金融资产；而对于通货的发行方（中央银行），属于负债。对于本国居民持有的外币现钞，则对应着国外央行的负债。外币通货持有量极小，此处给予忽略。中国通货总量为 M0 与商业银行的库存现金之和。全部通货都由中国人民银行发行，因此记在金融部门的负债方。

在中国人民银行《货币当局资产负债表》中的负债方的"货币发行"项为央行的全部通货，其可进一步拆分为流通中的现金（M0）和商业银行库存现金。这里假设在 1993 年基期，居民、非金融企业和政府对 M0 的持有比例为 80%、17% 和 3%，之后年份的变动采用流量表数据进行累计。

2. 存款

存款指机构单位将货币资金存入银行或其他金融机构，在一定时期内收回本金并取得一定利息收入的信用活动形式。存款主要包括活期存款、定期存款、城乡居民储蓄存款、企业存款、财政存款、外汇存款和其他存款等，表现为存款方的资产，金融机构的负债。

存款的主要成分是银行存款，包括居民部门、非金融企业、非银行金融机构、行政事业单位和财政存款。中国人民银行除了行使央行的货币政策调控职能外，还有经理国库的职能，中央政府财政也相应在央行持有存款，部分非金融企业也在央行持有存款。

银行存款分为居民存款、非金融企业存款、政府存款和非银行金融机构存款。这些部门持有对银行的存款凭证，记在银行负债方。银行存款中的绝大部分比例记在货币和广义货币（M2）之中。居民存款是指居民部门在银行的活期存款和定期存款总额。中国人民银行所公布的数据中，反映居民在银行的存款余额有三个数据来源，包括《其他存款性公司资产负债表》中的"个人存款"、《金融机构本外币信贷收支表》中的"住户存款"和《金融机构统计》中的"储蓄存款余额"。三个数据来源所统计的居民存款基本一致，略有区别。以 2016 年年底的存款余额为例，三者所显示的居民存款余额分别为 60.4 万亿元、60.7 万亿元和 59.8 万亿元。考虑到银行资产负债表中对居民存款的统计与我们编制银行资产负债表的意义最为符合，我们采用《其他存款性公司资产负债表》中的"个人存款"来表示 1993 年及之后的居民存款。由于居民部门所购买的商业银行保本型理财产品也计入了银行资产负债表之内，因此这里的存款还包括了保本型理财产品余额。

非金融企业存款是指非金融企业部门在银行的活期存款与定期存款总额。中国人民银行所公布的《其他存款性公司资产负债表》中只列出了"非金融机构存款"，这里的"非金融机构"既包括了非金融企业，还包括政府机关行政事业单位等。其他数据来源中公布非金融企业存款的数据有两项，包括《金融机构本外币信贷收支表》中的"非金融企业存款"和《金融机构统计》中的"企业存款余额"。二者数据基本一致，相差大约 5%，区别来自信贷收支表中统计的非金融企业存款余额既包括了企业在存款性银行中的存款，还包括了在银行之外的其他金融机构存款，如信托存款等。以 2016 年年底的存款数据为例，信贷收支表中所统计的企业存款为 53.1 万亿元，而金融机构统计中的企业存款为 50.2 万亿元。此处只考虑银行资产负债表中的企业存款，因此采用金融机构统计表中的数据。

政府存款可进一步划分为"财政性存款"和"机关团体存款"。财政性存款是指各级财政部门代表本级政府掌管和支配的财政资产，是国家财政收支和统一预算的一部分。由于中央银行仍担任经理国库的职能，在中央银行和商业银行的负债方都有财政性存款，商业银行资产负债表中的财政性存款一般是由中央银行划拨下来用于短期内有支付需求的部分。机关团体存款是指政府机构和事业单位在自身运营中所形成的银行存款。"财政性存款"和"机关团体存款"这两项均在《金融机构本外币信贷收支表》中公布，其加总即为政府存款。此外，《金融机构统计》中还单独公布财政性存款，与信贷收支表中的财政性存款完全一致。我们采用信贷收支表中的财政性存款和机关团体存款的加和来表示政府存款。

传统非银行金融机构在银行的存款以证券公司股票账户中的现金余额为主。这部分资金受股票市场价格指数波动的影响较大，对于居民来说其地位与银行存款类似。股票市场的价格波动会影响居民投入股票账户的资金规模，从而也会造成居民银行存款的短期波动，加入非银行金融机构的存款后可以降低存款总额的波动性。近几年随着影子银行业务的发展，银行在一些货币创造过程中并非一步到位在资产方和负债方同时计入企业贷款和企业存款，而是绕道通过影子银行机构，首先在资产方形成非贷款类资产，如对其他金融机构的债权，而在负债方首先形成了其他金融机构在银行的存款。这笔信贷投放需要再经历一个过程才能形成企业在银行的存款。因此，统计非银行金融机构在银行部门的存款，并纳入广义货币统计有利于减小货币余额的波动性。中国人民银行自 2011 年 10 月起将商业银行对其他金融性公司负债中的一部分统计为其他金融性公司的存款，并计入广义货币统计。因此，本书也单独列出非银行金融机构存款项目。其数据直接来源于《其他存款性公司资产负债表》，该数据从 2002 年开始统计，2002 年银行对其他金融性公司的负债为 8567 亿元，其中计入广义货币的存款为 2739 亿元，占比32%。而在 2002 年之前，银行对其他金融性公司的负债规模很小，2001 年仅为 2661 亿元，因此其中的存款部分也可忽略不计。

在中国人民银行（以下简称央行）的存款也可分为非金融企业的存款和政府存款。非金融企业存款是在金融体系尚不健全的历史环境下出现的，已于 2008 年完全取消，数据来源于《货币当局资产负债表》中的"非金融机构存款"。政府存款是由于央行经理国库的职责，财政缴税后直接由财政部门存放于央行，2016 年政府在央行存款余额为 2.5 万亿元，数据来源于《货币当局资产负债表》中的"政府存款"。

除存款外，近几年数量大幅增加的非保本银行理财对于持有者来说，功能与银行存款极为类似。银行理财产品 2004 年开始发行，此后经历了快速增长，2016 年年底银行理财资金规模达到 29.1 万亿元，接近居民在银行存款的一半。银行理财又进一步分为保证收益类、保本浮动收益类和非保本浮动收益类。对于有保本承诺的理财产品，监管部门将其视同为存款等价物，需在商业银行资产负债表中有所体现。而对于浮动收益型的理财产品，从名义上来说其性质与存款并不类似，不计入银行的资产负债表，属于商业银行的表外业务。但对于大部分非保本理财的购买者而言，这些非保本理财产品也有一些刚性兑付的性质，其地位也与存款类似，因此本书将这部分理财产品也视作存款。银监会自 2013 年起开始公布这三类产品各自所占比例，非保本产品的占比从 2013—2016 年有快速增长，从 64% 增长至 80%，规模达到 23 万亿元，已成为不可忽视的一类资产。在此之前，大部分银行理财应为保本类，我们按照每年 7% 的占比增速来估算 2013 年之前银行表外理财产品的规模。银行理财产品总规模的数据来自中国银监会发布《中国银行业理财市场年度报告》中的"理财产品资金余额"。数据从 2007 年开始，2007 年之前的数据，按照 70% 的年增速进行估算。

公积金存款与其他存款的功能相差较大，但在法律形式上也属于居民的存款，且在符合一定条件的情况下可以取出，在此也将其纳入存款的统计范围之内。

3. 贷款

贷款指银行等金融机构在一定时期内为其他机构单位提供货币资金，并按期限收回本金、收取一定利息的信用活动。贷款主要包括短期贷款、中长期贷款、企业贷款、财政借款、外汇贷款等。

银行的总贷款数据有三处数据来源，分别是《金融机构统计》中的"各项贷款余额"、《金融机构本外币信贷收支表》中的"境内贷款"和《社会融资规模存量表》中的"人民币贷款"。2016 年年底三者数值分别为 106.6 万亿元、107.8 万亿元和 107.8 万亿元。本书在 2004 年及之后采用信贷收支表中的总贷款余额，在 2004 年之前则采用金融机构统计中的各项贷款余额。居民贷款数据来源包括《金融机构本外币信贷收支表》中的"住户贷款"和《其他存款性公司资产负债表》中的"对其他居民部门债权"。二者在 2016 年年底分别为 33.4 万亿元和 33.0 万亿元。本书采用信贷收支表中数据。非金融企业贷款数据来源为《金融机构本外币信贷收支表》中的"非金融企业及机关团体贷款"。信贷收支表中的贷款数据只从 2004 年开始，2004 年之前只有金融机构统计表中的总贷款数据。2004—2016 年的 13 年，居民贷款占总贷款的比例从 15% 上升至 31%，每年上升超过 1 个百分点。由此我们也假设 1993—2004 年居民贷款占总贷款比例也处于类似的上升趋势，从 9% 上升至 14%，从而估算出 1993—2004 年的数值。

　　除银行贷款外，还包括银行作为中介的委托贷款、由信托公司发放的信托贷款。信托贷款是信托公司对非金融企业所发放的贷款，与银行贷款类似。信托公司将信托存款转化为信托贷款，也与银行的存贷款中介业务类似。但由于信托存款记在信托公司资产负债表的负债方，而不是银行的负债方，不属于广义货币的组成部分，信托存款与信托贷款并不属于货币创造过程，并不增加全社会的总货币数量。信托贷款数据有两处来源，分别为《社会融资规模存量表》中的"信托贷款"和信托业协会所公布的《资金信托余额表》中的"贷款"。二者在 2016 年的余额分别为 6.3 万亿元和 6.2 万亿元，基本一致。本书采用社会融资规模中的信托贷款数据。但由于社会融资规模自 2002 年才开始公布，我们用 11.5% 的年增速来估算 2002 年之前的信托贷款。委托贷款是企业间信用创造过程。非金融机构不具有贷款的权利，如果想对其他公司发放贷款，需经过银行通道将一笔资金委托银行对其他公司放出。数据来源于《社会融资规模存量表》中的"委托贷款"。2002 年之前的余额假设每年 18.5% 的增速进行估算。

　　个人住房公积金贷款是居民住房贷款的重要组成部分，2016 年个人缴存余额和贷款余额分别为 4.6 万亿元和 4.1 万亿元。个人住房公积金贷款数据来源于住房和城乡建设部所公布的"住房公积金贷款余额"。遗憾的是此数据直到 2012 年才开始公布,之前的数据空缺。为了补全 2012 年之前的数据,我们查阅到各地方住房公积金管理中心所公布的数据,其中上海市的数据时间序列最长,自 1997 年开始公布,此外还有广州市、北京市、杭州市、武汉市、南京市、佛山市、天津市、重庆市、厦门市等地的住房公积金管理中心也公布了较长的时间序列。这几个城市住房公积金贷款总和已接近全国总贷款的 1/3,具有较好的代表性。因此我们利用这几个城市的公积金贷款增速来估算全国的贷款增速,从而估算出 1997 年至今的公积金贷款余额。

民间 P2P 贷款融资和小额贷款也属于贷款的一部分,2016 年二者合计已达 1.7 万亿元。小额贷款公司与银行的职能类似,区别在于其资金来源的绝大部分并非存款,而是公司股东的资本金。2016 年小额贷款余额为 9273 亿元,其中股东的资本金为 8234 亿元,资本金占比 89%。小额贷款的数据来源于中国人民银行公布的《小额贷款公司信贷收支表》中的"贷款余额",数据从 2010 年开始。P2P 是互联网金融背景下发展出来的民间直接融资方式,特点是金融脱媒化,理论上的 P2P 平台只是帮助实现贷款方和借款方的直接对接。由于这种贷款形式类似于民间直接融资,并未通过金融中介,我们将其直接记在居民部门的资产方和负债方。

国外部门的贷款数据来源于《国际投资头寸表》(IIP),其中资产方和负债方的"其他投资"中的"贷款"与"贸易信贷"加总作为国外部门的贷款。由于在国家资产负债表中的国外部门是站在外方角度核算资产负债,因此其资产与负债的方向与 IIP 表是相反的,IIP 表中的对外资产是国家资产负债表中国外部门的负债,反之亦然。

4. 未贴现银行承兑汇票

汇票本身是属于非金融企业间的资产负债关系,并非商业银行信用创造。但由于银行承兑汇票具有商业银行背书,在企业间具有较好的流动性,因此也可以看作商业银行信用创造活动,但不属于普通贷款,在中国人民银行公布的资金流量表中单独列出。虽然未贴现银行承兑汇票也属于银行信用创造的范畴,但就资产负债关系来说,其仍属于企业间借贷,因此将这部分资产与负债同时记在非金融企业部门的资产方与负债方。

　　数据来源于《社会融资规模存量表》中的"未贴现银行承兑汇票"。2002 年之前的余额假设每年 11.5% 的增速进行估算。2016 年年底未贴现银行承兑汇票余额为 3.9 万亿元。

　　5. 保险准备金

　　保险准备金指投保人对保险金的净权益，等于保险公司的保险费预付款和未决赔偿准备金。对投保人属于金融资产，对保险公司属于负债。

　　保险金被保险公司用于投资多种类型的金融产品以获取收益，并不能从金融流量表中倒推余额，当前尚无完全对应的数据来源。中国保监会现已公布的保险资管资金运用余额，与保险准备金具有较大的重合性。保险公司发端于 1979 年，但在 2000 年之前的规模较小。1999 年保险公司的总资产仅为 2604 亿元，保险公司的资管产品是并入公司总体的资产负债表之中的，保险资管规模约占保险公司总资产的 90%，因此在 1999 年时保险资管的规模更小。自 2000 年之后保险公司总资产的增速呈现爆发式增长，直至 2016 年只有三年的同比增速小于 20%，最高增速高达 47%。在保险公司资产大规模增长的环境下，2003 年中国人保成立了第一家资产管理子公司，对保费实施更为专业化的管理。2016 年保险资管的总规模为 13.4 万亿元，保险公司的总资产为 15.1 万亿元，保险资管约占总资产的 88.5%。由于保险资管余额仅从 2013 年才开始公布，在 2013 年之前的数据我们采用保险公司总资产的 90% 来估算，数据从 1999 年开始。1999 年之前的数据则假设年同比增速为 20%。

　　6. 金融机构往来

　　金融机构往来是指金融机构之间的债权债务关系，包括商业银行对其他商业银行的拆借，对其他非银行金融机构的拆借，也包括非银行金融机构之间的债务融资，以及非银行金融机构对银行的资金拆借。

　　银行同业资产与同业负债是指银行部门内部的资产负债关系。商业银行对其他商业银行的债权包括三大部分：持有其他商业银行的债券、对其他商业银行的同业资金拆借、银行影子业务产生的信用出表。第一部分为商业银行持有其他商业银行的债券，统计在债券项目下。第二部分为广义的同业资金拆借，例如银行间债券市场中的回购业务，这部分债权同样也体现在银行资产负债表中的负债方。第三部分则为银行影子业务所产生的信用出表。例如银行 A 将本该以贷款形式发放给企业的资金绕道通过银行 B 来发放，此时银行 A 只在资产方记入同业拆出，但银行 B 作为通道可有多种手段将此资产记在表外，从而使得整个银行体系多出一部分银行间的同业资产但并没有相应的同业负债相对应。《其他存款性公司资产负债表》中资产方的"对其他存款性公司债权"对应着全部这三种同业资产，而负债方的"对其他存款性公司负债"则对应着第二部分同业资金拆借。因此用"对其他存款性公司债权"减去"对其他存款性公司负债"再减去银行持有的银行债券，即可估算出银行通过同业拆出过程所创造的信用。这部分信用对应于非金融企业的负债，与银行的贷款功能十分类似，但却并没有被银行贷款的统计覆盖，我们将这一部分加入到企业贷款中去。由于中国人民银行公布的同业资产与同业负债数据在 2005 年出现了结构性调整，2005 年之前的数据无法采用，我们利用银行持有银行债券的比例对 2005 年之前的同业数据进行估算。根据估算，银行持有的银行债券占银行同业资产的比例基本稳定，大部分时间都在 40%—45% 波动。因此我们假设在 2004 年之前这一比例稳定在 40%，由此可估算出银行的同业资产。而银行间的同业拆借占总同业资产的比例基本是在 35%—45% 波动，这里假设 2004 年之前的比例为 40%，由此可估算出银行的同业负债。根据估算，2016 年银行通过同业资产负债出表的企业贷款为 4.3 万亿元。

对非银行金融机构的债权是商业银行与影子银行相关联的业务，一般是将从银行无法直接发放的信贷通过绕道非银金融机构再对企业进行投放的过程，同时还包括了一些传统金融部门内部的资金拆借。这部分余额在近些年来有较快的增长，从 2010 年不足 2 万亿元增长到 2016 年的 26.5 万亿元，翻了 10 倍多。这部分的数据来源是《其他存款性公司资产负债表》中的"对其他金融机构债权"。对非银行金融机构的负债包括两部分，一个是非银金融机构在银行的存款，还有一部分是金融部门内部拆借且不计入存款的部分。这部分的数据来源于《其他存款性公司资产负债表》中的"对其他金融性公司负债"减去非银金融部门在银行的存款，2016 年这一余额仅有 5000 亿元。

7. 准备金

准备金指银行等金融机构在央行的存款，包括法定准备金与超额准备金。金融机构为开展借贷业务，需在央行存放相对于存款余额一定比例的准备金。其对商业银行及非银行金融机构属于金融资产，对中央银行属于负债。

商业银行在央行的存款也称为"准备金存款"，是央行创造基础货币的一部分，其中的法定准备金存款对应着过去发放贷款已经创造出来的货币，而超额准备金存款则表示着银行当前创造新货币的空间。商业银行在央行的准备金存款有两个数据来源，分别是《货币当局资产负债表》中的"其他存款性公司存款"和《其他存款性公司资产负债表》中的"准备金存款"。二者数据基本一致，2016 年年底二者分别为23.4 万亿元和24.0 万亿元，相差约 2%。我们认为记在资产方的数据相比负债方更具准确性，因此这里采用其他存款性公司资产负债表中的数据。

非银金融机构存款也是央行控制调节全社会信用总量的政策工具，在 2007 年之前也计入央行的储备货币。2008—2010 年，其中一部分计入储备货币，另一部分不计入储备货币。2011 年之后，则全部不计入储备货币。非银金融部门在央行存款的规模较小，2016 年余额为 6000亿元，数据来源于《货币当局资产负债表》中的"对其他金融性公司负债"，在某些年份是计入储备货币的部分和不计入储备货币部分的加总。

8. 债券

债务性证券是债务证明的可转让工具，包括债权和银行承兑汇票。债券是指由债券购买者承购的或因销售产品而拥有的可在金融市场上交易的代表一定债权的书面证明。包括政府债券、金融债券、企业债券、商业票据、支付固定收入但不提供法人企业参与价值分享权的优先股等。债券是承购者或持有者的资产，是发行机构或承兑机构的负债。我们统计的债券包括国债、金融债券、央行债券和非金融企业债券。

国债是当前中国债券市场的主要组成部分，由中央政府和地方政府发行的债券组成。在改革开放之前的计划经济体制下，政府既无内债也无外债，在计划中实现财政收支平衡，因此并没有金融部门对政府的债

权。1980 年之后，市场经济体制开始推行，也开始出现了金融部门对
财政部门的贷款，在 1988 年开始出现了国债。这一时期政府的负债额
很小，处于过渡时期，到 2005 年开始实行国债余额管理，当前已经形
成了较为完善的国债发行体系和交易市场。2009 年开始，受国际金融
危机的影响，地方政府开始加大投资。为解决地方政府融资瓶颈，由财
政部代理地方发行地方政府债券，直至 2014 年都以每年大约 2000 亿元
的规模发行。2015 年又开始了地方政府债务置换工程，允许地方政府
发行地方债来置换现存的政府债务。2016 年年底中央政府债券规模为
12.0 万亿元，而地方政府债券已达 10.6 万亿元。到 2017 年年底地方
政府债券已经超过了中央政府债券规模，地方政府债券已成为地方政
性债务的主要形式。全部国债主要被银行所持有，银行所持有国债的数
据来源于《其他存款性公司资产负债表》中的"对政府债权"。2016
年年底全部国债余额为 22.6 万亿元，银行部门持有其中的 17.2 万亿
元。由于中国国债的规模整体偏小，央行持有国债的比例更小，这是中
国央行的资产结构与美联储的最大区别。央行持有国债数据来源于
《货币当局资产负债表》中的"对政府债权"，2016 年年底的余额仅为
1.5 万亿元。

金融债券主要是指银行债。银行债是商业银行通过发行债券筹集资
金的工具，包括政策性银行金融债、商业银行普通债、商业银行次级
债、商业银行混合资本债、商业银行同业存单等，自 1988 年开始出现。
商业银行不同类型的债券在还本付息上的先后顺序不同，根据《巴塞
尔协议》，部分债券可以一定比例充实资本金，来满足银行资本充足率
的要求。银行债余额数据来源于《其他存款性公司资产负债表》中的
"债券发行"或者《存款银行概览》中的"债券"，二者数据一致。
1999 年之前银行发行的债券数据由于统计口径问题，存在结构性偏差，
故不能采用这两张表中的数据。中国债券信息网自 1997 年开始公布在
中债登托管的各类债券规模及其持有者结构，其中各类银行债券的加总
略小于商业银行资产负债表中的债券发行，2016 年银行资产负债表中
的银行债券发行存量为 20.1 万亿元，而中债登托管的银行债券加总为
15 万亿元，约占总规模的 3/4。但在较早时期里，中债登托管的债券比
例较高，如在 1999 年时这一比例约为 96%。因此我们假设 1997 年和

1998 年这一比例固定为 95%，从而估算出这两年银行债券的总规模。进而假设 1993—1997 年银行债券的年增速为 30%，估算出 1993—1996 年的银行债规模。银行债发行后仍主要被金融部门内部持有。从中债登所公布的银行债券托管数据中，可以得出全部托管债券中各主体的持有比例。以 2016 年为例，全部托管的银行债券为 15.0 万亿元，其中商业银行持有 9.4 万亿元，约占 63%，非银行金融机构持有 5.1 万亿元，约占 34%，国外部门持有 0.3 万亿元，约占 2%。我们也按照这一比例来估算全部银行债券中各主体的持有比例。由于中债登数据开始于 1997 年，1993—1996 年的持有者比例假设为 1997—2000 年的平均值。

央行债券，即央行票据，是中央银行发行的债券。最初发行央票的目的是调节地区和金融机构之间的资金平衡，央票的绝对数额和占比都比较小。银行持有的央行票据属于商业银行对中央对银行的债权，是中央银行回收流动性的一种手段。这部分持有在商业银行手中的央行票据既不核算为法定准备金，也无法像超额准备金那样拥有创造信用的能力。在中国外汇储备过快增长的时期，央票成为一种特殊回收流动性的政策工具。中国加入 WTO 之后，随着外汇储备的不断攀升，外汇占款引致了货币超发和流动性宽松，为通货膨胀带来了较大的压力。因此央行开始尝试通过发行央票来对冲外汇占款的快速增长，使基础货币的供给保持较为稳定的水平。在此背景下，2002 年之后央票经历了大规模扩张阶段。2011 年后，随着经常项目与资本项目双顺差局面的扭转，央行外汇储备从较高的增速逐渐企稳，当前已稳定在 3 万亿美元左右的水平。自 2011 年以来，央票也逐步缩量并退出历史舞台，2016 年年底央票余额仅剩几百亿元。央票余额也有两处数据来源，分别是《货币当局资产负债表》中的"债券发行"和《其他存款性公司资产负债表》中的"对中央银行债权"。由于央票基本由商业银行持有，二者数据也基本一致。2016 年年底货币当局资产负债表中的央票余额为 500 亿元，而银行资产负债表中的央票余额为 525 亿元。遵循资产方更为可信的原则，我们采用银行资产负债表中的数据来表示央票余额。

非金融企业债券是指非金融企业发行的包括企业债、公司债，以及中期票据、短融票据、超短融票据等类型的债务融资工具。企业债余额数据来源于《社会融资规模存量表》中有"企业债券"。2003 年之前的数据根据中债登和上清所债券托管余额数据按照一定比例估算。我们对中债登和上清所公布的各类型企业债进行微观加总，得出 2016 年企业债托管的余额为 10.1 万亿元。而社融存量中企业债余额为 17.9 万亿元，可见企业债托管余额约占总体余额的 56%，托管余额中的持有者结构比例具有一定代表性。从托管余额所计算出的持有者比例显示，全部企业债中约有 20% 被银行持有，另外 80% 被非银行金融机构持有，由此估算出银行持有企业债的数据。银行对企业的债权主要反映在了银行贷款和银行持有企业债的部分，包含在《其他存款性公司资产负债表》中"对非金融机构债权"项中。

9. 股票及股权

股票及股权是指股票购买者与直接投资者对投资企业净资产所拥有的权益。股票是股份公司签发的证明股东投资并按其所持股份享有权益和承担义务的权益性证券；其他股权是机构单位以直接投资方式用除股票、债务性证券以外的实物资产、无形资产及货币资金直接向其他单位或部门的投资。股票是购买者的资产，是发行机构的负债；股权是投资方的资产，是接受投资方的负债。此处体现了国家资产负债表与企业资产负债表的最显著区别，即股票及股权在国家资产负债表中被记为负债。股票与股权二者共同构成几大部门对非金融企业和金融机构部门的净资产索取权。

对于全部非金融企业净资产账面价值的估算分为两步。第一步将全部非金融企业分为工业、建筑业、批发零售业、住宿餐饮业、房地产业、交运仓储及邮政业、其他第三产业和第一产业，共 8 个行业，从历年统计年鉴中获得每个行业的规模以上企业的总资产和总负债。第二步是将第一步所得出的规模以上企业总资产、总负债与 2004 年、2008 年和 2013 年三次全国经济普查所得出的每个行业全部总资产、总负债进行比较，得出一个比例系数，再按此比例调整历年总资产与总负债，从而得出每个行业净资产的账面价值。举例来说，从统计年鉴所获得的 2008 年和 2013 年规模以上工业企业总资产分别为 4.3 万亿元和 8.5 万亿元，而从两次经济普查中获得的工业企业总资产分别为 4.7 万亿元和 10.5 万亿元。全部企业总资产与规模以上企业总资产的比例分别为 110% 和 124%，由此我们假设这一比例 2008—2015 年遵循线性上升的过程，每年增长 3 个百分点。进而可以从历年规模以上工业企业总资产数据估算出全部工业企业的总资产。对于交运仓储和邮政业、其他第三产业和第一产业这 3 个行业，统计年鉴中并不公布其规模以上企业的总资产，而只公布增加值（行业 GDP）。因此对这 3 个行业，我们采用经济普查年份 GDP 占总资产的比例以及资产负债率来估算历年的净资产。对于金融机构部门，我们从监管当局的年报得到银行、证券公司和保险公司的资产负债表，并以这三类公司的净资产作为金融部门股票与股权的总额。

政府持有的股权账面价值来自国资委公布的"全国国有企业所有者权益总额"。政府持有的企业股权占比从 1993 年的 58% 下降到 2016 年的 25%，国有持股比例明显下降。国外部门的股票及股权数据来自 IIP 表中的"股权"和"其他股权"。在 3 次全国经济普查结果中给出了全部行业的持有者结构，包括国有资本、集体资本、法人资本、个人资本和海外资本。我们以此为基础估算出居民部门的持有比例，2013年居民持有非金融企业的股权比例为 21%，持有金融机构的股权比例为 11%。由此划分出各部门对股票及股权资产的持有比例。

10. 证券投资基金份额

证券投资基金以基金形式运行的用于投资金融或非金融资产的受益凭证。狭义的证券投资基金包括公募基金、基金专户、私募基金等。除此之外，券商资管产品、券商自营产品、信托产品以及社保基金都与证券投资基金类似。我们将这些金融产品全部划分到证券投资基金份额中。其中最为特殊的是货币型公募基金，其虽然被列为证券投资基金，但对持有者来说其功能作用与货币极为相似，在分析广义货币时也可将其视为存款的等价物。证券投资基金份额对于其持有者是金融资产，对于相应的非银行类金融机构属于负债。

最早的一家公募基金成立于 1998 年，其前身是券商营业部的资管产品。按大类来分，公募基金可分为封闭式基金和开放式基金，其不同在于居民所购买的基金份额是否可以随时赎回，大多封闭型基金会设立几年的封闭期，不允许基金赎回。开放型基金又可分为股票型基金、混合型基金、债券型基金、货币型基金和 QDII 基金等，分类依据是基金所投资的证券种类。股票型基金和混合型基金以股票投资为主，2015

年股灾后由于监管当局对股票型基金仓位的控制，大量原先的股票型基金为了更灵活操作变更为混合型基金。债券型基金以债券为主要投资对象，货币型基金主要为短期流动性货币工具，QFII 基金则主要投资于海外市场。公募基金的规模与股票市场指数的相关性很强，首先是因为股票市场价格的变动会影响到基金净值规模，其次股票市场的赚钱效应也会吸引投资者购买基金进入股市，从而与价格表现出相同的变动方向。2016 年公募基金总规模为 9.2 万亿元，其中货币基金占 4.3 万亿元。公募基金总规模的数据来源是中国证券投资基金业协会公布的"公募基金净值"，数据从 1998 年开始。

基金专户是指公募基金管理公司的特定客户资产管理业务，按照业务形式不同，可以分为"一对一"专户和"一对多"专户两种。许多知名的公募基金自 2003 年起开始委托管理社保基金，自 2005 年起开始管理企业年金，这都是特殊类型的基金专户。2012 年证监会出台了《基金管理公司特定客户资产管理业务试点办法》，规定公募基金的子公司可从事投资于未通过证券交易所转让的股权、债权及其他财产权利等。由此大量基金公司开始成立子公司来从事这类资产管理业务。2016 年年底，公募基金的专户业务规模为 6.4 万亿元，子公司专户的规模达到 10.5 万亿元，共计 16.9 万亿元，已远超公募基金的规模。但近几年来基金专户的发展主要是通道业务。以 2016 年为例，其母公司专户中的一对一产品规模为 4.2 万亿元，占比 65%，子公司中一对一产品规模为 8.2 万亿元，占比 78%。一对一产品基本都为通道业务，是金融行业监管套利的重要体现。随着金融去杠杆的推进，这类通道规模将有所降低。基金专户规模的数据来源于中国证券投资基金业协会公布的"基金管理公司专户业务资产管理规模"，数据从 2012 年开始公布。2012 年之前的数据我们采用公募基金的管理费收入中来自公募的占比和来自专户业务的占比来估算专户业务与公募业务的比例，从而得出基金专户的规模。基金专户的资金来源也主要以金融机构为主。2016 年一对一专户产品规模为 12.4 万亿元，占全部基金专户的 3/4，这些应全部为金融机构的通道类业务。由此，我们假设全部基金专户余额中有 5% 来自居民部门，有 10% 来自非金融企业部门，其余全部来源于金融部门内部。

　　私募基金在近几年经历了快速增长，2016 年年底总规模已达到 7.9 万亿元，两年间翻了 3 倍。私募基金与公募基金的基金专户比较类似，属于集合类资产管理产品，并且面对特定投资者募集资金。在 2013 年之前，私募基金一般是通过信托公司的通道或者以有限合伙企业的方式来发行基金产品，一般证券型基金采用信托通道的方式，股权投资基金采用有限合伙企业的形式。2013 年《中华人民共和国证券投资基金法》的实施，加强了对私募基金的监管，鼓励私募基金阳光化，在证监会的监管下自主发行契约型基金。私募基金的管理规模开始快速增长。2014 年 7.9 万亿元总规模中，有 5.1 万亿元是股权创投类投资基金，是私募基金的主要部分。证券类投资基金也发展到 2.8 万亿元，已经超过非货币类公募基金总规模的一半。随着私募基金的快速发展，未来具有超过公募基金的潜力。私募基金总规模的数据取自中国证券投资基金业协会公布的"私募基金管理机构业务总规模"。该数据自 2014 年起开始公布，2014 年之前，绝大多数证券类私募基金采用与信托公司合作的方式发行，因此我们利用中国信托业协会公布的"私募基金合作证券投资信托余额"来估算证券类私募基金规模。股权类规模则以 50% 的年增速来估算。私募基金的功能与基金专户类似，也是重要的投资通道，我们假设私募基金的持有者结构与基金专户相同。

　　证券公司的资产管理业务是在股票经纪职能和投资顾问职能的基础上发展出来的。证券公司起步于 20 世纪 80 年代初期，最初的职能是股票经纪和投资银行。1996 年开始的大牛市促生了券商资管业务，其本质是利用券商的信息优势和研究优势代客理财。随后公募基金公司开始出现，专门分离出这部分集合资金进行二级市场投资的资产管理职能。此后这类和二级市场相关的资产管理业务主要集中于公募基金。随着股权投资的兴起，证券公司也在发展自己的资管产品，成为对公募基金的补充。公募基金对二级市场有更强的研究能力，专注于二级市场投资，而券商资管则更多为通道业务，主动管理方面也不以证券二级市场投资为主。随着银证合作、银信证合作的兴起，近几年券商资管大幅度扩容，2016 年年底已达 17.3 万亿元，相比 2012 年增长了 15 万亿元。券商资管规模的数据来源于中国证券投资基金业协会所公布的"集合资管产品期末受托余额""专项资管产品期末受托余额"和"定向资管产品期末受托余额"。数据从 2007 年开始公布，当年余额仅为 788 亿元，2007 年之前的数额很小便不再作估算。三大类券商资管产品中，定向资管占有最大的比例。2016 年集合资管、专项资管和定向资管的规模分别为 2.2 万亿元、0.4 万亿元和 14.7 万亿元。而专向资管中个人投资者所占的比例仅有 0.3%，集合资管中个人投资者占比为 42.9%。本书根据这一比例，假设居民投资券商资管的占比为 10%，其余皆为金融部门内部持有。

此外，证券公司的资产管理工具中，除了占大头的资产管理业务，还包括一部分自营业务。所谓自营业务，是指证券公司的自有资金在资本市场中进行投资的业务。这部分业务当前占比很小，2016 年仅为 1.7 万亿元，但在 2010 年之前，这部分业务占比相对较大，2007 年其余额为 1582 亿元，远超资管业务的 788 亿元。因此我们在估算较长时间序列资产负债表时，也将这类金融工具纳入，数据来源与券商资管相同。

信托公司是最为典型的影子银行机构，是银行信用创造过程的重要通道，大量商业银行无法对实体经济直接创造出来的信用，都可以绕道通过信托公司产品流向企业，即"银信合作"。中国信托业自 1979 年开始起步，中信集团的前身，中国国际信托投资公司于当年成立，是改革开放初期重要的金融创新。最初的信托业以存贷款类业务为主营，但由于其灵活的机制和更丰富的经营牌照，可以绕开传统僵化的监管政策，为实体经济和对外开放提供融资。2016 年年底信托业全部资产管理规模为 20.2 万亿元，是仅次于银行理财的第二大金融资产管理工具。信托产品进一步分为单一资金信托、集合资金信托和管理财产信托。资金信托与管理财产信托的主要区别是信托资产的形式不同，资金信托的受托资产是货币资金，而管理财产信托则是非货币类资产，如受益权、所有权之类的资产。信托产品资产管理规模的数据来自中国信托业协会所公布的信托资产余额，该数据自 2007 年开始公布。2007 年之前缺乏总资产管理规模的数据，但每年的《中国信托业年鉴》中公布全部信托公司自身的资产负债表。在核算制度上信托产品的规模要记入信托公司自身的资产负债表，我们可以利用公司资产负债表总规模的年增速来估算出信托产品规模的增速，由此补全 1993—2006 年信托产品规模的数据。根据经验，信托资产中绝大部分应为通道资产，由金融部门内部持有。2016 年 20.2 万亿元信托资产中，资金信托占 17.5 万亿元，而资金信托中的单一资金信托占到 10.1 万亿元。单一资金信托基本可以理解为信托公司的通道业务，其中绝大部分来自银行理财资金（银信合作余额为 4.8 万亿元）。另一方面，央行 2010 年的金融稳定报告中公布了居民部门持有的信托余额为 3088 亿元，占当年全部信托余额的 10.7%。由此，我们假设全部信托余额中 85% 的资金来自金融部门，剩余部分有 10% 来自居民，5% 来自非金融企业。

社保基金和企业年金是另外两大类金融工具，2016 年全国社保基金余额为 2.0 万亿元，企业年金余额为 1.1 万亿元。

11. 中央银行贷款

中央银行贷款是货币创造的重要工具，央行在对商业银行或非银行金融机构进行贷款的过程中，同时在其资产方和负债方记入中央银行贷款和准备金存款，商业银行也同时在资产方和负债方记入准备金存款和中央银行贷款。

央行对其他部门的贷款又可分为对银行的贷款、对非银行金融机构的贷款和对非金融企业的贷款。中央银行对商业银行的贷款是货币政策的重要组成部分，其本质上是中央银行在资产负债表两端分别增加一笔资金：在资产方增加了对商业银行的贷款，在负债方增加了商业银行存放在中央银行的超额准备金。与此同时商业银行在资产负债表两端增加一笔资金：资产方增加了超额准备金，负债方增加了对中央银行的负债。这一过程完成了基础货币的创造。现实中具体的完成形式有许多种类。在 2000 年之前，这一过程主要体现为中央银行对商业银行的再贷款，即央行对商业银行所发放的贷款。之后一段时间，由于外汇占款大量增加，央行在大部分时间的工作是回收流动性，对商业银行的再贷款基本处于停滞状态。但 2014 年以来，由于外汇占款增长放缓，央行又开始重操对银行贷款这一货币政策工具，成为投放基础货币的主要途径。但这一工具不再以传统再贷款的形式为载体，而是出现了 SLO、SLF、MLF 和 PSL 等创新型政策工具。这些工具在本质上依旧是再贷款的变种，但又加入了价格调控和结构调控的因素，对货币政策在地区间、产业间以及金融机构间所达到的效果起到更为精准的调节。央行对商业银行的贷款也有两处数据来源，分别是《货币当局资产负债表》

中的"对其他存款性公司债权"和《其他存款性公司资产负债表》中的"对中央银行负债"。2016 年二者的数值分别为 8.5 万亿元和 8.8 万亿元。遵循资产方优先的原则，我们采用央行资产负债表中的数据来表示。

对非银金融部门贷款占比较小，2016 年余额仅为 6000 亿元。数据来源于《货币当局资产负债表》中的"对其他金融性公司债权"。对非金融企业的贷款则是历史遗留问题，在整体金融体系尚不健全的环境下，央行对一些老少边穷地区发放了一些直接政策性贷款。随着金融体系的完善，这种贷款项目已逐步退出历史舞台，2016 年余额仅剩 81 亿元。数据来源于《货币当局资产负债表》中的"对非金融公司债权"，由于其占比极小，我们在资产负债表中忽略央行对非金融企业贷款。

12. 直接投资

直接投资是指外国、港澳台地区在中国内地以及中国内地在外国、港澳台地区以独资、合资、合作及合作勘探开放方式进行的投资。直接投资也被称作外商直接投资（FDI）。外国企业对中国的直接投资记在非金融企业的负债方和国外部门的资产方，中国企业对国外的直接投资记在非金融企业的资产方和国外部门的负债方。

FDI 数据取自 IIP 表中的"直接投资"，2016 年中国对外直接投资余额为 9.1 万亿元，外国对中国的直接投资余额为 19.8 万亿元。

13. 国际储备资产

储备资产是指中国中央银行拥有的可以随时动用并有效控制的对外资产，包括货币黄金、特别提款权、外汇储备、在国际基金组织的储备头寸和其他债权。国际储备资产记在金融部门的资产方以及国外部门的负债方。

由于中国在过去很长一段时间都采用强制结售汇制度，结合中国加入 WTO 之后经常账户与资本账户的双顺差，在央行资产负债表中积累了大量的外汇储备，这些外汇储备被记为《货币当局资产负债表》中的"国外资产"，2016 年余额为 23.0 万亿元，占央行全部资产的 67%。此外，从 IIP 表中也可以得到国际储备资产，2016 年余额为 21.4 万亿元。二者略有差异，本书采用 IIP 表中数据。

14. 其他金融资产或负债

其他金融资产与负债是指没有归入上述金融资产与负债项目中的所有金融债权债务，主要包括商业信用和预付款、其他应收应付款项和 IIP 表中的其他投资等。

对于政府部门负债，我们在估算地方政府债务时，除了债券余额与贷款余额外，还有一些其他政府债务，主要包括地方融资平台债务、政府引导基金、专项建设基金和 PPP 等。这部分债务也需要在政府资产负债表中有所体现，但无法具体分类到其他负债项，因此本书将这部分债务划入到其他负债中。对于其他部门的其他资产或负债，由于我们采用的是间接估算方式，无法得出这部分金融资产与负债的存量值。我们假设 1993 年所有部门的期末值为 0，并根据历年金融资金流量表直接加总出后续各年各部门的其他（净）资产或负债。

非金融资产

非金融资产可分为固定资产、存货和其他非金融资产。

1. 固定资产

固定资产指在生产过程中被重复或连续一年以上利用、单位价值在规定标准以上的资产，由有形资产和无形资产组成。有形资产主要包括住宅、非住宅建筑物、机器设备、培育资产和大牲畜等；无形资产主要包括矿藏勘探、计算机软件、娱乐和文学艺术品原件等。固定资产是净值的含义，它等于固定资产原值减去累计折旧，再加上在建工程。住宅指居民使用的房屋，包括各种附属结构，如车库等。其他建筑和建筑物是指房屋意外的建筑物，如厂房、办公楼、基础设施等。机器和设备包括运输设备，用于信息、计算机和通信的机器，以及其他机器和设备。培育性生物资源包括能重复提供产品的动物资源和能重复产果的植物资源。知识产权产品是研究、开发、调查或者创新等活动的成果，开发者通过销售或者在生产中使用这些成果而获得经济利益。

居民部门的固定资产包括城镇住房、农村住房、汽车和农村居民生产性资产。第一，我们将居民固定资产大类限定在居民住房资产、农村生产性固定资产及汽车三项。第二，住房资产价值按城镇居民和农村居民分别计算。其具体估算方法详见《中国国家资产负债表 2013》第三编。需要指出的是，由于《中国统计年鉴 2014》未公布 2013 年城乡居民人均居住面积、农村居民住房价值等数据，对缺失指标按照前五年间估值的平均增幅外推得出（即 2013 年数值由 2008—2012 年平均增幅得出）；2014 年城镇、农村住房价值直接按照 2009—2013 年数值外推得出。在居民住房上考虑部分城镇居民住房实际上并不属于私人所有（如公租房、共有产权房等），我们按照估算比例进行调整。第三，关于"汽车"一项，由于汽车销售额数据缺失，此处采用《中国汽车工业年鉴》公布的历年汽车主导产品主营业务收入（或销售收入）代替，并对居民持有的汽车资产存量价值进行了推算。第四，"农村生产性固定资产"一项根据《中国统计年鉴》公布的"农村居民家庭生产性固定资产原值""农村户均人数""农村居民人口"计算而来。同样地，由于数据缺失，2013 年、2014 年农村生产性固定资产原值也以上述方法外推得出。非金融企业部门的固定资产用永续盘存法对经济普查数据和资金流量表进行加工，用比率推算的方法解决推算结果在固定资产和存货之间的分配问题。金融机构部门固定资产的估算主要采用上市银行和其他非银行金融机构所公布的资产负债表中各类资产的占比进行估算。政府部门的固定资产包括狭义固定资产、在建工程、国有建设用地资产和公共基础设施。

这里再次强调固定资产中住房、建筑物和土地的区分。土地是一种自然资源，但 SNA 体系下并非要纳入一国地理表面区域内的所有土地，只有那些所有权已经确立并已经得到有效实施的自然资源才有资格作为经济资产记入资产负债表。纳入资产负债表的土地必须满足两个条件：一是必须要有一定主体对其行使所有权，二是其所有者会因为所有权或使用权而获取经济利益。因此一国的土地资产的规模并非完全确定，当经济模式的变化或新资源的发现使之前未计入土地的资产产生了经济效益或所有者，土地资产会相应增加。另外，土地经常与其上的建筑物一起被购买或出售，区分土地与其上建筑物价值是土地估值的难点。通常有 3 种方法来处理。第一，对于土地和建筑物市场价值较为明确的，可以直接用各自市场价值来估价。第二，对于二者价值难以分离，但可以估算出一定比例的，可以先计算合并市场价值再用相关比例来分割。第三，对于土地与建筑物价值无法分割且建筑物占比较大的，土地可一并计入建筑物价值。中国的住房与土地一般都是一同买卖，当人们购买一套住房时并不能区分购房款中用于住房本身和土地之间的比例。因此在国家资产负债表中，住房和公共基础设施都包括了建筑物下土地的价值，不再单独核算用于住房的土地价值。政府资产中的土地只包括其上没有建筑物的国有建设用地资产。

2. 存货

存货指用于生产耗用、经营销售、行政管理而储存的各种产品。包括原材料、在制品、半成品和产成品、商品库存、其他库存（如物资储备等）。

居民部门的存货包括应农户粮食储备、牲畜存栏、个体工商户存货等，其占比很小，我们没有给予估算。非金融企业部门的存货采用永续盘存法对经济普查数据和资金流量表进行加工，用比率推算的方法解决推算结果在固定资产和存货之间的分配问题。金融机构部门存货的估算主要采用上市银行和其他非银行金融机构所公布的资产负债表中各类资产的占比进行估算。

3. 其他非金融资产

其他非金融资产指生产过程以外的非金融资产，由有形资产和无形资产组成。有形资产主要包括土地、森林、水、地下矿藏等自然资源；无形资产主要包括专利权、版权、商标权、商誉等。居民部门无其他非金融资产。其他非金融资产的估算方法与存货类似。

1.3　中国国家资产负债表的基本结果

根据前文所介绍的部门分类、资产负债分类、各指标间平衡关系，以及数据涵盖范围和数据来源，我们编制出 2000—2016 年国家资产负债表（见附录三）。每一年的资产负债表的各部门内部都遵循以下恒等式：

资产 ＝ 非金融资产 ＋ 金融资产　　　　　　　　　　（恒等式 3）

非金融资产 ＝ 固定资产 ＋ 存货 ＋ 其他非金融资产　　（恒等式 4）

金融资产 ＝ 通货 ＋ 存款 ＋ 贷款 ＋ 未贴现银行承兑汇票 ＋ 保险准备

金 + 金融机构往来 + 准备金 + 债券 + 股票及股权 + 证券投资基金份额 + 中央银行贷款 + 直接投资 + 国际储备资产 + 其他金融资产 （恒等式5）

负债 = 通货 + 存款 + 贷款 + 未贴现银行承兑汇票 + 保险准备金 + 金融机构往来 + 准备金 + 债券 + 股票及股权 + 证券投资基金份额 + 中央银行贷款 + 直接投资 + 国际储备资产 + 其他负债 （恒等式6）

资产净值 = 资产 − 负债 （恒等式7）

国内各部门合计为经济总体，其资产净值就是中国所拥有的国民财富。对经济总体来说，有以下恒等式：

经济总体资产 = Σ 国内各部门资产 （恒等式8）

经济总体负债 = Σ 国内各部门负债 （恒等式9）

经济总体资产净值 = Σ 国内各部门资产净值 = 经济总体资产 − 经济总体负债 = Σ 国内各部门非金融资产 + 经济总体对外资产净值

（恒等式10）

从经济总体与国外的对应关系来看，国内和国外之间通过不同金融工具形成了资金融通，存在以下恒等式：

经济总体金融资产 + 国外部门金融资产 = 经济总体负债 + 国外部门负债 （恒等式11）

经济总体对外资产净值 = − 国外部门资产净值 （恒等式12）

基于编制结果，我们可以得出这么几个"大数"：

2016 年年底经济总体资产净值（即社会净财富）共计 437.5 万亿元，其中非金融资产 424.5 万亿元，对外净资产 12.9 万亿元；经济总体资产净值增长到 2000 年的 11.5 倍，年均增速 16.5%，其中非金融资产为 2000 年的 11.3 倍，年均增长 16.4%，对外净资产为 2000 年的 26.9 倍，年均增长 22.8%。由于社会净财富的增速快于 GDP 增速，这也使得社会净财富与名义 GDP 之比从 2000 年的 380% 攀升到 2016 年的 590%。

本章侧重于如何编制，关于 2000—2016 年中国国家资产负债表的重要发现和深度分析，详见下一章。

2

2000—2016 年中国国家资产负债表的主要发现

2.1 国家资产负债表编制的最新进展

中国国家统计局在 20 世纪 90 年代就在尝试编制国家资产负债表，并于 2004 年发布了 1998 年的国家资产负债表。且在 1997 年和 2007 年两次出版《中国资产负债表编制方法》，但之后统计局的国家资产负债表一直处于试编阶段。

2012 年，关于中国国家资产负债表的编制和研究，不约而同出现了三批力量。一批是李扬领衔的中国社会科学院课题组（李扬等，2012；2013），另外两批是分别由曹远征和马骏领衔的研究团队（曹远征、马骏，2012）。再后来，又有新生力量加入，如杜金富（2015）、余斌（2015），他们更侧重于政府资产负债表的编制。2018 年，国家统计局完成了中国国家资产负债表（2015）的初步编制，但没有公开发布。

目前，唯一坚持编制与发布中国国家资产负债表数据的只有国家资产负债表研究中心（Center for National Balance Sheet，CNBS）①。该中心编制估算了自 2000 年以来的中国国家资产负债表（李扬等，2013；2015）。中心所提供的国家资产负债表数据成为分析研判国家能力、财富构成与债务风险的权威依据，并被国际货币基金组织（Li & Zhang，2013；Frecaut，2017）、世界财富与收入数据库（Piketty et al.，2017）

---

① 隶属中国社会科学院国家金融与发展实验室。

以及国际主流学术期刊（Naughton，2017）所引用，由此奠定了 CNBS 在该领域的国际话语权，Chan（2017）指出这是里程碑式的贡献。主要研究成果也在国内产生较大影响，囊括了首届孙冶方金融创新奖（2015）、第五届中国软科学奖（2015）等诸多重要学术奖项。在国家资产负债表编制基础上，中心还估算了自 1993 年以来中国全社会及各部门的杠杆率，并且自 2017 年起开始发布季度杠杆率（张晓晶等，2017；2018）。中心对中国杠杆率数据的发布比国际清算银行（BIS）要早两个季度，且数据质量一定程度上要优于国际清算银行（张晓晶、刘磊，2018a；2018b）。

就国际而言，全球主要发达国家都有定期公布的国家资产负债表。但由于学术界对存量经济指标的理解和应用尚缺乏共识，各国编制资产负债表的目的也不尽相同，因此各国的国家资产负债表仍没有形成如 GDP 这类流量指标一般的统一标准。2008 年国际金融危机推动了各国资产负债表编制的进展。金融危机之后，美联储和欧央行对国家资产负债表和资金流量表所体现出的指标更为重视。由欧央行几位经济学家编写了两卷本的从资金流量表分析金融危机的著作（Winkler et al.，2013），这标志着中央银行学者从国家资产负债表角度理解这次金融危机的尝试[①]。

除经济学家外，国民账户统计专家也开始对这一问题产生兴趣。由经济合作与发展组织（OECD）组织的"金融统计研讨会"是一年一度探讨改善金融统计指标质量的学术会议。2016 年 10 月，这一会议的年度主题定为"资产负债表数据的汇编与运用"。来自国际货币基金组织、国际清算银行、6 个国家的央行（智利、德国、印度、日本、墨西哥和葡萄牙），以及澳大利亚国家统计局的专家学者参与了这次会议，共同探讨对国家资产负债表统计方法的改善及分析方法。国际货币基金组织也在 2015 年 3 月举办过类似的深度研讨会"资产负债表及各部门账户"，召集全球学者对这一问题进行讨论。当前对国家资产负债表的编制普遍达成三点共识。第一，各国标准尚未统一，基于各国特殊情况

---

① 根据 SNA 体系，金融资金流量表与资产负债表中的金融资产和负债指标一一对应，可以将资金流量表看作资产负债表中相应项目的单期变化量。

的不同假设为资产负债表的国际比较造成困难，因此亟须建立具有可操作性的国际统一标准。第二，各国国家资产负债表存在一些普遍的缺陷，例如时效性较差、频繁修正、缺乏与企业资产负债表的比较以及实物资产估值标准不统一等，这些困难需要通过建立全球统一的标准来解决。第三，越来越多的政府与学者开始对国家资产负债表进行研究，取得的进步越来越大（Frecaut，2017）。

对国家资产负债编制规范的进一步统一，是当前各国所需要解决的重要问题。国际货币基金组织也在呼吁建立一个跨国合作的"全球资产负债表项目"，召集相关的专家学者分享经验并统一各国间的假设标准和统计规范，从而使国家资产负债表对金融危机和金融稳定性研究产生更重要的作用。这需要宏观经济学家、国民账户统计专家和金融专家的密切配合。

2.2　本次编制的创新与重要突破

关于国家资产负债表的编制，我们出版了两本专著（李扬等，2013，2015）。汇总的国家资产负债表数据涵盖了2007—2013年，部分部门资产负债表的数据是从2000年开始。本次编制的国家（及部门）资产负债表的时间段涵盖了2000—2016年。相比于前两次，本次的编制成果在编制方法、数据跨度以及国际比较等方面都取得了重要进展。

第一，在SNA编制框架下统一了各部门资产负债表。在前两次编制中，出于对风险的考虑，各部门的资产和负债都采用了谨慎性原则，偏向于多计负债、少计资产，这也是企业资产负债表编制的基本原则之一。但由于每个部门都采用谨慎性原则，加总的资产负债表中金融资产与负债并不完全一致，与SNA编制框架有所出入。本次编制，我们坚持以SNA2008为基本标准，并结合中国实际国情，将各个部门的资产和负债统一在一起，对每一类资产和负债都采用四式记账原则，最终将各部门资产负债表与国家总资产负债表统一在一起。

第二，改进了金融部门资产负债表的编制方法。一方面，对于国家资产负债表，尤其是金融资产与负债，金融部门都是至关重要的组成。实体经济大部分资金来源于金融部门，其资金运用中也大多流向金融部门，从这个意义上说金融部门就是实体经济的镜像。另外，金融体系内部也存在着大量的资产负债关联，例如央行的货币政策工具就是其对商业银行的债权，再例如大量影子银行资产是商业银行与非银行金融机构之间的债权债务。这些债权和债务也都对应着金融部门的资产和负债。本次编制，我们改进了方法，重新编制金融部门资产负债表，使其既能反映对实体经济的资金支持，又能反映部门内部的债权债务关系，尤其体现出 2009 年以来影子银行的发展。事实上，也正是重新编制了金融部门资产负债表，才使得其他各部门能在 SNA 的框架下统一起来，实现了汇总表与分部门表完全一致，一定程度达到了统计上的"完美"。

第三，将企业部门的剩余索取权完全分配于居民、政府和国外部门。在国家资产负债表编制中，主要强调金融工具，而并不严格区分债权和股权。例如在证券投资基金这类金融工具中，既包括货币基金、债券基金、各类收益权等债权类基金，也包括股票基金、PE 等股权类基金。所有金融工具都被看作金融索取权（Financial Claims），包括债权类的优先索取权以及股权类的剩余索取权。所有的金融索取权都被其他部门（如居民、政府或国外部门）所持有，因此非金融企业和金融部门的资产净值为 0。在其他国家的资产负债表编制经验中，这两个部门可能还会有一部分资产净值，也被称作未物化的金融索取权（Unmaterialized Financial Claims），其本质是股权的市值与账面价值之间的缺口。一般这类资产净值的占比极小，我们没有对其进行估算。

第四，对于社会保障，我们专门估算了公职人员养老金的未来支出缺口以及折现后的负债。在之前的报告中，我们讨论了养老金缺口及政府相关的隐性负债。根据国际经验，这部分负债应纳入国家资产负债表，且占政府部门负债相当大的比例，例如美国 2016 年政府部门的养老金负债高达 3.7 万亿美元，占政府全部负债的 17%，澳大利亚 2016 年养老金负债更是占到了政府债务的 38%，是不可忽视的一部分债务。这部分债务又主要对应着居民部门的金融资产，是居民未来养老金收入的折现值。我们在过去的报告中并未加入这部分资产和负债，从而低估了居民的金融资产和政府部门的负债。本书我们专门估算了公职人员养老金的支出缺口以及对应的债务，依照国际惯例，这部分算作政府的实际负债（而一般居民养老金缺口则视为政府或有负债），对其数值的估算有利于更好地认识政府部门真实负债情况。限于相关估算还不是非常成熟，因此，这一缺口目前只是作为国家资产负债表的一个补充，让我们了解有这一部分的政府负债存在。待条件成熟，再把它放到正表中。

第五，对于土地资源，本书仅列了国有建设用地资产，而未包括农地和林地。根据 SNA 准则，仅有那些所有权已经确立并已得到有效实施的自然资源才有资格列入国家资产负债表。在之前的编制中，我们估算了农地和林地资源的价值，并将其列为政府资产。这类土地的租约相对较长，所有权、承包权、经营权三权分置，需要在未来的改革中进一步确权。故本书中，我们单独报告了对农地和林地资产价值的估算，但并未将其列入资产负债表。此外，地方政府的城市建设用地是政府持有并较易变现的一部分资产，本书我们将这部分城市建设用地进行了估算并列入政府资产。国际上对土地和建筑物的估算也有一些不同的标准，例如美联储在估算非政府部门的非金融资产时，将土地和地面建筑都归入建筑物资产中去，而美国经济分析局（BEA）则是只考虑建筑物价值，没有包含土地价值。

第六，将资产负债存量的变动进行分解，专门考虑价值重估对资产负债的影响。根据资产负债表的动态平衡公式，期末资产与期初资产之间的差距主要来自三个方面：投资或资产负债相关的交易、价值重估、其他非交易性因素。其中前两项是资产负债变动的主要因素。本书中，我们将非金融资产的变动分解为固定资本形成与价值重估，将金融资产负债的变动分解为净金融投资和价值重估。这一分解，尤其是对非金融资产的分解，可以帮助我们对实际财富的增长动力有更切实的了解与把握。

第七，本书还强化了国际比较。我们选取日本、德国、英国和美国的国家资产负债表作为主要比照对象，从资产负债规模、增速、结构，以及一些重要的比例方面进行更细致的考量，通过对比说明当前中国宏观经济的特点、优势和风险。

第八，我们的研究在与同行的交流互鉴中得到了进一步提升。这包括评估国家统计局内部编制国家资产负债表工作所得到的启示，对于 Piketty 等（2017）关于非金融资产估算的借鉴，以及 Chan（2018）对于将 SNA 体系方法贯彻到底的建议。此外，在与国际货币基金组织和英国财政部的交流中，对于政府部门资产负债表的完善也起到了推动作用。

2.3　来自国家资产负债表的主要发现

2000—2016 年的国家资产负债表提供了大量的信息。如何从这些信息中获得重要发现也是一项富有挑战性的工作。我们这里只作一些初步的尝试，还希望有志者可以从国家资产负债表这样的数据"富矿"中发掘出更多的宝藏。

2000—2016 年包含了金融危机前的全球化繁荣时期、危机后的 4 万亿元刺激阶段，以及后来的政策调整，是一个较为完整的周期，也具有非常重要的典型意义。如果能把时间序列拉长，将国家资产负债表数据回溯至 1978 年，将可以发现改革开放 40 年来中国经济更为丰富的变化，这是未来需要持续推进的工作。

为了便于分析对比，我们将 2000—2016 年的国家资产负债表数据分为三个时间段，分别是金融危机前的经济高速发展期（2000—2008 年），基本对应于全球化大繁荣阶段；金融危机后的大规模刺激阶段（2008—2012 年）；以及逐步迈入经济新常态后的结构转型调整期（2012—2016 年）。由此，我们选出 2000 年、2008 年、2012 年和 2016 年 4 个时间节点。

国家财富与综合国力

2016 年年底中国社会净财富共计 437.5 万亿元，其中非金融资产 424.5 万亿元，对外净资产 12.9 万亿元，如表 2 - 1 所示。社会净财富增长到 2000 年的 11.5 倍，年均增速 16.5%；其中非金融资产增长到 2000 年的 11.3 倍，年均增长 16.4%；对外净资产增长到 2000 年的

26.9 倍，年均增长 22.8%。

表 2 - 1 社会净财富与 GDP 单位：亿元

年份	2000	2008	2012	2016
社会净财富	380302	1627463	3039029	4374607
非金融资产	375494	1508096	2897905	4245453
对外净资产	4808	119367	141124	129154
GDP	100280	319516	540367	743586

资料来源：国家统计局，国家资产负债表研究中心（CNBS）。

　　尽管长期以来我们都是以 GDP 来衡量一国的实力（如说中国世界排名第二，也是说中国的 GDP 规模仅次于美国），但社会净财富是衡量一国综合国力的更好指标（涵盖范围更广，而且存量财富是增量产出的基础）。不过，考虑社会财富估算的复杂性远超过 GDP，因此，在进行社会财富比较的时候也需要谨慎。相对而言，对名义 GDP 统计的标准相对一致，其可比性更强。这也是为什么在进行国力比较时，GDP 成为普遍使用的衡量指标。

　　表 2 - 2 是社会净财富占 GDP 的国际比较。2016 年，中国社会净财富为 63.0 万亿美元，美国是 89.2 万亿美元①，中国是美国的 70.7%。

――――――――――

① 本章中其他国家金融资产和负债数据全部来自 OECD（https://www.oecd-ilibrary.org/economics/national-accounts-of-oecd-countries-financial-balance-sheets_ 22214461），各国非金融资产来自各国统计当局。我们注意到各国统计当局所公布的最新数据与 OECD 数据库存在一些偏差。以美国为例，美国国民经济分析局（BEA）截至 2018 年 11 月时公布的国家资产负债表（https://www.bea.gov/data/special-topics/integrated-macroeconomic-accounts）显示，2016 年美国国内各部门的金融资产和负债加总分别为 202.6 万亿美元和 187.2 万亿美元，净金融资产为 15.5 万亿美元，而 OECD 所公布的金融资产、负债和净金融资产分别为 195.9 万亿美元、191.9 万亿美元和 3.9 万亿美元。这导致两种数据口径下总资产与资产净值（社会净财富）的数值并不一致。美国 2016 年 BEA 和 OECD 口径下的资产净值分别为 97.4 万亿美元和 89.2 万亿美元，分别占当年 GDP 的 521% 和 477%。我们根据口径一致的原则，对各国金融资产和负债数据都直接采用 OECD 数据库。此外，一些国家的国家资产负债表存在某些"孤儿资产"，即金融资产与负债并不对应，这导致国内各部门资产净值加总并不等于非金融资产与对外净资产之和。仍以美国为例，根据 OECD 数据库，2016 年各部门非金融资产与对外净资产之和仅为 76.0 万亿美元，小于各部门资产净值之和 89.2 万亿美元。我们忽略其他国家资产负债表的这些口径区别，都采用统一口径进行比较。

表 2 − 2　　　　　　　社会净财富与 GDP 的国际比较　　　　单位：亿美元

	德国	日本	英国	美国	中国
社会净财富	162169	286356	120747	891581	630074
GDP	33066	46023	24347	187072	107099

注：各国均为 2016 年年底数据。后文国际比较部分，如不作特殊说明，都为这一时间。根据国际标准，各国汇率采用 2016 年期末汇率，具体数值为美元兑日元（117.0100）、美元兑人民币（6.9430）、欧元兑美元（1.0517）、英镑兑美元（1.2362），下同。

资料来源：各国统计部门公布的国家资产负债表及 OECD 公布的各国金融资产负债表。为简化起见，后文数据中凡涉及各国国家资产负债表的均不再单独标识数据来源。

　　作为某种校正，我们再来比较一下所谓"包容性财富"（Inclusive Wealth），其包含了人力资本、生成资本以及自然资本。这和我们资产负债表中仅仅关注物质性财富（含无形资产）有所不同，加入了人力资本。包容性财富着眼于发展的可持续性，更面向于未来，而人力资本与自然资本是能更好地体现未来发展的决定性因素。

　　同样还是中美来比较。总量上，2014 年中国包容性财富为 60.3 万亿美元，美国为 88.2 万亿美元，中国占美国的 68%。结构上，生成资本，美国差不多是中国的 3 倍；自然资本，美国比中国高不少，这和直觉相符，即美国更加地大物博（以及有更好的保护）；人力资本，中国略高于美国，原因恐怕主要在于人力资源的数量，如表 2 − 3 所示。

　　综合起来，中美之间的差距或者说中国占美国的比重，GDP 为 57.2%，包容性财富为 68.3%，社会净财富为 70.7%。

　　上述比较显示，无论从 GDP 规模、社会净财富还是包容性财富视角，中国都是仅次于美国，处于世界第二位。只不过，GDP 占比最低，其次是包容性财富，再次是社会净财富。因此从财富角度看，中国的综合国力处于世界第二，而且比 GDP 所显示的更接近于美国的实力，总体上是站得住脚的。不过，如果进一步分析财富结构，也就是从资源配置效率与未来发展潜力角度看，则还是有很多问题值得探讨，中国的数据并不如总量指标显示的那样乐观。

表2-3 　　　　　　　　　　包容性财富的国际比较

单位：10亿美元，2005年不变价国际元

年份	1990	1995	2000	2005	2010	2014
中国	34176	37 795	41374	45731	52592	60253
人力资本	23086	26012	28448	30647	32811	34371
生成资本	1537	2365	3831	6445	11534	18000
自然资本	9552	9417	9094	8640	8247	7882
美国	54549	59962	67699	76021	83540	88166
人力资本	22901	24852	26787	28289	30118	31265
生成资本	20669	24439	30540	37543	43404	47411
自然资本	10979	10671	10372	10189	10018	9490
英国	8276	8973	9996	11079	12166	12962
人力资本	3960	4117	4323	4548	4848	5129
生成资本	3826	4439	5347	6279	7115	7667
自然资本	490	417	326	252	203	166
日本	26237	29594	32324	34102	35458	36085
人力资本	12310	12931	13528	13987	14505	14688
生成资本	13360	16115	18265	19606	20452	20939
自然资本	567	548	531	509	501	458
德国	17894	19362	20605	21486	22377	23091
人力资本	9052	9467	9692	9806	9890	9928
生成资本	7209	8321	9384	10196	11045	11749
自然资本	1633	1574	1529	1484	1442	1414

资料来源：Managi et al. （2018）。

国家财富的分布

根据国家资产负债表的恒等式：

经济总体资产净值 = Σ 国内各部门资产净值 = Σ 国内各部门非金融资产 + 经济总体对外资产净值

国家的存量财富在这里就是经济总体资产净值的概念。我们从资产净值角度来考察财富的部门间分配。

假设非金融企业和金融部门的股权资产即为总资产与负债之间的差额，即这两个部门的全部净资产（传统意义上的净资产 = 资产 - 债务）

都被其他部门所持有。净资产的分配比例如表 2-4 所示，约 70% 的资产净值都由居民部门所持有，政府部门持有剩余的约 30%。2000—2012 年政府持有的资产净值呈上升趋势。从后文的价值重估分析可以看出，政府部门资产的价值重估，尤其是净金融资产的价值重估贡献了一半以上政府资产的增量。对于政府资产净值的影响可以归结为两股不同方向的力量：一股力量是所有制多元化改革的不断推进，这对于政府资产净值占比是一个削弱；另一股力量是政府部门掌握的资产经历了较大程度的价值重估。由于后者强于前者，尤其是这段时间内大量国有企业上市，而政府部门所持有的主要金融资产是股票及股权，从而促进了政府部门净金融资产的价值增值，并带来政府资产净值占比的上升。

表 2-4 资产净值分布

年份	2000	2008	2012	2016
资产净值规模（亿元）	380302	1627463	3039029	4374607
居民持有比例（%）	75	70	69	73
政府持有比例（%）	25	30	31	27

资料来源：国家资产负债表研究中心（CNBS）。

资产净值在部门间分布的国际比较如表 2-5 所示。美国和英国的政府部门资产净值在 2016 年年底为负值，即政府资产小于政府负债，而德国和日本的政府资产净值虽然为正，但占比很小，分别为 4% 和 1%。从国际比较来看，中国政府持有资产净值的比例远高于其他发达国家。

表 2-5 资产净值分布的国际比较

	德国	日本	英国	美国	中国
资产净值规模（亿美元）	162745	286356	120747	891581	630074
居民持有比例（%）	96	99	109	106	73
政府持有比例（%）	4	1	-9	-6	27

注：对各国非金融企业和金融机构部门的资产净值作了划分，按照居民和政府部门所占比例划分到这两个部门，即将未被物化的剩余索取权按照股权比例进行划分，从而只剩居民和政府持有资产净值。

资料来源：国家资产负债表研究中心（CNBS）。

图2－1至图2－3分别是居民和政府部门所持有的资产净值（净财富）与GDP之比，以及政府资产净值占全部国民财富的比例。过去20年的经济增长积累了大量财富，私人部门（居民部门）的资产净值占GDP比例从2000年的286%上升至2016年的429%，有了较大幅度提升，但当前水平只高于德国，小于英国、美国和日本；而公共部门（政府部门）的资产净值占GDP比例从2000年的93%上升至2016年的159%，远远高于英国、德国、日本和美国。

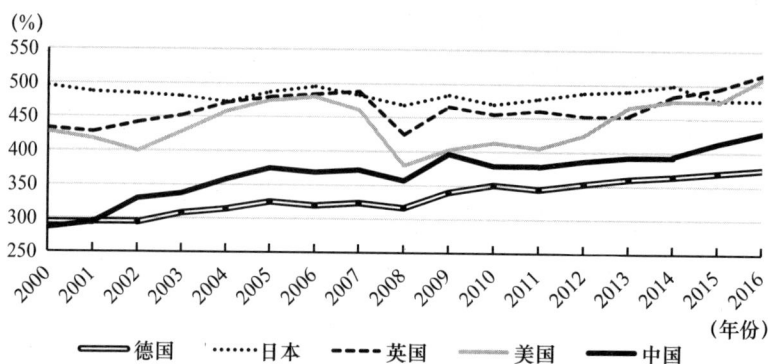

图2－1　居民部门资产净值/GDP

资料来源：国家资产负债表研究中心（CNBS）。

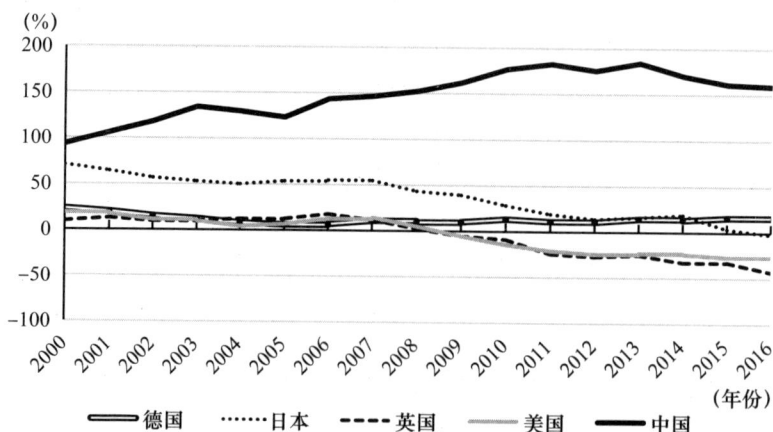

图2－2　政府部门资产净值/GDP

资料来源：国家资产负债表研究中心（CNBS）。

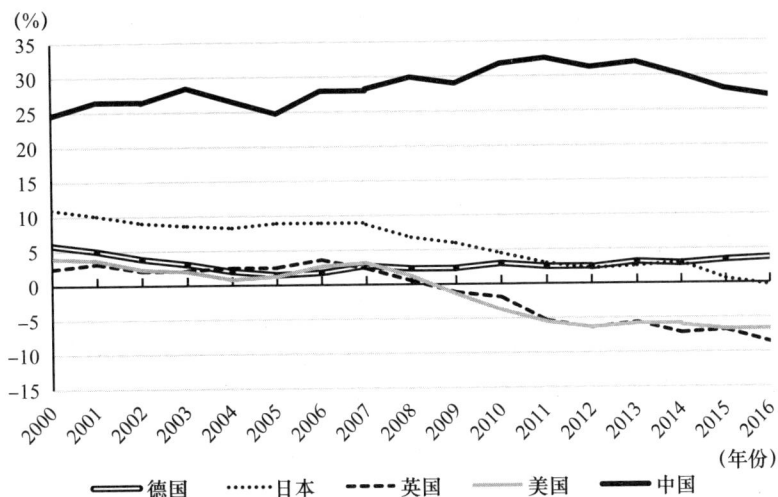

图 2 - 3　政府部门资产净值占全部国民财富的比例

资料来源：国家资产负债表研究中心（CNBS）。

　　在社会净资产中，一方面，英美居民净资产占比超过 100%，日德也都超过 95%，有明显"藏富于民"的特征；而中国相应指标为 73%，有所差距。另一方面，中国政府的资产净值占 GDP 之比明显高于其他国家，是政府持有社会财富占比较高的主要原因。这既反映出当前中国非常明显的发展阶段特点（政府主导的经济赶超），也表现了中国的制度性特征（公有制为主体）。政府主导的经济赶超，积累了大量的政府性资产，这包括国有企业的扩张和地方政府大量负债所形成的基础设施等资产；而公有制为主体，使得土地等重要资源为政府所有，也致政府资产规模庞大。相较而言，西方发达经济体一般是公共财政而非生产建设性财政，土地私有化以及国企占比极小，这些都决定了它们的政府净资产占比很小甚至为负。

　　从风险维度看，政府部门拥有大量净资产是国家能力的重要体现，这样的资产负债表较为健康，能够应对金融风险，不惧危机。但过于注重风险维度，会导致效率损失。因此，从效率维度看，改革的方向则是盘活和重置这些存量资产，特别是政府存量资产，提高资源配置效率。这需要大幅度减少政府对资源的直接配置，创新配置方式，更多引入市场机制和市场化手段，提高资源配置的效率和效益。鉴于国有企业股权也是政府净资产的重要构成，因此推进国有企业改革和僵尸国企的退出，应是优化配置政府资产的题中应有之义。

财富收入比及其多重含义

1. 财富收入比蕴含的效率

中国财富收入比持续上升，社会净财富创造收入的能力下降，生产效率相对降低。中国社会净财富占 GDP 的比例自 2000 年 380% 上升到 2016 年的 590%，如图 2-4 所示。国际比较来看，2000 年时英国、美国和德国的净国民财富与 GDP 占比与中国类似，也在 400% 左右，日本远远超过中国。但经过近 20 年发展，中国的这一比例已超过大部分国家，仅低于日本。从积极方面来说，社会净财富是抵御金融危机的最后防线，由于过去 20 年的投资，中国积累了大量的净资产，有利于金融体系的稳定性。但财富收入比的倒数（接近于资本产出比）也是生产效率的体现，这一比例过高也说明了大量积累的财富并未产生足够的生产能力，产出效率相对较低[1]。

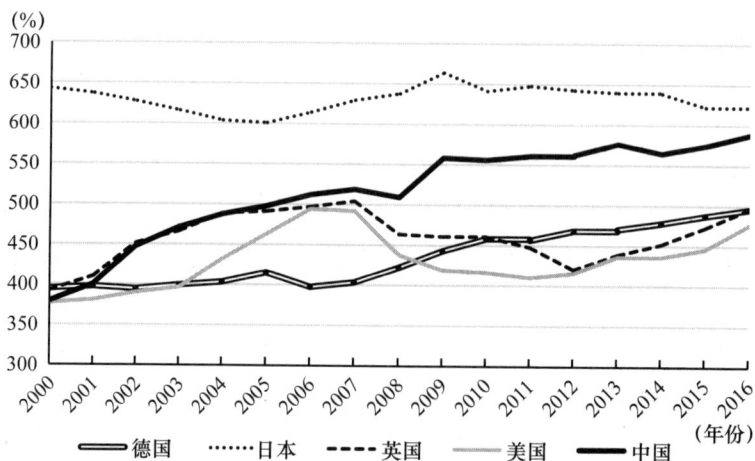

图 2-4　社会净财富/GDP

资料来源：国家资产负债表研究中心（CNBS）。

---

[1]　财富收入比是非常粗略衡量效率的指标，只是众多效率指标中的一个有益补充，并不能与 TFP 等相提并论。

为了考察中国财富收入比较高的直接原因，我们分别考察各部门总资产与 GDP 之比。

图 2-5 为居民部门总资产与 GDP 的比例，居民总资产在 2016 年达到 GDP 的 480%，高于德国，但小于英国、美国和日本。中国居民部门相对体量较小，资产和负债都不高。居民部门的资产并非财富收入比过高的原因。

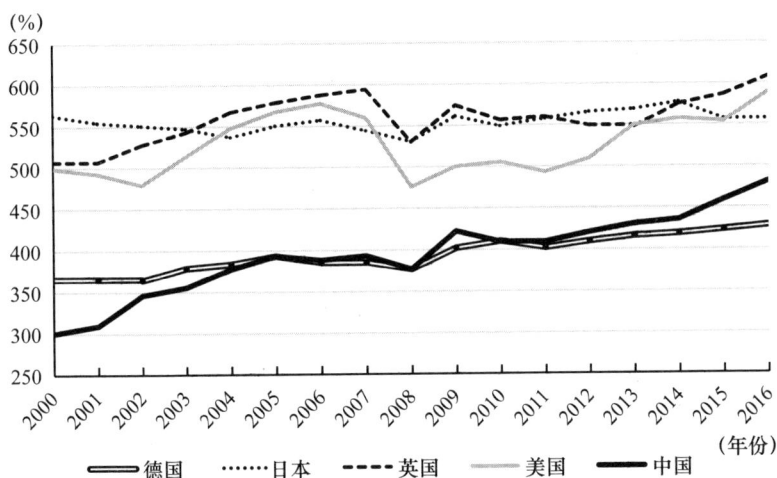

图 2-5　居民部门总资产/GDP

资料来源：国家资产负债表研究中心（CNBS）。

图 2-6 是金融机构部门总资产与 GDP 的比例，金融机构部门的资产主要是金融资产。中国自 2009 年以来金融部门总资产增速明显加快，当前占到 GDP 的 500% 左右，这主要来自影子银行的快速增长。自 2017 年提出金融去杠杆以来，金融部门总资产的增速已经得到了抑制。通过抑制影子银行、打破刚性兑付以及统一监管来避免监管套利等宏观审慎政策将约束金融体系内部的资产负债链条，降低金融部门资产的占比。在当前阶段，金融部门的资产也并非财富收入比过高的原因。

图 2-7 是政府部门总资产与 GDP 的比例。中国政府部门总资产远高于日本、英国、美国和德国，但总负债却远低于这几个国家。资产和负债方都有较大的差距，共同作用导致中国政府部门净资产高于其他国

家。因此，政府部门净资产规模庞大可以说是财富收入比攀升的一个重
要原因。

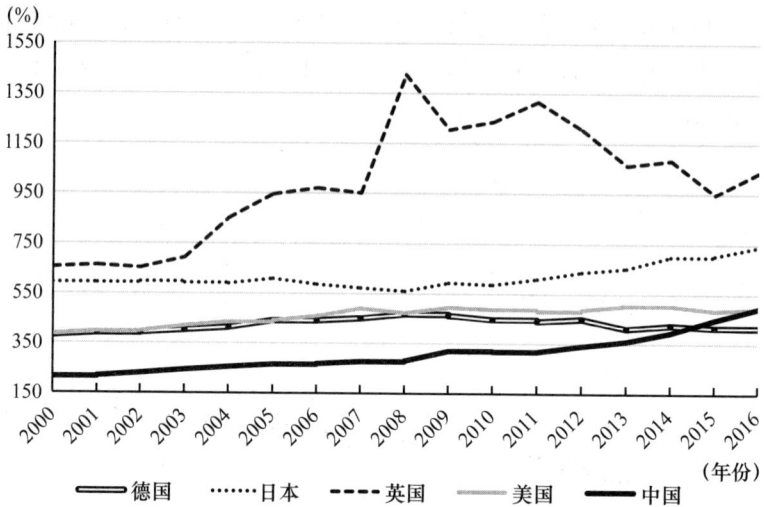

图 2 - 6　金融部门总资产/GDP
资料来源：国家资产负债表研究中心（CNBS）。

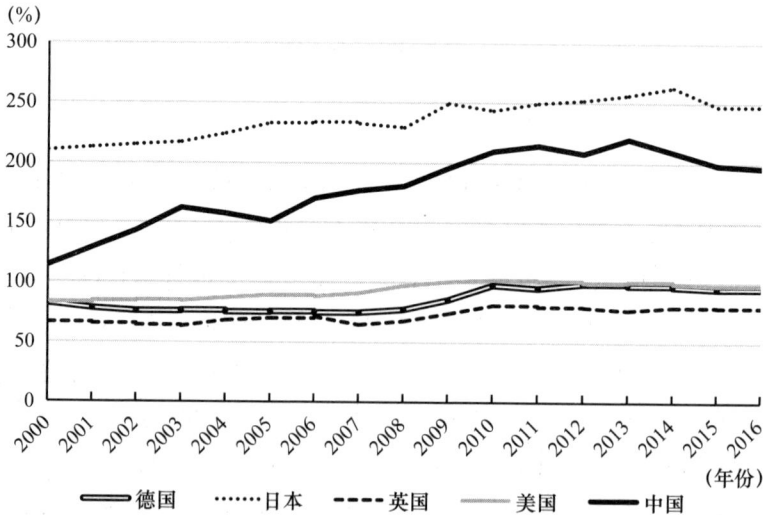

图 2 - 7　政府部门总资产/GDP
资料来源：国家资产负债表研究中心（CNBS）。

最大差别在于非金融企业部门。图 2 - 8 是非金融企业总资产与GDP 之比。中国和日本都处于较高水平，自 2000 年以来，中国的这一比例从 280% 升至 460%。而英国和德国的这一比例均在 250% 左右。在2000 年时，中国的这一比例稍高于美国、英国、德国三国，近 20 年来有较大的攀升。

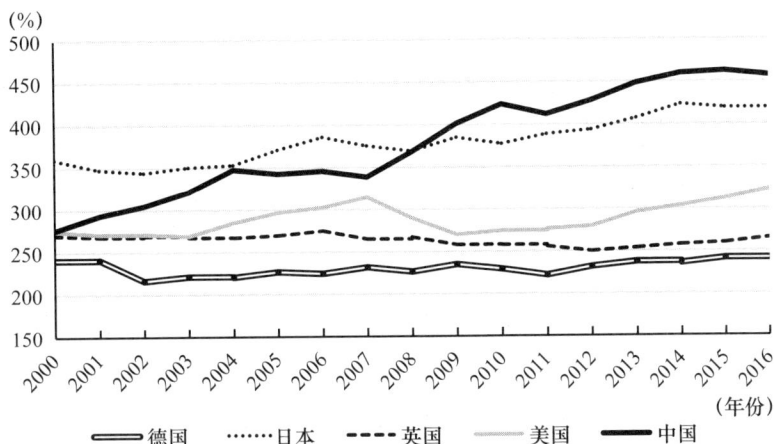

图 2 - 8　非金融企业部门总资产/GDP

资料来源：国家资产负债表研究中心（CNBS）。

可以从两个角度来理解非金融企业部门总资产不断上升的原因。首先是无效投资问题。因为大量僵尸企业的存在，过去投资所形成的固定资产并非真正意义上的资产，而仅仅是账面意义上的资产。这类无效投资所形成的无效资产，既推高了企业部门资产的占比，也拉低了生产效率，使得企业部门的净资产收益率（ROE）和总资产收益率（ROA）不断下滑。其次是财富积累问题，高储蓄率带来高投资率。投资拉动增长模式是中国财富积累的主要形式，大量投资的后果只能是形成企业部门的大量资产存量。可见，非金融企业部门的资产收入比过高是无效投资和投资拉动增长模式的客观后果，由此导致企业部门的债务积累和过高的宏观杠杆率。

2. 财富收入比导致宏观杠杆率与资产负债率的背离

大量学术研究发现，杠杆率是决定宏观金融风险的重要指示器，杠杆率过高或者杠杆率增速过快都容易造成金融不稳定。宏观分析中所采用的杠杆率一般是宏观杠杆率，即全社会核心债务与GDP之比，它可进一步分解为资产负债率（债务与资产之比）和总资产与GDP之比的乘积，用公式表示为：

$$宏观杠杆率 = \frac{各部门债务}{GDP} = \frac{各部门债务}{各部门资产} \times \frac{各部门资产}{GDP}$$
$$= 各部门资产负债率 \times 资产收入比$$

中国各部门的资产负债率与其他国家相比并没有显著差别，但宏观杠杆率较高，尤其是非金融企业的宏观杠杆率较高，主要原因在于过高的资产收入比。

表2-6列出了中国实体经济各部门的资产负债率（部门债务/部门资产）和宏观杠杆率（部门核心债务/GDP）。从实体经济整体来看，2000—2016年资产负债率略有上升，从20.1%上升至25.8%，但宏观杠杆率却从125.2%上升至239.7%。资产负债率与宏观杠杆率的背离十分明显，可见资产负债率并非宏观杠杆率上升的主要原因。分部门来看，居民部门的资产负债率在2008年后增速较快；非金融企业的资产负债率在2000—2008年这段时期有较大增幅，随后平稳；政府资产负

表2-6　　　　　　　　实体经济部门杠杆率　　　　　　　单位:%

		2000年	2008年	2012年	2016年
资产负债率	居民	4.7	5.3	8.1	10.9
	非金融企业	37.7	45.1	46.2	44.4
	政府	18.2	15.5	15.5	18.7
	总	20.1	23.1	25.0	25.8
宏观杠杆率	居民	12.4	17.9	29.9	44.9
	非金融企业	92.0	95.2	127.9	158.2
	政府	20.8	28.1	32.2	36.6
	总	125.2	141.1	190.0	239.7

注：非金融股企业债务的规模=资产负债表的负债总额-负债方股票与股权-负债方直接投资。

资料来源：国家资产负债表研究中心（CNBS）。

债率在 2008 年之前有所下降，而在 2012 年之后又开始上升。但从宏观杠杆率来看，几乎在整个区间内都是趋于上升的，只是在 2000—2008 年这段时期里增幅较慢。

从国际比较看，中国实体经济总的资产负债率小于其他所有国家，只有德国略高于中国，日本、英国和美国都高于中国近 10 个百分点，如表 2 - 7 所示。但宏观杠杆率则显示出完全不同的景象，德国的宏观杠杆率远小于中国，美国和英国仅是略高于中国，中国的宏观杠杆率已接近这些发达国家水平。其中非金融企业的杠杆率反差最为明显：从资产负债率看，除德国较低外，其他国家都在 40% 左右，中国 2016 年为 44.4%，略高于美国和日本；但中国非金融企业的宏观杠杆率达到 158.2%，远高于其他国家，在全球也位居前列。

可见，固然降低微观企业的资产负债率对于去杠杆会起到促进作用，但并非核心因素。中国非金融企业的资产负债率并未显著高于其他国家，甚至还略低于英国。而真正导致宏观杠杆率过高的原因是资产与 GDP 之比（或财富收入比）过高。只有同时有效控制非金融企业的资产和负债增速，才能实现去杠杆的效果。

表 2 - 7　　　　　　　　实体经济部门杠杆率的国际比较　　　　　　单位:%

		德国	日本	英国	美国	中国
资产负债率	居民	12.5	14.5	15.3	13.6	10.9
	非金融企业	29.7	36.4	47.3	37.0	44.4
	政府	81.1	100.8	153.9	127.5	18.7
	总	26.4	39.4	35.7	32.3	25.7
宏观杠杆率	居民	53.2	57.0	86.6	72.2	44.9
	非金融企业	53.0	101.2	83.3	78.8	158.2
	政府	75.2	213.2	114.7	100.7	36.6
	总	181.4	371.6	284.7	251.7	239.7

注：非金融股企业债务的规模 = 资产负债表的负债总额 - 负债方股票与股权。

资料来源：国家资产负债表研究中心（CNBS）；除中国外，其他国家宏观杠杆率来源于国际清算银行（BIS）与各国统计部门；资产负债数据来自各国统计当局。

3. 财富收入比在分配上的含义

关于财富收入比在分配上的含义，皮凯蒂在《21世纪资本论》中作了充分的阐释。他在一篇题为"资本回来了"（Piketty, 2013）的工作论文中说得更直接。美、英、德、法等主要国家的财富收入比从20世纪70年代的200%—300%猛增到2010年的400%—600%，整个翻了一倍，该比率差不多回到了十八九世纪欧洲的最高值（600%—700%）。财富收入比的攀升可以由资产价格的长期回升以及生产率和人口增长的回落得到解释。

所谓"资本回来了"，是指资本再次在经济社会中占据了主导地位，也正是在这个意义上，皮凯蒂将自己的研究命名为《21世纪资本论》；因为强调资本的主导甚至统治地位，恰恰是马克思《资本论》的主旨。

财富收入比在分配上的含义在于：由于资本的主导地位，使得资本在分配中也占据主导，从而资本在国民收入中的分配份额也在上升。富裕国家的资本份额从20世纪70年代的15%—25%上升到2000—2010年的25%—35%，变化很大。这加剧了不平等，使之成为2008年国际金融危机爆发的一个重要导火索。

中国财富收入比自2000年380%上升到2016年的590%，也有很强的分配上的含义。尽管2008年以来，统计局公布的中国收入分配的基尼系数有所下降，但不平等程度仍处在较高水平。而且不同研究的估算结果也和官方数据有差异，不平等问题并没有显著缓解；如果从财富分配角度，不平等问题甚至是加剧的。这实际上也是中国迈向高质量发展所要着力解决的重要问题。

快速增长的金融资产

1. 金融资产的增长路径

2016年年底，中国各部门金融资产加总为786.4万亿元，是2000年的15倍，年均增速18.3%。各分类金融资产的结构占比与增速如表2-8所示。

表 2－8 金融资产的结构与增速 单位：%

	占比				年化增速			
	2000 年	2008 年	2012 年	2016 年	2000—2008 年	2008—2012 年	2012—2016 年	2000—2016 年
金融资产	58.6	60.9	61.6	64.9	20.4	18.7	14.0	18.3
1. 通货	2.9	1.5	1.2	0.9	10.8	12.9	5.3	9.9
2. 存款	23.6	19.4	22.3	23.4	17.5	22.9	15.3	18.3
3. 贷款	19.5	15.0	16.4	17.4	16.5	21.3	15.9	17.5
4. 未贴现银行承兑汇票	0.2	0.5	1.3	0.5	36.4	48.3	-11.0	25.2
5. 保险	0.6	1.3	1.4	1.7	33.2	21.8	19.3	26.7
6. 金融机构往来	1.7	2.4	2.4	1.9	25.7	19.4	7.2	19.3
7. 准备金	2.9	3.9	4.1	3.1	24.9	20.3	6.4	18.9
8. 债券	5.9	7.2	5.7	7.7	23.4	12.1	22.6	20.3
9. 股票及股权	30.5	26.4	25.9	23.8	18.2	18.2	11.7	16.5
10. 证券投资基金份额	0.4	1.6	3.2	9.3	43.2	41.2	49.2	44.2
11. 中央银行贷款	4.2	0.9	0.6	1.2	-1.1	7.1	35.8	9.2
12. 其他	4.1	12.5	9.5	5.1	38.2	10.8	-2.6	19.8
13. 直接投资	0.5	0.5	0.7	1.2	21.8	27.4	28.5	24.8
14. 国际储备资产	2.9	6.9	5.2	2.9	34.0	10.4	-1.4	18.2

注：占比部分的第一行为金融资产占国内总资产的比例，其余行为各分项金融资产占全部金融资产的比例。

资料来源：国家资产负债表研究中心（CNBS）。

其中占最大比例的三项为存款、贷款和股票及股权，2016 年年底三者占金融资产比例分别为 23.4%、17.4% 和 23.8%。从占比变化来看，存款自 2008 年后在上升，股权及股票在下降，贷款占比变化不大。这可以侧面反映出中国金融资产负债结构的特征：存款是主体，股权融资的资金来源不足。从金融机构的角度来看，存款是其主要的资金来源，2000 年以来存款占比基本稳定，从 23.6% 下降到 23.4%，年均增速为 18.3%[①]。股

[①] 这里的存款根据实质大于形式的原则，包含了银行非保本理财的部分，在第五章中会有具体介绍。如果将非保本理财排除在外，则 2000—2016 年的存款增速降为 17.3%，并不影响本章结论。

票及股权的占比下降较大，从 30.5% 下降到 23.8%，年均增速为
16.5%。贷款占比从 19.5% 下降到 17.4%，年均增速为 17.5%，增速
低于存款。股权融资增速最低，这表示金融市场的扩张速度大于股权资
金的扩张速度，股权融资占比萎缩，未来市场发展还应向股权融资倾
斜。贷款增速低于存款增速，反映了其他债权融资方式（如债券、各
类非标融资业务等）的发展。

金融资产中平均增速最高的是证券投资基金、保险和未贴现银行承
兑汇票，平均增速分别为 44.2%、26.7% 和 25.2%。这三项资产的快
速增长也鲜明反映了中国非银行金融体系的发展，基金和保险已经成为
中国居民财富储存的重要方式，而以未贴现汇票为代表的银行表外业务
近些年来也快速发展。金融资产中平均增速低于 10% 的项目是央行贷
款和通货。前者在 20 世纪曾经是央行投放基础货币的重要渠道，但随
着中国加入 WTO 并扩大对外开放后外汇储备的大量增长，央行已不再
需要通过再贷款的方式向金融体系投放基础货币。这一趋势在 2014 年
再次发生变化，随着外汇储备趋于稳定，央行再次重启再贷款类政策工
具，通过各类创新型、结构型基础货币投放工具增加货币供给，2012—
2016 年央行贷款增速重新回到 35.8% 的高位。而通货增速较低，既反
映了金融体系的发展使得居民降低了持有现金财富的需求，也反映了金

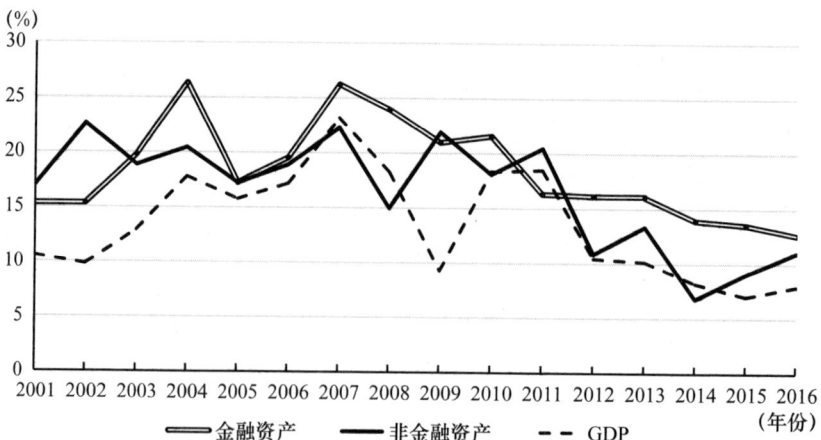

图 2-9 金融资产、非金融资产和 GDP 的年增速

资料来源：国家资产负债表研究中心（CNBS）。

融科技的发展使得现金与存款或货币基金在支付方面的同等方便程度，这都降低了居民对现金持有的需求。

图 2 – 9 是 2000—2016 年国内各部门金融资产、非金融资产，以及名义 GDP 的年增速。在 2003—2010 年这段时期里，三者增速都比较高，大部分时间里金融资产的增速最高，非金融资产次之，名义 GDP 最低。2010 年之后，资产和 GDP 的增速都有所下降，但依然是金融资产增速最高。金融资产的快速扩张，可以用来解释下面要讨论的金融相关率以及金融业增加值的变化。

2. 金融相关率

金融相关率（Financial Interrelations Ratio，FIR）是戈德史密斯（Goldsmith，1982）提出的衡量全社会金融资产与非金融资产之比的指标，目的是考察全部实物资产以多大的比例被金融资产所代表①。中国各年金融相关率及国际比较，如表 2 – 9 和表 2 – 10 所示。中国的金融相关率从 2000 年的 1.4 上升到 2016 年的 1.9，经济体系的金融化程度上升。需要注意的是，这一金融化程度在 2012—2016 年有更大程度的提高。其主要原因在于影子银行的迅速增长，金融体系内部的资产负债链条加速放大，资金空转和经济虚拟化程度上升。这导致了金融相关率以较快的速度上升。国际比较来看，德国的金融相关率最低，中国略高于德国，但小于英国、日本和美国。

表 2 – 9　　　　　　　　　　金融相关率

年份	2000	2008	2012	2016
非金融资产占比（%）	41	39	38	35
金融资产占比（%）	59	61	62	65
金融相关率	1.4	1.6	1.6	1.9

注：前两行为非金融资产和金融资产各自占总资产的比例，金融相关率 = 金融资产/非金融资产，下同。

资料来源：国家资产负债表研究中心（CNBS）。

---

① 后来的部分研究也采用金融资产与 GDP 之比来表示金融相关率，甚至直接以 M2/GDP 来替代，这种替代只能是在数据缺乏条件下的权宜之计。由于金融相关率是完全来自资产负债表的指标，属于两个存量之比，其含义在主流经济学理论中较为模糊，故使用者较少。

表2-10　　　　　　　　　金融相关率的国际比较

	德国	日本	英国	美国	中国
非金融资产占比（%）	38	28	25	29	35
金融资产占比（%）	62	72	75	71	65
金融相关率	1.6	2.5	3.0	2.4	1.9

资料来源：国家资产负债表研究中心（CNBS）。

3. 金融业增加值

与金融相关率相对应的另一指标是金融业增加值占 GDP 的比例，前者是从存量角度考察金融与实体经济的比例，后者则是从流量角度来考察。各国金融业增加值占 GDP 的比例如图 2-10 所示。虽然中国的金融相关率相对较低，但金融业增加值占 GDP 的比例却高于其他国家。虽然关于金融业增加值的估算存在争议（如核算方法不同、涵盖范围不同等），但中国金融业增加值偏高却是不争的事实。金融业增加值是实体经济融资成本的一部分，其占比过高也意味着实体经济在享受金融服务时的成本较高。

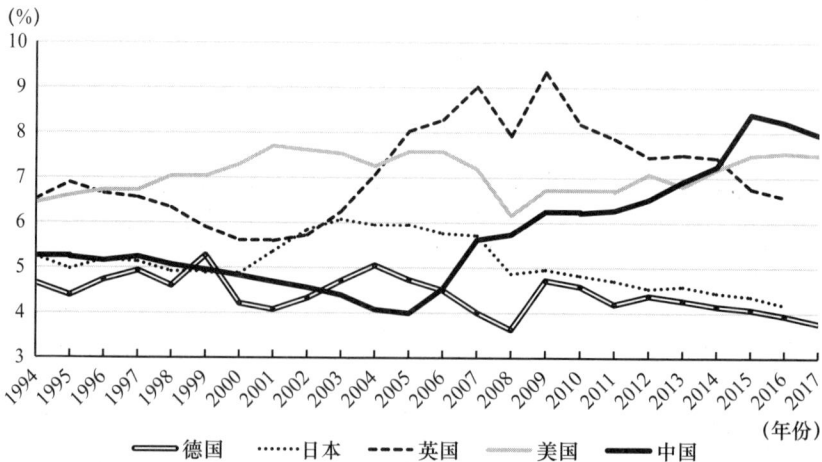

图2-10　各国金融行业增加值/GDP

资料来源：各国统计当局，国家资产负债表研究中心（CNBS）。

此外，将金融资产与金融业增加值进行比较，中国较低的金融资产形成了占比相对较高的金融业增加值（各国金融资产占 GDP 比重分别为英国 15 倍、日本 14 倍、美国 10.6 倍、中国 10.6 倍、德国 7.4 倍，见图 2－11），这从另外一个侧面反映了金融业的"收费"过高，金融服务实体经济做得不到位。

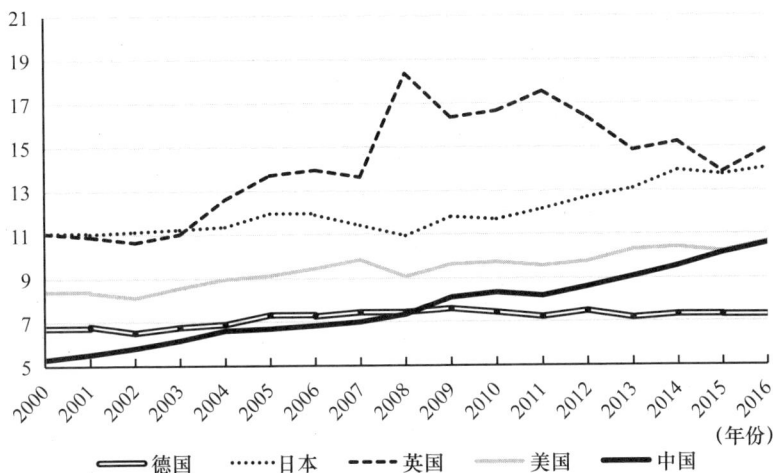

图 2－11　各国金融资产/GDP

注：这里的金融资产与前面提到的金融机构总资产有所区别，金融机构总资产（见图 2－6）包括一部分非金融资产，且只能表示部分金融资产。

资料来源：国家资产负债表研究中心（CNBS）。

直接融资与间接融资

从传统的机构观点看，世界上存在着不同融资结构下的金融体系：典型的如英美模式和日德模式。前者是指以市场为基础（Market-based）的融资体系（也称直接融资体系），后者是指以银行为基础（Bank-based）的融资体系（也称间接融资体系）。从文献角度，所谓直接融资、间接融资是早期的划分，现在西方主流文献中基本上找不到这一用法了。在中国，由于约定俗成，还在一定范围内沿用直接融资、间接融资（包括政策语言）。如果按照这样的区分，中国还是间接融资为主的国家。

但从功能观点看，那种基于机构形式和内容不变的认识已经过时了。功能金融强调三点：第一，机构是会变的，而功能有较强的稳定性。第二，金融中介与金融市场之间既有竞争又有互补。从现实发展来看，随着金融创新以及法律、制度、监管等的变化，一定程度上会模糊二者之间的界限。特别是当前互联网金融和金融科技的发展，使得金融机构之间的市场竞争日益加剧，某些金融中介甚至成为直接融资的平台，这打破了传统的二分法。再次，机构的变化以及由此带来的金融结构变化，不过是金融服务实体经济的实现方式在发生变化，且所有这些变化，都是为了履行相应的金融功能，都是在向"功能"聚焦。这样，所谓银行主导或市场主导之争就自动消解、不再重要了。

从传统观念来看，以市场为基础的融资是指通过非金融机构直接持有债券或股票的方式来为企业提供资金支持；而以银行为基础的融资一般是指非金融机构通过金融中介来为企业提供资金支持，这包括通过在商业银行的存款转化成银行对企业的贷款以及通过持有各类影子银行的金融产品再转化成影子银行对企业的各类资金供给。

格利和肖（Gurley & Shaw，1960）认为，由盈余部门在投资组合中持有赤字部门所发行的初级证券为直接金融，而间接金融是指盈余部门在投资组合中持有金融中介所发行的间接证券，再由金融机构持有赤字部门的直接证券。这里的金融机构可分为货币系统和非货币中介机构，前者发行的间接证券就是货币，后者发行的间接证券是证券投资基金类的非货币间接证券。

戈德史密斯（Goldsmith，1982）又提出了一个金融中介率指标，即金融机构所持有的金融资产占全社会总金融资产的比例，并用这个指标来衡量金融体系的去中介化程度。

麦金农（1988）首先划分了内源融资和外源融资的概念，内源融资是指由企业内部储蓄作为资金来源的融资，外源融资是指企业从外部获得的资金。外源融资又分为直接融资和间接融资，在金融市场通过发行有价证券来筹资的部分是直接融资，通过从金融中介借款获得的资金是间接融资。

以上是不同学者对于直接融资和间接融资的理解。虽然他们都试图描述金融中介和金融市场在融资中所起的不同作用，但衡量标准并不一致。

格利和肖主要是从资金盈余部门的角度来考察，在其资产组合中直接持有股权和债券这类初级证券的部分被看作直接融资，持有金融中介所发行的间接证券则被看作间接融资。麦金农是从赤字部门的角度来观察，其通过发行股权或债券获得的融资为直接融资，从银行获得贷款的部分被视作间接融资。戈德史密斯的金融中介率则是从金融资产的角度来观察，全部金融资产中被金融机构所持有的部分为间接融资，其余则被看作直接融资。

我们分别根据这三种定义构建出直接融资占比的三个指标：指标 1 为麦金农的定义，用表示直接融资的股权和债券作为分子，用全部贷款、债券和股权作为分母；一些研究把股票与股权进一步拆分，并剔除非股票类的股权，只用上市公司股票市值来计算直接融资和间接融资占比，我们也相应计算出这一比例，作为狭义指标；指标 2 为格利和肖的定义，用非金融机构所持有的贷款、债券和股权作为分子，同样用全部贷款、债券和股权作为分母；指标 3 为戈德史密斯的定义，用非金融机构所持有的金融资产作分子，用全部金融资产作分母。我们用图 2 - 12 来形象表示这几个指标的区别。狭义指标：股权融资部分只考虑上市公司股票，并认为只有股票和债券是直接融资概念，而贷款属于间接融资。麦金农指标将非上市股权也列入进来。格利和肖指标是从资金来源角度来考虑，无论哪种金融资产，只要来自金融部门的资金，就被看作间接融资，因为这部分资金的本质是其他部门首先持有金融部门的间接证券，再由金融部门持有直接证券。戈德史密斯考虑全部金融资产中金融部门持有占比，更为广义。这几个指标的国际比较见表 2 - 11 所示。

表 2 - 11			直接融资占比的国际比较		单位：%
	德国	日本	英国	美国	中国
狭义指标（只考虑上市公司股票）	53.7	58.7	59.3	70.5	45.6
麦金农指标	61.0	64.7	65.8	76.9	65.3
格利和肖指标	26.9	33.9	20.9	39.2	41.9
戈德史密斯指标	43.8	47.6	31.1	54.7	53.7

资料来源：国家资产负债表研究中心（CNBS）。

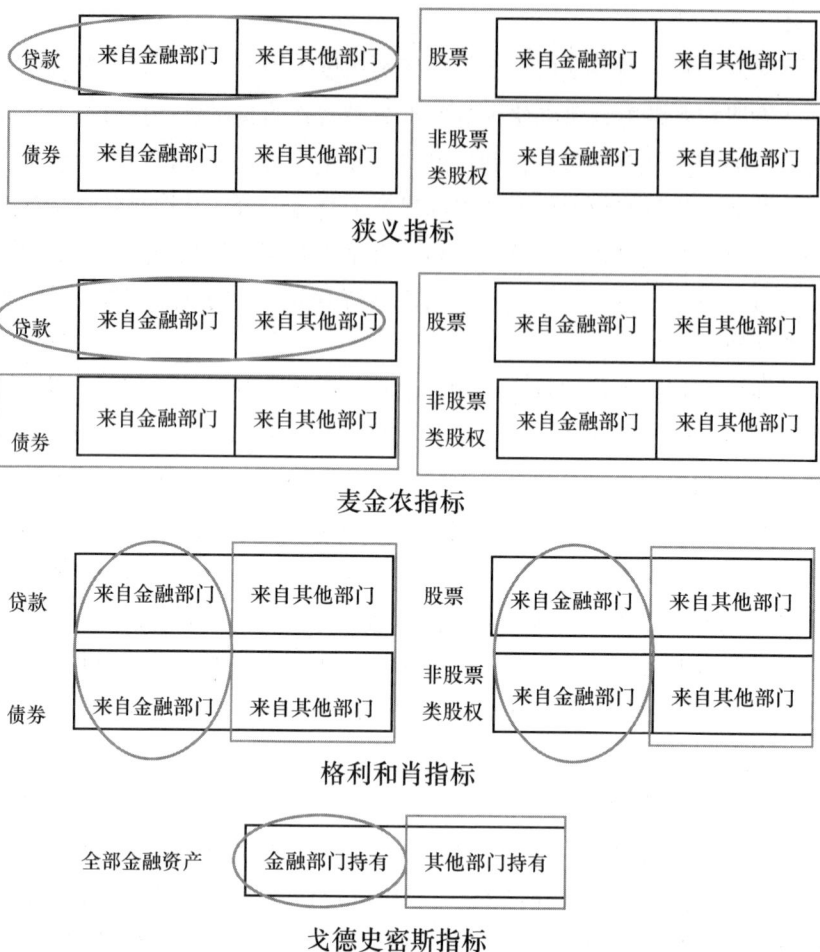

图 2-12 直接融资和间接融资的定义

注：图中方框表示直接融资，圆框表示间接融资。

资料来源：笔者根据相关定义整理。

以狭义的指标来衡量，即不考虑非上市公司股权，那么，中国的直接融资占比最低，而美国处在最高水平。这个指标比较接近于传统上我们对于英美日德融资模式的区分。很多强调中国以间接融资为主的判断应该是基于这一指标。中国与其他国家相比最为落后的是上市公司的规模在资本市场中的占比，这也成为中国需要大力发展直接融资和资本市场的重要依据。

不过，抛开狭义的指标，我们会发现，资产负债表数据所揭示的金融结构特征趋于复杂化，使得我们没有办法再回归到传统的二分法；相反，从功能角度来理解可能更为适宜。

根据麦金农的定义，美国直接融资占比最高，其他几个国家相差不大。可见，最大的区别在于股票市场的发展。从格利和肖的定义出发，所有国家的直接融资占比都不足 50%。换句话说，从资金盈余部门（主要是居民部门）的角度出发，其投资组合中仍以持有金融机构的间接证券为主，主要表现在存款和证券投资基金上。美国的直接融资也并未表现出显著高于其他国家的特征，甚至比中国还低。戈德史密斯的金融中介率与格利和肖的指标所表现出来的结论大体一致，美国和中国直接融资的占比相差不大，且都显著高于其他 3 个国家，英国的直接融资占比最低，日本和德国介于中间。与美国相比较，中国的确呈现出间接融资模式占比更高，但与其他国家比，这个特征不仅不明显，甚至是与直觉相反。这需要从细分资产负债表结构寻找原因。

如果将贷款、债券和股票及股权这三类金融资产进行进一步拆解，分析金融部门持有的部分占总规模的比例，可以发现，在贷款和债券方面，中国金融机构持有的比例是较高的，都是格利和肖所定义的间接融资模式；但股票及股权资产中金融机构的持有比例较低，如表 2 - 12 所示。这是因为大量股权是被政府所持有，没有通过金融中介。换句话说，中国的债务性融资更偏向于以银行为主导，而股权融资中银行的占比较低。正是由于大量股票与股权未被金融中介持有而是由政府直接持有，才导致了以格利和肖标准来衡量的中国直接融资占比竟然高过美英日德。

表 2-12　　　各类金融资产中金融部门持有比例的国际比较　　　单位:%

	德国	日本	英国	美国	中国
股票及股权	31.9	16.4	52.9	43.4	16.6
贷款	91.9	91.2	103.6	89.4	101.6
债券	91.1	80.4	77.6	64.1	92.8

注：超过 100% 的比例说明金融部门不仅持有国内部门的相关资产，还持有一些国外部门的资产。

资料来源：国家资产负债表研究中心（CNBS）。

由此，有两点值得反思：一是格利与肖关于直接融资与间接融资的定义，对于结构日趋复杂的金融体系来看，是有些"过时"了；至少，由此所得出的结论（如中国直接融资更高），并没有很明晰的政策含义，那么这样区分的意义就不大，甚至可能会误导。二是中国今天提倡大力发展直接融资，绝不是来自格利和肖的标准，而是突出了市场在金融资源配置中的决定性作用。

大力发展直接融资，加大直接融资在资本市场中的比重，其本质是加强以市场为主导的融资结构比例，增加金融市场的价格发现功能和金融运行效率。首先，发展直接融资的意义在于加强市场在资源配置中的地位，形成以市场为主导的金融体系。股票和债券在信息披露、市场定价和流动性等方面都具有更大的优势，发展相应的市场有利于在降低社会融资成本的同时扩大投资者资产组合的多样性。其次，发展直接融资要通过健全的资本市场为居民提供更多的资产选择，引导居民根据自身的风险承受力更多元化的配置资产。如果没有居民的直接参与，从企业角度看，再多元化的融资结构也无法避免最终资金主要来自存款类机构的现状，这样的直接融资对增强市场作用的效果有限。

关于直接融资与间接融资的讨论，还涉及当前的去杠杆。我们认为，发展直接融资并不能有效降低企业的杠杆率，高杠杆之困实为体制之困。中国非金融企业杠杆率堪称世界之最。流行的观点认为中国企业杠杆率之所以高是因为融资结构出了问题，即主要依靠债权融资而非股权融资，因此要通过大力发展直接融资，推动多层次资本市场发展、调整融资结构来去杠杆。这是一种似是而非的观点。长期而言，企业杠杆率的高低与融资结构关系并不大。首先我们来比较一下英美日德4国的企业宏观杠杆率。2017年年底，传统上以银行为主导的德国，企业宏观杠杆率仅为54.4%，而传统上以市场为主导的英国、美国，企业宏观杠杆率却分别为83.8%与73.5%。其次，前面（财富收入比）分析也指出：中国企业资产负债率与国际相比差别不大，这表明融资结构对企业微观杠杆率的影响也不大。如图2-12所示，直接融资与间接融资的划分与股权融资和债权融资的划分并不一致。根据麦金农指标，直接融资中包括了债券，而债券是属于债权融资的范畴。如果根据格利和肖的指标，这二者更是相互交叉，并无本质联系。因此，融资结构变化对企业资产负债率的影响也不如预期的那样大。再次，企业高杠杆关键在于体制而不在于融资结构。如果以企业债务占实体经济部门总债务的比重来看，2017 年日德英美基本都在 30% 的水平；相比而言，中国企业债务占比为 65%，是发达经济体的两倍还多。若将国企债务放到政府部门（事实上现在归入国企的融资平台债务原本就是地方政府债务），则中国企业杠杆率和发达经济体的基本持平。可见，中国企业杠杆率高关键并不在融资结构，问题出在体制上。一是央行的货币政策缺乏独立性和约束性，比较难于管住信贷闸门，而这是高杠杆的源头。二是政府与企业之间剪不断理还乱的关系。国有企业与地方政府缺乏预算硬约束，再加上中央政府的兜底（隐性担保），从而导致国企和地方"不负责任"的铺摊子。三是缺乏有效的市场出清机制。大量僵尸企业不能进入破产清算，会使企业部门的杠杆率居高不下。

对资产规模增长的分解：投资与价值重估

资产负债表反映的是存量规模，是各期期末的经济时点数据。存量的变动主要来自两个方面：资金的流动和价值重估。流量变动对于非金融资产来说就是固定资本形成，各部门的固定资本形成带来了非金融资产的每期增量。流量变动对于金融资产来说就是净金融投资，对每一类金融资产，净金融投资导致各类金融资产在部门间的流动。净金融资产可以放大或缩小，但各部门（包括国外部门）的净金融资产加总始终为 0。也就是说每一份金融契约都同时存在签约的双方，同时属于一方的资产和另一方的负债，资产与负债加总恒等于零。而非金融资产则并无此约束，通过投资和价值重估所形成的非金融资产可以无限放大。

对于各部门的非金融资产和净金融资产，除资金流量所形成的存量变动外，价值重估过程也会导致存量规模发生变化。如果在某一期并无投资发生，但资产价格上升，则部门所拥有的总资产规模也是上升的，这一上升的规模完全来自价值重估过程。我们将非金融资产和净金融资产总规模的变动分解为资金流量的贡献和价值重估的贡献，如表 2 – 13 所示。

表 2 – 13　　　各部门资产年均增量的分解：资金流量与价值重估

		非金融资产				净金融资产			
		2000—2005 年	2005—2010 年	2011—2015 年	2000—2015 年	2000—2005 年	2005—2010 年	2011—2015 年	2000—2015 年
国内合计	年均增量（亿元）	105453	253525	330776	229918	4985	19209	2097	8764
	资金流量贡献比例（%）	55	55	83	68	110	129	700	171
	价值重估贡献比例（%）	45	45	17	32	– 10	– 29	– 600	– 71
居民	年均增量（亿元）	49981	87960	136153	274093	32940	84816	120376	79377
	资金流量贡献比例（%）	29	33	50	41	51	41	50	47
	价值重估贡献比例（%）	71	67	50	59	49	59	50	53
非金融企业	年均增量（亿元）	40082	116543	175361	331986	– 40082	– 116543	– 175361	– 110662
	资金流量贡献比例（%）	93	81	100	93	27	15	23	21
	价值重估贡献比例（%）	7	19	0	7	73	85	77	79
金融机构	年均增量（亿元）	765	1024	1370	3158	– 765	– 1024	– 1370	– 1053
	资金流量贡献比例（%）	14	18	42	27	4	– 510	1285	393
	价值重估贡献比例（%）	86	82	58	73	96	610	– 1185	– 293
政府	年均增量（亿元）	14626	47999	17892	80517	12892	51959	58452	41101
	资金流量贡献比例（%）	41	33	167	64	– 4	5	22	12
	价值重估贡献比例（%）	59	67	– 67	36	104	95	78	88

注：各部门的第一行为非金融资产和净金融资产的年均增量；第二、第三行为对此年均增量的分解，分别为资金流量的贡献和价值重估的贡献比例。对非金融资产来说，资金流量的贡献即总储蓄中的资本形成总额。如 2000—2005 年国内合计非金融资产年均增量为 10.5 万亿元，其中有 55%（5.8 万亿元）来自总储蓄中的资本形成总额，另外 45%（4.8 万亿元）来自价值重估的贡献，即非金融资产的市场价值增长 4.8 万亿元。对于净金融资产来说，资金流量的贡献来自各部门的净金融投资。如 2000—2005 年国内合计净金融资产年均增量为 4985 亿元，其中每年的净金融投资贡献了 110%（约 5490 亿元），这部分的本质是国外部门净金融资产年均下降 5490 亿元，而价值重估贡献了 – 10%（约 505 亿元），即净金融资产的市场价值下降了 505 亿元。

资料来源：国家资产负债表研究中心（CNBS）。

对于全部非金融资产，2000—2015 年 15 年平均每年增长 23.0 万亿元，其中有 68%（约 15.7 万亿元）来自投资，其余 32%（约 7.3 万亿元）来自价值重估。价值重估的贡献比例具有下降的趋势，2000—2010 年价值重估的贡献接近一半，而 2011—2015 年价值重估仅贡献了 17%，这意味着资产价格的增速在下降。在所有部门中，价值重估贡献比例最大的是金融机构部门，占比达到 73%，但由于金融机构部门的非金融资产持有比例极低，其对整体非金融资产的影响不大。居民和政府部门的价值重估贡献占比分别为 59% 和 36%，说明这两个部门的非金融资产增长有超过 1/3 的比例来自价格变化的贡献。这两个部门的价值重估贡献也都具有下降趋势，政府部门在 2011—2015 年价值重估的贡献已经为负，说明在 2010 年之后，价格贡献正在减弱，且政府部门已经进行了大量的资产减记。非金融企业价值重估的贡献率最低，仅为 7%。非金融企业的非金融资产主要以厂房和机器类的生产性资产为主，随着技术的更新换代，这些厂房和机器的价值都有贬值的趋势，因此价值重估对其影响最小。

对于净金融资产，2000—2015 年平均每年增长 0.9 万亿元，其中有 171%（约 1.5 万亿元）来自国内部门净金融投资的积累，价值重估的贡献为 −71%。由于加入国外部门后，全社会的净金融投资加总应为 0，国内部门净金融投资与国外部门净金融投资数值相同、符号相反；2000—2015 年国外部门年均净金融投资为 −1.5 万亿元，即国外部门的净负债每年增长 1.5 万亿元。事实上大量国外部门的负债是以央行的外汇储备形式持有的，自 2005 年以来人民币大部分时间都处于升值趋势，也就是说国内持有的净金融资产（外汇储备）大部分时间都在缩水。因此价值重估的贡献表现为负。分部门来看，居民和政府的净金融资产平均每年增长 7.9 万亿元和 4.1 万亿元，是资金的净融出方；而非金融企业净金融负债每年增长 11.1 万亿元，是资金的净融入方；金融机构部门净金融负债平均每年增长 0.1 万亿元，规模较小。居民和政府净金融资产的价值重估贡献分别为 53% 和 88%，即他们所持有的金融资产增加的部分都有一半以上的比例来自资产估值的上升。非金融企业中净金融负债的增加中，约有 79% 也是来自金融负债估值上升的影响。除此之外，之所以净金融资产中价值重估占比较大，除了金融资产具有较大波动性之外，资金流量表可能漏记了一部分居民和政府通过影子银行体系向非金融企业的资金流动，使这部分比例由于统计误差的原因而增大。

资产负债表视角下的债务风险

资产负债表分析方法（Balance Sheet Approach，BSA）之所以盛行，就在于通过资产负债表能够更好地诊断预警风险、应对危机。而作为资产负债表方法之一的国民财富方法（National Wealth Approach，NWA），更是对于存量资产、资产净值、净财富给予了高度重视，强调净财富是应对风险能力的重要体现。这样一来，那种仅从债务角度（或杠杆率角度）来讨论风险的框架就过于单薄和偏颇了。而资产负债表数据本身的应用价值就更为凸显了。

1. 资产负债表错配风险

从资产负债表出发，典型的有四类风险，期限错配、货币错配、资本结构错配和清偿力缺失，前三者又被称作资产负债表错配（Allen et al. ，2002）。这里主要针对中国资产负债表中的错配风险作分析，而清偿力缺失的风险将放在后面讨论。

期限错配是国家资产负债表中最常见的错配形式。中国各部门资产负债表都存在一定程度的期限错配。对于居民部门，过去几年由于房价上涨导致部分短期消费贷款流入房市，另外，通过网贷、P2P，以及其他影子银行所获得的贷款基本上都是短期的，但却用作了长期的房贷，形成明显的期限错配。目前居民的住房抵押贷款占居民债务的八成左右。对于地方政府部门，债务所形成的资产大部分对应于基础设施项目，资金的回收期较长。截至 2018 年第 2 季度末到期日在 5 年以上的地方政府债券在全部债券中的占比仅有 35%，具有一些期限错配的特征但不算严重，如图 2 - 13 所示。不过，大量地方政府融资平台债务的久期要小于地方政府债券，期限错配应更为严重。

货币错配是部门资产与负债以不同主权货币计价，从而形成的债务风险。货币错配的最大风险在于外债，尤其是主权外债对金融稳定性的破坏。拉美债务危机、亚洲金融危机等区域性的金融风险事件都是由主权外债过大所引发。中国当前的外债规模有限，截至 2018 年 9 月末，

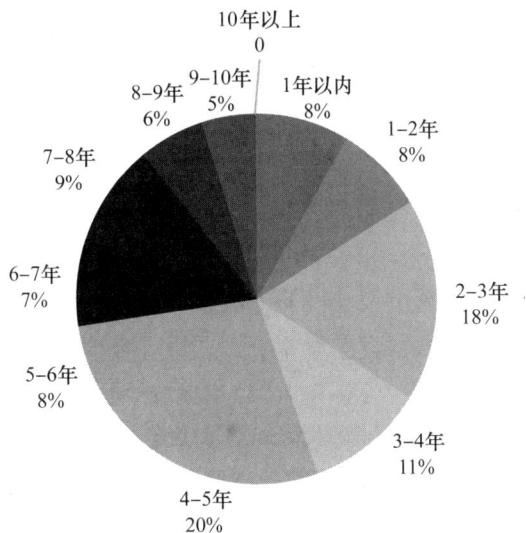

图 2 – 13   2018 年第 2 季度末地方政府债券到期日期限结构

资料来源：Wind。

全口径外债总额为 1.9 万亿美元，而同期官方外汇储备为 3.1 万亿美元，外汇资产大于外债。从资产负债表中所显示的对外净金融头寸来看，2016 年国内各部门对外净资产总额为 12.9 万亿元。因此外债的偿付风险有限。较突出的问题在于 2015 年之前外汇资产不断贬值导致的以人民币计价外汇资产价值损失。2000—2015 年，中国对外净金融资产增长了 0.9 亿元，其中由净金融投资贡献了 171%，但由于价值重估损失了 71%。自 2015 年以来，人民币汇率基本稳定在 6—7，由价值重估造成的净资产损失开始逆转。但由于外汇流入放缓，叠加未来中美贸易战对经常账户的进一步影响，外债风险将有可能上升。

资本结构错配是指融资来源中债务与股权比例失调，从而形成风险。从整体上来看，中国各部门资产负债率并不高，尚处于国际上的平均水平。但突出的问题在于部分股权融资是明股实债，以及大量金融资产存在刚性兑付的需求，本质上是债务融资的占比依旧较大，资本结构错配问题突出。解决资本结构错配问题，应推动中国金融结构从债务性融资为主向股权债权并重格局转变，鼓励将债务资金来源转化为权益资金来源的金融创新。

2. 各部门债务杠杆率风险

我们首先从各部门资产负债表的负债方分离出广义债务和核心债务：广义债务是指负债方非股权和投资基金之外的全部负债；核心债务主要是贷款、债券及影子银行所形成的债务融资，不包括非息负债及居民部门内互助贷款等。核心债务与GDP之比即是宏观杠杆。这两种债务与GDP之比如表2-14所示。可以看出核心债务是广义债务的主要构成部分，二者与GDP之比相差不大。在进行国际比较时需注意统计口径的一致性，某些研究在估算中国各部门债务时使用了广义债务口径，计算出数值更大的"杠杆率"，并用来和其他国家的核心债务所表示的杠杆率进行比较，并以此来进行分析，这种做法欠妥，并且会形成误导。

表 2 - 14　　　　　　实体经济部门杠杆率的国际比较　　　　　单位：%

		德国	日本	英国	美国	中国
广义债务/GDP	总计	201.4	480.4	340.5	325.9	292.1
	居民	53.6	80.5	93.1	80.4	52.7
	非金融企业	71.6	151.8	125.5	119.2	202.8
	政府	76.2	248.1	121.9	126.3	36.6
宏观杠杆率（核心债务/GDP）	总计	181.4	371.6	284.7	251.7	239.7
	居民	53.2	57.2	86.6	72.2	44.9
	非金融企业	53.0	101.2	83.3	78.8	158.2
	政府	75.2	213.2	114.7	100.7	36.6

注：表主体的上半部分是实体经济各部门广义债务与GDP之比，数据来自各国国家资产负债表。广义债务的定义为：对于居民和政府，债务即为其全部负债；对于非金融企业，债务为负债减去股权与投资基金。表主体的下半部分为实体经济各部门杠杆率，其定义为各部门核心债务与GDP之比，不包括非息负债及居民部门内互助贷款等。其他国家数据来源为国际清算银行，中国数据来自CNBS的估算。由于计算口径和统计方法不同，CNBS所估算的中国各部门杠杆率与BIS数据略有不同，例如2016年BIS公布的总杠杆率为255.3%，居民、非金融企业和政府各部门杠杆率分别为44.4%、166.4%和44.5%。

资料来源：国家资产负债表研究中心（CNBS）。

债务杠杆率是衡量债务风险的重要指标。从总债务占比看，德国最低，中国次之，接下来是美英日。中国的宏观债务杠杆低于主要发达经济体；但在新兴经济体中却处在较高的水平。无论从总债务占比的水平，还是近年来（特别是 2008 年国际金融危机以来）的攀升速度来看，都显现出中国债务风险在迅速加大。其中最主要的风险点在企业部门与地方政府部门。下面分别对各部门债务杠杆率风险进行分析。

对于居民部门，无论是广义债务还是核心债务与 GDP 之比，均低于其他几个国家，从整体上说居民部门的债务规模有限，2016 年年底居民债务约占居民可支配收入的 85%，每年需要还本付息额约占可支配收入的 8%，占居民消费支出的 13%。得益于居民部门整体的高储蓄率和低杠杆率，债务风险较低。在总体风险有限的情况下，居民部门最大的风险点体现在三个方面。第一，过去几年债务增长过快。2016 年和 2017 年，居民杠杆率已连续两年增长超过 4 个百分点。2008—2017 年，居民杠杆率从 17.9% 升至 49.0%，9 年内增长了 31 个百分点，年均增长 3.5 个百分点。2018 年上半年，居民杠杆率进一步提升 2.0 个百分点，达到 51.0%。当前最为紧要的是控制居民杠杆率过快上升的势头。第二，近年来中国居民收入水平与财富占有规模的差距有扩大之势，这造成居民内部资产结构扭曲，从而使得"平均意义"上的杠杆率风险加大。由于负债率较高的家庭缺少相应的金融资产支撑，一旦收入流出现问题就会出现违约风险。所以，保持宏观经济的稳定性，加大公平分配的力度，有利于在同样杠杆率水平下降低金融风险。第三，近两年来短期消费贷款成为拉动居民债务上升的主要动力，其中有相当一部分消费贷是变相的首付贷，增大了房地产市场的系统性风险。如果严格按照三成的首付比例，中国房地产市场尚具有较强的抗风险能力，但如果部分房屋通过短期消费贷来付首付，则会使得市场更加脆弱，加大了居民承受的金融风险。因此，对于消费贷应加强监管，严格限制资金流向，并且避免期限错配。

对于非金融企业部门，中国无论是广义债务还是核心债务与 GDP 之比，均远高于其他国家，且自 2017 年以来还出现了国企与民企的杠杆率分化。宏观上看，国有企业总资产与总负债的增速都在上升。2016 年年底国企资产和负债的同比增速分别为 10.5% 和 10.1%，而到 2018 年第 2 季度末，这二者的增速分别上升至 19.2% 和 18.0%，均高于同期名义 GDP 增速。微观上来看，国有企业资产增速快于负债增速，导致其资产负债率下降，从 2016 年年底的 66.1% 下降到 2018 年第 2 季度的 64.9%。与此同时，民营企业的表现则截然相反。以民营企业占比较高的工业企业为例，2016 年年底工业企业资产和负债的同比增速分别为 6.9% 和 6.1%，2018 年第 2 季度末，两者增速分别下降到 2.0% 和 3.2%，均低于同期名义 GDP 增速，负债增速高于资产增速，致使民营企业资产负债率上升。导致这一分化的主要原因有三点。第一，供给侧结构性改革致国企盈利上升，转化为企业资本金使国企资产负债率下降。收入端出现显著恢复并直接转化为资本，这既提高了国企总资产增速，同时也降低了国企资产负债率。第二，国企资本金得到进一步充实，资本结构得到优化。2017 年以来 IPO 速度加快，国有企业股权融资规模也相应上升，叠加债转股对资本金的充实，起到了降低国企资产负债率的作用。第三，民企融资环境恶化投靠国企，也致国企资产扩张，从而资产负债率下降。国企与民企的分化导致国企债务在非金融企业债务中的占比自 2015 年以来不断上升，已经由 2015 年第 2 季度的57% 攀升到 2018 年第 2 季度的 66%。从这个角度，国企特别是僵尸国企去杠杆仍是重中之重。

对于政府部门，中国无论是广义债务还是核心债务与 GDP 之比，均低于其他国家，这里的债务指的是显性债务。政府的债务风险主要体现在隐性债务上，这既包括融资平台、PPP、政府性基金、政府购买服务等方面，也包括未能在资产负债表中直接呈现的养老金缺口。我们将在下一部分对此进行详细分析。

3. 隐性负债与或有负债

隐性负债和或有负债主要体现在政府部门。世界银行对政府债务推荐采用四象限的矩阵分类法，从法律和发生可能性两个维度来统计。根据法律是否明确，可以分为显性债务和隐性债务：显性债务是指政府公开承诺或者存在合同担保，具有法律和政策约束力的债务；而那些不存在约束合同，但出于维持社会稳定，满足公众的期待和道义上的责任而承担的债务为隐性债务。从发生可能性维度，可分为直接债务和或有债务：直接债务是指一定会履行，必须承担的责任；或有债务则是指以其他事件的发生为前提，只在特定情况下需要承担的责任义务，并非实际意义上的负债。

在这一分类原则的基础上,国家审计署分别于 2011 年和 2013 年对中国地方政府性债务摸底。在《全国地方政府性债务审计结果》中,将地方政府性债务分为三类。第一类是政府负有偿还责任的债务,即政府及政府部门本身的举债,以财政资金偿还;第二类是政府负有担保责任的或有债务,即债务本身非政府责任,但当债务人出现偿还困难时,地方政府需要承担连带责任;第三类是其他相关债务,即由相关企事业单位自行举借用于公益性项目,以项目自身收入偿还债务,政府既未提供担保也不负有法律偿还责任,但当出现违约风险时,政府可能会给予救助。由于国家审计署这两次对于地方政府债务的审计结果数据翔实权威,大量对中国地方政府债务估算的文献以此为基准,如 Zhang 和 Barnett(2014)。我们在分析政府债务时也将从这两次审计结果出发。

从国家资产负债表角度来看,隐性债务和或有债务又可以从另外一个视角来分为两类。一类债务是已经被纳入了国家资产负债表,但由于负债主体的划分并不明确,而成为政府的或有负债。这些负债或者产生于国企、产生于地方政府融资平台,或者产生于各类政府性基金,这些债务都有自身的负债主体,已经在非金融企业或金融部门的债务中给予核算,但如果这些债务发生违约,市场预期政府可能会承担还债义务。因此对于这类债务的纳入,并不会增加全社会总债务水平,只是考虑在多大程度上将这些其他部门的债务考虑为政府债务,这并不影响总宏观杠杆率水平。另一类债务是没有被国家资产负债表体系纳入的债务,社会保障制度缺口即属于此类。根据金融资产与负债恒等的原则,将这部分债务纳入会同时增加政府债务和居民的金融资产,并且会增加全社会的债务收入比。

对于前一类债务,国家审计署进一步划分为担保债务和救助债务,前者指从法律上来看并非政府债务,但政府对其存在一些隐性担保,在债务主体缺乏偿还能力时还需政府偿还的债务(主要是地方政府融资平台债务),后者指在某些特殊情况发生时政府可能需要承担责任的债务。根据审计结果,2007—2013 年 7 年各年度需偿还的担保债务和救助债务本金中,最后由财政资金实际偿还的最高比例分别为 19.13% 和 14.64%。如果以最高偿还比例作为系数来估算,2012 年年底和 2013

年 6 月，担保债务和救助债务的合计值分别为 1.4 万亿元和 1.5 万亿元，分别占当年 GDP 的 2.6% 和 2.7%。如果采用直接加总的方式，则这部分债务占 GDP 的 16%—17%。2014 年之后，中国开始了地方债务置换的工程，允许地方政府发行地方债来置换现存的政府性债务，当前地方政府债券规模已超过中央政府国债，这类担保和救助债务的规模也在逐渐下降。但市场最大的分歧在于其他未置换的融资平台、PPP 等债务，究竟有多大比例属于政府债务，官方法律制度与市场预期并不一致。如果将这类债务全部划归政府部门，则中国宏观杠杆率结构将有较大变化，政府杠杆率将上升 30—40 个百分点，而非金融企业杠杆率也将下降 30—40 个百分点，中国的杠杆率结构将更接近于发达国家现状。

对于后一类债务，主要是养老金缺口，我们将在后文以专题来讨论。政府对不同主体养老保障的支出责任是不同的。对于企业职工，隐性债务分为转轨成本和老龄化导致的隐性债务两部分，政府并非一定承担完全的支出责任。老龄化导致的隐性债务可以通过降低保障率、延迟退休等措施减轻，而转轨成本则应该通过国有资本划拨充实养老保险基金来解决。对于机关事业单位职工，养老保险收支缺口和隐性债务的责任人则毫无疑问是政府。

根据我们的测算，在新人替代率为 40% 的情况下，2016 年机关事业单位养老保险中政府所应承担的隐性债务规模达到 24.9 万亿元，占当年 GDP 比重达到 33.5%。如果分别将新人的替代率水平降低到 35% 或提升至 45%，则机关事业单位养老金缺口所形成的隐性债务规模则分别占到 2016 年 GDP 的 28.8% 和 38%。在 OECD 各国中，政府负债中的养老金占比较高的国家有澳大利亚（2016 年占比 38%）、冰岛（31%）、美国（17%）、加拿大（15%）、瑞典（13%）和英国（3%）。其他国家或者这部分债务极小，或者也没有列入政府负债。

原则上，机关事业单位养老保险缺口将直接进入政府债务项，与此同时，这部分缺口也会相应进入居民的资产项。限于相关估算还不是非常成熟，因此，这一缺口目前只是作为国家资产负债表的一个补充，让我们了解有这一部分的政府负债存在。待条件成熟，再考虑纳入正表。

4. 国民财富视角下的债务风险

国民财富方法（National Wealth Approach，NWA）作为资产负债表

方法（BSA）的一个分支，对于分析债务风险、金融稳定性具有独特的价值（Frecaut，2016）。与资产负债表方法强调几大错配风险不同，国民财富方法将国民净财富作为分析金融稳定的"锚"。

从"四式"（Quadruple Entries）记账法出发，当银行发现并减记一笔非金融企业的违约贷款时，在国家资产负债表中所反映的是一笔净资产从银行部门向非金融企业部门的转移。但国民净财富并未发生变化，而只是在部门间转移了。银行减记贷款发生在一瞬间，一般是与确认这笔贷款无法偿还的某一事件相伴随的。但在实际经济过程中，这一财富转移过程并非瞬间完成，一笔贷款成为违约贷款也是在很长一段时间内逐步经历量变到质变的过程。因此，之前在国民经济账户中所记录的各项经济指标是有"水分"的，需要进行调整。最终确认的这笔财富转移，应该在经济运行过程中分步记录下来，但实际的国民账户统计中并没有记录。由此得出的一个重要结论是，由生产过程所记录的经济增加值被高估了，这部分表面上看来是由企业生产所产生的增加值，实际上仅仅是银行部门的财富转移产生的。多记增加值的一个主要途径在于将无效投资确认为真实投资。这部分无效投资并未带来总产出和总资产的上升，而仅仅是经济活动中的中间消费（张晓晶、刘磊，2017）。

考虑到如果局限于某个部门，可能会存在对于产出和财富的高估（前面提到的企业部门将无效投资确认为真实投资的情况），因此，需将国民净财富及其在部门间的分布作为处理和预警危机的最重要参考指标。

结合中国的国民净财富数据，在应对债务风险问题上，我们有着足够的信心。2000—2016 年，中国广义政府负债从 2.1 万亿元上升至 27.3 万亿元，规模扩大至原来的 13 倍；广义政府资产也同步增长，从 11.4 万亿元上升至 145.8 万亿元，规模扩大至原来的 12.8 倍。这样，中国政府所拥有的资产净值在该段时期显著上升，从 9.3 万亿元上升到 118.6 万亿元，规模亦扩大至原来的 12.7 倍。按照国民财富方法，政府部门的净财富足以成为应对风险和危机的"锚"。这意味着中国政府有足够的资产来覆盖其相应的负债；在相当长时期内，中国发生主权债务危机的可能性很低。不过，考虑到地方政府的隐性债务①，以及养老金缺口，近 120 万亿元的广义政府资产净值将会大幅缩减。

此外，运用国民财富方法还有两点值得注意：一个是资产的流动性（或变现能力），另一个是资产价格的顺周期性。

资产的流动性考验面临危机时各经济部门的清偿能力。中国广义政府部门净资产为 118.6 万亿元，即使剔除掉变现能力较差的非金融资产，净金融资产也达到 73.0 万亿元；其中国有企业股权为 52 万亿元，占政府净资产的 44%。政府非金融资产中，国有建设用地主要用于覆盖未来 1—3 年的土地供应，具有较强的流动性，这部分为 23.9 万亿元，占政府非金融资产的 52.4%。总体而言，广义政府资产的变现能力还是比较强的。

资产价格的顺周期性会使得仅关注资产净值本身会带来误判。资产价格的周期性波动，会加剧经济下行时的金融风险。金融资产中的股票和投资基金等权益类资产具有更强的顺周期性，其估值水平与经济周期密切相关。资产价格上升时，财富估值非常高，而资产价格下降时，财富估值又非常低，形成了经济周期的金融加速器效应。根据前文对于资产增量的分解，2000—2015 年，全部非金融资产增量中有 32% 的比例来自价值重估的贡献，居民和政府这两个部门的非金融资产增量中分别有 59% 和 36% 来自估值提升，这也对应着这段时期宏观经济和住房价格的高速增长。在国民财富视角下，对这类风险需格外重视，尤其是在面临经济下行周期时，对可能的金融风险应有更充分的准备，而不能满足于拥有规模较大的资产净值本身。

---

① 根据不同口径的估算，约为 30 万亿—50 万亿元。

3

与皮凯蒂估算的对比

　　著名学者皮凯蒂与其合作者（Piketty et al.，2017）估算了中国1978—2015 年的国家资产负债表，引起了学术界的较多关注。虽然他们的主要目的在于厘清中国国民财富的总量及其在公共部门与私人部门之间的分配，与国家资产负债表研究中心（CNBS）编制国家资产负债表的目的并不完全一致，但在中国国家资产负债表数据较为缺乏的情况下，皮凯蒂的估算为关心中国问题的研究者提供了较为规范完整的数据序列，因此对其估算结果进行评估也变得非常重要。

　　皮凯蒂的估算方法中有相当一部分与我们类似，部分方法直接借鉴了我们过去两次的估算方法；但也有一些方法与我们区别较大。我们本次的估算过程对皮凯蒂研究有所借鉴，同时也在很多方面作出了改进。

　　在比较分析展开之前，需要说明的是，皮凯蒂在估算了各类资产的名义值后，又通过一个缩减指数将其还原为不变价格下的资产负债表；而我们遵循国际统计惯例，并没有进行不变价格调整，因此二者数据结果不具可比性。为了便于对比，我们首先将皮凯蒂的最终估算结果还原为名义值①，使其具有可比性，再进行相关的对比分析。

3.1　居民部门

非金融资产

对于居民部门，皮凯蒂估算了三类非金融资产：住房、其他固定资

---

　　①　皮凯蒂在计算中并非采用官方公布的 GDP 缩减指数，而是根据 Young（2003）所建议的方法重新估算出缩减指数，我们同样以 Young（2003）的方法进行还原。

产和农地。我们的居民非金融资产包括住房、汽车、农村居民生产性固定资产这三类。首先简要介绍皮凯蒂的估算方法。

住房又进一步分为城镇住房和农村住房。皮凯蒂对于城镇住房，采用了累加的计算方法，即当年住房价值＝上一年住房价值＋当年新建住房价值＋当年住房资产的资本利得－当年折旧。新建住房价值由人口、人均居住面积和平均价格来估算，资本利得通过房价变动来估算，折旧率采用统计局所建议的2%。皮凯蒂又将全部住房划分为居民持有、政府持有和企业持有三部分。首先通过广东、北京、湖北、浙江、山西和黑龙江省（市）的住房私有化率估算出私人部门和公共部门的持有比例，再通过几次经济普查所得出的企业净资产中国有、集体、法人、私人和国外部门的持有占比来推算出私有住房资产中由居民部门所直接持有的比例。对于农村住房，其总量与城镇住房的计算方法类似。居民持有比例则简单假设2002年后全部由居民持有，再之前的农村住房每10年居民拥有的比例增加10%。

其他固定资本包括个体企业资本、居民生产性固定资产、存货和其他非金融资产。后两者直接由实物资金流量表累加，前两者由统计年鉴给出。此处假设这几类资本的折旧率为5%。

农地被分为耕地和林地，其中林地全部属于政府所有，耕地则划分为居民、企业和政府三部门共同持有。划分比例为2002年之后私人部门拥有60%，公共部门持有40%。全部农地价值采用补偿法（Compensation Method）来估算，即过去3年平均收入的6倍。

CNBS与皮凯蒂估算方法的区别主要体现在两个方面。

第一，资产类别不同。CNBS估算中纳入了汽车资产——一般作为最主要的居民耐用消费品。这同美国、加拿大、英国、法国等国的核算实践基本一致。而皮凯蒂等未列入此项，但纳入了个体企业资本、存货、其他非金融资产和农地。除农地外其他几项规模极小，因此被我们所忽略。而对于农地，我们在过去两次编制结果中均有估算，并将农地价值归入政府部门的非金融资产。不过，中国农地的归属问题尚不明确，最重要的矛盾是所有权、承包权、经营权的三权分置。尽管有专家认为农民的土地承包权近似于所有权，但未能在法理上得到确认，故将农地资产（部分）归于居民部门，存在法律上的障碍。所以，我们未将农地资产列入居民部门。基于这些口径上的区别，皮凯蒂的估算结果略高，对 2015 年居民非金融资产的估算结果为 201.8 万亿元，而我们的结果仅为 155.3 万亿元，如图 3-1 所示。

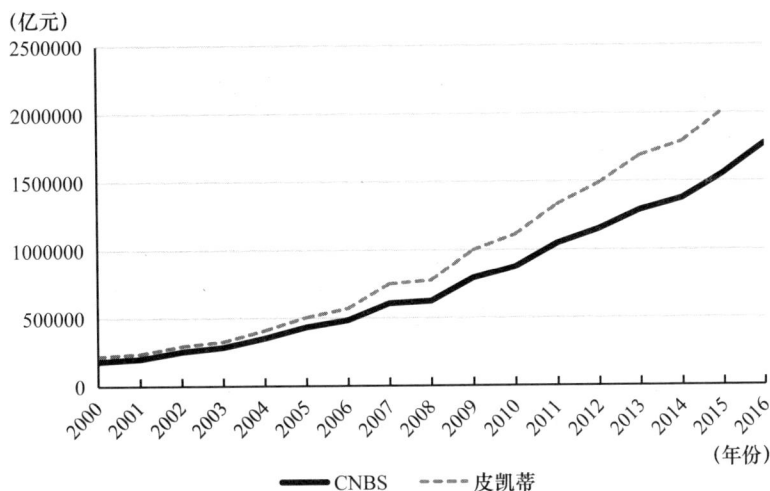

图 3-1　居民持有全部非金融资产的价值

资料来源：Piketty et al. (2017)，国家资产负债表研究中心（CNBS）。

　　第二，资产的部门间划分比例不同。在 CNBS 研究中，假设了城镇住房全部归居民所有，而皮凯蒂的研究则将住房资产总量作了份额分配，即由居民、企业和政府三个部门共同持有。而其中，政府持有部分包括了公租房、廉租房、央产房、共有产权房等，2015 年占全部住房价值的 3%。但如本书第四章所述，自住房市场化改革以来，政府持有的城镇住房相对规模已经大为下降，在部分省份这一比例仅约占 3%—5%，其余大部分省份则没有公布相关数据。所以，受数据限制，并且考虑到这一区分对近年的住房价值影响微弱，本书仍将全部城镇住房纳入居民部门。不过，随着共有产权房的推进，对于政府持有住房资产的估算还是有必要的，相关研究会在未来向前拓展。在第四章中列出了由此造成的估算差异，仅供读者参考。与此同时，我们在住房价值上采用了较为谨慎的估算方法（基于住房质量，我们的房屋折旧率要高于皮凯蒂)①，对住房价值的估算结果略小于皮凯蒂，如图 3 - 2 所示。

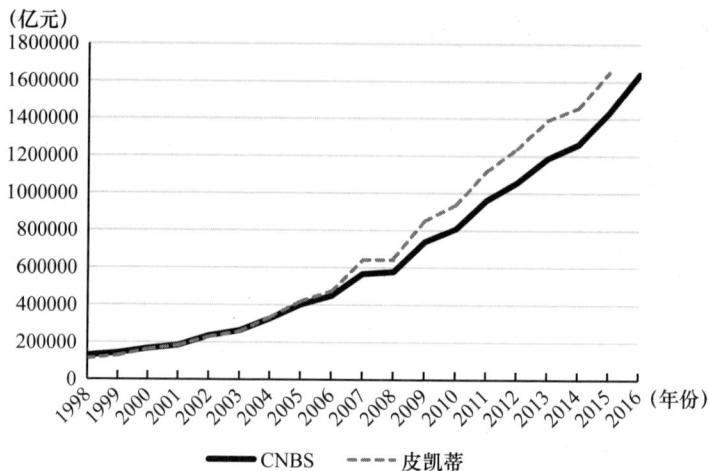

图 3 - 2 居民持有住房资产的价值

资料来源：Piketty et al.（2017），国家资产负债表研究中心（CNBS）。

金融资产和负债

皮凯蒂估算的居民部门金融资产包括现金、债券、存款、股票及股权、保险和公积金。CNBS 的金融资产分类与人民银行资金流量表标准相同。

1. 通货

统计局建议居民持有现金的估算比例为 M0 × 80%，皮凯蒂遵照这一估算方法。我们则采用金融资金流量表中的通货累加的方法，由于现金本身并无利息和资本利得，我们认为流量表累加的方法更为精确。

2. 债券

皮凯蒂采用 2002 年统计局推荐的方法，即假设国债的 65%、金融债券的 2.5% 和全部企业债券由居民部门所持有。但我们认为这一比例已经不符合当前实际：目前绝大部分债券由金融机构持有。CNBS 依然是根据金融资金流量表累加得出居民债券持有规模。从估算结果来看，

---

① 社会上不少关于住房价值的估算也都高于本书的结果，原因大致在于：有的是根本没有进行折旧；有的折旧率要低于本书。

我们得出 2015 年居民所持有的债券总额为 2.4 万亿元，而皮凯蒂的估算为 13.3 万亿元，二者相差较大。我们认为皮凯蒂的方法大大高估了居民持有的债券资产。

3. 存款

皮凯蒂采用的是信贷收支表中的居民存款数据。CNBS 估算的存款包括三部分：银行存款、银行非保本理财产品余额和公积金存款。我们认为这三者都具有广义存款的性质，故将其全部视作存款。皮凯蒂估算的 2015 年居民存款为 58.0 万亿元，而我们加入公积金和非保本理财后所估算出的居民存款为 76.7 万亿元。皮凯蒂在居民存款之外又单独列出公积金存款一项，但并未加入非保本理财部分。

4. 保险

皮凯蒂的估算方法为根据我们上次的估算结果，并用资金流量表累加得出近几年规模。我们本次估算首先根据最新数据更新的保险的总规模，进一步将全部保险分为居民持有和企业持有的部分，并假设居民持有 70%，这一比例参考了统计局过去几次试编的数据。二者方法不同造成了结果的较大差别：皮凯蒂估算的 2015 年居民持有保险资产为 11.4 万亿元，我们估算 2015 年保险总资产 11.2 万亿元，其中居民持有 7.8 万亿元，企业持有 3.4 万亿元。

5. 股票及股权

皮凯蒂的方法为上市公司的股票市值与非上市公司的股权账面价值之和，这也是 SNA 体系的标准估算方法。但由于中国 A 股市场的股票市值波动较大，这种方法所估算出来的金融资产和负债波动均较大。故我们对于上市与非上市公司，都以股权的账面价值来估算，因而估算规模要小于皮凯蒂。皮凯蒂所估算出来的 2015 年居民持有股票及股权价值 59.5 万亿元，而我们估算的价值为 36.8 万亿元，主要体现了市值与账面价值的差别。

6. 负债

皮凯蒂只包括了居民的银行贷款，而我们在此基础上还加入了居民的公积金贷款、小额贷款和 P2P 贷款。2016 年这三者之和约 6 万亿元。

7. 其他各项

除以上几项外，我们还在居民的金融资产中加入了证券投资基金份额、贷款和其他金融资产这三部分。其中证券投资基金指居民所购买的公募基金、私募基金、券商资管产品、信托产品等，我们估算2016年居民持有的证券投资基金份额已达到14万亿元，不容忽视。除此之外，P2P理财、小额贷款等也是居民配置资产的形式，属于居民部门内部的借贷关系，因此在居民的资产方也加入了这些贷款资产。其他金融资产是指没有被已有各项所统计进来的金融资产，我们在SNA体系下根据总资产与总负债恒等的关系得出，估算2016年居民所持有的这部分资产约有21万亿元。

8. 小结

总体来看，对于居民部门的金融资产，我们相对于皮凯蒂加入了证券投资基金、贷款和其他金融资产三个部分。我们对于股票采用的是账面价值，而皮凯蒂采用了市值。债券部分，皮凯蒂采用了统计局之前推荐的比例，但这一比例已不再适用，我们根据其他数据来源进行校准，采用了更符合实际的比例。对于存款部分，我们加入了银行的非保本理财产品。加总来看，由于我们纳入了更多项目，故金融资产的估算略高于皮凯蒂，如图3-3所示。而对于居民负债部分，我们加入了公积金贷款、小额贷款和P2P贷款，估算数值也略高于皮凯蒂，如图3-4所示。

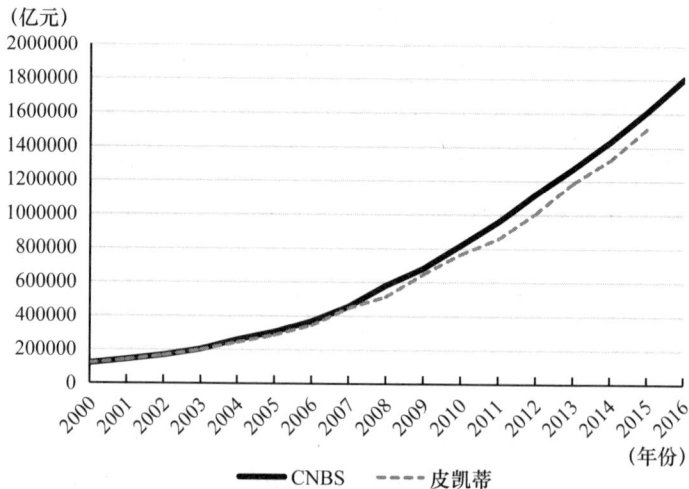

图3-3 居民持有全部金融资产的价值

资料来源：Piketty et al. （2017），国家资产负债表研究中心（CNBS）。

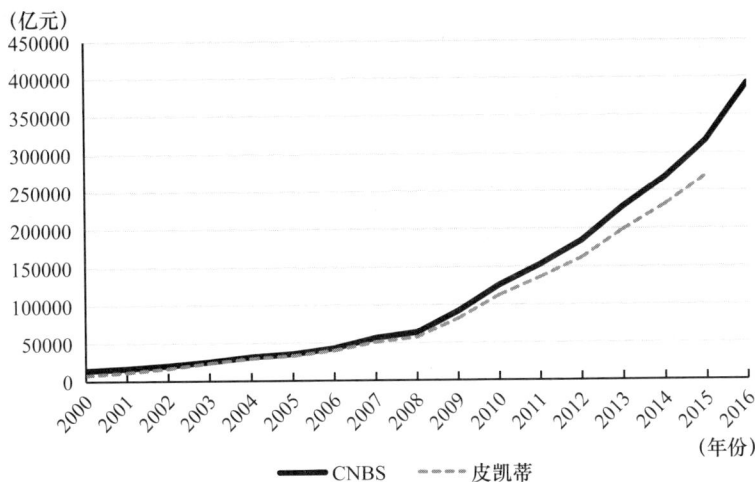

图 3 - 4　居民部门负债的价值

资料来源：Piketty et al.（2017），国家资产负债表研究中心（CNBS）。

　　由于在非金融资产部分我们的估算金额偏低，因此居民部门的资产净值也低于皮凯蒂的估算。2015 年皮凯蒂估算居民部门净资产为 326 万亿元，而我们的估算为 285 万亿元，相差约 10%，如图 3 - 5 所示。

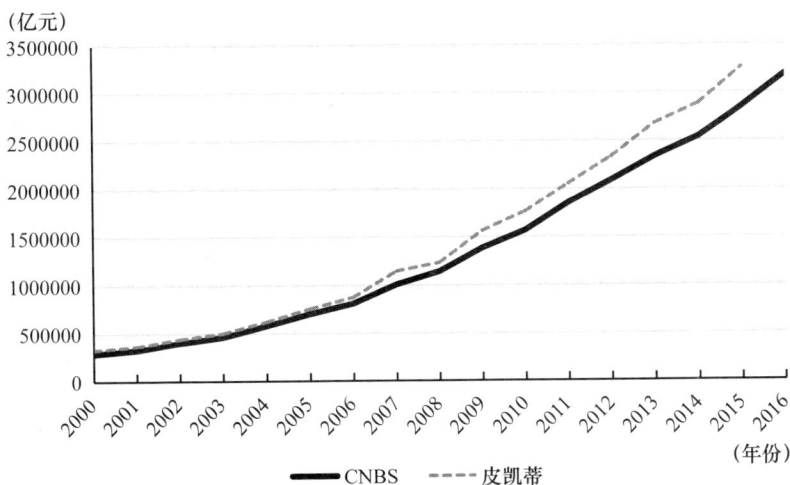

图 3 - 5　居民部门的资产净值

资料来源：Piketty et al.（2017），国家资产负债表研究中心（CNBS）。

3.2　非金融企业部门和金融部门

对于非金融企业和金融机构,皮凯蒂并未给出各类资产和负债细分项目的估算,只列出了非金融资产、金融资产和负债的总量。具体方法为依据几次经济普查数据对各类企业总资产、总负债加总,并根据各类行业上市公司的详细资产负债表估算出全部资产中金融资产和非金融资产的比例。从严格意义上说,这种估算方法并未遵照 SNA 体系,与其他部门也难以形成统一的体系。

我们在非金融企业和金融部门的非金融资产估算上与皮凯蒂类似,也是借鉴经济普查数据,并用上市公司的资产负债表来划分各类资产比例。我们将各类非金融资产比例划分得更为细致,分为固定资产、存货和其他非金融资产。而对于金融资产和负债,我们依然遵照 SNA 体系的规则,具体估算出每一类金融工具的价值,这与皮凯蒂的方法存在较大差别,也可以说是我们的优势所在。

非金融企业部门

非金融资产和金融资产的估算结果如图 3 - 6 所示。从非金融企业部门的估算结果来看,皮凯蒂对非金融资产的估算略高于我们,而我们对于金融资产的估算略高于皮凯蒂。对于总资产,在大部分时间里我们的估算低于皮凯蒂。

负债估算结果的对比如图 3 - 7 所示,皮凯蒂的估算高于我们,且 2011 年以来超出的幅度变大。区别主要产生于不同的估算方法,皮凯蒂相对于 CNBS,同时高估了总资产和总负债。而对于净资产(即股票及股权),二者的估算基本一致,如图 3 - 8 所示。

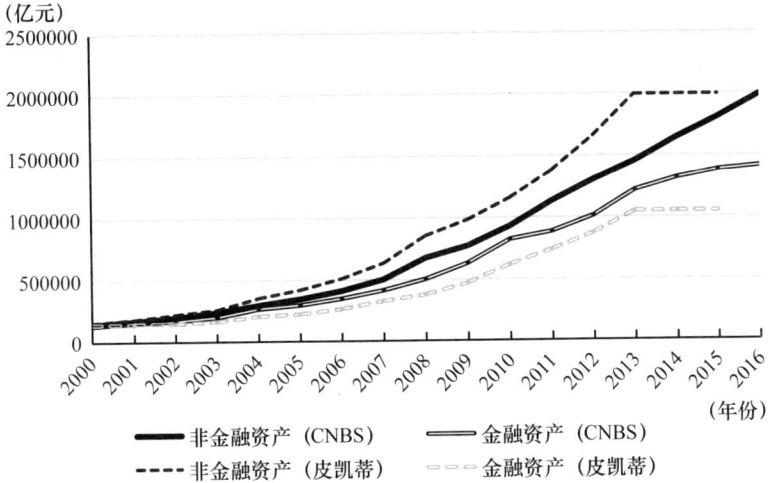

图 3 – 6　非金融企业部门持有各类资产的价值

注：皮凯蒂部分估算中 2014 年后的数据存在空缺并采用取前值的方法填补数据，故某些曲线在 2014 年后水平。下同。

资料来源：Piketty et al. (2017)，国家资产负债表研究中心（CNBS）。

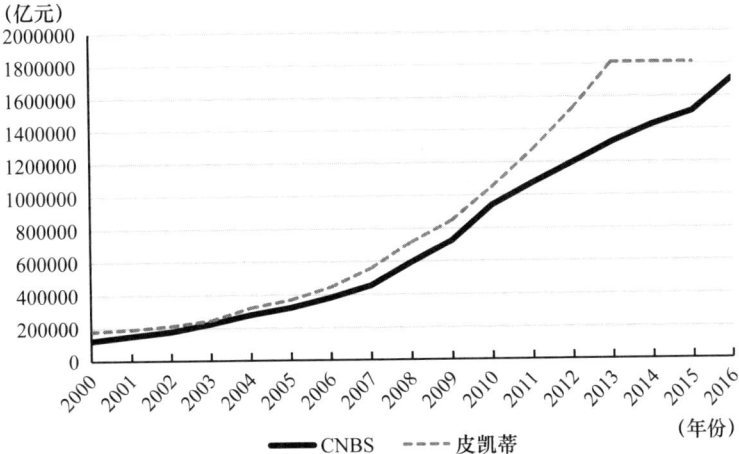

图 3 – 7　非金融企业部门负债（不包括股票及股权）的价值

资料来源：Piketty et al. (2017)，国家资产负债表研究中心（CNBS）。

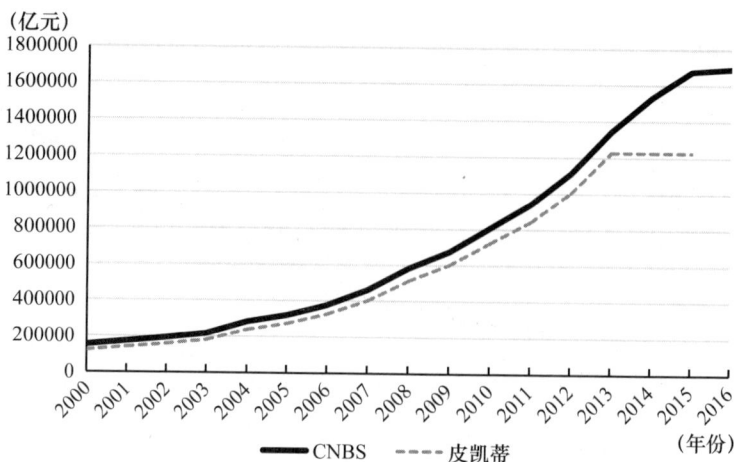

图 3-8　非金融企业部门股票及股权的价值

资料来源：Piketty et al.（2017），国家资产负债表研究中心（CNBS）。

金融部门

金融机构部门的非金融资产占比极小，由此造成的估算误差对结果影响不大。对于金融资产和负债，我们考虑了更多的影子银行体系，将信托、基金等非银行金融机构资产也纳入考虑，从而估算结果全部高于皮凯蒂，如图 3-9 和图 3-10 所示。

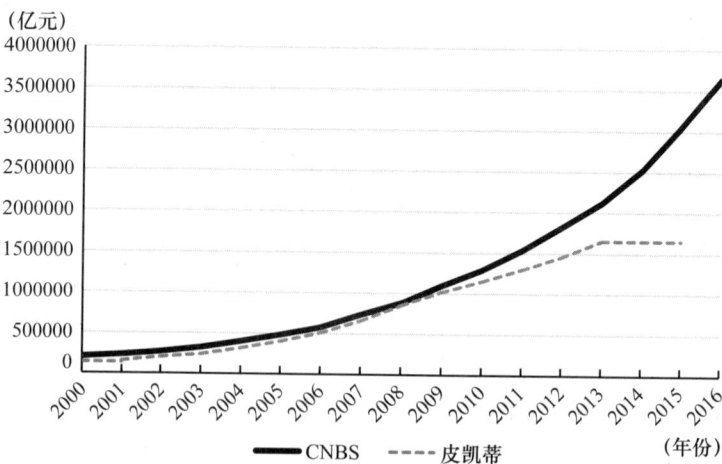

图 3-9　金融机构部门持有金融资产的价值

资料来源：Piketty et al.（2017），国家资产负债表研究中心（CNBS）。

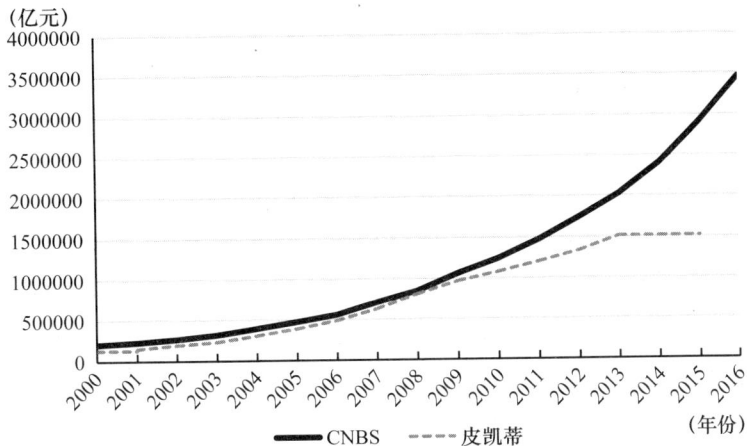

图 3 - 10　金融机构部门负债（不包括股票及股权）的价值
资料来源：Piketty et al.（2017），国家资产负债表研究中心（CNBS）。

但对于金融部门的净资产（即股票及股权），我们的估算结果小于皮凯蒂，如图 3 - 11 所示。这主要是因为我们对全部金融企业的股权负债都采用的是账面价值，而皮凯蒂对于上市公司采用了市值法。总体来看，金融部门的净资产相比于总资产占比很小，细微的差别并不影响估算的主要结论。

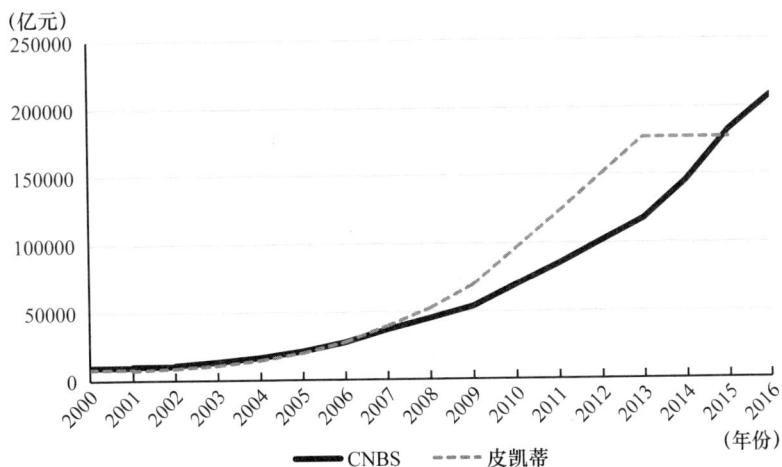

图 3 - 11　金融机构部门股票及股权的价值
资料来源：Piketty et al.（2017），国家资产负债表研究中心（CNBS）。

3.3　政府部门

政府部门资产和负债的估算方法也存在较大区别。皮凯蒂将政府部门划分为行政机关团体、公共金融机构（包括央行、三大政策性银行、四大资产管理公司和中投公司）、国有投资公司、公共非金融机构和社保基金。我们与此的主要区别在于，根据国际惯例将包括央行在内的金融机构纳入金融机构部门，将公司性质的机构纳入非金融企业部门，只在政府部门保留了持有这些企业的股权资产。

非金融资产

皮凯蒂估算的政府部门非金融资产包括国有企业拥有产权的职工住房、公产房、地方政府土地储备、农地和公共金融机构的非金融资产。住房的处理方式已在前文介绍。我们认为按照现行政策，除部分小产权住房外，居民在大部分时候都可以通过支付少量资金将公产房转为私产房，故我们不再考虑政府所拥有的住房。地方政府土地储备的估算方法

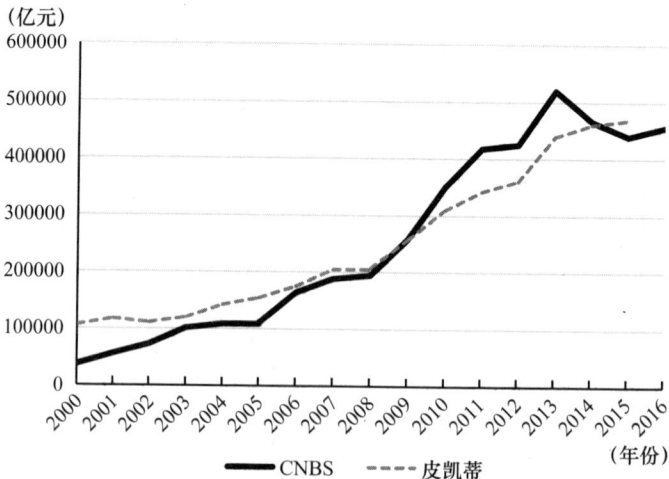

图 3-12　政府部门持有非金融资产的价值

资料来源：Piketty et al.（2017），国家资产负债表研究中心（CNBS）。

基本一致，采用当年地方政府卖地收入的 3 倍来估算。公共金融机构的
非金融资产仅不到 2000 亿元，我们将此部分放到了金融部门中。农地
部分没有包含在我们的估算范围之内。除此几项外，我们还加入了国有
建设用地资产、公共基础设置资产、在建工程和无形资产，具体内容详
见政府部门资产负债表的相关章节。从估算结果来看，二者相差不大，
如图 3 – 12 所示。

金融资产

关于政府金融资产的估算，CNBS 与皮凯蒂有两点主要区别。

第一，主体范围不同。皮凯蒂估算的政府金融资产包括行政事业单
位金融资产（主要由存款和股权构成）、央行持有的外汇储备和央行贷
款、其他公共金融机构的金融资产、政府持有的股票及股权、财政存款
和社保余额。但根据 SNA 体系以及其他国家的经验，央行、政策性银
行类的公共金融机构，应属于广义上的公共部门，而非政府部门。图
3 – 13 是 IMF 对公共部门和广义政府的定义，其中灰色的部分是广义政
府范围，不包括以地方政府融资平台为主的表外财政，不包括国有企
业，也不包括央行、政策性银行等金融公共部门。根据这样的划分，我
们将央行和其他公共金融机构的资产都归入了金融机构部门，将行政事
业单位存款和财政存款合并成为政府存款，并单独估算了政府直接持有
和通过行政事业单位持有的融资平台、国有企业和公共金融机构的股票
及股权。央行和公共金融机构的金融资产占比较大，皮凯蒂估算 2015
年二者加总接近 50 万亿元。

第二，对政府持有的股权，CNBS 采用了账面价值法来估算。由于
中国股市的市值波动性较大，市值法造成了股市牛市和熊市期间股权资
产不稳定，故对全部股权都采用了账面价值估算法，估算出的持有股权
数值也相对较小，2015 年皮凯蒂估算的政府持有的国有股权将近 97 万
亿元，而我们的估算仅有 47 万亿元。这导致我们所估算的政府部门金
融资产远低于皮凯蒂的估算，但如果去掉包括央行在内的公共金融机
构，则二者相差变小，如图 3 – 14 所示。

公共部门

非金融公共部门　　　金融公共部门

增扩财政　　　　国有企业

广义政府　　　表外财政（包括地方政府融资平台）

中央政府

地方政府

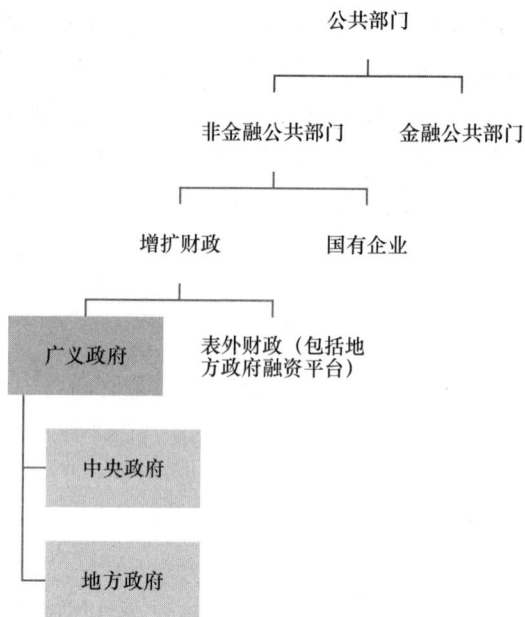

图 3 - 13　公共部门和广义政府的定义

资料来源：Zhang 和 Barnett（2014）。

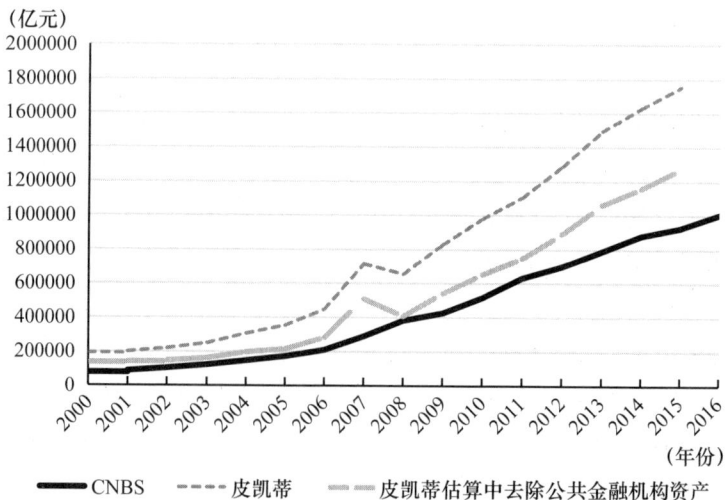

（亿元）

图 3 - 14　政府部门持有金融资产的价值

—— CNBS　---- 皮凯蒂　---- 皮凯蒂估算中去除公共金融机构资产

资料来源：Piketty et al.（2017），国家资产负债表研究中心（CNBS）。

负债

皮凯蒂对于政府部门债务的估算包括政府显性债务以及公共金融机构的债务,后者又分为央行负债和其他公共金融机构负债。我们将公共金融机构的债务归入金融部门,将地方政府融资平台债务类的隐性负债归入非金融企业部门,因此我们的估算结果远低于皮凯蒂。但对于政府显性债务部分,二者估算基本一致,如图3-15所示。

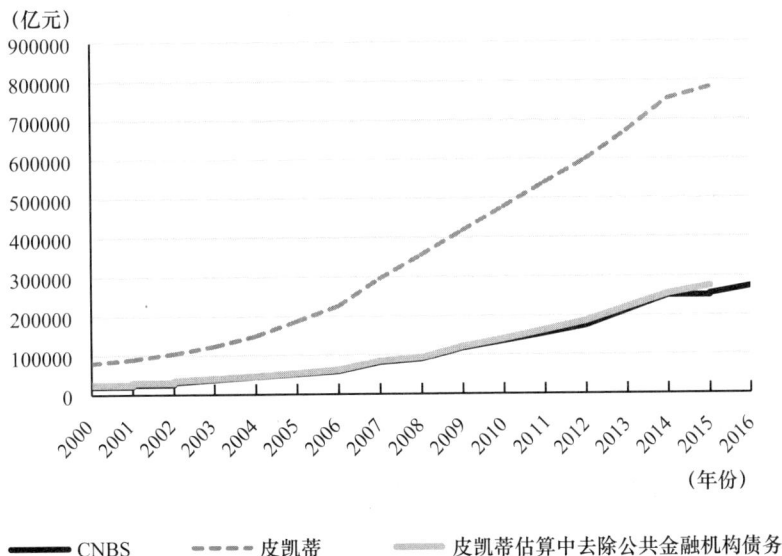

图 3 – 15 政府部门负债的价值

资料来源:Piketty et al.(2017),国家资产负债表研究中心(CNBS)。

资产净值

由于包括的机构有所区别,对于政府部门的资产和负债,二者估算都存在较大差别。但最终核算的资产净值较为一致,我们的估算结果略低于皮凯蒂,如图3-16所示。

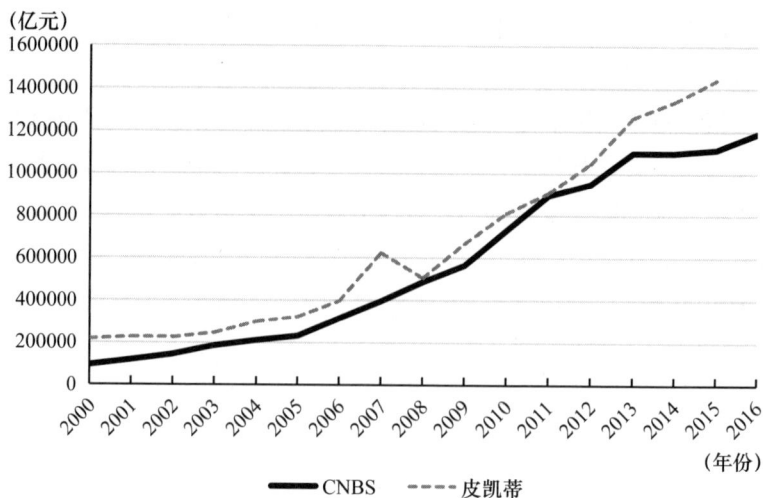

图 3 - 16　政府部门的资产净值

资料来源：Piketty et al.（2017），国家资产负债表研究中心（CNBS）。

3.4　小结

关于中国国家资产负债表的估算，我们的起步比较早，皮凯蒂的研究是基于我们的成果，这在他们的工作论文中有直接表述。不过，学术研究是一个交流互鉴的过程，我们通过与皮凯蒂团队的沟通交流，也完善了估算方法。

相较而言，我们的估算更符合国际惯例和更加切合中国的实际。

首先，我们的研究自始至终遵循了 SNA 体系。皮凯蒂的估算结果中，居民部门和政府部门比较细化，也基本遵循了 SNA 体系，但非金融企业和金融部门的估算没有细分项目。这导致其无法从整体上满足金融资产与负债恒等的基本关系。根据 SNA 体系，加入国外部门后，全部金融资产与负债应具有恒等的关系，但在大部分时候皮凯蒂所估算出的负债高于金融资产，如图 3 - 17 所示。这一矛盾来源于其估算方法的不统一。我们对相关估算方法做了改进，得到了完全遵循 SNA 恒等式的估算结果。

其次，我们的估算更切合中国的发展现状。这包括两个方面：一是关于农地资产的处理。鉴于农地归属在法理上还不是非常清晰，我们没有直接将农地资产（部分）归入居民部门；二是关于影子银行对各部门资产与负债方的影响，我们作了充分考虑，与现实更为相符，而皮凯蒂则涉及较少。

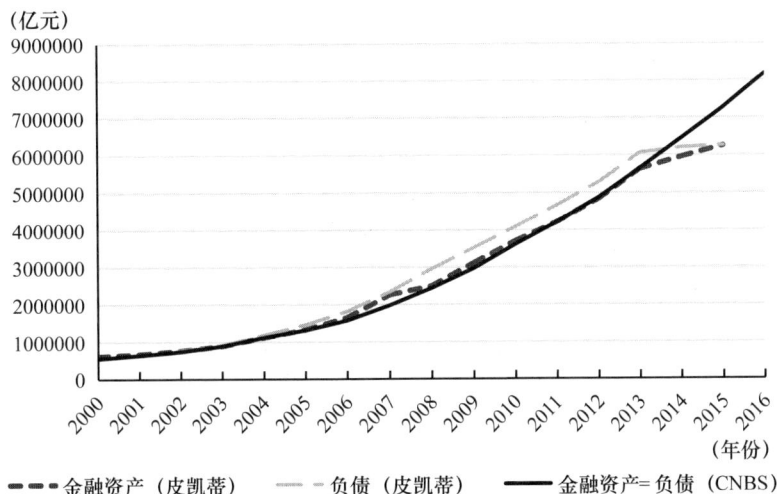

（亿元）

图 3-17　全社会（国内部门＋国外部门）金融资产与负债的价值

资料来源：Piketty et al.（2017），国家资产负债表研究中心（CNBS）。

第二编

部门分析

4

居民部门资产负债表

4.1　编制方法

　　根据最新数据信息，以及国家资产负债表整体框架的调整，本章对 2013 年、2015 年编制的居民资产负债表进行了部分修订（李扬等，2013，2015），并在时间范围上进行了较大扩展：1993—1999 年为金融资产负债表（即不含非金融资产）；2000—2016 年为完整的资产负债表。具体编制结果见表 4 - 1、表 4 - 2 和表 4 - 3。

单位：亿元

表4－1　中国居民资产负债表（1993—2016年）

项目/年份	非金融资产 固定资产	金融资产 通货	存款	保险准备金	证券投资基金份额	股票及股权	债券	其他资产	贷款	金融资产合计	总资产	负债 贷款	净资产
1993	—	4692	15204	549	53	2467	2738	-9613	0	16090	—	2965	—
1994	—	5759	21519	659	60	3372	3169	-4778	0	29760	—	3798	—
1995	—	6206	29662	791	67	4517	3754	1110	0	46107	—	5054	—
1996	—	6989	38814	949	76	5253	5015	4088	0	61184	—	6597	—
1997	—	8210	46835	1139	86	7937	6345	4912	0	75464	—	8574	—
1998	—	9061	54459	1367	205	11019	7759	6885	0	90755	—	10581	—
1999	—	10930	61613	1641	685	14530	9375	6473	0	105247	—	12443	—
2000	182148	11923	67209	2126	971	18789	10145	7656	0	118819	300967	14148	286819
2001	200773	12797	77434	2893	960	24285	10909	12805	0	142083	342856	16804	326052
2002	253920	14116	91314	4091	1365	28927	11788	15705	0	167306	421226	20366	400860
2003	285230	16164	108601	5747	1924	34724	12414	23634	0	203208	488438	25250	463188
2004	352137	17598	131989	7468	3502	48348	12208	37694	0	258807	610944	31647	579297
2005	432052	19726	155722	9592	5049	60538	11823	42284	0	304734	736786	35364	701422
2006	482591	22250	177384	12431	8961	78207	12234	57593	0	369060	851651	42817	808834

续表

年份	非金融资产	金融资产									金融资产合计	总资产	负债	净资产
	固定资产	通货	存款	保险准备金	证券投资基金份额	股票及股权	债券	其他资产	贷款			贷款	
2007	605464	24991	189979	18272	33888	104369	11998	73312	0	456809	1062273	56247	1006026
2008	622183	28404	238155	21054	20826	142371	11385	119456	0	581651	1203834	63568	1140266
2009	791505	31762	290974	25600	29231	161836	12131	131564	0	683098	1474603	91543	1383060
2010	871851	37203	342981	31803	28913	194974	12244	169104	1975	819197	1691048	125748	1565300
2011	1044417	42164	396062	37887	27703	228359	11450	211227	3928	958780	2003197	152698	1850499
2012	1149695	45409	477464	46334	38998	271524	14079	223630	5977	1123415	2273110	183913	2089197
2013	1288490	48659	562443	53811	47393	299915	18196	235998	8459	1274874	2563364	228795	2334569
2014	1372163	49791	644837	65320	71303	337458	19420	235015	10456	1433600	2805763	267489	2538274
2015	1552614	51892	766904	78257	121019	367667	24358	188414	13472	1611983	3164597	316650	2847947
2016	1771943	55508	883250	93737	141460	378749	27439	208097	17435	1805675	3577618	391700	3185918

资料来源：国家资产负债表研究中心（CNBS）。

表 4-2   中国居民资产负债大项

项目＼年份	非金融资产（固定资产；亿元）	金融资产（亿元）	负债（亿元）	总资产（亿元）	资产净值（亿元）	资产负债率（%）	金融资产负债率（负债/金融资产；%）	债务杠杆率（负债/GDP；%）	GDP（亿元）
2000	182148	118819	14148	300967	286819	4.70	11.91	14.11	100280
2001	200773	142083	16804	342856	326052	4.90	11.83	15.16	110863
2002	253920	167306	20366	421226	400860	4.83	12.17	16.73	121717
2003	285230	203208	25250	488438	463188	5.17	12.43	18.37	137422
2004	352137	258806	31647	610943	579296	5.18	12.23	19.60	161840
2005	432052	304734	35364	736786	701422	4.80	11.60	18.90	187319
2006	482591	369061	42817	851652	808835	5.03	11.60	19.50	219439
2007	605464	456810	56247	1062274	1006027	5.29	12.31	20.80	270232
2008	622183	581651	63568	1203834	1140266	5.28	10.93	19.90	319516
2009	791505	683098	91543	1474603	1383060	6.21	13.40	26.20	349081
2010	871851	819199	125748	1691050	1565302	7.44	15.35	30.40	413030
2011	1044417	958779	152698	2003196	1850498	7.62	15.93	31.20	489301
2012	1149695	1123415	183913	2273110	2089197	8.09	16.37	34.00	540367
2013	1288490	1274874	228795	2563364	2334569	8.93	17.95	38.40	595244
2014	1372163	1433601	267489	2805764	2538275	9.53	18.66	41.50	643974
2015	1552614	1611983	316650	3164597	2847947	10.01	19.64	46.00	689052
2016	1771943	1805676	391700	3577619	3185919	10.95	21.69	52.60	744127

资料来源：国家统计局，国家资产负债表研究中心（CNBS）。

表 4-3   居民"固定资产"细项   单位：亿元

项目＼年份	城镇住房	农村住房	住房资产合计	汽车资产	农村居民生产性固定资产	固定资产合计	调整后私有城镇住房
1998	101181	29133	130314	—	—	—	80871
1999	111989	31283	143272				92173
2000	129631	37601	167232	5914	9002	182148	111361
2001	144428	40102	184530	6880	9363	200773	128120
2002	193572	42044	235616	8412	9892	253920	177295

续表

年份\项目	城镇住房	农村住房	住房资产合计	汽车资产	农村居民生产性固定资产	固定资产合计	调整后私有城镇住房
2003	218264	45441	263705	11054	10471	285230	204727
2004	279680	47762	327443	13642	11052	352137	264225
2005	343745	59241	402986	15960	13106	432052	328613
2006	384977	64526	449503	19274	13814	482591	370916
2007	496085	70918	567003	23576	14884	605464	480500
2008	502205	75963	578168	28118	15897	622183	487759
2009	655928	83185	739113	35123	17270	791505	636812
2010	719433	89590	809023	44637	18191	871851	699250
2011	807348	155527	962875	54458	27083	1044417	788353
2012	895152	162472	1057624	63976	28096	1149695	876549
2013	1011465	176124	1187589	71989	28913	1288490	992341
2014	1071500	190725	1262225	79963	29975	1372163	1053802
2015	1227928	204421	1432349	89415	30850	1552614	1207458
2016	1422965	217184	1640149	99984	31809	1771943	1399243

资料来源：国家资产负债表研究中心（CNBS）。

编制说明

总体看，本次编制主要按照 SNA 2008 的核算框架进行了调整。具体变化集中于金融资产部分，对非金融资产——对应于新版中的"固定资产"一项以及负债部分调整较小。

1. 居民住房资产

（1）城镇住房：估算方法基本未作调整。此外，由于部分城镇居民住房实际上并不属于私人所有（如公租房、共有产权房等），所以 Piketty 等（2017）按照北京、广东、浙江、湖北、山西、黑龙江 6 省（市）公布的有关住房属性分类统计，对相应住房价值做了调整，即在总值中再乘以推定的私人所有份额。如果援用这一估算，我们可以得出调整后的城镇住房价值，相应的降低部分也应归于政府部门的固定资产项目下。但如表 4-3 最后一列显示的，由于近十年来绝大多数住房为私人所有（在95%—98%），所以这一调整在数值上影响极小。此处列出仅供参考。

（2）农村住房：2013年以来，《统计年鉴》不再公布农村居民年末住房单价。此外，2011年，这一数据较上年骤增67%（由392元/平方米增为654元/平方米），所以相关口径可能有所变化。综合以上因素，2013—2016年的数值，仅根据2012年增速外推。这同前版的利用2007—2012年平均增速外推方法有所差异，也在数值上有所减小。

2. 居民汽车

居民汽车估算方法未作调整。但由于2016年数据尚有缺失，所以该年数值按照上一年增速外推。在此需要说明的是，在SNA 2008中，居民耐用消费品并不列入居民（非金融）资产项，但各国在具体实践中对此又有所调整，如美国在其"整合宏观经济账户"（Integrated Macroeconomic Accounts，IMA）中，仍保留了这一项目。考虑到对于中国居民而言，"汽车"确具有资产属性，所以此处仍按照之前的方法处理。

3. 农户生产性固定资产

2013年以来，《统计年鉴》不再公布相关数据。此外，2011年，这一数据较上年骤增50%（由户均10706元增为户均16088元），所以相关口径可能有所变化。综合以上因素，2013—2016年的数值，仅根据2012年增速外推。这同前版的利用2007—2012年平均增速外推方法有所差异，在数值上有所减小。

4. 金融资产

居民金融资产主要包括通货、存款、保险准备金、证券投资基金、股票及股权、债券、贷款和其他资产。

（1）居民持有的通货资产是指居民的现金持有，假设1993年时居民持有的现金是M0的80%（统计局2002年的建议），再用历年资金流量表的增量来估算之后各年规模。

（2）存款资产包括三部分：银行存款、非保本理财和公积金存款。其中银行存款数据来自分部门的信贷收支表，非保本理财和公积金存款数据来自相关监管部门的年报。

（3）保险总规模来自保监会年报，我们假设居民持有比例为总规模的 70% 。

（4）证券投资基金包含了公募基金、私募基金、信托产品、券商资管产品、基金专户等，根据监管部门年报估算出各类金融资产中不同投资主体的持有比例。

（5）股权的总规模来自全部金融企业和非金融企业的所有者权利加总，其中各部门的持有占比数据采用三次经济普查中对企业净资产持有者结构的比例划分，并作相应的线性外推。根据估算，2016 年居民持有非金融企业股权占比为 20.3% ，居民持有金融机构的股权占比为 17.1% 。

（6）居民持有的债券规模以 1998 年统计局估算的国家资产负债表数据为基期，之后各期变动由流量表决定。

（7）居民持有的贷款资产是指居民内部的借贷关系，并不通过金融中介，主要是小额贷款和 P2P。其中小额贷款也属于一种类型的金融机构，但其贷款资金主要来源于股东自身，且规模有限，因此我们并未在金融部门纳入这部分贷款，而是将其放在居民部门。

（8）居民部门的其他金融资产是指未被以上各项所包括的资产，这部分资产的估算数据主要是采用了资产与负债恒等的原则，所有其他负债减去其他部分的资产方所持有的部分，即为居民部门的其他资产。

5. 金融负债

金融负债仍旧以"居民贷款"为主，数据来自《金融机构本外币信贷收支表》。此外，本版中还补充了"公积金贷款""P2P 贷款""小额贷款"三项。

4.2 居民资产的结构变化

作为多年经济发展的结果，居民资产相应扩张，并出现了某些重要的结构性变化。首先，在非金融资产方面，如图 4 - 1 显示，"住房"始终是最为重要的居民资产项目，约占部门总资产的一半，这一点同美国等发达国家存在显著差异。如果进一步考虑到中国居民并未取得与住房连带的建设用地的所有权，这一差异则更为明显。究其原因，由于房地产市场不规范而造成的投机、炒作虽有一定影响，但并非主要原因。从更深层面看，我们认为上述现象的主因在于：中国居民在高增长、高储蓄的过程，财富存量持续积累，但在现有的制度条件与经济环境下——主要包括自然资产的"非私"属性、跨境资本流动管制，加之近年实体经济发展势头偏弱，住房仍旧是中国居民最主要的财富附着物或价值储藏载体，因此除了居住功能外，也具有了较强的"金融属性"。当然，如表4－4和表4－5显示，由于金融深化的持续，近年来中国住房资产扩张慢于其他资产项目（主要是金融资产），因此其占比在持续下降，即从2000年的55.6%降至2016年的45.8%（占居民净财富的比例从58.3%降至51.5%）。但这一比例仍远高于欧美国家。中国居民财富形式过于集中于住房资产的事实，也使得部门的信贷风险主要集中在"房贷"，对此下节将进一步分析。

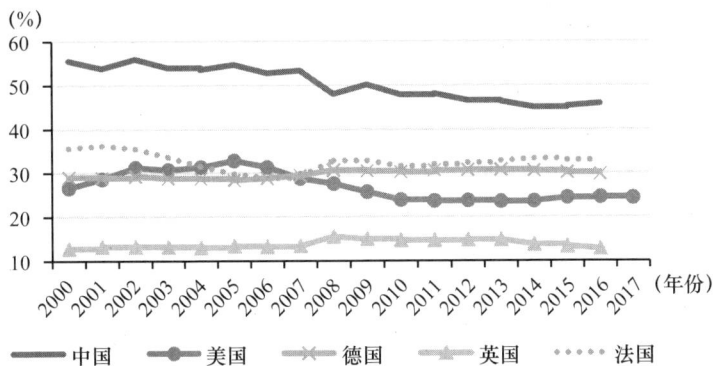

图4－1 居民住房资产在居民总资产中的占比：国际比较

资料来源：转引自李成和汤铎铎（2018）。

其次，在金融资产方面，如表4－4显示，其整体在总资产中的占比从39.5%升至50.5%。相应地，由戈德史密斯（Goldsmith, 1982）定义的金融相关比——即金融资产与非金融资产的比率也从65.0%上升到102.0%。这充分显示了这一时期中国金融业的快速发展。分项来看，"非保本理财""保险准备金""证券投资基金份额""股票及股权"等项目增长最为迅速。四项合计占比在2000年仅为7.2%（占金

表4-4

居民"总资产"的构成（2000—2016年）

单位：%

项目＼年份	2000	2001	2002	2003	2004	2005	2006	2007	2008	2009	2010	2011	2012	2013	2014	2015	2016
非金融资产（固定资产）	60.5	58.6	60.3	58.4	57.6	58.6	56.7	57.0	51.7	53.7	51.6	52.1	50.6	50.3	48.9	49.1	49.5
其中：住房	55.6	53.8	55.9	54.0	53.6	54.7	52.8	53.4	48.0	50.1	47.8	48.1	46.5	46.3	45.0	45.3	45.8
其他	5.0	4.7	4.3	4.4	4.0	3.9	3.9	3.6	3.7	3.6	3.7	4.1	4.1	3.9	3.9	3.8	3.7
金融资产合计	39.5	41.4	39.7	41.6	42.4	41.4	43.3	43.0	48.3	46.3	48.4	47.9	49.4	49.7	51.1	50.9	50.5
其中：通货	4.0	3.7	3.4	3.3	2.9	2.7	2.6	2.4	2.4	2.2	2.2	2.1	2.0	1.9	1.8	1.6	1.6
存款	22.3	22.6	21.7	22.2	21.6	21.1	20.8	17.9	19.8	19.7	20.3	19.8	21.0	21.9	23.0	24.2	24.7
其中：非保本理财	—	—	—	—	0	0	0.1	0.1	0.1	0.4	0.7	1.1	1.8	2.5	3.6	5.5	6.5
其余存款	22.3	22.6	21.7	22.2	21.6	21.1	20.8	17.8	19.6	19.3	19.6	18.6	19.2	19.4	19.4	18.7	18.2
保险准备金	0.7	0.8	1.0	1.2	1.2	1.3	1.5	1.7	1.7	1.7	1.9	1.9	2.0	2.1	2.3	2.5	2.6
证券投资基金份额	0.3	0.3	0.3	0.4	0.6	0.7	1.1	3.2	1.7	2.0	1.7	1.4	1.7	1.8	2.5	3.8	4.0
股票及股权	6.2	7.1	6.9	7.1	7.9	8.2	9.2	9.8	11.8	11.0	11.5	11.4	11.9	11.7	12.0	11.6	10.6
债券	3.4	3.2	2.8	2.5	2.0	1.6	1.4	1.1	0.9	0.8	0.7	0.6	0.6	0.7	0.7	0.8	0.8
其他资产	2.5	3.7	3.7	4.8	6.2	5.7	6.8	6.9	9.9	8.9	10.0	10.5	9.8	9.2	8.4	6.0	5.8
贷款	0	0	0	0	0	0	0	0	0	0	0.1	0.2	0.3	0.3	0.4	0.4	0.5
总资产	100.0	100.0	100.0	100.0	100.0	100.0	100.0	100.0	100.0	100.0	100.0	100.0	100.0	100.0	100.0	100.0	100.0

资料来源：国家资产负债表研究中心（CNBS）。

表4-5　　　　居民各资产项目的年化增速（2000—2016年）　　　单位:%

项目 ＼ 年份	2000—2008	2008—2012	2012—2016	2000—2016
非金融资产（固定资产）	16.6	16.6	11.4	15.3
其中：住房	16.8	16.3	11.6	15.3
其他	14.5	20.3	9.4	14.6
金融资产合计	22.0	17.9	12.6	18.5
其中：通货	11.5	12.4	5.1	10.1
存款	17.1	19.0	16.6	17.5
保险准备金	33.2	21.8	19.3	26.7
证券投资基金份额	46.7	17.0	38.0	36.5
股票及股权	28.8	17.5	8.7	20.7
债券	1.5	5.5	18.2	6.4
其他资产	41.0	17.0	-1.8	22.9
贷款	—	—	—	—
总资产	18.9	17.2	12.0	16.7

资料来源：国家资产负债表研究中心（CNBS）。

融资产的18.2%），而在2016年已经达到23.7%（46.9%）。与此同时，现金、存款（包括储蓄存款、公积金存款、非保本理财）、债券等较为"传统"的金融资产项目相对规模持续下降，同期合计在总资产中的占比从29.7%降至21.6%，在金融资产中的占比从75.2%降至42.8%。当然，如横向对比看，各国金融资产项目构成也有很大差异。如图4-2所示，中国居民现金及储蓄相对规模远大于美、英等国，但与日本、德国等实体经济比较发达的国家较为接近。而在股权与债券投资方面，中国的份额低于美国，与法国相近，但又显著大于日本、德国、英国。由此看来，金融资产的内部结构似乎并不存在一般规律或单一的评价标准。因此，在实践中还应从本国国情出发（如实体—金融关系、人口结构、资本市场特点等），认识、理解相关构成的优劣及其政策含义（另见李成、汤铎铎，2018）。

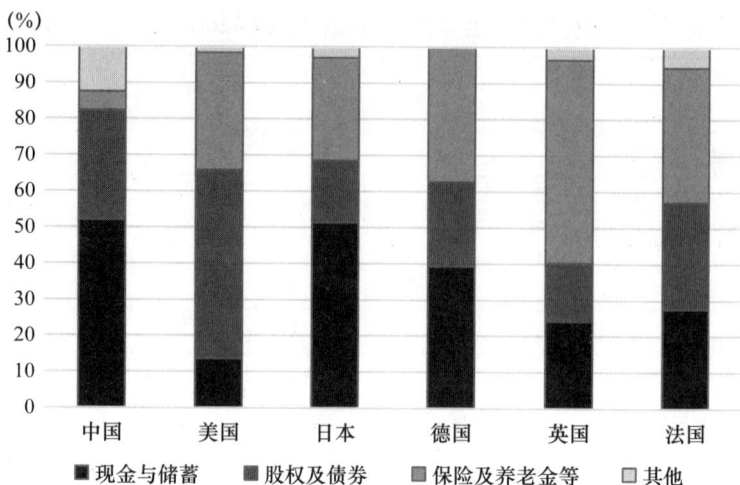

图 4 - 2 2016 年居民金融资产项目构成：国际比较

注：在中国数据中，"存款"包含"非保本理财"；"股权及债券"中包含"证券投资基金份额"；"保险及养老金"对应于"保险准备金"。法国指标为 2015 年数据。

资料来源：国家资产负债表研究中心（CNBS），各国居民资产负债表，具体见 Li（2018）。

4.3 居民债务杠杆动态

在财富积累（或资产扩张）和金融深化的过程中，居民部门也不可避免地形成了大量负债——后者在中国一般仅指居民从金融机构取得的各类"贷款"，包括"消费性贷款"和"经营性贷款"。在负债形成过程中，有关债务的清偿性、流动性等风险逐渐累积。前者主要涉及资产与负债规模的匹配，后者主要涉及资产与债务的期限结构匹配、资产的变现能力、现金流（收入流）与本息偿付的匹配等。再者，随着金融服务不断深化，居民同其他部门的债权债务关联也逐渐复杂、紧密，由此给宏观经济、金融稳定带来了多种显性、隐性影响与挑战。其中，尤其以"房地产市场—居民住房贷款—抵押品质量—银行信贷风险"这一风险传递渠道最为关键、也最受关注。此外，近年来由于小额贷款等金融新业态的兴起，个人或个体经营者通过非传统金融媒介取得的贷款也在迅速积累，但相应监管还有较多缺失——这成为又一个重要风险点。基于以上认识，下文将分别探讨居民部门债务杠杆动态、住房贷款风险、债务流动性风险以及互联网金融风险四方面问题。

首先，无论从学术还是政策层面看，对债务杠杆率的关注往往与金融周期波动和经济下行压力相伴。特别是自2008年金融危机以来，"杠杆"等已然成为最受关注的宏观经济学术语之一。例如，国际著名咨询公司麦肯锡（MGI）近年来3次以"债务和去杠杆"为主标题，推出大篇幅的分析报告（MGI，2015），并指出危机以来全球去杠杆进程缓慢甚至出现加杠杆现象。国际货币基金组织（IMF）也在近年来持续跟踪相关议题。特别是在最新一期的《国际金融稳定报告》中，IMF设专章分析了居民部门的债务杠杆问题（IMF，2017），并发现在近二三十年，无论是在发达经济体还是包括中国在内的新兴市场国家，居民部门的债务与GDP之比——作为一种最常用的杠杆率指标——都有不同程度地上升。下文利用更新数据，试从国际比较的视角，就中国居民债务的近期走势加以分析。

事实上，由于金融体系尚不发达（特别是居民信贷相关制度）、居民预防性储蓄动机强烈（主要由社会保障制度不健全等体制缺陷造成；见 Modigliani & Cao，2004）、房地产市场发展滞后，以及传统观念等多种因素，长期以来中国居民的财务政策一般偏于保守：即储蓄率较高（在G20集团中最高），通过负债融资购买住房资产或消费品的比例较低。但近年来，这一现象发生了明显变化，即居民债务的绝对规模和相对规模（以各种杠杆率表示）都经历了较快的扩张。如在表4-6可见，2013年年底中国居民贷款总额仅为19.9万亿元，约占居民当年可支配收入的79.7%，国内生产总值（GDP）的33.4%[①]。而截至2017年年底，贷款总额已经增至40.5万亿元，"贷款/可支配收入"比率和"贷款/GDP"比率分别升至112.2%和49.0%。其中，后一指标已经超过新兴市场国家的平均水平（IMF，2018）。相应地，从纯粹的存量指

---

① 由于数据限制及国际可比性，此处的居民贷款仅指居民从传统金融机构获得的贷款，未包含"公积金贷款""P2P贷款""小额贷款"三项。

标看①，居民部门资产负债率（负债与总资产之比）也由 2008 年的 5.3% 升至 2016 年的 11.0%，这更直接地反映出居民融资行为的显著改变。同时，居民利息负担也明显增加。如据张晓晶和刘学良（2017）测算，2008—2016 年居民利息支出从 4108 亿元（占 GDP 的 1.3%）飙升至 1.54 万亿元（占 GDP 的 2.1%）。从分类看，贷款增长主要归于"消费性贷款"的迅速扩张：该项目 2017 年 12 月数值为 2013 年 1 月数值的 2.9 倍，而经营性贷款（主要用于个体经营者）的相应比率仅为 1.5 倍。当然也应指出，此处的"消费性贷款"实际上是相对于其借贷主体而言——即一般居民户而非个体经营者，实际上也包含了住房贷款等投资性的资金运用，与通常理解的用于购买消费品的"消费信贷"不同。

表 4 - 6　　中国居民部门贷款概况（2013 年年底至 2017 年年底）

年份　　　项目	2013	2014	2015	2016	2017
消费性贷款余额（亿元）	129819	153759	189617	250585	315296
经营性贷款余额（亿元）	68783	77751	80696	83144	89854
居民贷款合计（亿元）	198602	231511	270313	333729	405150
人均居民贷款（元）	14595	16926	19665	24136	29147
人均 GDP（元）	43745	47080	50127	53817	59660
人均可支配收入（元）（住户调查口径）	18311	20167	21966	23821	25974
人均可支配收入（元）（国民核算口径）	26244	28594	30745	33234	34925
人均消费支出（元）	13220	14491	15712	17111	18322
居民贷款/居民可支配收入（%）（住户调查口径）	79.7	83.9	89.5	101.3	112.2
居民贷款/居民可支配收入（%）（国民核算口径）	55.6	59.2	64.0	72.6	83.5

---

　　① 需要注意的是，常用的按照"债务/可支配收入"或"债务/GDP"定义的杠杆率本质上是一种"存量/流量"比率，虽然对流动性风险衡量较有价值，但尚不足以全面反映某一主体的偿债能力和融资结构，因此"资产负债率"等"存量/存量"比率同样值得参考。

续表

年份 项目	2013	2014	2015	2016	2017
居民贷款/GDP（%）	33.3	36.0	39.2	44.9	49.0
居民储蓄率（%） （住户调查口径）	27.8	28.1	28.5	28.2	29.5

注：1. 贷款数据源自中国人民银行《金融机构本外币信贷收支表》，年度值为每年年末数据。

2. 居民可支配收入与消费支出（2013 年新口径）、GDP、人口数据来自国家统计局《中国统计年鉴》（历年）及《2017 年国民经济和社会发展统计公报》。

3. 居民消费率定义为居民消费支出/居民可支配收入。

4. 居民可支配收入具有两个统计口径，一是通过住户调查数据中的人均可支配收入推算而得，二是根据国民经济核算体系（SNA）资金流量表中住户部门的可支配总收入数据。鉴于不同数据口径各有特点（甘犁，2018），此处将两个口径居民的可支配收入全部列出，供读者参考。

5. 国民核算口径2017 年数据涉及一定估算，假设国民可支配收入占 GDP 的比例为前 5 年均值（98%），居民可支配收入占国民可支配收入的比例也为前 5 年均值（61%）。

资料来源：中国人民银行，国家统计局，国家资产负债表研究中心（CNBS）。

从部门层面看，居民贷款占全部境内贷款（即居民、非金融企业及机关团体贷款、非银行业金融机构三部门合计）的份额也在提高。如图 4 - 3 所示，在 2013 年 1 月至 2017 年 12 月，这一份额由 24.7% 持续上升至 33.2%。而"非金融企业及机关团体贷款"的占比则由 75.3% 降至 66.8%。据此可以认为，近年来在中国总体杠杆率趋稳甚至下行的背景下，中国信贷扩张的主要动力来自居民部门，尤其是其非经营性的信贷行为（以住房贷款为主）。相应地，居民也成为债务风险的主要来源部门之一。

进一步从国际比较层面看，中国居民债务杠杆尚处于较低水平，但近年来呈明显的上升态势——即出现所谓的"加杠杆"过程，且已接近甚至超过某些发达国家水平。相应的变化清晰地反映在图 4 - 4 中，此处对比了 2013 年第 1 季度以来中国与世界主要发达国家（G7 集团成员及 OECD 国家均值）居民债务占年化可支配收入的比率。如图可见，尽管中国居民收入存在两类不同口径，且存在较大差距，但两类数据都

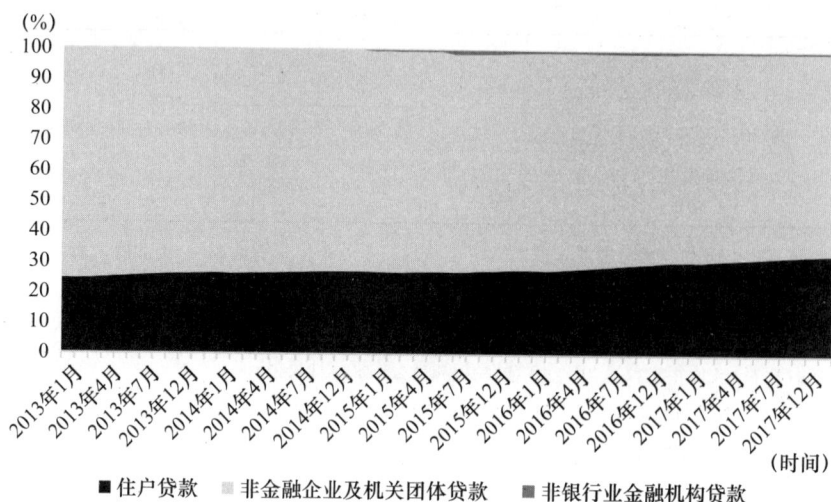

图4-3 各部门贷款在全部境内贷款中的占比（2013年1月至2017年12月）

资料来源：中国人民银行《金融机构本外币信贷收支表》。

显示，在考察期之初，中国居民杠杆率明显低于其他国家，但自2014年年底，这一比率快速上升，并已经超过或大大接近发达国家水平。此外，图4-4中还显示，美国、德国、意大利和OECD整体等的居民杠杆还在不同程度地下降，显示出在危机之后的复苏阶段，上述经济体居民收入增长快于债务扩张，债务压力和风险相应减弱。

如果再从存量角度比较，如图4-5所示，在金融危机之前，中国居民资产负债率远远低于发达国家（如仅约为美国指标的1/3）。但在危机以来，这一比率迅速增长，至2016年已达到11%，同德国、法国、意大利等国的水平极为接近甚至有所超过。与之形成鲜明对比的是，以2008—2009年为界，发达经济体的这一指标出现了较为明显的"前升后降"趋势：在危机之前的繁荣期内，居民信贷扩张迅猛，并快于资产积累，这也是导致国际金融危机的重要原因之一。但在危机高潮过后，信贷又猛烈收缩，出现某种程度的"资产负债表修复"现象。这一发现——即中国居民同发达国家金融债务周期的差异——同上文基于"存量/流量"杠杆率所揭示的走势具有一致性。

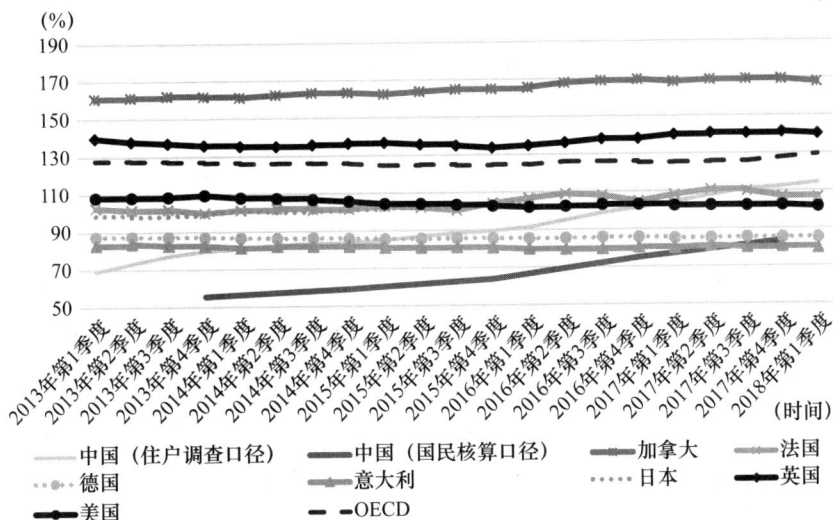

图 4 - 4　居民贷款余额与可支配收入比率国际比较

（2013 年第 1 季度至 2018 年第 2 季度）

注释：1. 中国数据来源见表 4 - 6 所示；可支配收入按照本季值及此前 3 个季度值之和进行了年化处理；每季人口按照线性插值法计算。

2. 其他国家数据来自经济合作与发展组织（OECD）"居民仪表板"（Household Dashboard）数据，其统计口径包含"居民"及"服务居民的非营利机构"。

3. OECD 均值为未加权的简单算术平均值。

资料来源：中国人民银行，国家统计局，OECD，国家资产负债表研究中心（CNBS）。

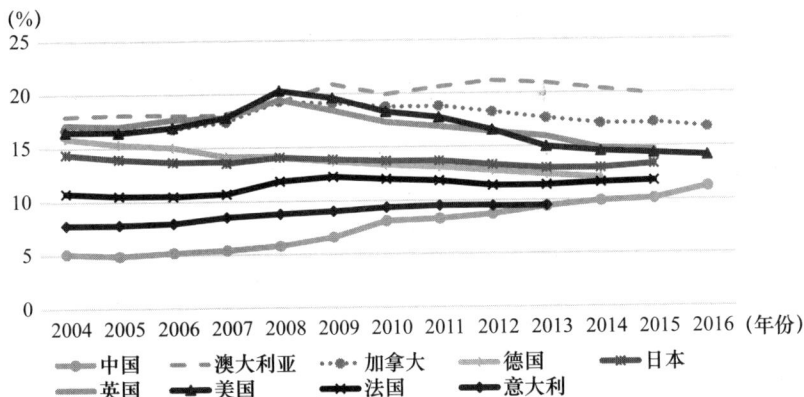

图 4 - 5　居民部门资产负债率国际比较（2004—2016 年）

资料来源：中国人民银行，国家统计局，国家资产负债表研究中心（CNBS）。

4.4　居民住房贷款动态及相关风险

从中国与国际一般经验看，居民部门的最大资产项是住房，相应地也形成了最大的负债项，即住房按揭贷款（mortgage）。因此在很大程度上，居民债务风险主要集中在住房市场及相关的金融活动①。众所周知，2008 年国际金融危机即直接肇始于 2007 年美国出现的"次贷危机"：即大量低收入者在很少甚至没有合格抵押物品的条件下，以较少首付款甚至"零首付"的方式贷款购房。而银行也相应地形成了所谓的"次级信贷"。不难理解，当住房市场行情开始掉头向下时，房贷违约、拖期等风险事件便水落石出，进而蔓延至金融机构、政府乃至整个经济体（希勒，2016，第三章）。

鉴于住房资产及相关贷款对居民部门财富积累和风险的特殊重要性，本节将通过国际比较，专门研究居民房贷与住房价值的关系②。有关统计列于表 4 - 7。

表 4 - 7　　居民住房贷款规模及变化趋势（2008—2016 年）

年份 项目	2008	2009	2010	2011	2012	2013	2014	2015	2016
住房按揭贷款 （亿元）	29800	44200	57300	66000	75000	90000	106000	131000	179000
居民消费性贷款 合计（亿元）	37235	55366	75108	88778	104439	129819	153759	189617	250585
住房按揭贷款/全部 消费性贷款（%）	80.0	79.8	76.3	74.3	71.8	69.3	68.9	69.1	71.4

---

①　此处还需指出，从国际比较看，以贷款方式进行日常消费（而非购置住房资产等具有投资属性的行为）的情况在中国仍处于较低水平。如自 2013 年以来，中国居民消费性支出占可支配收入的比例一直维持在 72% 左右，相应的储蓄率在 28% 左右，远高于 OECD 国家相应指标的同期均值，即约 10%。另见表 4 - 6 所示。

②　由于住房按揭贷款主要对应于城镇居民的购房行为，而农村自建房贷款等不仅规模较小且其对应的房屋价值较低，所以此处未考虑农村住房。

续表

年份 项目	2008	2009	2010	2011	2012	2013	2014	2015	2016
城镇住房价值 （万亿元）	50.2	65.6	71.9	80.7	89.5	101.1	107.2	122.8	142.3
住房按揭贷款/城镇 住房价值（%）	5.9	6.7	8.0	8.2	8.4	8.9	9.9	10.7	12.6
住房贷款不良率 （%）	0.9	0.6	0.4	0.3	0.3	0.3	0.3	0.4	0.4

注：1. 其中，"住房按揭贷款"来自中国人民银行《金融稳定报告》（历年）及 CEIC；"消费性贷款"来自人民银行《金融机构本外币信贷收支表》；"住房贷款不良率"来自人民银行《中国金融稳定报告》（历年）。

2. 历年居民贷款为当年 12 月余额。

资料来源：中国人民银行。

由表 4 - 7 可见，首先，自 2008 年危机以来，尽管住房按揭贷款的量值增长很快，但其在居民消费性贷款合计中的份额呈下降趋势。然而，自 2014 年以来这一占比有所提高。同时，住房贷款的不良率自 2008 年以来也有所下降，并在近年来基本稳定在 0.3%—0.4% 的水平，远低于各部门综合贷款不良率（2016 年为 1.91%）。在一定程度上，以上两项指标表明尽管存在诸多政策不确定性（主要指各地的限贷、限购政策）与市场风险，近年来金融机构和居民部门对住房资产的安全性甚至增值前景仍抱有较多信心，大部分非经营性居民贷款甚至虚假的"消费"贷款仍旧流向"房市"。

此外，作为另一个衡量贷款风险的关键指标，中国个人住房贷款同住房价值之比（即常用的贷款—价值比率，或称 Loan to Value Ratio）则连续攀升——已由 2008 年的 5.9% 升至 2016 年的 12.6%（见图 4 - 6）。然而，同世界主要发达国家相比，相对于迅速增加的住房价值，中国居民贷款的规模尚低——中国这一比率略高于意大利，但仅为美国的 1/4，连带的信贷风险也相应较小。

当然还需引起重视的是，在"房住不炒"的鲜明政策定位下，新一轮以"因城施策""分类调控"为主要特征的调控措施开始见效，特别是在 2017 年年中以来，房地产市场行情开始出现显著变化。重点城

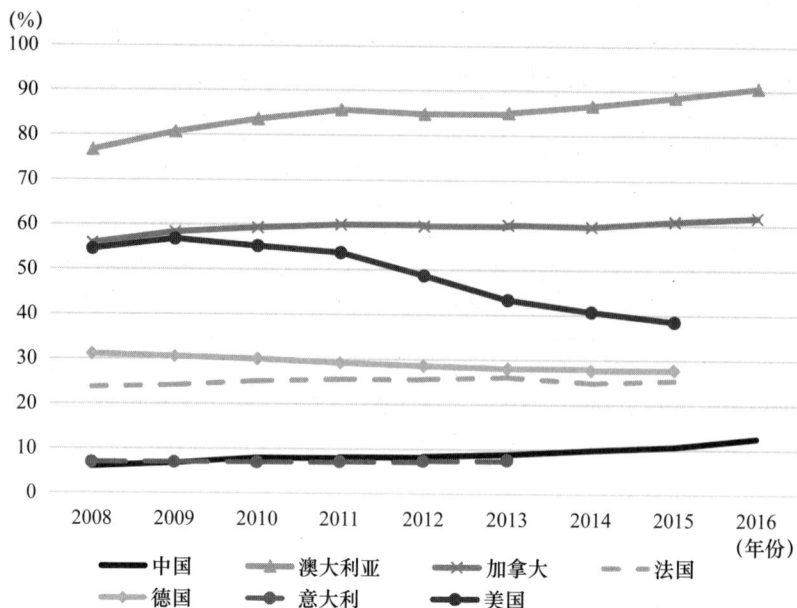

图 4 – 6　居民住房贷款与住房价值比率国际比较（2008—2016 年）

注：1. 中国个人住房按揭贷款来自中国人民银行《金融稳定报告》（历年）及 CEIC；住房仅指城镇居民住房。

2. 其他国家住房贷款数据来自 OECD "居民金融资产与负债数据"；住房价值来自各国官方国家资产负债表（Li，2018）。日本数据暂缺。

3. 由于各国对与住房连带的"土地"资产有不同估算方法等因素，各国数据并不完全可比。

资料来源：中国人民银行，CEIC，OECD。

市房价在年初普涨后开始回调，交易量也日渐冷淡①。如表 4 – 8 所示，以 15 个热点城市新建住房为例，自 2017 年 6 月以来，绝大多数城市房价同比涨幅持续回落，并且有不少城市已经出现价格同比回落（即表中的价格指数低于 100）。其中北京、上海、深圳三个"一线"城市新房价格都在近期出现了程度不等的同比下降。需要指出的是，这一新形势对居民部门风险可谓喜忧参半。一方面，在房地产行情热度退散后，

---

　　① 值得指出的是，2018 年 8 月 1 日召开的中央政治局会议提出"坚决遏制房价上涨"。较之于以往的"防止房价过快上涨"，新的表述表达了更为明确的政策决心和更加严厉的调控目标。

居民有关房地产的信贷行为（如"首付贷"等高杠杆操作）回归理性，相应投机活动和风险得到抑制。另一方面，由于房价走低，居民的住房资产价值会相应下降。同时，因为债务的刚性兑付特征，从违约风险角度看，居民资产负债结构可能会出现恶化。此外，随着热点城市的房地产市场转冷，大量货币可能转向三、四线等限制较少的城市。而在近年棚改货币化等措施快速推进的背景下（货币化安置比例由2014年的9%升至2016年的近50%），三、四线城市的房地产市场本已趋热、特别是库存明显减少。而需要进一步指出的是，由于后者一般人口和市场规模较小、产业层级较低且门类集中，如果出现房市过热，可能会比一、二线城市形成更多投机性需求与资产价格波动，大量风险自然也蕴藏其中。当然，以上前景还有待进一步观察。

表 4 – 8　　　　15 个热点城市新建商品住宅同比价格指数

（2017 年 6 月至 2018 年 6 月）

时间 / 城市	2017 年 6 月	2017 年 9 月	2017 年 12 月	2018 年 3 月	2018 年 6 月
北京	111.5	100.5	99.8	99.4	99.9
天津	112.9	101.8	100.1	100.4	101.2
上海	110.0	99.9	100.2	99.7	99.8
南京	113.6	101.4	98.6	98.3	98.2
无锡	122.9	104.9	98.9	98.4	97.8
杭州	114.6	102.2	99.4	99.6	100.3
合肥	115.4	101	99.8	99.6	99.8
福州	114.1	101.5	98.3	98.2	99.5
厦门	114.7	102.6	102.1	100.1	100.7
济南	115.9	105.1	100.9	100.9	103.9
郑州	120.2	103.2	99.3	99.2	103.2
武汉	114.9	104.8	100.6	101.2	102.3
广州	117.9	109.4	105.5	100.8	101.5
深圳	102.7	96.2	97.0	97.7	98.7
成都	102.1	97.2	99.4	100.8	105.3

资料来源：国家统计局。

4.5　居民债务的流动性风险

　　首先，贷款期限结构是衡量流动性风险的重要指标之一。按照通行国民经济核算标准（SNA 2008），期限在1年及1年以内的贷款被定义为短期贷款，超过1年为长期贷款。按此标准，近年来中国居民贷款的期限结构发生了一些变化，即长期经营性贷款的比例从2013年的36.6%上升至2017年的49.0%，长期消费性贷款比例则基本稳定在80%左右。综合两者，全部长期贷款的比例在同期从64.6%上升至71.9%。然而，从图4-7的国际比较看，除美国外，主要发达国家居民贷款期限仍明显长于中国，长期贷款占比在88%—97%浮动①。

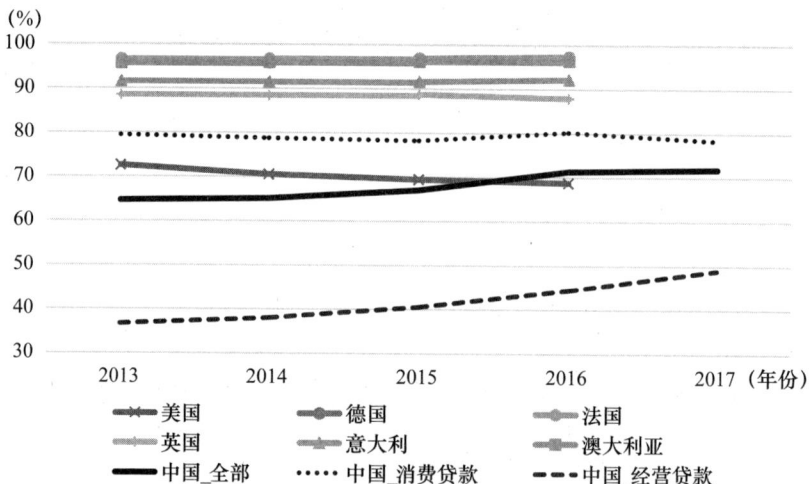

图4-7　居民长期贷款相对规模国际比较（2013—2017年）

注：1. 中国数据来自中国人民银行《金融机构本外币信贷收支表》；各年12月值。

2. 其他国家贷款数据来自OECD"居民金融资产与负债数据"；日本、加拿大等国数据暂缺。

资料来源：中国人民银行，OECD。

---

　　①　另外值得注意的是，美国居民长期贷款不仅比例较低，更在近年来呈现出下降趋势，短期债务压力有所升高。

　　此外，流动性风险还可从金融资产负债率角度进行判定。这一指标指负债（贷款）同金融资产的比例。后者主要包括现金、存款、股票、债券、基金等流动性较强（或变现能力较强）的资产项目。相对于住房等非金融资产，此类资产一般具有更强的应对债务违约风险的能力，而且其中的许多项目，如现金、存款等，也较少受到资产价格顺周期性的影响，具有相对稳定的价值。图4-8展示了各国居民部门金融资产负债表的基本走势。

　　由此可见，同上文展示的整体资产负债率趋势类似，尽管中国居民金融资产负债率一般低于主要发达国家，但在以上考察期内，基本呈现持续上升的态势。特别是在国际金融危机以来，这一比率由2008年的10.9%升至2016年的21.7%，超过或已十分接近其他样本国家的水平。而后者的这一指标却在2008年以来普遍下降。由此可见，近十年来中国居民债务的流动性风险的变动趋势同发达国家相比也不一致。对中国而言，以下两方面原因发挥了重要作用：其一，大量流动性较强的金融资产正在转化为住房等非流动性资产；其二，包括房贷在内的债务快速积累。

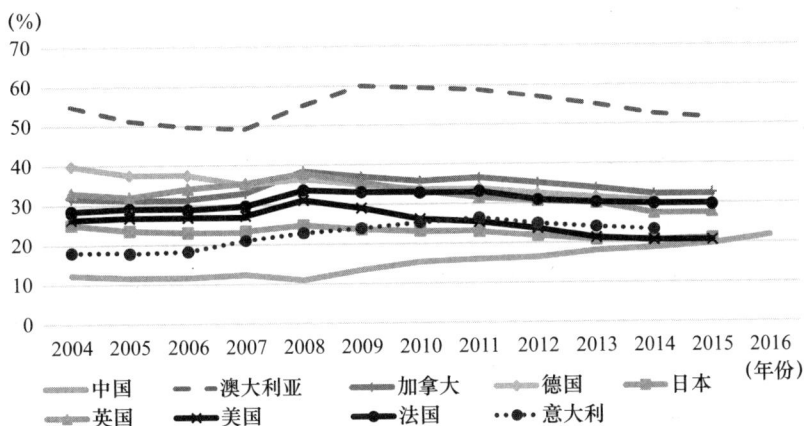

图4-8 居民部门金融资产负债率国际比较（2004—2016年）

资料来源：国家资产负债表研究中心（CNBS），各国居民资产负债表，具体见Li（2018）。

4.6 互联网金融与小额贷款：近年居民部门债务的新形式

近年来，主要以互联网为平台媒介的金融服务——小额贷款、个人网络借贷（P2P）[①] 等新的金融业态快速兴起。其中许多都以个人或个体经营者为主要业务对象，因此其发展状况对居民部门的金融风险也有重要影响。限于篇幅，而且鉴于各种网络金融业务实际上也多有交叉，所以在此仅以小额贷款为例展开论述。后者也成为近期金融监管的主要对象。

从概念上看，同传统金融媒介相比，小额贷款业务的最大特点是只能以资本金为基础放款，不能对外吸收存款。事实上，早在 2005 年小额贷款公司即获准成立，但其主要业务形式在线下，客户规模、地域范围、业务项目、管理水平等都受到明显制约。因此，在其问世后的相当长时期内，小额贷款行业整体发展较慢，甚至趋于萎缩。

近年来，得益于互联网金融的发展，小额贷款业繁荣起来，并依托各类线上业务平台，形成了一种不受地域限制、经营灵活的新型金融业态。在消费金融市场快速发展的背景下，一些大型企业（阿里、京东、苏宁等大型电商企业居多）也开始转向这一新兴行业。根据中国人民银行相关统计，2011—2014 年小额贷款在从业机构数量、从业人员、贷款余额等方面都快速扩张，但在 2014—2016 年发展开始放缓。自 2017 年起，贷款规模则又开始上升（见表 4-9）。此外，在地域分布方面，又以重庆、江苏、广东、浙江最为集中——2018 年上半年 4 地贷款余额合计占全国的近 40%。

需要指出，小额贷款在一定时期内填补了传统金融机构（以大型国有银行为主）的服务空白，对满足个人、个体经营者以及小微企业（与居民部门高度契合）等融资需求起到了积极作用。然而，因为这一

---

① 值得指出的是，近年来 P2P 业务发展极为迅猛。如据黄益平等（2016）估计，2012—2015 年通过 P2P 平台发放的贷款总额从 200 亿元飙升至近 1 万亿元，从业平台从 200 家扩充至近 4000 家。

表4-9　　　　小额贷款概况（2011年至2017年第4季度）

项目 时间	机构数量（家）	从业人员（人）	贷款余额（亿元）
2011年年底	4282	47088	3914.74
2012年年底	6080	70343	5921.38
2013年年底	7839	95136	8191.27
2014年年底	8791	109948	9420.38
2015年年底	8910	117344	9411.51
2016年年底	8673	108881	9272.8
2017年第1季度	8665	109078	9377.3
2017年第2季度	8643	108128	9608.2
2017年第3季度	8610	107241	9704.16
2017年第4季度	8551	103988	9799.49
2018年第1季度	8471	101197	9629.67
2018年第2季度	8394	99502	9762.73

资料来源：中国人民银行。

业态门槛较低且往往游离于传统监管体系和统计之外，所以在其发展（或"野蛮生长"）中也蕴藏了大量风险与问题。其中最主要的问题在于，同传统金融媒介相比，小额贷款更强调灵活、便捷，风险控制意识薄弱、能力也十分有限。在实践中往往对借款人资信要求极低，甚至经常出现"无抵押、无担保、无场景、无指定用途"等情况。而正因如此，相关贷款利率往往畸高，并且存在不当催收的现象（薛洪言、陶金，2017；赵千里，2017；黄益平，2017）。

有鉴于此，自2016年起，关于互联网金融的监管政策相继推出（这一年也被称作互联网金融"监管元年"）。其中包括2016年4月发布的《互联网金融风险专项整治工作实施方案》；2016年8月发布的《网络借贷信息中介机构业务活动管理暂行办法》；2017年4月下发的《关于开展"现金贷"业务活动清理整顿工作的通知》。2017年年底，有关监管举措进一步加强。例如，2017年11月21日互联网金融风险专项整治工作领导小组办公室下发了《关于立即暂停批设网络小额贷款公司的通知》，对从事小额贷款的牌照发放紧急"叫停"①。其后不久，在12月1日，互联网金融风险专项整治工作领导小组办公室、P2P网贷风险专项整治工作领导小组办公室又联合印发了《关于规范整顿"现金贷"业务的通知》，对小额贷款的市场准入、资金来源、利率设定、催收方式、客户信息等进行了规范。

由于小额贷款等网络金融业态自身还远未成熟，相关监管、统计体系也有明显缺失，目前尚难以对相关风险进行详尽的定量分析。但可以肯定的是，随着以互联网为依托的金融创新和业态创新的不断发展，个人或小微企业在享受更为便捷、更为多样的金融服务的同时，也会被置于更广泛、更复杂的金融风险之中。对此，网络金融的从业者、客户以及相关监管部门都应高度重视、积极应对，在实践中不断探索、提高风险控制水平，健全风险控制体系。

4.7　结语与政策启示

参照 SNA 2008 的核算体系及中国的实践特点，本章首先对近年来中国居民部门资产负债表进行了调整修订，并将有关数据扩展至1993—2016 年。随后，通过国际比较的视角，本章对中国居民部门的债务杠杆走势进行了简要分析。综合各种指标，我们认为当前中国居民部门的风险水平尚属可控；但近年来，居民债务压力快速积累、杠杆率持续攀升、资产负债结构也偏于"激进"，再加上居民财富与收入分配差距使得平均意义上的指标会低估实际的风险，需引起警惕。

在提出本章的政策建议前，有必要强调，对于债务压力或债务杠杆率必须辩证看待。一方面，正如通常的理解，如果债务规模同收入或资产的比例过高，则债务清偿的压力也变大。当出现经济增长放缓、资产市场下行等情况时，高度杠杆化无疑意味着较高的债务违约风险。后者

---

① 据媒体不完全统计，截至 2018 年 8 月 18 日，全国获批的网络小额贷款牌照共有 300 家（其中有 279 家已完成工商登记）。见 https：//baijiahao. baidu. com/s？id = 1609235934523345323&wfr = spider&for = pc。

主要包括以下五方面风险考量：（1）由于资不抵债而造成的清偿性风险。单从此点观察，目前中国居民的相关风险较低。（2）因期限错配带来的流动性风险。其中，房产变现能力较弱是最大的风险源之一。（3）由于资产价格与信贷扩张往往都具有明显的"顺周期"特征，因此，以房产为标的的高杠杆化操作如果不受到适当的管制，就会有导向所谓"明斯基时刻"的危险①。（4）通过各种借贷关系，居民部门的风险更会向金融机构、政府等其他部门传导，最终给整个经济体带来系统性的破坏。（5）债务高企还会在经济不景气时招致著名的"资产负债表衰退"（Balance Sheet Recession）问题，即由于亟须消除债务压力，市场主体不得不将资源投入去杠杆过程中而非用于增加投资，因此也抵消了各种促进增长的财政、货币政策，拖累经济复苏（辜朝明，2008）。

另一方面，居民负债或加杠杆在一定条件下也有其积极意义。事实上，杠杆化的出现，是现代金融体系发展的结果与原因。可以说，没有杠杆化操作，就没有现代金融业与金融体系，更遑论为居民部门提供金融服务。显然，后者对于支持居民的跨期消费与投资需求、优化资金配置、防控金融风险等起到了重要的积极作用。

有鉴于此，判断负债水平是否合理，只能结合居民的财务状况、收入增长前景、金融发展水平等一系列因素综合加以考量。既要充分认识到债务累积对金融系统稳定性和经济周期的危害，又不能一刀切式地、盲目压缩债务，抑制相关的金融创新。对此，以下政策建议可供参考。

首先，鉴于同住房市场相关的金融活动是居民部门最大的风险来源，为此应深入贯彻党的十九大报告提出的"房子是用来住的，不是用来炒的"这一发展定位（习近平，2017），建立健全房地产市场调控的长效机制。其一，应在"因城施策"的实践基础上，建立连续、稳定、可预期的调控体系，通过制度化安排促使房产价格及交易行为回归理性，抑制各种投机、炒作甚至欺诈活动，防止房市的"大起大落""忽冷忽热"。其二，从推进新型城镇化的战略高度，合理规划城市人

---

① 参见人民银行行长周小川在中国共产党十九大会议期间的讲话，http：//finance. sina. com. cn/roll/2017 - 10 - 19/doc-ifymzzpv6708457. shtml。

口规模与产业布局，科学统筹土地供给，着力规范住房租赁市场，以满足居民不同层次的居住需求。其三，在坚持住房的"居住"属性的同时，也不能忽视上文提及的"金融属性"。因此，应注重相关调控中的"疏""堵"结合，不能简单地"一限了之"。从长远计，更为重要的可能还在于通过发展资本市场、支持实体经济等举措，形成财富积累的新渠道、新载体（李成、汤铎铎，2018）。

其次，按照党的十九大报告精神，通过调整宏观分配，提高居民收入水平，增强居民在经济社会发展中的获得感。在此基础上，继续完善市场监管、提高商品质量安全标准、鼓励消费信贷发展、培育健康理性的消费观念等多种方式，使消费更好地发挥"对经济发展的基础性作用"（习近平，2017）。其中，重点在于支持、鼓励中高端的消费升级以及相关的包括网络金融在内的金融创新，并以国内需求的提升带动供给侧的产业升级和外部平衡。同时，要着力改进、加强对消费贷款的跟踪监管，防止过度扩张、大规模违约、高利贷化以及贷款挪用（如消费贷流向房地产市场）等倾向，并阻断相应风险的传染扩散机制。

再次，充分发挥、积极引导金融发展对风险管理的正面作用。需要认识到，金融活动既会诱发各种风险、放大周期波动，也可能通过识别、管理相关风险，将之抑制在一定限度内，从而平滑周期。因此，从居民财富管理及风险防控的角度看，应特别鼓励发展面向个人客户的金融创新与风险对冲方式。这主要包括：加快建立健全存款保险制度、推出更多有利于分散化投资和提高资产流动性的金融产品与服务、丰富抵押物种类与抵押方式等。

最后，完善包括居民资产、负债、收入、支出、税务、借贷（包括银行、网络等媒介）等方面信息的统计核算体系。特别是要充分利用各类信息化手段与技术平台，及时、全面掌握居民信贷行为与相关信息。同时，在保证数据安全、隐私不受侵犯等前提下，健全全国范围的个人征信系统，提高其覆盖面和精准化程度。以此为相应的金融从业者、金融监管与宏观决策部门提供翔实可信的数据参考。

5

非金融企业部门资产负债表

5.1 估算框架

与其他部门相比，非金融企业部门资产负债表估算的数据基础最具特色。首先，中国虽然没有全口径非金融企业部门资产负债表统计，但是却有两个重要的所有制和行业分类资产负债表，即国有企业资产负债表和工业企业资产负债表。微观企业在经营中总要进行会计核算，编制自身的资产负债表，其中数据最完整最易获得的是上市公司。这些不同口径不同来源的企业或企业部门资产负债表，为我们估算全口径非金融企业部门资产负债表提供了很好的参照。

其次，估算非金融企业部门资产负债表的另一个重要数据基础是经济普查数据。中国在2004年、2008年和2013年做了三次经济普查，从企业层面对中国经济进行全面摸底。从财务数据角度看，2004年的数据质量最好，提供了很多资产负债方面的信息，适合作为估算的基准。当然，2008年和2013年经济普查也有很多重要信息，尤其是总量信息可以对永续盘存法估算结果进行必要的校正。2018年即将进行第四次经济普查，希望这次普查能够充分反映中国经济发展的真实状况，也为中国非金融企业部门资产负债表的编制和估算提供更加坚实的基础。

再次，中国有相对完备的资金流量表核算，其中的流量信息可以通过永续盘存法累积为存量，从而推导出对应的资产负债表科目。目前中国资金流量核算的主要缺陷是频度低、时效性差。未来随着金融账户统计的逐步加强，及时发布季度数据应该成为一个标准。

最后，非金融企业部门资产负债表所包含的是宏观总量信息，所以，其资产方和负债方的很多科目应该和相应的金融分类统计对应。例如，资产方的货币资金应该对应于非金融企业部门持有的通货和存款，负债方的短期借款和长期借款应该对应于非金融企业部门贷款，等等。如此，很多金融统计信息也就进入了非金融企业部门资产负债表。这不但使得非金融企业部门资产负债表的估算更加可靠，很大程度上也让整个金融账户能够连贯一致。

总之，如图 5-1 所示，非金融企业部门资产负债表估算有四方面的数据可以利用，即：（1）不同口径非金融企业和企业部门资产负债表；（2）经济普查数据；（3）资金流量表；（4）金融统计数据。在我们此前的估算中，2013 年（王佳，2013）主要利用了（1）和（2），2015 年（汤铎铎，2015）主要利用了（2）和（3）。就 2013 年结果而言，实际上相当于非金融上市公司资产负债表的按比例扩大，以从总量上匹配经济普查数据。就 2015 年结果而言，实际上相当于以 2004 年经济普查数据为基期，以资金流量表项目为增量的永续盘存法累加。2013年结果的最大缺陷在于其主要信息来自上市公司，不能完全反映整个非金融企业部门的情况。2015 年结果的最大缺陷是没有资产和负债的详细分类，尤其是没有区分金融资产和非金融资产，这令很多研究者颇感遗憾（沈联涛、黄祖顺，2016）。

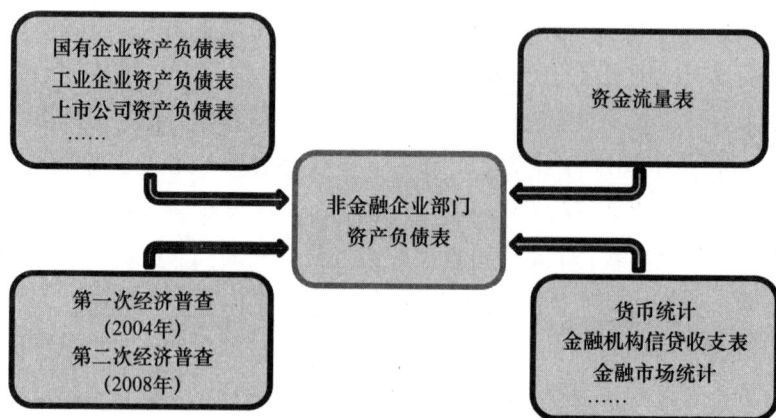

图 5-1 主要数据框架

资料来源：国家资产负债表研究中心（CNBS）。

从表 5 - 1 的非金融企业部门资产负债表主体框架看，资产方包括非金融资产和金融资产两大类，金融资产包括通过金融媒介的信用和企业间信用（商业信用），负债方全是金融类科目，包括通过金融媒介的债务和企业间债务。因此，从估算的数据来源角度看，整个资产负债表科目可以分成三类，即非金融类、金融媒介类和企业间类。我们此次估算的基本思路框架是，非金融类科目使用永续盘存法估算，主要利用经济普查和资金流量表数据；金融媒介类科目使用宏观金融统计数据；企业间科目主要利用已有的几张资产负债表中的相关科目进行估算。整个过程有些像拼拼图，从各个数据板块中找到合适的材料，最终拼出完整的非金融企业部门资产负债表。

表 5 - 1　　　　　　非金融企业部门资产负债表主体框架

资　产	负债和所有者权益
非金融资产	负债
固定资产	短期借款
存货	长期借款
无形资产和递延资产	企业间债务
其他资产	其他负债
金融资产	所有者权益
货币资金	
企业间信用	
其他金融资产	

资料来源：国家资产负债表研究中心（CNBS）。

5.2　数据概览

在这部分我们对图 5 - 1 所涉及的数据进行详细地描述和展示。一方面，在估算非金融企业部门资产负债表之前，需要厘清一些数据细节，明确各部分数据之间的关系；另一方面，相较于估算结果，这些数据本身所包含的信息要丰富得多，全面了解这些数据有助于更深入地理解中国非金融企业部门的资产负债状况。

不同口径非金融企业部门资产负债表

《中华人民共和国会计法》规定，国家机关、社会团体、公司、企业、事业单位和其他组织都必须依法办理会计事务，设置会计账簿，进行会计核算。《中华人民共和国会计法》还特别规定，"公司、企业必须根据实际发生的经济业务事项，按照国家统一的会计制度的规定确认、计量和记录资产、负债、所有者权益、收入、费用、成本和利润"。因此，从微观角度看，每个非金融企业都应该定期对自身的资产负债状况进行核算，即定期编制资产负债表。所有非金融企业定期编制的这些资产负债表，就构成了理解该部门资产负债状况的基础数据信息，而最理想的部门资产负债表就是将每一期的所有资产负债表合并或加总为一张表。

然而，中国非金融企业以千万计，从成本和收益的角度考虑，上述操作既不现实，也无必要。现实情况是，机构和个人会根据需要和获得成本，从非金融企业的"总体"中进行"抽样"，编制和估算特定部门的资产负债表，搜集和整理特定的资产负债信息。例如，中央政府经济管理部门会根据行业和所有制，收集相关企业信息，编制相应的资产负债表；地方政府会收集本辖区企业的相关信息，编制相应的资产负债表；投资者会根据自身需要，搜集和获取相关行业和企业的资产负债信息，等等。从中国的实际情况看，有三方面的统计相对完整，对我们估算非金融企业部门资产负债表有较高参考价值，即工业企业资产负债表、国有企业资产负债表和非金融上市公司资产负债表。

鉴于工业在国民经济中的重要地位，中国统计部门历来重视对工业部门和工业企业的统计工作。1997年及以前，中国工业统计范围按隶属关系划分，1998年及以后按企业规模划分。表5-2列出了1998—2016年中国工业企业的资产负债状况，数据来自国家统计局每年发布的《中国工业统计年鉴》。从进入统计的企业户数看，每年都有不小的变化，统计范围也有调整。1998—2006年为全部国有及年主营业务收入在500万元及以上非国有工业企业；2007—2010年为年主营业务收入在500万元及以上的工业企业；2011年以后为年主营业务收入在2000万元及以上的工业企业。

单位：亿元

表 5-2　　　　工业企业资产负债表

项目 年份	企业户数（万户）	资产总计	固定资产	流动资产	应收账款	存货	负债合计	流动负债	应付账款	所有者权益	实收资本
1998	16.51	108822		46601			69364			39445	
1999	16.20	116969		49630			72323			44619	
2000	16.29	126211		54338			76744			49407	
2001	17.13	135402		57805			79843			55424	
2002	18.16	146218		63468			85857			60242	
2003	19.62	168808	75561	76164	18360	20757	99528	73414	17848	69130	43480
2004	27.65	215358	92237	97184	23084	27515	124847	94649	25420	90287	58050
2005	27.18	244784	105952	111031	26646	31379	141510	108412	29847	102882	61966
2006	30.20	291215	125190	132310	31692	36999	167322	128180	35370	123403	71313
2007	33.68	353037	146702	163260	38691	45289	202914	157912	43519	149876	82732
2008	42.61	431306	179192	195682	43934	54109	248899	190116	51067	182353	104086
2009	43.44	493693	207356	223039	51400	56725	285733	214406	58168	206689	111189
2010	45.29	592882	238098	279227	61441	69790	340396	257996	71376	251160	122495
2011	32.56	675797	253198	327779	70502	80583	392645	298911	81392	282004	144684
2012	34.38	768421	283951	368201	84043	88325	445372	337527	91417	320614	161030
2013	36.98	850626	316231	413491	97403	97119	505694	380846	104106	361263	173673
2014	37.79	956777	355788	445742	107437	102874	547031	411635	112819	405982	188295
2015	38.31	1023398	377568	469207	117246	102804	579310	431885	116886	440933	213182
2016	37.86	1085866	390279	500853	126847	106963	606642	456469	128214	476105	239845

资料来源：《中国工业统计年鉴》各期。

表 5-3　　国有企业资产负债表

单位：亿元

项目\年份	企业户数（万户）	资产总额	流动资产	长期投资	固定资产	无形资产	负债总额	流动负债	长期负债	所有者权益	实收资本	资本公积
1997	26.2	124975	53699	9120	57874	1573	78811	53319	25471	46165	27874	16288
1998	23.8	134780	55751	10978	63008	2182	84409	56018	26600	50371	31365	17957
1999	21.7	145288	59352	11995	68553	2434	91475	59500	29379	53813	32992	19951
2000	19.1	160068	66826	12679	74664	3113	102092	63518	32588	57976	36396	20919
2001	17.4	166710	66786	13662	79835	3796	105273	63997	33229	61436	39098	21418
2002	15.9	180219	69747	15438	88031	4266	113676	66604	36786	66543	41722	23055
2003	14.6	199710	79442	16690	94688	4733	128719	76336	40374	70991	44525	23207
2004	13.6	215602	84331	16996	105760	5235	138839	81000	43702	76763	46837	24695
2005	12.6	242560	92361	19311	120301	6238	155173	89170	48798	87387	50117	28077
2006	11.6	277308	104716	21545	137760	7375	179294	100451	57549	98014	51459	33747
2007	11.2	347068	147074	23669	117716	10423	202473	135936	81527	144596	54954	40797
2008	11.0	416219	173364	26665	130653	15076	250008	159820	90189	166211	61056	45480
2009	11.1	514137	212868	30451	152283	19900	315417	188216	127201	198720	67974	57422
2010	11.4	640214	265812	35816	175159	25241	406043	246902	159141	234171	74169	68081
2011	13.6	759082	318262	42154	200923	31815	486091	299288	186803	272991	83765	80922
2012	14.7	894890	374756	50607	228190	15336	575135	348279	226856	319755	92960	100884
2013	15.5	1040947	440696	59419	254680	49547	670975	405810	265165	369973	102257	121564
2014	16.1	1184715	503143	56449	280910	53597	765956	456546	309410	418759	111960	131767
2015	16.7	1406832	594067	66282	303506	61172	924417	563026	361391	482414	129266	150781
2016	17.4	1549142	653773	70097	335737	70492	1015215	598640	416575	533927	144028	167312

资料来源：《中国财政年鉴》各期。

表5-4 非金融上市公司资产负债表

单位：亿元

项目 年份	资产总计	货币资金	应收票据	应收账款	存货	长期股权投资	固定资产净值	负债合计	短期借款	应付票据	应付账款	长期借款	股东权益
1997	10319	1150	211	1051	1638	41	2	4920	1568	144	724	771	5399
1998	13315	1375	250	1267	1982	590	44	6222	2051	189	887	1017	7093
1999	15999	1955	209	61	2191	739	479	7503	2283	207	1037	1390	8496
2000	27967	3985	313	382	3451	1176	6286	12855	3438	467	1530	2927	15112
2001	31805	4306	445	2112	3725	1499	13832	14819	3836	774	1815	3506	16987
2002	36736	4545	614	2366	4208	1796	16695	17777	4347	1046	2545	4070	18959
2003	43859	5271	922	2830	5248	2153	19338	21867	5412	1432	3349	4642	21992
2004	54366	6362	1044	3484	6842	2565	21536	28416	6827	1689	4509	6079	25950
2005	64935	7687	1084	4253	8787	2840	25408	35288	7671	2049	6179	7004	29647
2006	80647	9729	1465	5180	11533	3458	29532	44609	9095	2479	8252	8236	36038
2007	104013	13742	2258	6654	15728	4040	34454	56672	11386	2654	11084	10102	47341
2008	127680	16403	2209	7746	20031	4726	40899	72188	15246	3496	13238	13198	55492
2009	158219	22625	3150	9864	24508	5480	49657	91884	15627	4734	17741	18067	66335
2010	196193	29331	4804	12691	33404	7196	58299	114165	18723	5514	23018	21512	82028
2011	238844	34869	6933	16565	43553	8586	66361	141356	23948	6454	28472	24812	97488
2012	275025	37418	7043	20430	52178	10343	74873	165127	28038	7546	33317	28335	109898
2013	310377	38662	8636	23678	60292	12207	83125	188542	31507	8733	38219	32603	121834
2014	348066	43001	8327	28269	66358	11932	91843	210902	33209	10614	42599	37072	137164
2015	400860	53267	8090	31764	76050	13504	101496	240503	34458	12173	47627	41614	160357
2016	466699	65945	9682	37138	86655	17665	110464	279068	36499	13406	56582	46363	187630

资料来源：Wind。

在中国经济发展和国民经济管理中，国有企业一直扮演重要角色，而面向国有企业进行的各种统计也比较完整。表5-3是《中国财政年鉴》发布的国有企业资产负债情况。这里的国有企业涵盖了农林牧渔业、工业、建筑业、地质勘查及水利业、交通运输仓储业、邮电通信业、批发和零售业、房地产业以及各类服务业等14个行业，不包括金融业、境外企业、行政事业单位和建设项目。因此，表5-3所包含的企业严格意义上应该称作国有工商企业，实际上也就是国有非金融企业。

中国1990年建立了证券交易所，初创时上市公司不过十几家。经过20多年的发展，目前上市公司已经超过3000家，涉及各个行业。因为上市公司有严格的信息披露要求，这客观上就为经济研究工作提供了可贵的数据。表5-4是剔除了金融业上市公司以后的非金融上市公司加总资产负债表。

如果把所有非金融企业看作一个集合，那么表5-2至表5-4就是根据不同条件选出的特定子集的资产负债表。从所包含的元素看，这三个子集显然并不互斥，而是相互之间都有交集。因此，不能对这三张表进行简单加总。从表内科目看，相关部门并没有公布完整的工业企业和国有企业资产负债表，缺失的科目只是没有公布还是根本没有统计，我们不得而知。上市公司的结果是通过简单加总相同科目得到的，并没有根据相互持股状况进行资产负债表合并。由于篇幅关系，表5-2至表5-4也没有列出可获得的全部科目信息，而是有所精简。

从表5-2至表5-4可以看到，一方面，显示出一些比较明显的共同趋势；另一方面，各表之间的区别也很明显，显示出不同类型企业的不同特征。3张表最大的共同点是资产负债规模的扩张。从户均资产的角度看，2000年工业企业和国有企业的平均资产规模大致在8000万元，上市公司的平均资产规模为25.7亿元。到2016年，工业企业平均资产规模增加到2.9亿元，国有企业和上市公司则分别增加到8.9亿元和153亿元。单从户均资产负债规模的扩张速度看，三者的差异非常明显。

图5-2从四个方面对三张表所包含的重要信息做了总结。可以看出，2007—2009年国际金融危机前后，几个指标都发生了比较明显的

变化。从资产负债率看，在金融危机前三者的表现差异化较大，危机后
虽然趋势仍然不同，但是整体都相对稳定。从总资产和营业收入的比值
看，危机前三者都是去杠杆趋势，危机后去杠杆进程出现逆转，不过三
者的反转强度明显不同，国有企业加杠杆最为迅猛，工业企业则非常温
和。从总资产收益率看，危机后三者均出现明显的下滑趋势，但是工业
企业降幅较小，2016 年仍然维持在6%以上的较高水平。另一个有趣现
象是固定资产在总资产中占比的下降，2016 年国有企业和上市公司固
定资产占总资产比重已经下降到25%以下，工业企业也下降到36%的
水平。

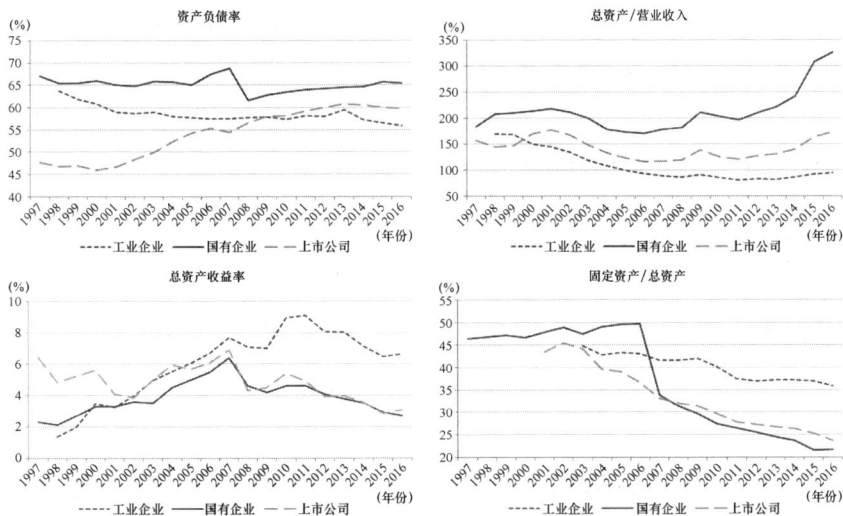

图 5-2　不同口径非金融企业部门主要财务指标

资料来源：国家资产负债表研究中心（CNBS）。

图 5-2 总结的这些重要特征，是我们估算非金融企业部门资产负
债表的重要参照点。一方面，最终的估算结果不能明显偏离这些特征；
另一方面，一些重要的比例特征会直接进入估算过程，如企业间信用占
总资产的比重、无形资产和递延资产占总资产的比重等。

经济普查数据

前面提到，如果把所有非金融企业看作一个集合，那么表 5-2 至

表5-4的主体就是不同的子集。从这些子集所包含的元素数量看，上市公司不过3000多家，工业企业和国有企业也不过几十万家。从资产规模看，2013年工业企业为85万亿元，国有企业为104万亿元，非金融上市公司为31万亿元。那么，中国非金融企业这个全集到底有多大呢？中国2004年、2008年和2013年进行的三次经济普查给出了答案。如表5-5所示，2004年普查的企业超过500万家，资产总额55.9万亿元，户均资产超过1000万元。2008年普查的企业超过700万家，资产总额122.7万亿元，户均资产超过1700万元。2013年普查企业超过1000万家，资产总额303.4万亿元，户均资产近3000万元。从企业数量看，工业企业、国有企业和上市公司只包含所有非金融企业的很小部分。从资产规模看，2013年工业企业总资产相当于全部非金融企业总资产的28%，国有企业的相应比例为34%，上市公司则只占10%。

表5-5　　　　　　　　经济普查年份非金融企业部门资产负债概况　　　　　　单位：亿元

年份	企业户数（万户）	资产总额	负债总额	所有者权益	固定资产	存货
2004	514.5	558940	321246	237694	176114	98811
2008	707.1	1227367	716868	510500	319153	266762
2013	1082.6	3033900	1809989	1223911	586101	658977

资料来源：《中国经济普查年鉴》，国家资产负债表研究中心（CNBS）。

当然，这种全面经济普查成本高昂，不可能每年进行。而从已经进行的三次普查看，主要行业的财务数据覆盖面出现递减的趋势，希望2018年的普查能扭转这一局面。汤铎铎（2015）对三次经济普查的主要资产负债数据做了比较详尽的描述，此处不赘。表5-5后两列给出了三次经济普查的固定资产和存货数据。三次经济普查的数据公报和年鉴没有直接给出固定资产和存货的加总数据，只是给出了部分行业的数据。这些数据有些是直接给出固定资产的公允价值，有些则只是给出原值和折旧。通过合理假设，我们将原值调整为公允价值，也补齐了一些行业缺失的固定资产和存货数据，表5-5是最终的加总结果。2004年，非金融企业部门固定资产17.6万亿元，占总资产的31%，存货9.9万亿元，占总资产的18%；2008年，非金融企业部门固定资产

31.9 万亿元，占总资产的 26% ，存货 26.7 万亿元，占总资产的 22% ；2013 年，非金融企业部门固定资产 58.6 万亿元，占总资产的 19% ，存货 65.9 万亿元，占总资产的 22% 。可以看到，存货占总资产的比重相对稳定，而固定资产则持续下降，到 2013 年存货价值已经超过了固定资产。

表 5 - 5 中的固定资产和存货数据，虽然有推算的成分，但是主要信息还是来自三次经济普查，具有比较坚实的基础，是我们估算非金融企业部门资产负债表的重要依据。需要注意的是，非金融企业部门中包括房地产业，房地产业的高存货拉高了整个部门的存货水平。2004 年，房地产业总资产占非金融企业部门总资产的 12% ，房地产业的存货则占整个部门存货的 33% ；2008 年，房地产业总资产占非金融企业部门总资产的 17% ，房地产业的存货则占整个部门存货的 46% ；2013 年，房地产业总资产仍占非金融企业部门总资产的 17% ，存货占比则上升到 48% 。也就是说，整个非金融企业部门中，几乎一半的存货来自房地产业。

资金流量表

表 5 - 6 列出了资金流量表中非金融企业部门的部分重要科目。就我们的估算目的而言，在非金融交易部分，重要科目有三个，即"固定资本形成总额""存货增加"和"其他非金融资产获得减处置"，前二者之和是"资本形成总额"。在金融交易部分，重要科目有四个，即来源方的"贷款"和"证券"，运用方的"通货"和"存款"。

对比表 5 - 5 和表 5 - 6 会发现，表 5 - 5 的固定资产和表 5 - 6 的固定资本形成总额，表 5 - 5 的存货和表 5 - 6 的存货增加，口径并不一致。从表 5 - 5 可以看到，2004—2008 年非金融企业部门固定资产增加 14.3 万亿元，存货增加 16.8 万亿元，合计增加 31.1 万亿元；2008—2013 年非金融企业部门固定资产增加 26.7 万亿元，存货增加 39.2 万亿元，合计增加 65.9 万亿元。然而，在表 5 - 6 中，2005—2008 年"固定资本形成总额"累计 26 万亿元，"存货增加"累计才 2.1 万亿元，二者合计 28.1 万亿元；2009—2013 年"固定资本形成总额"累计 68.6 万亿元，"存货增加"累计才 3.8 万亿元，二者合计 72.4 万亿元。

显然，表5-5中的固定资产变化远小于表5-6中相应的固定资本形成总额累加，表5-5中的存货变化又远大于表5-6中相应的存货增加的累加，但是，如果考察固定资产和存货之和的变化，考虑到统计误差和价格因素，那么它和表5-6中资本形成总额的累加还是相当一致的。造成这种口径不一致的原因，可能在于表5-5和表5-6的核算原则不同。表5-5是按照企业会计准则核算，比如就房地产企业而言，未出售房屋、在建房屋和未开发土地都在存货科目下核算。但是，表5-6是按照国民经济核算原则，前述房地产企业存货科目下的内容，一般都会纳入固定资产投资。为了与表5-2至表5-4保持一致性，我们的估算以表5-5为准。

在表5-5和表5-6的金融交易部分，资金来源中贷款和证券的占比超过70%，有些年份甚至达到95%。其中，贷款的份额近些年有所下降，证券所占份额稳步上升，2014年和2015年已经连续两年超过20%。在资金运用中，2008年之后存款的占比大幅下降，从80%左右下降到50%左右。显然，所有这些信息都应该在金融存量统计中有所反映，使得存量和流量保持一致，相互印证。

金融统计数据

无论是资金流量表还是资产负债表，都是从实体和金融两个层面来刻画现实经济。因此，利用金融数据，尤其是宏观总量金融数据，来估算和修正各部门资产负债表，正是相关统计的题中之义。由于金融在现代经济中的核心作用，各国的金融统计都相对完善，不仅覆盖面广，而且数据频率高、发布及时，中国也不例外。这次重新估算中国非金融企业部门资产负债表，我们结合相关金融数据进行，无疑会使得信息含量更为丰富，结果也更加稳健。

表5-7列出了与估算相关的一些金融总量数据。这些数据可以分为两大类，一类是以银行体系为基础的存贷款和货币量统计，一类是银行体系之外的证券存量统计。由于中国长期以来以间接融资为主，所以银行体系的统计相对完备。就非金融企业部门资产负债表而言，资产方对应的主要项目是流通中的货币和存款，负债方对应的主要项目则是贷款。虽然没有完全精确对应于非金融企业部门的通货和存贷款状况的长

期存量统计，但是通过简单估算还是可以得出相当可靠的结果。

相对而言，比较困难的部分在证券持有状况。如表 5 - 7 最右三列所示，中国股票和债券市场发展迅猛。2017 年年底，中国上市股票总市值达到 56.7 万亿元，债券市值达到 49.6 万亿元，其中企业债有 18.4 万亿元。另外，一些传统上规模不大的所谓"影子银行"业务最近几年增长很快，需要特别关注。比如，2017 年年底，委托贷款的规模达到 14 万亿元，信托贷款也达到 8.5 万亿元。

5.3　估算过程及结果

根据前面的估算框架，整个估算过程分为三步。第一步是资产负债表中总资产、总负债和所有者权益的估算；第二步是非金融资产项目的估算；第三步最为烦琐，是金融资产和负债项目的估算，涉及金融中介信用和企业间信用，而金融中介信用又涉及银行业和非银金融业。

资产和负债总量

表 5 - 5 已经列出了在经济普查年份非金融企业部门的资产、负债和所有者权益总量。这些总量数据是通过行业加总得到的。实际上，在非经济普查年份，各行业的资产和负债总量也有相应统计。比如，工业企业就有专门的统计（见表 5 - 2）。同样，建筑业、批发和零售业、交通仓储和邮政业、房地产业以及其他第三产业都有相应的统计，部分缺失数据也可以通过合理假设推算得到。这样，通过加总各行业的资产和负债，就可以得到整个非金融企业部门的资产负债状况，见表 5 - 8 所示。

非金融资产项目

非金融资产可以分成三大部分，即固定资产、存货和其他非金融资产（包括无形资产和递延资产）。由于前面讲到的口径原因，我们先将表 5 - 5 的固定资产和存货相加，二者之和对应表 5 - 6 的资本形成总额，再用永续盘存法推算二者之和，最后用比率推算的方法解决推算结果在固定资产和存货之间的分配问题。其他非金融资产包括固定资产和存货之外的所有非金融资产，主要有无形资产、递延资产、其他资产三项，对应表 5-6 的其他非金融资产所得减处置，也可以用永续盘存法进行推算。

表 5-5 实际上提供了固定资产和存货的三个基期数据。我们以 2004 年为基期，估算 2000—2003 年，以及 2005—2007 年的数据；以 2008 年为基期，估算 2009—2012 年的数据；以 2013 年为基期，估算 2014—2016 年的数据。这样做的最大好处是，可以修正小误差逐渐积累为大误差的问题。因为在使用永续盘存法时，每期的结果都以上一期为基础，误差会一直累积下去，导致离基期越远误差越大。而定期进行的经济普查正好为我们提供了多个基期，可以很好地解决这个问题。因为推算的标的是固定资产和存货之和，固定资产需要折旧，而存货没有折旧，因此取折旧系数为 2.5%，低于通常的折旧率。固定资产和存货在价格上也有差异，但是在估算年份，固定资产投资价格指数与工业品价格指数差异不大，所以还是统一用前者进行价格调整。估算结果显示，如果用永续盘存法同样估算 2008 年和 2013 年的相应数据，结果和表 5-5 的经济普查数据非常接近，这说明经济普查数据和资金流量表数据吻合得非常好。

从表 5-5 中可以发现，固定资产在固定资产和存货之和中的占比稳定下降，2004 年为 64%，2008 年为 54%，2013 年为 47%。而这一趋势在图 5-2 中也有表现。因此，通过假定该比例每年平稳下降，我们推算出每年的固定资产，这也就同时决定了存货的价值。固定资产和存货的最终估算结果如表 5-8 所示。

经济普查没有提供足够的无形资产和递延资产信息，因此，我们用表 5-3 中国有企业的相应比例来推算。2004 年、2008 年和 2013 年，国有企业其他非金融资产占总资产的比重分别为 4.0%、7.2% 和 6.8%。假定相同年份非金融企业部门也符合这一比例，可以得到 2004 年、2008 年和 2013 年，非金融企业部门的其他非金融资产分别为 22379 亿、87484 亿和 207101 亿元。有了三个基期数据，同样可以利用永续盘存法，得到 2000—2016 年中其他年份的数据，最终结果见表 5-8所示。

金融资产和负债项目

在金融资产部分，比较容易处理的是货币资金，包括现金和存款两部分。在流通中货币（M0）存量统计中，并没有各部门的具体持有量，但是资金流量表提供了每年各部门的现金增量变化。我们将现金增量在各部门的比例作为相应存量比例的近似，从而推算出非金融企业部门持有的现金存量。非金融企业部门每年现金增量占全部流通中现金增量的比例，长期稳定在9%左右。存款我们使用"非金融企业部门本外币存款"这个口径的数据，这个口径的统计从2010年开始，此前的数据我们利用相应的人民币存款乘以1.03的固定系数推算。现金和存款之和为"货币资金"，结果见表5-8所示。

金融资产和负债中的商业信用部分，主要是应收账款、应付账款和应收票据、应付票据。从表5-2的工业企业资产负债表和表5-4的上市公司资产负债表看，应收账款和应收票据在总资产中的占比相当稳定，同样，应付账款和应付票据在总负债中的占比也非常稳定。从上市公司数据看，应收账款的总资产占比在6%—8%，应收票据的总资产占比在1%—3%，应付账款的总负债占比在14%—20%，应付票据的总负债占比在4%—6%。从工业企业数据看，应收账款的总资产占比在10%—12%，应付账款的总负债占比在20%—22%。由于应收票据和应付票据规模较小，可以放在其他项合并处理，我们利用表5-2和表5-4的相应比例估算应收账款和应付账款。虽然上市公司资产总量和包含的企业数目都小于工业企业，但是却包含更多的行业，因此，我们利用上市公司数据估算整个非金融企业部门的应收账款和应付账款，结果见表5-8所示。

负债部分的主体是贷款和企业债券。表5-7列出的非金融企业本外币贷款实际上包含了机关团体的贷款，不过，从其他数据口径看，这个比例很小，因此不做剔除。另外，委托贷款和信托贷款的规模近几年增长很快，我们一并计入"借款"项目，结果见表5-8所示。表5-7的企业债券数据直接进入表5-8负债方的"债券"项目。至此，整个"拼图"的估算任务全部完成，只剩最后的"平衡项"。在资产端，我们用总资产减去非金融资产、货币资金和应收账款三项，得到"其他金融资产";在负债端,我们用总负债减去借款、债券和应付账款三项,得到"其他负债"。这两个其他项规模都不小,其他金融资产在总资产中平均占比为26%,其他负债在总负债中的平均占比为34%。其他金融资产主要应该包括企业持有的证券、票据和长期投资,以及一些预付和应收项目,当然,由于是平衡项,非金融资产估算的误差也会进入。其他负债主要应该包括一些长短期的预收和应付项目。这两个其他项仍是两个黑箱,在日后研究中需要进一步深入拆解。

5.4 非金融企业部门资产负债分析

估算结果中最引人注目的指标是资产负债率。如图5-3所示,该指标从21世纪初以来一直非常稳定,在57%—61%的狭窄区间内。与此相对应,国有企业和工业企业的资产负债率也大致稳定,并没有呈现出明显趋势。2008年之前上市公司资产负债率变化较大,应该与IPO的速度以及相关公司的特点有关。非金融上市公司是非金融企业部门中的一个比较特殊的小样本,不能代表非金融企业资产负债的整体状况。然而,在资产负债率保持稳定的同时,非金融企业的债务率(债务/GDP)在国际金融危机后却出现了非常明显的趋势性上升。如图5-3所示,该指标从2008年96.3%,快速跳升到2009年的119.9%,然后又逐步涨至2016年的166.3%,在2017年才有所下降。

这一现象是学界近期热议的话题,即中国非金融企业部门出现了明显的杠杆率背离(中国金融论坛课题组,2017;蔡真等,2017;曾刚等,2018)。汤铎铎和李成(2018)认为,出现这种背离的直接原因是资产收益率下降和资产价格上涨,本质在于金融业膨胀和金融体系复杂化,使得金融业的发展速度远远超过了实体经济的发展速度。目前中国去杠杆的主要部门是非金融企业,主要针对的指标应该是债务率,而不是资产负债率。而且,需要特别强调的是,去杠杆的重点实际上是在金融部门。也就是所谓"实体经济有病,金融吃药"。要严控金融部门的资产负债表膨胀,尤其是出现过度混业的趋势,杜绝各种金融乱象,让金融的发展速度和实体经济的发展速度相适应,真正服务于实体经济。

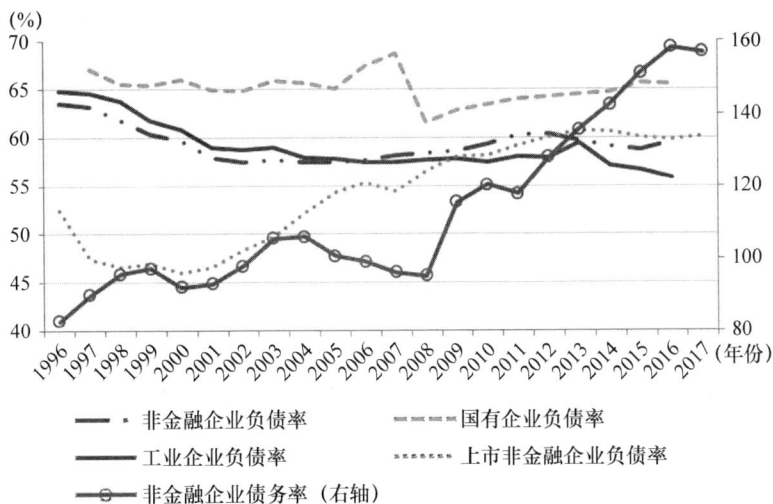

图 5 – 3　中国非金融企业的负债率和债务率

资料来源：Wind、国家资产负债表研究中心（CNBS）。

　　考察全球几个重要发达国家的非金融企业资产负债表，可以看出，由于企业制度和金融制度的差异，资产负债率和债务率差异很大。美国金融账户中的非金融企业部门分成两个子部门，即非金融公司企业部门和非金融非公司企业部门。前者的主要融资渠道是股票和投资基金份额，这一项大致占其负债端的 40%—60%，贷款和债券只占 20%—40%；后者的主要融资渠道是贷款，这一项大致占其总负债的 70%—90%。如果不考虑股票和投资基金份额，那么美国非金融公司部门的资产负债率很低，平均不到 40%；如果把股票和投资基金份额视为类负债，那么美国非金融公司部门的资产负债率就变得很高，有时会超过100%，即净资产为负。美国非金融非公司企业部门外部融资相对较少，而且主要依靠贷款。1960—2017 年美国非金融非公司企业部门的资产负债率呈现非常平缓的上升趋势，从 15% 左右增长到 40% 左右。日本非金融企业的融资渠道大致也是两个，一是贷款和债券，二是股票和投资基金份额，二者的体量大致相当，有时前者多一些，有时后者多一些。如果剔除股票和投资基金份额，日本非金融企业的资产负债率目前在 40% 左右，不剔除的话则在 80% 左右。英国和德国也存在类似情况。剔除股票和投资基金份额，英国非金融企业的资产负债率在 50% 左右，不剔除的话则会超过100%。德国的情况是，剔除股票和投资基金份额后非金融企业的资产负债率在30%上下，不剔除的话在60%左右（见图5-4）。

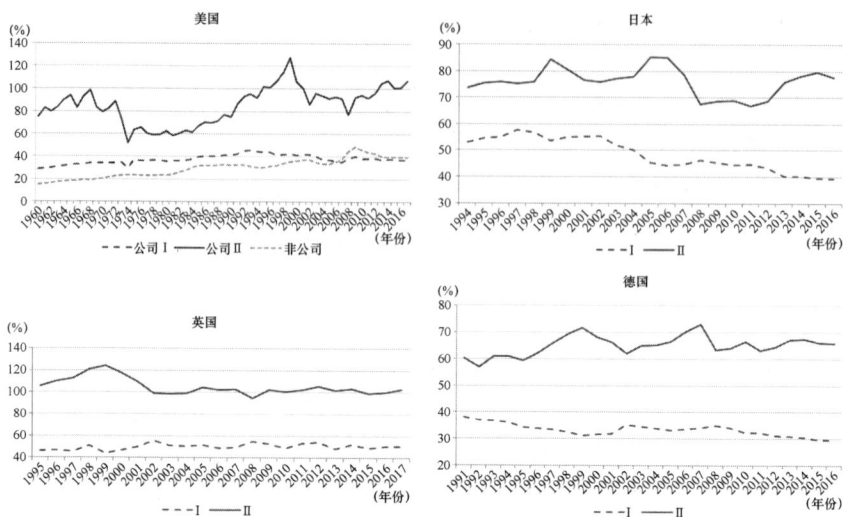

图5-4　主要经济体非金融企业资产负债率

注：其中Ⅰ代表剔除股票和投资基金份额后的数据，Ⅱ代表不剔除股票和投资基金份额的数据。美国的"公司"指非金融公司企业部门，"非公司"指非金融非公司企业部门。

资料来源：Wind，国家资产负债表研究中心（CNBS）。

从图5-4可以看到，总体而言，主要发达国家非金融企业部门的资产负债率相对稳定，较少呈现出大幅上涨或下降的明显趋势。尤其是在剔除了股票和投资基金份额等类负债之后，各国非金融企业资产负债率显得更为稳定，彼此也更为接近，都在40%上下，不会出现剧烈变化。与资产负债率不同，各国非金融企业债务率变动相对较大，这和中国当前情况相似。如图5-5所示，美国和德国非金融企业债务率相对稳定，美国呈现出非常和缓的上升趋势。日本非金融企业债务率在泡沫经济前达到超过140%的高点，而其资产负债率并没有太大变化。英国非金融企业债务率从1980年的28%一路增长到2008年的102%，在此期间非金融企业资产负债率表现得相当稳定。日本和英国出现的这种非金融企业杠杆率背离，和中国当前的情形类似，值得我们警惕。

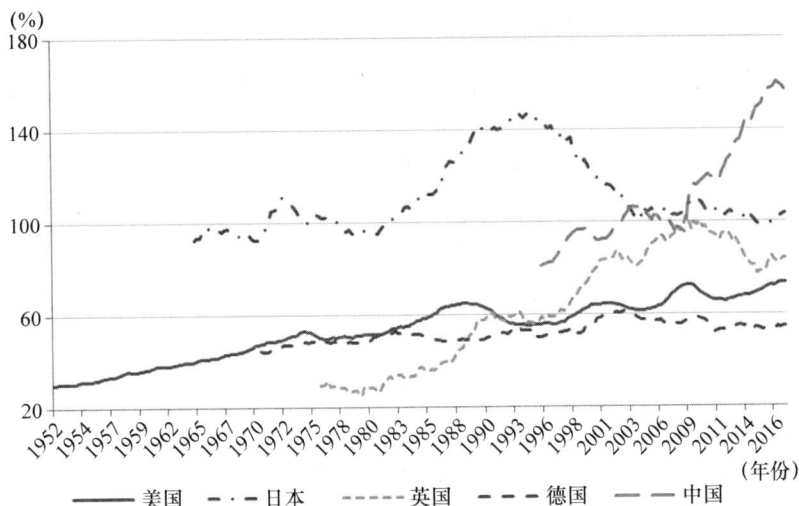

图 5 - 5　主要经济体非金融企业债务率

资料来源：BIS、国家资产负债表研究中心（CNBS）。

　　随着去杠杆政策的出台和实施，中国非金融企业债务率在经历了 8 年的上涨后，从 2017 年开始有所下降，可以说去杠杆政策取得了一定成效。不过，从 2018 年开始，一个突出状况是经济下滑的压力增大，尤其是中小企业和民营经济融资不畅、经营困难，使得相关政策的执行面临很大挑战。充分理解中国经济发展的内在机理，尤其是金融部门和实体经济的关系，仍是我们未来需要重点着力的领域。

5.5　总结

　　我们利用四个方面的数据重新估算了中国非金融企业部门资产负债表，即已有的部门资产负债表、经济普查数据、资金流量表和宏观金融统计数据。整个过程有些像拼拼图，从各个数据板块中找到合适的材料，最终拼出完整的非金融企业部门资产负债表。因为利用了更多的数据信息，估算结果更加稳健，而整个过程也为理解中国非金融企业部门的行为提供了很多数据和材料。

　　估算结果进一步印证了学界近期热议的话题，即中国非金融企业部门出现了明显的杠杆率背离。国际金融危机后，四个口径的企业资产负债率都相对稳定，而非金融企业的债务率（债务/GDP）却迅速攀升。日本在泡沫经济破灭之前，英国在此次国际金融危机前都出现过类似情形，值得我们警惕。我们认为，这种背离的本质在于金融业膨胀和金融体系复杂化，我们要严控金融部门资产负债表的膨胀，杜绝各种金融乱象，让金融的发展速度和实体经济的发展速度相适应，真正服务于实体经济。

　　估算过程中还有几个小发现。首先，企业财务报表和国民经济核算在固定资产投资和存货的处理上存在差异，这在房地产企业尤为明显，需要特别注意；其次，利用永续盘存法估算非金融资产，经济普查数据和资金流量表数据符合得很好，互相得到印证，也说明估算结果是稳健的；最后，在固定资产规模持续下降的情况下，非金融资产和金融资产的相对规模却相对稳定，这值得进一步深入研究。

　　估算未来可以改进的地方在于其他金融资产和其他负债两个黑箱，可以进一步拆解出其中的细项。非金融资产部分的估算也有进一步细化的空间，即从其他非金融资产中拆解无形资产和递延资产。

表 5-6　　　　　　　资金流量表（非金融企业）

单位：亿元

项目／年份	增加值	总储蓄	资本转移	资本形成总额	固定资本形成总额	存货增加	其他非金融资产获得减处置	资金来源合计	贷款	证券	资金运用合计	通货	存款	净金融投资（金融）
1997	45879	9660	1586	21504	18773	2731		15164	11300	1508	6198	140	4342	-8965
1998	47944	10775	1967	21976	20220	1756		13543	10149	877	5097	97	3848	-8447
1999	50435	12229	2854	23003	21353	1650		13084	9140	1028	6666	203	5053	-6419
2000	55403	17153	2934	24058	23254	804	446	15237	9318	2200	9967	108	7766	-5269
2001	62692	19327	3443	27733	25193	2540	970	13802	9414	1399	8077	93	7096	-5725
2002	69967	21314	3652	30661	29167	1493	1809	20647	14486	1287	10197	143	10738	-10450
2003	78679	24339	4037	36367	33970	2397	4799	31204	23735	1796	16673	222	15776	-14531
2004	95328	33247	1494	44090	40459	3631	5011	27944	17708	2014	18863	156	15711	-9081
2005	110125	36988	1782	47515	44266	3249	4635	29695	19576	3084	16035	231	12187	-13659
2006	128211	42687	1965	62000	57518	4482	6344	37729	26403	5080	28092	274	19312	-9637
2007	156038	54208	2508	76259	69989	6270	9633	46691	26471	7760	35237	297	28556	-11453
2008	185950	65451	3163	95648	88272	7375	8758	57960	42092	8733	30415	370	23419	-27546
2009	197393	64171	3817	110710	105105	5606	14101	100357	78990	16810	75031	364	65916	-25326
2010	232106	72069	5175	129794	122601	7194	21689	117986	64264	18533	102863	586	62584	-15123
2011	274841	78990	6219	147080	137961	9119	23626	111061	66963	19397	66790	555	41373	-44271
2012	306220	78876	6623	163348	155414	7934	20770	139116	91609	24660	94844	321	46968	-44272

续表

项目\年份	增加值	总储蓄	资本转移	资本形成总额	固定资本形成总额	存货增加	其他非金融资产获得减处置	资金来源合计	贷款	证券	资金运用合计	通货	存款	净金融投资（金融）
2013	359277	100204	7707	172643	164614	8029	30833	148122	103757	22340	110701	321	59271	-37421
2014	392751	116262	8162	191859	182738	9121	23924	142908	101873	33300	78893	152	42993	-64014
2015	407654	113178	8751	200718	192556	8162	21346	140913	82867	37097	130106	266	67002	-10807
2016	439385	118442	9002	228318	219125	9193	29323	140243	110003	49751	124237	458	83242	16007

资料来源：国家统计局。

表 5 - 7　部分金融总量数据

单位：亿元

项目\年份	流通中货币	人民币存款	非金融企业人民币存款	非金融企业本外币存款	人民币贷款	本外币贷款	非金融企业本外币贷款	委托贷款	信托贷款	企业债券	境内上市公司总市值	债券市值
1998	11204	95698	32487		86524			2299	654	677	19506	
1999	13456	108779	37182		93734			2721	729	779	26471	
2000	14653	123804	44094		99371			3221	813	779	48091	
2001	15689	143617	51547		112315			3813	906	926	43522	
2002	17278	170917	60029		131294			4514	1011	1251	38329	28077
2003	19746	208056	72487		158996			5115	1226	1418	42458	36830
2004	21468	240525	84671		177363	188566	160386	8265	1393	1475	37056	50813

续表

项目 年份	流通中货币	人民币存款	非金融企业人民币存款	非金融企业本外币存款	人民币贷款	本外币贷款	非金融企业本外币贷款	委托贷款	信托贷款	企业债券	境内上市公司总市值	债券市值
2005	24032	287170	96144		194690	206838	175241	9241	1626	3378	32430	75114
2006	27073	335434	113216		225285	238280	199983	11089	2028	5699	89404	94844
2007	30334	389371	154404		261691	277747	227072	14404	3731	8182	327141	122502
2008	34219	466203	178202		303395	320049	262966	18596	6876	14310	121366	160701
2009	38247	597741	243585		399685	425597	343777	25253	11236	25107	243939	179049
2010	44628	718238	304659	314111	479196	509226	388637	36415	15101	38255	265423	202915
2011	50748	809368	303504	313981	547947	581893	434790	44135	17140	51628	214758	216409
2012	54660	917555	327394	345124	629910	672875	497828	51683	29995	74012	230358	241217
2013	58574	1043847	361555	380070	718961	766327	551831	72201	48322	92038	230977	250105
2014	60260	1138645	378334	400420	816770	867868	617969	93283	53492	115444	372547	294085
2015	63217	1357022	430247	455209	939540	993460	687728	109328	53925	146300	531304	367641
2016	68304	1505864	502178	530895	1066040	1120552	744716	132000	63100	179200	508245	443380
2017	70646	1641044	542405	571641	1201321	1256074	810171	139700	85300	183700	567475	495895

资料来源：Wind。

表 5 – 8　　非金融企业部门资产负债表（2000—2016 年）

单位：亿元

项目 年份	资产总额	固定资产	存货	其他非金融资产	货币资金	应收账款	其他金融资产	负债总额	借款	债券	应付账款	其他负债	所有者权益
2000	300379	97325	37849	9790	46735	19825	88855	179329	88873	779	21350	68326	121050
2001	331377	112038	48016	10760	54505	22007	84051	191944	100199	926	23505	67314	139433
2002	369790	127178	59848	12569	63384	23821	82990	212655	116793	1251	30446	64164	157136
2003	424407	147002	75728	17367	76438	27383	80490	245122	142642	1418	37543	63519	179285
2004	558940	174602	98811	22379	89149	35815	138184	321246	169490	1475	50973	99308	237694
2005	641165	195831	122527	27014	101191	41991	152612	368465	185311	3378	64514	115263	272699
2006	771112	223086	153968	33358	119051	49529	192119	445202	212197	5699	82355	144952	325909
2007	958146	260355	197869	42991	161764	61298	233870	557540	244304	8182	109049	196006	400606
2008	1227367	319153	266762	87484	186627	74465	292876	716868	286863	14310	131456	284238	510500
2009	1447966	354124	314143	101585	254333	90268	333512	848821	378584	25107	163886	281243	599145
2010	1772154	414574	390238	123274	318128	114637	411304	1051196	438276	38255	211941	362724	720958
2011	2114326	492099	491462	146900	318552	146641	518672	1275456	492497	51628	256902	474428	838870
2012	2526347	550041	582828	167670	349611	187665	688532	1525404	575955	74012	307777	567660	1000942
2013	3033900	586101	658977	207101	384876	231453	965392	1809989	668774	92038	366899	682278	1223911
2014	3433517	655112	756767	231025	405846	278864	1105902	2030346	761209	115444	410101	743592	1403171
2015	3744781	714160	838362	252371	460898	296733	1182257	2201437	847445	146300	435951	771741	1543345
2016	3836835	777409	934946	276471	537043	305322	1005645	2284309	936280	179200	463148	705682	1552526

资料来源：国家资产负债表研究中心（CNBS）。

6

政府部门资产负债表

本章在对之前两版中分列的主权资产负债表、中央政府资产负债表和地方政府资产负债表进行调整和合并的基础上首次尝试编制（广义）政府部门资产负债表，并据此透视该部门的发展轨迹和结构变迁过程。在此基础上，将进一步聚焦负债端，剖析政府部门的债务风险，特别是考察 2016 年下半年强化金融风险管控以来的政府债务治理之策；并对未来可能影响政府行为变化的若干关键因素进行重点分析，以此观察政府债务的潜在变化路径。

6.1 政府部门资产负债表的编制及分析

本次编制政府资产负债表所覆盖的财务主体包括行政单位、事业单位（含一些企业化管理的事业单位和非营利社团机构）以及国有非金融企业和国有金融企业。在编制方法上，进一步贴近 SNA 2008 的框架，以尽可能确保部门之间的衔接和国际比较的便利。同时，我们也考虑到中国政府会计制度的现实情况，适当参考了财政部 2018 年新修订的《政府综合财务报告编制操作指南（试行）》。

非金融资产的估算

本次编制将非金融资产设置为六项，其中的固定资产、在建工程、存货和无形资产为上一版的已有项目。根据修订后的《政府综合财务报告编制操作指南（试行）》，固定资产净值反映政府持有的各项固定资产原值减去累计折旧后的期末余额，含房屋（办公用房、业务用房、其他)、汽车、单价在 50 万元以上的设备、其他固定资产；在建工程反映政府尚未完工交付使用的在建工程实际成本的期末余额，不含公共基础设施在建工程；存货反映政府在开展业务活动及其他活动中为耗用而储存的材料、燃料、包装物和低值易耗品等的期末余额；无形资产净值反映政府持有的各项无形资产原值减去累计摊销后的期末余额。以上四项的数据均取自历年《中国会计年鉴》中的全国预算单位资产负债简表的相关科目。其中，2000—2006 年的"在建工程"和"无形资产"因科目缺失而进行了线性回溯。需要指出的是，在本次编制所覆盖的 2000—2016 年这段时序内，政府会计制度几经修订，2005 年、2007 年、2013 年和 2014 年分别对民间非营利组织、企业化管理事业单位、事业单位和行政单位的核算框架进行了调整，在一定程度上影响了个别科目和加总数据的连续性。

另外的"国有建设用地资产"和"公共基础设施"为本次编制新增加的项目，这里就具体估算方法进行一些说明。

1. 国有建设用地资产的估算说明

中国的土地按所有权属性分国家所有和集体所有两种类型；按用途分农用地和建设用地两种类型。交叉分类后共有四种土地类型，即国有建设用地、国有农地、集体建设用地和集体农地。我们之前对土地资源性资产的估算主要侧重于农用地部分，本次估算调整了口径和方法，即只对国有建设用地部分进行估算。作出这一调整，更多考虑了资产变现的能力，同时也是考虑到产权界定上的明晰程度。相对而言，在上述四类土地中，国有建设用地无论从变现可能性还是权属清晰性上看都更加突出。

对国有建设用地的估算，同样主要基于资产流动性方面的考虑，我们集中对政府储备用地部分进行了估值。估值的基本方法是核算期末的储备用地面积与单价的乘积。根据土地储备管理方面的现行规定，土地储备是县级以上国土资源主管部门取得土地后进行前期开发、储存以备供应的行为；各地需根据规划编制土地储备三年滚动计划，确定未来三年土地储备规模；土地储备总体规模的确定将依据年度土地供应量等因素。这就意味着储备用地面积原则上要考虑核算期之后一定时期内（1—3 年）政府待供应土地的数量。为便于操作，这里使用了参考性的存量流量比，将核算期末储备用地的面积设定为当期土地出让面积的 3 倍①。

储备用地单价既可以采用前端的土地购置环节，也可以采用后端的土地出让环节，有些类似于成本法和市价法的区别。这里，为更充分体现土地的市场价值，我们主要考虑出让环节的成交价款情况，也就是取得土地使用权的受让者提前支付的整个使用期间的地租。这里采用了国土资源部门历年发布的《国土资源公报》所披露的全国主要监测城市总体综合地价水平（含商业、居住、工业地价）数据，作为出让环节的参考价格。

从估值的结果看，土地资产总量呈现一定的波动性，通过因素分解可以发现：这主要源自土地出让面积和相应的储备用地面积的波动；而从地价水平的变动情况看，则总体呈现持续上涨的态势（见图 6-1）。

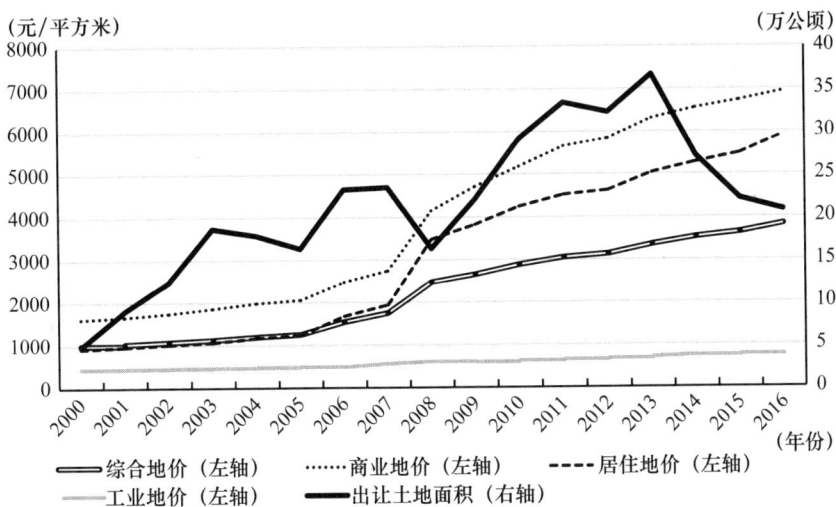

图 6-1 历年土地价格和土地出让面积的变动
资料来源：国土资源部。

尽管本次编制仅将国有建设用地入表，但对国有农地和集体土地的潜在价值也需要给予关注。

---

① 关于引入存流系数的方法，参见马骏等（2012）、杜金富等（2016）。

　　首先是国有农地的潜在价值。目前没有入表主要是考虑到市场交易机制缺失而造成的资产流动性不足，但我们注意到2018年3月国务院办公厅发布了《跨省域补充耕地国家统筹管理办法》，这或许可以为整个农用地的价值发现提供一定的依据。根据该办法，耕地后备资源严重匮乏的直辖市，由于城市发展和基础设施建设等占用耕地、新开垦耕地不足以补充所占耕地的；或者资源环境条件严重约束、补充耕地能力严重不足的省，由于实施重大建设项目造成补充耕地缺口的，可申请国家统筹补充。经批准补充耕地由国家统筹的省、直辖市，应缴纳跨省域补充耕地资金。以占用的耕地类型确定基准价（每亩10万元，其中水田每亩20万元），以损失的耕地粮食产能确定产能价（根据农用地分等定级成果对应的标准粮食产能确定，每亩每百公斤2万元），以基准价和产能价之和乘以省份调节系数（根据区域经济发展水平，将省份调节系数分为五档），确定跨省域补充耕地资金收取标准。该办法明确指出，国家统筹补充耕地经费标准根据补充耕地类型和粮食产能确定。补充耕地每亩5万元（其中水田每亩10万元），补充耕地标准粮食产能每亩每百公斤1万元，两项合计确定国家统筹补充耕地经费标准①。这相当于为农地（包括其中的国有农地）的潜在价值估算创造了一种模拟市场交易的方法。按照此方法，再考虑到国有比例（根据农业部门披露的数据，农用地的大约10%是归属国家的，即主要是国有农垦部分，其余90%则是归属农民集体的），可以将目前国有农地的价值大致框定在70余万亿元的规模。

　　至于农村集体土地未作入表处理，一方面是因为市场不发达，另一方面也是因为产权模糊。目前来看，市场化运作机制不充分的问题正在着手解决，除了前述农地可引入类似"影子定价"方法外，集体建设用地领域也在发生变化，尤其是2015年年初开展的农村"三块地"改革试点，就包括了集体经营性建设用地入市制度和宅基地制度改革。农

①　根据财政部于2018年7月下发的《跨省域补充耕地资金收支管理办法》，省级财政应缴纳的跨省域补充耕地资金通过一般公共预算转移性支出上解中央财政；中央财政应下达的国家统筹补充耕地经费通过转移支付下达地方财政；中央财政收取的跨省域补充耕地资金，扣除下达国家统筹补充耕地经费后的余额，作为跨省域补充耕地中央统筹资金，由中央财政统一安排使用。

村集体经营性建设用地入市制度改革背景下，将逐步开放农村集体建设用地使用权市场，允许通过出让等形式，寻求与国有土地同权同价。从试点地区的情况看，截至 2017 年 4 月，集体经营性建设用地入市地块共计 278 宗，面积约 4500 亩，总价款约 50 亿元。宅基地制度改革则是在借鉴承包地"三权分置"思路（集体所有权、农户承包权、土地经营权"三权分置"）的基础上探索宅基地集体所有权、农户资格权、使用权"三权分置"。这意味着在顺应宅基地的资格主体与农房的使用主体分离这一趋势并单独剥离出来"资格权"之后，可通过适度放活宅基地使用权来推进有偿使用和流转。未来随着集体土地交易机制作用范围的不断扩大，市场价值也会在越来越大的程度上得以实现。由此带来的问题是土地收益和价值如何进行部门之间的分配。一方面，根据《物权法》，农民的土地承包经营权和宅基地使用权都属于用益物权，并明确"土地承包经营权人依法对其承包经营的耕地、林地、草地等享有占有、使用和收益的权利""宅基地使用权人依法对集体所有的土地享有占有和使用的权利"（由于缺少收益权，宅基地使用权作为用益物权并不完整）。另一方面，在现行土地征用制度下，国家为了社会公共利益的需要，可以将集体所有的土地强制变更为国家所有（并给予农民一定补偿）。在集体产权归属依然混沌的状态下，这些原则性的规定如何转化为具体的操作方案，在政府部门和农民家庭部门之间进行有效的价值切割依然是有待破解的难题。

2. 公共基础设施资产的估算说明

基础设施根据盈利前景可以分为两大基本类别：一类是具有商业属性的项目，通常收入（现金）流量大且稳定，具有良好的投资预期收益，私人部门有意愿且有能力进行投资；另一类则是具有公益属性的项目，往往难以形成价格或者形成的价格无法覆盖成本，从而不能实现盈利，一般只能由政府承担投资责任。对于第一大类基础设施资产，基本上已经体现在企业资产负债表中，并通过政府持有企业股权的形式进入表内。因此这里主要估算的是第二大类基础设施资产。具体方法是在不考虑基期、折旧以及村镇的情况下，将《2016 年城乡建设统计年鉴》所披露的全国历年城市和县城市政公用设施建设固定资产投资中的道路桥梁、园林绿化、市容环境卫生三大行业进行加总，再乘以资本形成比例（以核算期内支出法 GDP 中的资本形成总额与全社会固定资产投资完成额之比作为代理值）得到。

金融资产与负债的估算

政府部门的资产包括通货、存款、债券、股票与股权、证券投资基金和其他金融资产 6 项，负债包括贷款、债券和其他负债 3 项。

1. 政府部门金融资产

通货是政府持有对央行的资产，是 M0 的一部分。以 1993 年为基期，假设当时政府持有全部 M0 的 3%，之后各年的变动由资金流量表数据提供。由此估算出的政府通货资产占比极小，2016 年仅有 0.1 万亿元。

政府存款可分为财政存款和机关团体存款。财政性存款主要是财政金库款项和其他特种公款等，是各级财政部门代表本级政府掌管支配的资产。机关团体存款是指政府财政部门之外的其他行政事业单位在银行的一般性存款。二者共同构成政府存款，2016 年年底财政性存款余额 3.5 万亿元，机关团体存款余额达 23.6 万亿元。

政府持有债券的份额极小，数据来源于中国会计年鉴中的政府对外投资（主要是债券投资）。2016 年年底政府持有债券仅为 0.5 万亿元。

政府持有的股票及股权是指非金融企业和金融机构中的国有股权，主要的构成是国有企业中政府所占的股权。对于非金融企业，国资委公布了历年农林牧渔、工业、建筑业、水利业、交运仓储、邮电通信业、批发零售餐饮、房地产、信息服务技术、社会服务、卫生体育福利、教育文化广播、可持续研究和技术服务这 13 个行业的全国国有企业所有者权益，再加上《中国会计年鉴》中公布的机关团体及其他单位的所有者权益。2016 年年底，政府持有的非金融企业股权为 42.6 万亿元。对于金融企业，我们首先加总银行、保险和券商这三大行业的所有者权益，2016 年年底三者加总为 20.8 万亿元。对于国有资产占比，我们通过调研得到 2009—2010 年国有资产占全部金融企业（包括中央金融企业和地方金融企业）所有者权益的比重分别为 55.3% 和 52.2%，再考虑到金融机构产权改革的基本历程，我们假设国有资产的分布为：20 世纪 90 年代大体在 80%—90%，21 世纪之初的几年（2001—2004 年）

大体在 70%—80%，中间几年（2005—2008 年）大体在 60%—70%，2009 年以后大体在 50%—60%。由此得出金融机构中国有股权的规模，2016 年政府持有金融机构股权 10.4 万亿元。另外，在财政部牵头起草并提交十三届全国人大常委会第六次会议审议的《国务院关于 2017 年度国有资产管理情况的综合报告》中也涉及国有股权的规模数据。2017 年年底，非金融企业国有资本及权益总额 50.3 万亿元，金融企业形成国有资产（国有资本应享有权益）16.2 万亿元。这一结果略高于我们对 2016 年的估算，其中既有 2017 年相对 2016 年增长的部分，也有可能源自我们方法中一定程度的低估，特别是基于数据可得性我们只考虑了银、证、保这三大重点金融行业的所有者权益而未将其他类型的金融机构涵盖进来。而根据该报告，截至 2017 年年底，中央层面金融企业国有资产中，银行业金融机构占 65.3%；证券业占 1.8%；保险业占 3.2%。地方层面金融企业国有资产中，银行业金融机构占 54.2%；证券业占 12.6%；保险业占 3.1%。

政府持有的证券投资基金为社保基金份额，数据来源为全国社保理事会公布的社保基金净资产。2016 年年底为 1.9 万亿元。

政府持有的其他金融资产是采用 SNA 恒等式倒推出来的数据。根据全部部门的其他负债与其他资产恒等的原则，我们将所有其他资产在居民部门和政府部门之间进行划分，划分比例的设定为这两个部分总负债的规模比例。2016 年年末政府部门的其他资产为 18.8 万亿元。

2. 政府部门的负债

政府负债的总规模主要以两次审计署对政府性债务的审计结果、国债余额和财政部定期公布的地方政府债务余额为基准。需要指出的是，这里的负债为根据法律框架，官方所公布的全部显性债务。大量研究也涉及中国政府的隐性债务和或有债务问题，尤其是地方政府的隐性债务。我们在后文的论述中会重点分析这些隐性债务的形式和规模，但在 SNA 体系下这部分债务（主要以地方融资平台债务为主）被记入了企业部门，不能再重复记入政府部门，因此在政府部门的资产负债表中并未显示。

基于上述估算，编制结果如表 6-1 所示。

表 6 - 1　中国广义政府部门资产负债表（2000—2016 年）

单位：亿元

项目 年份	非金融资产	固定资产	在建工程	存货	国有建设用地资产	公共基础设施	无形资产	金融资产	通货	存款	债券	持有企业股权	证券投资基金份额	其他金融资产	总资产	负债	债券	贷款	其他负债	净金融资产	净资产
2000	37075.65	17572.33	6.9	12.88	14550.84	4890.9	41.8	77220	308	5732	76	56153	573	14378	114295.7	20815	16248	2111	2456	56405	93480.65
2001	55646.18	21155.93	9.5	13.55	28014.96	6398.74	53.5	87102	329	6223	119	57450	745	22236	142748.2	25125	19037	2234	3854	61977	117623.2
2002	72182.1	24072.51	13	17.81	40166.28	7844.1	68.4	101993	360	8666	187	65120	968	26692	174175.1	30475	22358	2301	5816	71518	143700.1
2003	100947.2	27266.19	17.9	30.96	63269.16	10275.5	87.5	121554	410	11855	293	68968	1259	38769	222501.2	38066	27650	436	9980	83488	184435.2
2004	108139.8	30709.1	24.5	27.39	64224.78	13042.16	111.9	146304	444	14389	459	73031	1660	56321	254443.8	44626	31261	554	12811	101678	209817.8
2005	110205.8	34290.76	33.7	27.03	61248.96	14462.27	143.1	172367	496	20048	719	84160	1954	64990	282572.8	51503	34353	797	16353	120864	231069.8
2006	163956.1	39074.71	46.2	37.09	107694	16921.11	183	209565	556	25973	1127	96383	2770	82756	373521.1	58675	36668	903	21104	150890	314846.1
2007	188319.8	43512.2	63.4	765.4	123445.5	20299.26	234.05	289366	623	36665	1766	135252	4338	110722	477685.8	81300	53061	904	27335	208066	396385.8
2008	194492.6	48065.89	129.02	989.17	121052.82	23963.6	292.06	382358	705	40003	1874	161416	5131	173230	576850.6	89653	54783	1576	33294	292705	487197.6
2009	257858.3	53474.5	160.29	1375.6	175734.72	26743.82	369.34	425732	786	51971	2221	189055	7367	174332	683590.3	117978	63517	1683	52778	307754	565612.3
2010	350200.5	59229	191.95	1566.15	251943.45	36756.88	513.08	516315	916	91630	2554	225629	8377	187210	866515.5	135653	72543	1877	61233	380662	730862.5
2011	417846.49	65820.74	220.88	2191.41	305418.33	43608.68	586.45	631701	1039	135753	2455	265685	8386	218385	1049547.49	154425	78729	3568	72128	477276	895122.49
2012	424919.3	70293.71	308	2611.04	303012.36	47894.64	799.53	699073	1117	157321	2854	309420	10754	217608	1123992.3	174160	84378	3550	86232	524913	949832.3
2013	519715	76628.51	17085.54	3708.68	368724.9	52575.33	992	789586	1195	190740	3413	357502	11927	224809	1309301	212196	95659	3579	112958	577390	1097105
2014	466406.5	83318.12	32207.91	5181.62	287183.88	56602.18	1912.8	880873	1229	222362	3822	414112	14573	224775	1347279.5	249985	107535	3536	138915	630888	1097295
2015	439660.8	90763.16	38654.95	6382.69	241303.86	60234.27	2321.87	927102	1288	242546	4685	472171	17967	188446	1366762.8	254179	154871	3536	95772	672923	1112584
2016	455961.77	98667.04	44742.62	6005.38	238971.96	64618.18	2956.59	1005242	1390	271064	5108	519726	19488	188466	1461203.77	272516	225981	3536	42999	732726	1188687.77

资料来源：国家资产负债表研究中心（CNBS）。

估算结果的简要分析

1. 资产负债规模分析

2000—2016 年政府部门的资产总量快速增长，从 11.4 万亿元提高到 146.1 万亿元，增长了 11.8 倍，年均增长 17.3%，明显快于同期名义 GDP 增速。其中，非金融资产从 3.7 万亿元提高到 45.6 万亿元，增长了 11.3 倍，年均增长 17.0%，但主要受土地资产价值波动的影响，2013 年以来的增速呈现放缓迹象。金融资产从 7.7 万亿元提高到 100.5 万亿元，增长了 12.0 倍，年均增长 17.4%，增速保持平稳态势。从负债方看，从 2.1 万亿元提高到 27.3 万亿元，变动趋势与资产方基本一致，增长了 12.1 倍，年均增长 17.4%，但随着对地方政府债务管控的加强，2015 年以来的增速出现放缓（见图 6-2）。

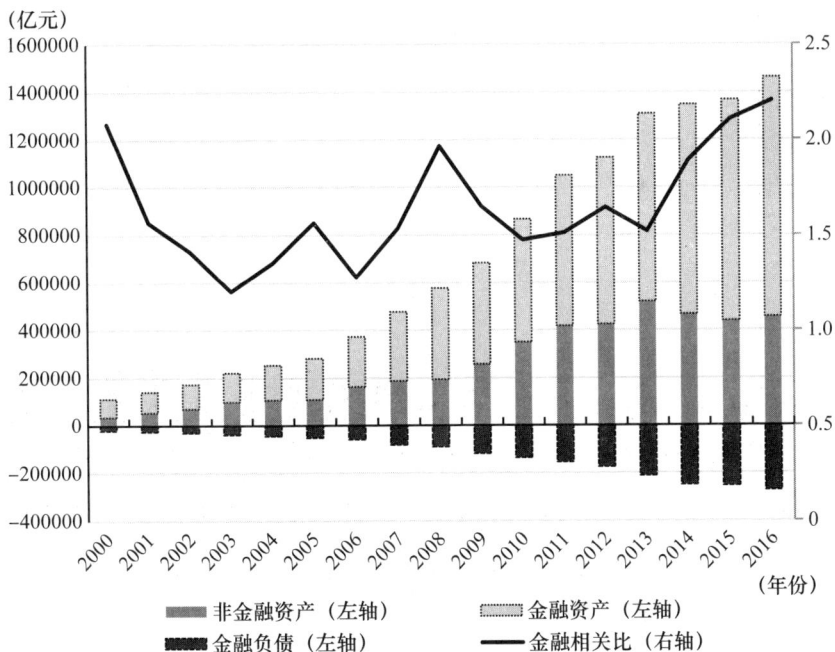

图 6-2 中国政府部门资产负债规模变动趋势

资料来源：国家资产负债表研究中心（CNBS）。

2. 资产负债结构分析

从非金融资产与金融资产的比例关系看，2000 年以来虽有波动，但一直都在 1 以上，特别是 2013 年以来上升较快，2016 年达到 2.2 的峰值水平（见图 6-2），表明政府部门总资产中金融资产占比持续超过非金融资产，近年来金融化程度更是快速提高；金融资产占比较大也从一个侧面反映出政府持有资产的流动性和可变现能力较高。

从非金融资产的内部结构看（见图 6-3），土地资产一直占有绝对比重；固定资产也占有一定比例；此外，公共基础设施资产自 2010 年以来也在扩张（尤其是 2010 年就增加了 1 万亿元的规模），体现了国际金融危机以来依靠基建投资拉动经济增长的累积效应。

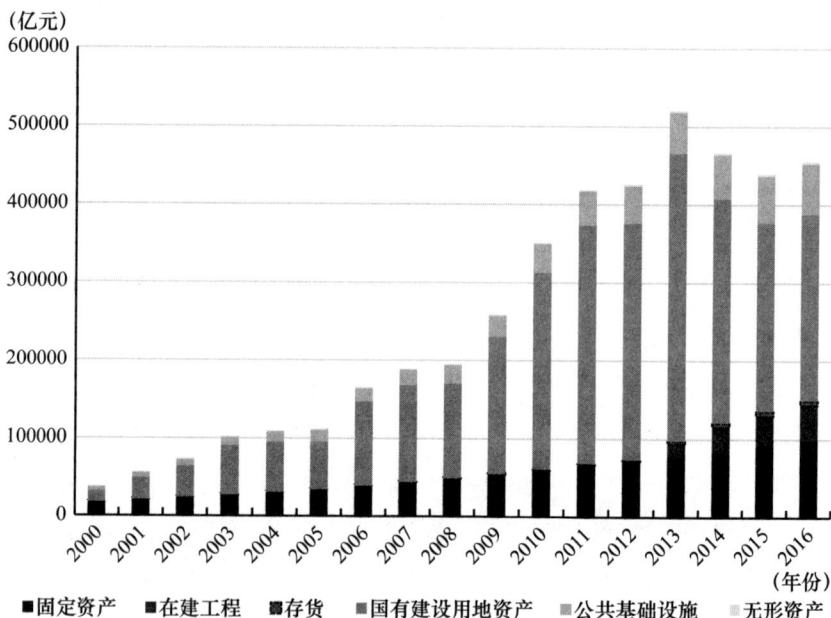

（亿元）

■固定资产　■在建工程　■存货　■国有建设用地资产　■公共基础设施　■无形资产

图 6-3 中国政府部门非金融资产结构

资料来源：国家资产负债表研究中心（CNBS）。

从金融资产的内部结构看（见图 6-4），持有企业股权始终占有相当比重；存款科目则是在 2010 年以来扩张较为明显（其中占有绝对比例的是机关团体存款），在某种程度上表明国际金融危机以来政府部门对资金的支配能力在提升（这也在一定程度上反映了公共资金的沉淀和闲置情况，其背后则有着复杂的体制性因素）；此外，其他金融资产科目也占有一定比例，部分反映出应收款项的规模。

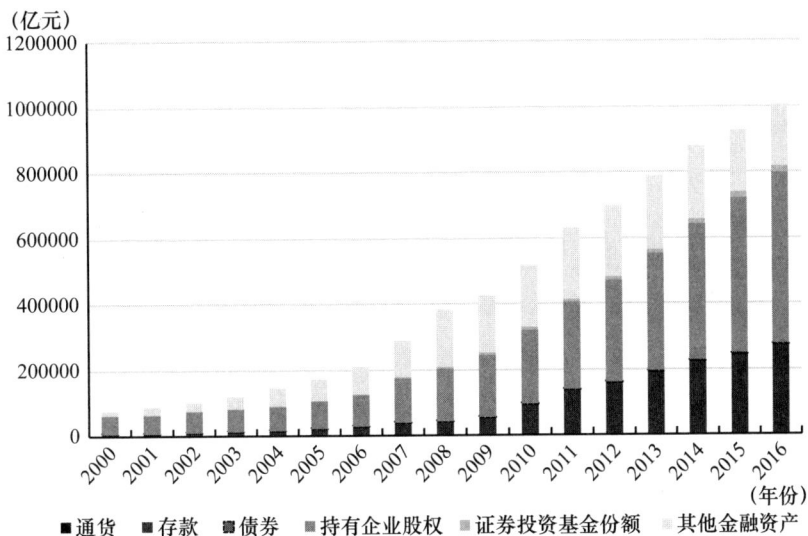

图 6 - 4 中国政府部门金融资产结构

资料来源：国家资产负债表研究中心（CNBS）。

从负债的结构看（见图 6 - 5），债务性证券占有绝对的比重，尤其是 2015 年和 2016 年更加显著，这与地方政府债券市场的大规模扩容高度相关，国债和地方债等直接融资工具占有相当比重也符合国际上普遍的债务结构特征，同时也契合了国内融资结构优化的需要。此外，其他负债在个别年份的占比也达到一定水平，这部分反映出应付款项的规模；部分也显示出 2014 年《中华人民共和国预算法》实施前归入政府负债的地方融资平台负债规模。

3. 财富积累和风险敞口分析

16 年间，净资产和净金融资产规模均稳步提高（见图 6 - 6），2016 年年末分别达到 118. 9 万亿元和 73. 3 万亿元，前者是 GDP 的 1. 6 倍，后者则与 GDP 规模相当，显示出殷实的政府家底。

而从资产与负债的相互关系看，17 年来资产负债率始终没有超过

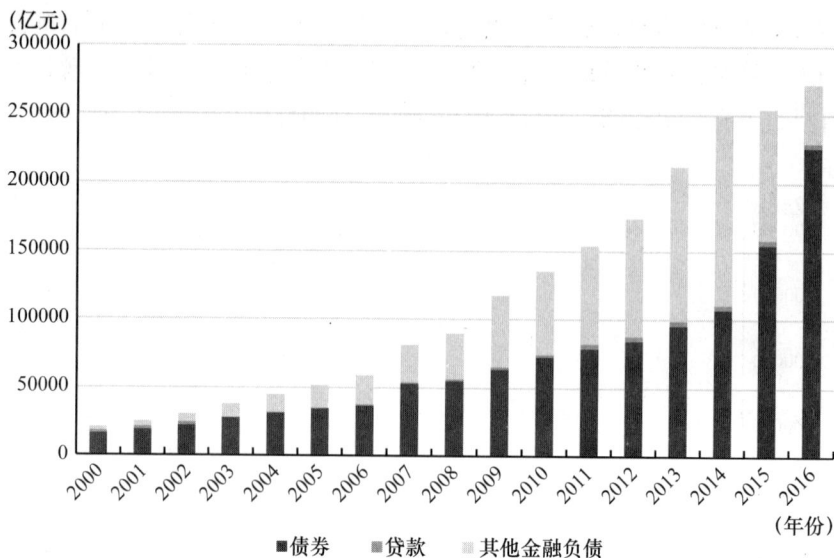

图6-5 中国政府部门负债结构

资料来源：国家资产负债表研究中心（CNBS）。

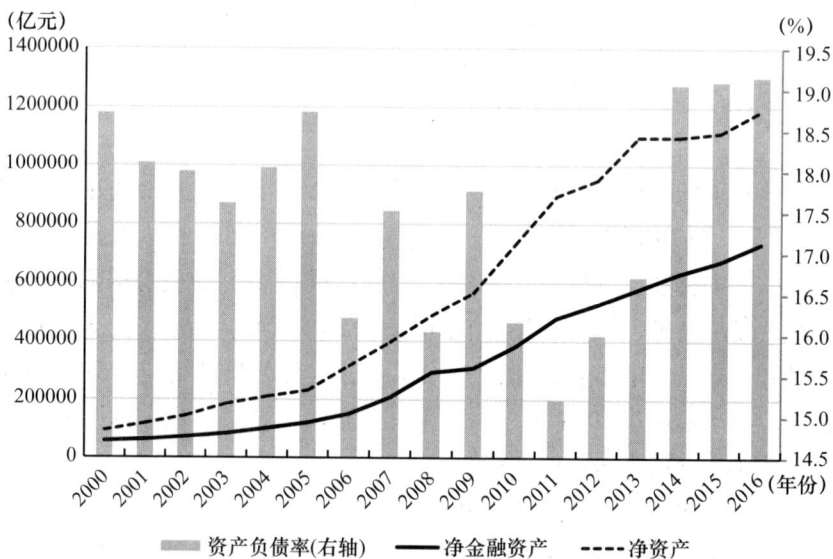

图6-6 中国政府部门净值与资产负债率变化趋势

资料来源：国家资产负债表研究中心（CNBS）。

20%（见图6-6），表明政府的资产负债表十分稳健。当然，这种相对较低的资产负债率与负债项的核算口径密切相关，下一节我们将专门对隐性债务问题进行分析，以尽可能全面地把握政府负债端的情况。但也应该强调，即使考虑到表外负债，政府部门当前的可支配资源也具备足够的覆盖能力，现阶段政府债务风险依然总体可控。

4. 国际比较分析

首先将中国的资产负债规模与全球主要国家（基于数据可得性）作一比较。就非金融资产而言，在其他各国增速停滞或放缓的同时，中国的增长十分迅猛；截至2016年年底，中国的规模居各国之首（见图6-7）。

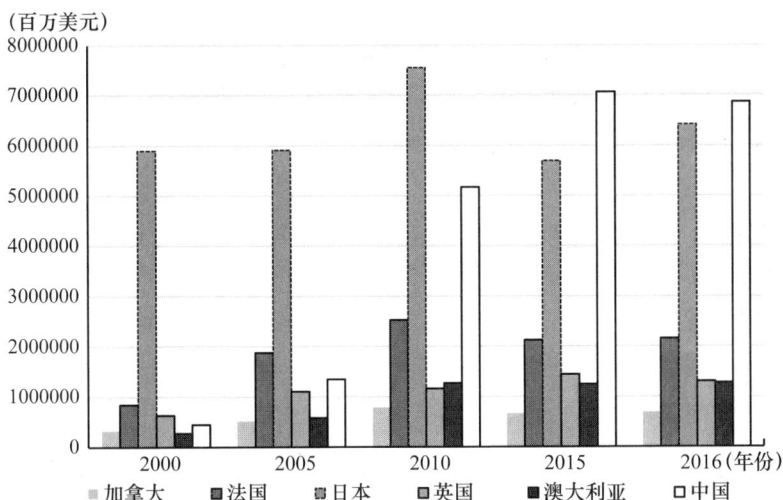

图6-7 政府部门非金融资产的国际比较

注：各国的本币计值均根据市场汇率法（年平均汇率）进行换算。

资料来源：国家资产负债表研究中心（CNBS），OECD。

在金融资产方面，中国无论是规模还是增速都异常突出（见图6-8）。加总非金融资产和金融资产，截至2016年年底，中国的资产总量是日本的2倍，法国的6.9倍，英国的10.8倍，澳大利亚的11.3倍，加拿大的12.7倍。在负债方面，中国的规模和增速则不显著，美国和日本居于前列（见图6-9）。

（百万美元）

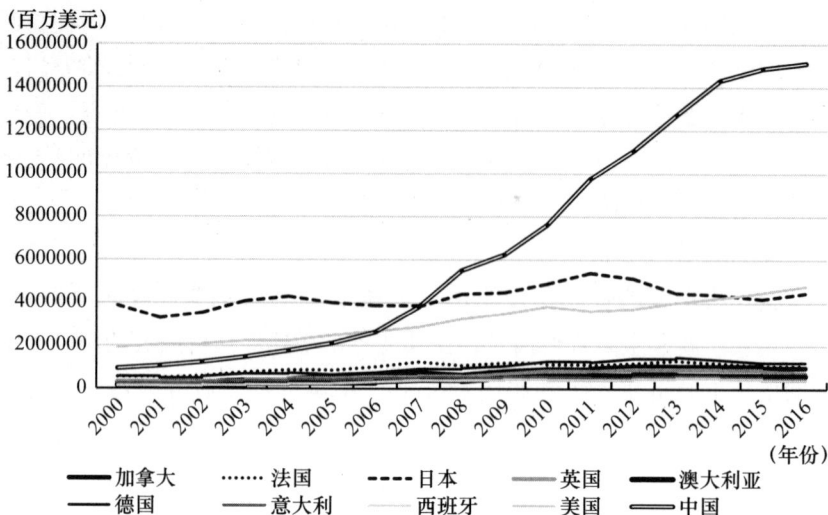

图 6-8　政府部门金融资产的国际比较

注：各国的本币计值均根据市场汇率法（年平均汇率）进行换算。

资料来源：国家资产负债表研究中心（CNBS），OECD。

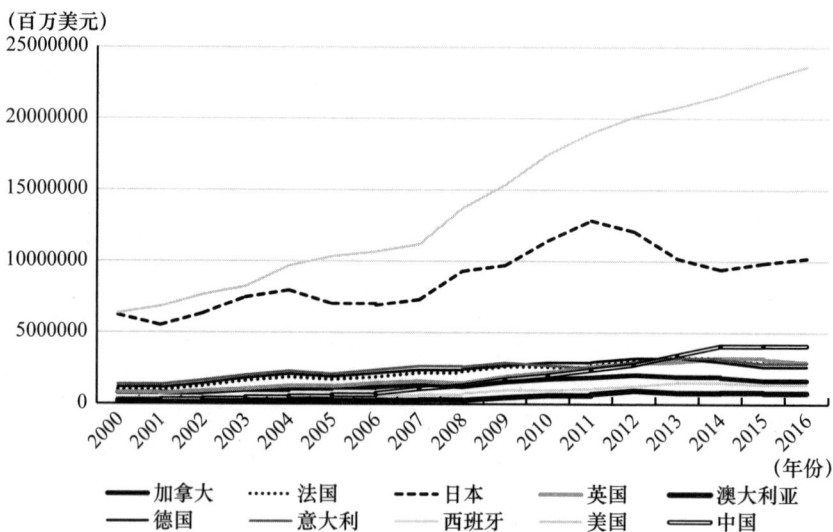

（百万美元）

图 6-9　政府部门负债的国际比较

注：各国的本币计值均根据市场汇率法（年平均汇率）进行换算。

资料来源：国家资产负债表研究中心（CNBS），OECD。

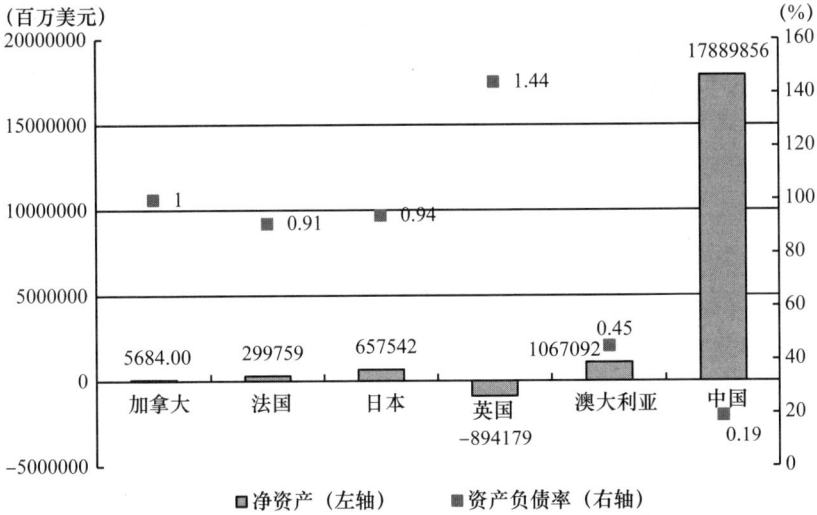

图 6 - 10　政府部门净资产与资产负债率的国际比较（2016 年年底）

注：各国的本币计值均根据市场汇率法（年平均汇率）进行换算。

资料来源：国家资产负债表研究中心（CNBS），OECD。

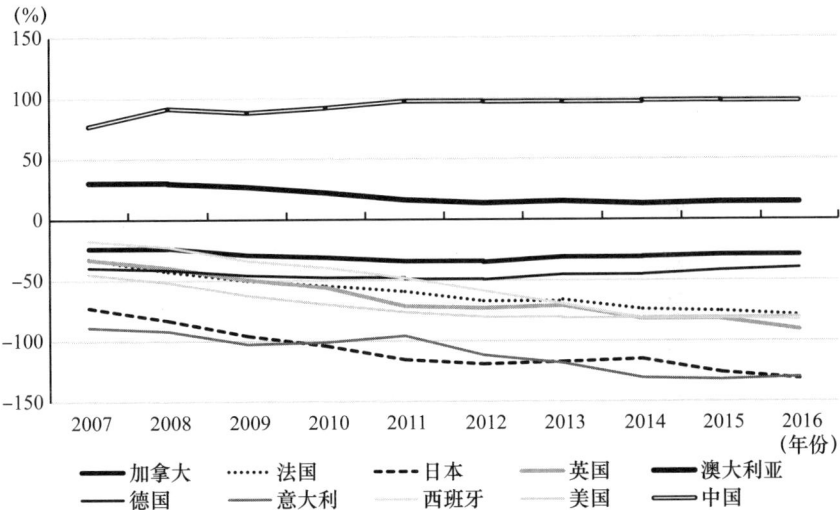

图 6 - 11　政府部门净金融资产占 GDP 比例的国际比较

资料来源：国家资产负债表研究中心（CNBS），OECD。

　　由于中国的资产规模要大大高于国际水平，而负债规模则相对有限，这就导致净资产规模明显高于其他国家，资产负债率则是显著低于其他国家（见图6-10）。从净金融资产占 GDP 的比例看，中国是仅有的两个处于正值区间的国家（另一个为澳大利亚），且显著偏高（见图6-11），表明中国政府部门财政回旋空间十分可观。

6.2　关于政府债务端风险的进一步分析

　　自2014年《中华人民共和国预算法》和《国务院关于加强地方政府性债务管理的意见》（国发〔2014〕43号）实施以来，一系列规范地方政府举债融资机制的政策措施相继出台，包括将地方政府债务纳入预算管理、对地方政府债务实行限额管理、建立地方政府债务风险预警及应急处置机制等。进入2017年以来，随着防控风险尤其是债务风险成为政策调控的主要目标，对地方政府债务的监管政策进一步强化，特别是《关于进一步规范地方政府举债融资行为的通知》（财预〔2017〕50号）和《关于坚决制止地方以政府购买服务名义违法违规融资的通知》（财预〔2017〕87号）的发布，对地方政府举债融资中出现的种种违法违规、变相举债行为进行了全方位的治理。在此背景下，基于现行法律所界定的政府债务而形成的政府部门杠杆率得到有效控制。

　　根据财政部的数据，截至2017年年底，纳入预算管理的中央财政国债余额13.48万亿元，地方政府债务余额16.47万亿元（其中，地方政府债券余额14.74万亿元，占地方政府债务余额近90%；另外，经清理甄别认定的截至2014年年底的存量政府债务，即尚未置换的非政府债券形式存量政府债务还有1.73万亿元①），合计政府债务余额

---

　　①　2015年8月，第十二届全国人民代表大会常务委员会第十六次会议审议批准2015年地方政府债务限额时明确安排，"对债务余额中通过银行贷款等非政府债券方式举借的存量债务，通过三年左右的过渡期，由地方在限额内安排发行地方政府债券置换"。从置换债券的推进情况看，2015年发行了约3.2万亿元，2016年发行了4.88万亿元，2017年发行了2.77万亿元。这就是说，截至2017年年底，已经累计发行了10.85万亿元债券来置换存量政府债务（占2014年年底待置换规模14.34万亿元的75.7%），累计为地方政府节约利息支出约1.2万亿元，缓解了存量政府债务集中到期偿还风险。需要指出的是，根据债务置换进程推（转下页）

29.95 万亿元，政府部门杠杆率为 36.2%，比 2016 年的 36.7% 下降了 0.5 个百分点。从国际比较的视角看，中国政府部门的负债率水平不但低于国际上通行的《马斯特里赫特条约》所设定的 60% 预警线标准，也低于主要市场经济国家和部分新兴市场国家的水平。

尽管政府部门表内债务的增长势头有所收敛，但是一些法律上明确不由政府承担债务，可实际上可能发生政府偿付性支出行为的隐性债务规模依然可观，潜在政府债务风险仍然不容忽视。

地方融资平台债务一次性出表后仍存的隐含政府信用

对地方融资平台债务的管控，最早开始于 2010 年《国务院关于加强地方政府融资平台公司管理有关问题的通知》（国发〔2010〕19 号）发布后针对平台贷进行的专项清理。自此，银监会对政府融资平台实施"名单制"管理，对名单之内的平台融资强化监管。之后一些平台企业通过尽力满足银监会提出的退出条件和退出程序，主动退出平台系列名单目录，可能的目的之一是绕开监管政策的约束，便利在境内外举债融资。截至 2017 年 9 月 30 日，银监会融资平台管理名单内共有 11734 家，其中 9236 家仍按平台管理，另外已有 2498 家退出平台。应该看到，退出名单后的平台企业以及 2010 年以来新设的一些平台，实际可能仍然承担着地方政府融资的功能。

随着 2014 年《中华人民共和国预算法》和《国务院关于加强地方政府性债务管理的意见》的实施，对地方融资平台债务进行了更为深入的管控。在新的地方债治理框架下，原则上来说，只有清理甄别认定

（接上页）算的未置换债务规模为 3.49 万亿元，这与财政部披露的尚未置换的非政府债券形式存量政府债务数据形成了大约 1.76 万亿元的缺口，表明除发行置换债券外，可能存在地方自行化解部分存量债务的情况，即到期依靠财政资金偿还而没有通过发行地方政府债券进行置换。考虑到这一情况，实际的置换进度为 87.9%。对于存量债务置换的截止时间，一般推算为 2018 年 8 月。但根据财政部发布的《2018 年 8 月地方政府债券发行和债务余额情况》，截至 2018 年 8 月末，全国地方政府债券余额 176684 亿元，其中，政府债券 174118 亿元，非政府债券形式存量政府债务 2566 亿元。表明各地还有尚未置换的非政府债券形式存量政府债务。财政部长刘昆于 2018 年 8 月在第十三届全国人民代表大会常务委员会第五次会议上所作的《国务院关于今年以来预算执行情况的报告》中明确指出，继续推进存量政府债务置换，缓解地方政府集中偿债压力。这意味着对于这些未能置换完毕的债务或将延期置换。

的 2014 年年底存量城投企业债务进入政府债务的范围，而未被认定为政府债务的存量城投债务以及 2015 年以来新增的城投债务则不再由财政资金作为偿债来源，也逐渐失去政府提供的直接或隐性担保。自剥离地方融资平台的政府融资职能、分离城投企业债务与地方政府债务以来，作为城投企业债务重要组成部分且更具市场信号显示功能的城投债的信用特征出现了一些变化，特别是与地方政府信用的区隔有所强化，相应的"城投信仰"也在某种程度上趋于弱化。在与政府的信用关联性逐步降低的过程中，城投债的信用定价也发生了一定改变，决定其信用利差的因素除了传统意义上的区域经济实力、财政收支情况等反映所在地政府的债务兜底能力外，也开始转向城投企业自身的信用资质方面，由此导致城投债的风险溢价补偿要求在上升，城投债与产业债之间的负利差总体上呈现收窄之势。

尽管如此，所谓的"上帝的归上帝，恺撒的归恺撒"并非易事。目前来看，城投企业的三张财务报表仍与地方政府紧密联系。从资产负债表看，资产项中的应收预付款项、存货、固定资产和在建工程均与土地开发和基础设施建设高度相关，尤其是与政府部门有关的应收账款及其他应收款普遍规模较大。从利润表看，主营业务收入大量涉及土地开发收入、代建基础设施收入和公用事业收入；而且利润总额对政府补贴的依赖度较高，集中反映在"营业外收入—政府补助"科目中。从现金流量表看，除了筹资现金流，经营性活动和投资性活动产生的现金流入也都与地方政府有密切关联。

在融资平台公司依然或多或少地继续扮演着地方政府融资代理人角色的情况下，政企信用的切割难言彻底。对信用评级机构而言，"将企业信用与地方政府信用挂钩，披露城投企业所在地区财政收支、政府债务数据等明示或暗示存在政府信用支持的信息"的做法仍较为普遍。从几大评级公司所采用的对地方投融资平台行业进行信用风险研究和信用等级评定的方法看，除对平台企业自身的财务风险进行分析并作出独立信用评级外，通常也将平台企业所属地方政府主体的信用评级放在重要位置，关注影响地方政府信用的一些风险要素，重视政府对城投类企业相关实体的特殊介入评估。而在投资者看来，同样也认为城投债务还是依赖于地方政府的信用背书，刚性兑付的特征短期内难以打破；尽管可能会出现流动性风险，但不会出现大规模违约带来的实质性风险。可以看到，2014 年以来，信用债市场上信用事件频发，违约主体涉及民企、央企和一般性地方国企，而作为特殊信用主体支撑的城投债，尚没有发生违约事件（尽管 2018 年以来发生了涉及个别类城投企业的非标产品延期兑付的事件，也发生了新疆建设兵团第六师国有资产经营有限公司这一类平台的一支超短融未能按期足额偿付事件），这就与政府信用的嵌入密不可分。

在城投公司再定位和城投债回归信用债本质的整个过渡期内，应随时关注地方政府支出责任可能扩大的风险。

PPP 模式泛化异化放大财政支出责任

2014 年以来，政府和社会资本合作模式（即 PPP 模式）在基础设施和公共服务领域受到关注并得到推广。根据财政部的统计，截至 2017 年年底，进入全国政府和社会资本合作综合信息平台项目库的 PPP 项目达到 14424 个，累计投资额 18.2 万亿元。其中已进入执行阶段项目共 2729 个，总投资额 4.6 万亿元，落地率 38.2%[①]（见图 6-12）。

在 PPP 模式快速发展的过程中，也出现了泛化滥用、变相融资、异化为新的融资平台等不规范操作的问题，加大了地方政府隐性债务风险。在《关于进一步规范地方政府举债融资行为的通知》严格规范的基础上，2017 年 11 月，财政部发布《关于规范政府和社会资本合作（PPP）综合信息平台项目库管理的通知》（财办金〔2017〕92 号），进一步明确了入库项目的负面清单，将不适宜采用 PPP 模式实施、前期准备工作不到位、未建立按效付费机制的项目排除在入库名单之外；同时也明确了已入库项目的清退清单，将操作不规范、实施条件不具备、信息不完善的项目清理出库。由此进一步纠正 PPP 项目实施过程中出现的走偏、变异问题，推动 PPP 模式回归创新公共服务供给机制的本源。

---

① PPP 项目全生命周期管理包括识别、准备、采购、执行和移交 5 个阶段。其中，处于识别阶段尚未完成物有所值评价和财政承受能力论证的项目列入储备清单；进入准备、采购、执行和移交 4 个阶段的项目，被纳入管理库。项目落地率，指执行和移交两个阶段项目数之和与准备、采购、执行、移交 4 个阶段项目数总和的比值。

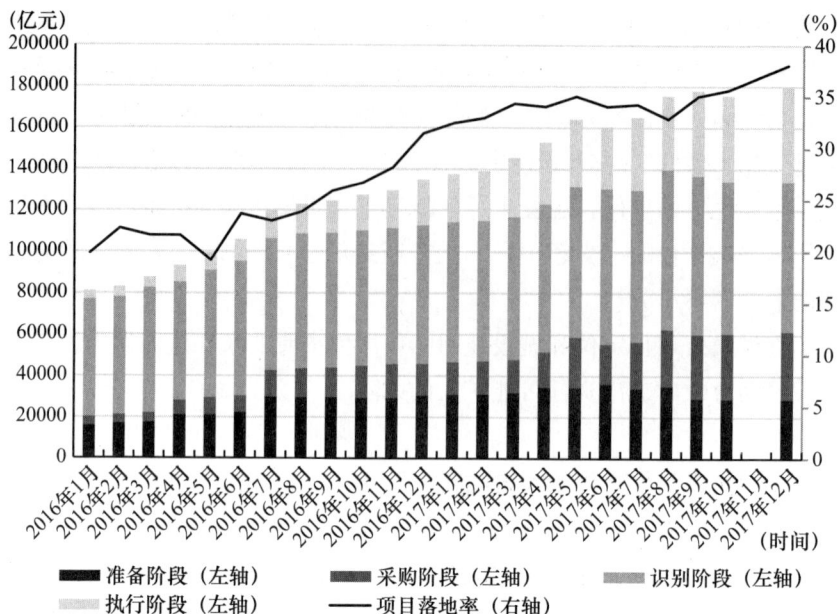

图6-12　PPP项目累计投资额和落地率的变化

资料来源：财政部。

根据财政部披露的汇总情况，自开展PPP项目集中清理工作，截至2018年4月下旬，各地累计清理退库项目1695个，涉及投资额1.8万亿元；上报整改项目2005个，涉及投资额3.1万亿元。从退库项目的情况看，居于首位的是内蒙古自治区，退库项目323个，投资额3071亿元。这其中就包括不再继续采用PPP模式实施的包头市立体交通综合枢纽及综合旅游公路等项目。从行业来看，退库项目中市政工程、交通运输、城镇综合开发项目数居前三位，合计占退库项目总数的51.9%、占退库项目总投资额的63.8%（见图6-13）。在所有行业中，交通运输的退库项目单位体量最大，单个项目平均投资额达23亿元。从回报机制来看，退库项目中政府付费类项目559个、投资额5289亿元，分别占退库项目总数和总投资额的33.0%和29.9%；使用者付费类项目606个、投资额5653亿元，占比分别为35.7%和31.9%；可行性缺口补助类项目530个、投资额6773亿元，占比分别为31.3%和38.2%。

（亿元）

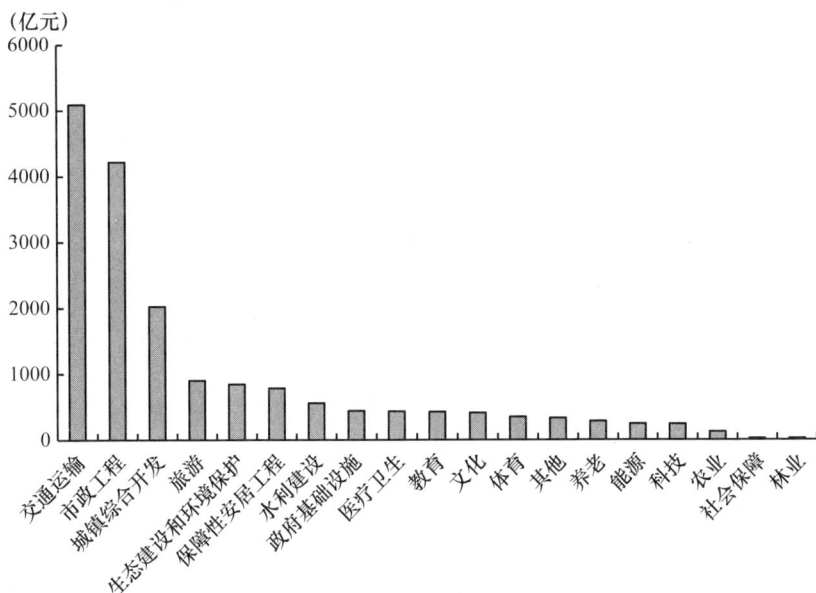

图 6 – 13 PPP 退库项目的行业分布

资料来源：财政部。

　　鉴于使用者付费类项目的比重呈逐渐下降趋势，而可行性缺口补助类和政府付费类项目的比重则呈逐渐上升趋势（见图 6 – 14），为防止 PPP 模式带来更大的债务风险，财政部特别强调审慎开展政府付费项目，防止财政支出过快增长，突破财政承受能力上限。同时也在推动建立项目按效付费机制，一方面要求政府付费与项目绩效考核结果挂钩，强化项目产出绩效对社会资本回报的激励约束效果，防止政府对项目各项支出承担无条件的支付义务，使 PPP 异化为拉长版 BT。另一方面确保政府付费在项目合作期内能够连续、平滑安排：既防止为多上项目将财政支出责任过度后移，加剧以后年度财政支出压力、导致代际失衡；同时也防止将财政支出责任集中前移，使社会资本快速回收大部分投资从而可以实现早期退出。

　　在控制 PPP 项目的财政支出责任、防控中长期财政风险方面，财政部要求每一年度从一般公共预算安排的 PPP 项目支出责任，不得超过一般公共预算支出的 10%。根据财政部发布的 PPP 项目财政承受能

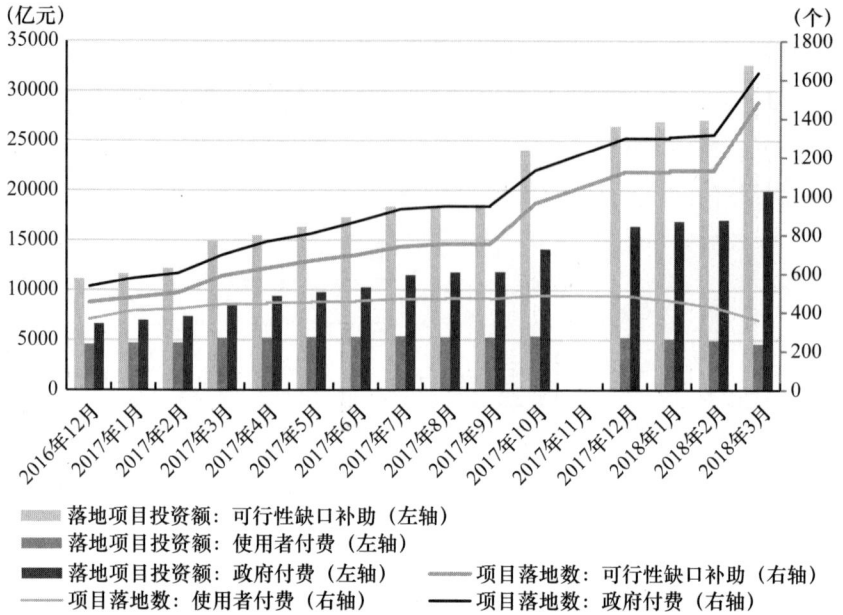

图 6 – 14 PPP 项目数和投资额按三种回报机制的分布情况
资料来源：财政部。

力汇总分析报告，经对 PPP 项目库 6400 个、总投资约 10 万亿元的入库项目 2018 年 1 月末财承报告数据进行分析，2015—2045 年需要从一般公共预算中安排的支出责任总额为 9.9 万亿元，年均支出 3194 亿元。其中，已落地项目 2921 个、总投资 4.9 万亿元，涉及支出责任 4.7 万亿元，占支出责任总额的 47.5%（已落地项目中，已开工建设并实际发生支出的项目共 1219 个，涉及投资额 1.7 万亿元），年均支出 1581亿元。

从地区分布看，中西部地区支出压力较大。2015—2045 年支出责任总额前五位的分别为湖南 8047 亿元、河南 7086 亿元、四川 6906 亿元、内蒙古 6241 亿元和云南 5896 亿元（见图 6 – 15），年均支出分别为 260 亿、229 亿、222 亿、201 亿和 190 亿元，分别占 2017 年本省一般公共预算支出的 3.8%、3.1%、2.6%、4.4% 和 3.3%。

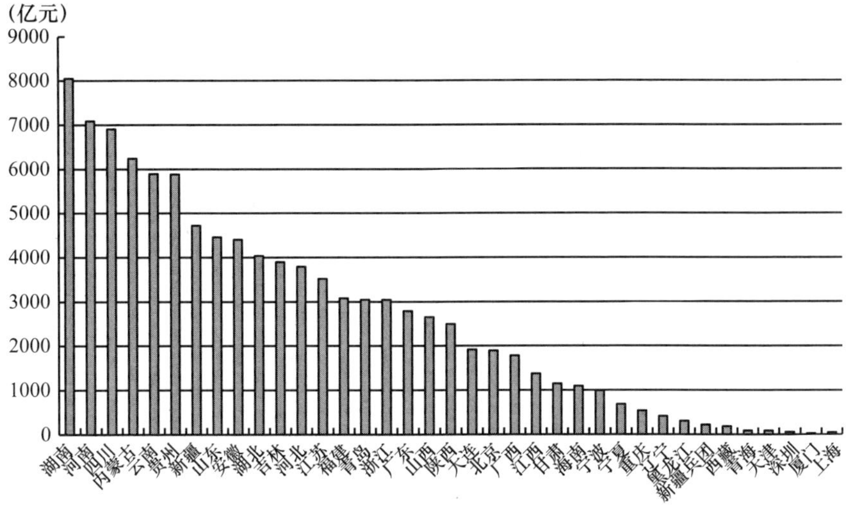

图 6 – 15   2015—2045 年各地区 PPP 项目支出责任总额

资料来源：财政部。

在保守、一般、乐观三种情景①下，6400 个项目涉及的 1920 个地区（含省、市、县三级）中，有七成以上地区的年度最大支出占比处于 7% 以下的安全区间。这也就意味着，仍有三成左右的地区存在风险隐患。三种情景下，年度最大支出占比超过 10% 限额的市县，分别为253 个、152 个和 104 个，主要分布在四川、湖南、河南、内蒙古、贵州等地。其中，2018 年当年支出占比超限额的市县，分别为 70 个、36个和 23 个。这些支出责任已突破限额的部分市县，均是潜在的风险点，需要引起警惕。

真股假债和变相 BT 融资

2015 年以来，在从严管控地方举债融资的大背景下，对于地方政府融资平台而言，不但传统银行贷款渠道受到限制，随后借"金融创

---

① 考虑到不同项目财政承受能力报告所预测的当地一般公共预算支出增长率存在差异，故分别选取当地全部 PPP 项目预测增长率中的最小值、平均值和最大值，对各地全部 PPP 项目年度支出责任占当年一般公共预算支出的比例进行了修正，对应保守、一般、乐观三种情景。

新"的名义发展起来的部分影子银行渠道也逐渐受到规范。为规避监管,一些替代性的新型融资手段陆续出现,主要是各种政府投资基金、政府购买服务等形式。

政府性投资引导基金的融资模式是以基础设施和公共服务项目为标的的基金形式,以财政资金作为引导,吸引金融资本加入,再以股权投资方式对接项目,进一步吸引其他投资人进入。根据清科研究中心旗下私募通数据统计,截至 2017 年年底,政府引导基金(包括创业投资基金、产业投资基金、基础设施基金等)共设立达 1501 只,总目标规模 9.6 万亿元,已到位资金 3.5 万亿元。其中,基金规模最大的为省级政府引导基金,387 支基金目标规模总额达到 4 万亿元,已到位资金规模为 1.2 万亿元。基金数量最多的为地市级及县区级设立的政府引导基金,共有 1085 只,基金目标规模共计 4.3 万亿元,已到位资金规模为 1.4 万亿元(清科研究中心,2018)。在政府性投资引导基金的融资模式下,从表面上看,其他出资人是以股权形式加入并享受股东权益,但政府性投资基金通过向其他出资人承诺投资本金不受损失以及承诺最低固定收益、提供隐性"兜底"股权回购、安排优先级受偿(以政府作为劣后方)等方式将其变异为某种意义上的隐性有息负债。这种"明股实债"的情况使得财政负担的资金成本显著增加。

委托代建购买服务协议的融资模式是地方扩大政府购买服务范围,将一些以工程建设为主的项目包装成政府购买服务项目,通过委托融资平台公司等机构代建工程的方式,约定于建设期及之后若干年以政府购买服务资金的名义支付项目建设资金。由此变相形成地方政府基建工程分期付款式举债,其实质是财政支出时间拉长型的 BT 方式。在此类协议中,地方政府还通常支持项目建设单位作为承贷主体向银行贷款,而资金使用和项目实施主体均为地方政府部门,隐性增加地方政府债务。

针对这些"新型"融资模式所隐含的债务风险,财政部连续出台了系列政策进行管控。其中,《关于进一步规范地方政府举债融资行为的通知》对政府出资各类投资基金过程中承诺回购社会资本方的投资本金,承担社会资本方的投资本金损失,向社会资本方承诺最低收益,以及其他对股权投资方式额外附加条款变相举债行为进行了规范。《关于坚决制止地方以政府购买服务名义违法违规融资的通知》又给出了详细的负面清单，旨在矫正地方扩大政府购买服务范围、超越管理权限延长购买服务期限等问题，防止利用或虚构政府购买服务合同为建设工程变相举债。这些严格的治理举措能否产生持续的规范性效果，有待进一步检视。

法外担保与代偿责任

按照《中华人民共和国担保法》及其司法解释规定，除外国政府和国际经济组织贷款外，地方政府及其部门出具的担保合同无效，地方政府及其部门对其不承担偿债责任。但地方政府违法违规举债担保行为始终存在。2017 年以来，财政部通报多起相关问题，并在牵头发布的《关于进一步规范地方政府举债融资行为的通知》中做了进一步规范；同时允许地方政府结合财力可能设立或参股担保公司（含各类融资担保基金公司），通过构建基于市场化运作的融资担保体系，旨在鼓励政府出资的担保公司依法依规提供融资担保服务，地方政府只是依法在出资范围内对担保公司承担责任。在此背景下，地方政府"撤函"的情况开始发生，包括承诺函以及类似的安慰函、兜底函及其他形式的担保函陆续被撤销。未来能否真正建立起"阳光化"和规范化的地方政府担保机制，能否真正向市场化方向转型关乎这部分地方政府或有债务的未来走向。

6.3 未来政府债务端走向的若干影响因素分析

把握政府债务尤其是地方政府债务的发展前景，需要深入考察地方政府的行为变化。这种行为可以在某种程度上理解为特定制度约束条件下地方政府的"理性"选择。那么在约束条件—政府行为—债务前景这条演化路径的源头，即约束条件方面正在发生或者说未来可能发生什么改变呢？这种变化的基本脉络及其对地方政府行为的影响路径在很大程度上决定了政府债务问题能否得到实质性的解决。

地方政府面临的政治激励条件发生根本性改变了吗？

长期以来，地方政府围绕辖区内经济发展的绩效特别是与经济增长密切相关的经济指标（如 GDP 增长率、财政收入水平、招商引资规模）而开展的竞争，是理解"建设型政府"的形成及其衍生的"基建型债务"扩张的重要视角。

考虑到地方政府层面存在的这一"增长优先—职能偏向—债务累积"的逻辑链条，若展望未来政府债务发展的情景，从政府职能配置的角度看，就要回答一个基本的问题：在中国经济从高速增长阶段转向高质量发展阶段后，伴随经济增长目标趋于淡化，围绕经济增长的地区间竞争机制是否也会相应弱化呢？

要回答这个问题，就要洞悉地方政府间竞争机制的内在机理。可以借助于"标尺竞争"（Yardstick Competition）基础上的 M 型理论来理解（Qian & Xu，1993；Maskin et al.，2000）。相关研究表明，中国具有典型的 M 形"块状"经济组织结构特征（Multidivisional Form），这与 U 形经济组织结构（Unitary Form）具有显著差异。由于不同地方之间的经济绩效具有较大程度的可比性，因此便于形成地方政府之间的标杆竞争（Benchmark Competition）。在此架构下，地方经济发展方面显性易于识别的标尺（政绩）成为中央政府衡量地方政府绩效的有效信息，中央政府可以通过利用从其他地区的政府那里得到的绩效信息来考评某个地区的地方政府作为，由此地方政府之间会形成相互模仿的横向竞赛。当然，这一机制发挥作用的重要前提是中央政府拥有足够的权力来任命或解除地方官员的职务，进而在绩效比较的基础上对地方官员的行为进行相应的奖励和惩罚（Blanchard & Shleifer，2000）。

上述理论表明，在特有的国情特征下，基于可测性指标的区域间比较竞争机制不仅是可行的，也是必要的，是高度内嵌于中国中央政府和地方政府的委托代理关系之中的。由于上下级政府之间存在信息不对称，中央政府作为委托人需要借助可度量的指标并参照某种基准来观察作为辖区内代理人的地方政府的努力程度。只要地方政府所面临的自上而下的评价机制依然发挥关键性的作用，地方政府之间的块状竞争形态仍是一种有效的实现激励相容的机制。

既然这种竞争机制在一定时期内可能无法改变，那么竞争的"标的物"是否可能发生阶段性调整，也就是从单纯促进经济增长转向着力促进公共服务提供质量的改善，从主要关注经济基础设施（Economic Infrastructure）转到更多关注社会基础设施（Social Infrastructure）呢？短期内恐怕也非易事。且不说这将要求地方政府的目标函数发生实质性转变，即从追求上级政府支持最大化转向追求辖区内居民支持最大化，单单就是多元目标下委托代理困境的存在，就预示着这种调整将面临不小的挑战。

在矫正现行体制对地方政府片面追求经济增长的激励方面，通常的策略是引入多元化的政绩考核体系。但应强调的是，此时地方政府将面临的任务是多重的，其中至少包括经济建设职能和公共服务职能。Holmstrom 和 Milgrom（1991）对多任务委托—代理关系进行了专门研究。他们认为，当代理人受托从事多项任务时，不同任务在指标可测性和评定难易度上是存在差异的：某些任务具有强信号显示特征，而有些任务则具有弱信号显示特征。代理人在其中任何一项任务上的努力程度往往取决于此项任务相较于其他任务的指标可测性，越是易于测定评价，越会投入更多的精力。依此理论，当地方政府同时面对发展经济和提供公共物品这两项任务而进行行为选择时，指标相对容易测度的考核任务（促进经济发展）仍有可能对指标难以测度的考核任务（改善公共物品提供的水平和质量）形成一定程度的挤出。

综上，在政府间竞争机制客观存在且竞争内容难有根本改变的情况下，从政治激励角度生成的债务风险仍是需要给予关注的。

私人资本参与 PPP 的盈利预期得到改善了吗？

PPP 模式自引入以来，一直面临着私人资本进入不足的问题。根据财政部统计，截至 2017 年 9 月末，572 个落地国家示范项目（含 316 个独家社会资本项目和 256 个联合体项目）中，签约社会资本共计 944 家，包括民营独资 175 家、民营控股 153 家、港澳台 25 家、外商 15 家、国有独资 300 家、国有控股 249 家，另外还有类型不易辨别的其他 27 家（见图 6-16）。加总民营独资和民营控股后的民营企业共计 328 家，占比 34.7%，环比降低 2.3 个百分点，同比降低 4.2 个百分点。若

"公私合作关系"继续演化为"公公合作关系"或者"以公为主合作关系"，则将背离鼓励社会资本尤其是民间资本进入基础设施和公共服务领域的本意，难以发挥其在解决公共投资建设资金不足、化解政府债务风险方面的关键作用。在这方面，要格外关注政府行为可能对私人投资的盈利前景产生的潜在影响，特别是政府未能履行合同而给私人企业带来的风险。

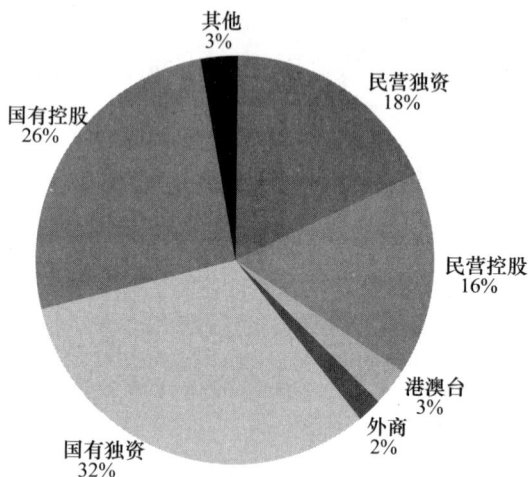

图6-16　PPP项目社会资本合作方的各种类型占比

资料来源：财政部。

"趋于衰减的议价实力"理论是分析这一风险的重要框架。该理论的代表性人物是雷·弗农（Vernon，1971；1974；1978；1980）。其提出的模型最初是用来分析发展中国家在吸引FDI过程中（特别是在自然资源部门）东道国政府与外国投资者之间不稳定的动态互动关系。根据该理论，考虑到初始投资时项目的商业风险和盈利前景的不确定性较高，外国投资者往往要求较高的风险溢价补偿。而为了吸引潜在投资者，东道国政府也通常愿意事前承诺给予投资者优惠的投资条件包括较高的投资回报。但当投资者真正进入形成大量沉没成本后，议价力量对比就发生了转向，政府往往以风险和不确定性有所降低为由拒绝履行最初的承诺、继续给予慷慨的支持，而是倾向于要求修改最初的投资协议条款，收紧投资条件。这就导致投资合同的重新谈判问题。

与自然资源部门中的外国直接投资者面临的困境相似，基础设施部门中的私人投资者也同样可能面对合意的投资契约重新谈判的问题。其背后的逻辑来自政商关系理论所采用的"结构脆弱性分析"（Structural Vulnerability Analysis）（Moran，1999）。该分析表明，某些投资项目所具有的独特结构性因素，使其更具脆弱性而容易受到来自政府方面要求进行重新谈判的压力，此时讨价还价实力占优的一方就从私人部门转向政府部门。这些典型特征涉及固定投资的规模、技术的稳定性、产品差异化程度和品牌营销推广的重要性等。具体来说：（1）固定资本占比较大尤其是资本沉淀性较高的企业，在政府作出不利的合同调整后，其宣布退出威胁的可信度较小，从而陷入某种"人质效应"（Hostage Effect）而被锁定；（2）使用相对成熟和稳定技术的企业，在谈判能力方面处于相对劣势（相较于采用快速变化技术的企业而言）；（3）提供品牌识别度和产品差异性较低的日用必需品的企业，受到政府再谈判威胁的可能性更大（相较于提供差别化产品、营销强度大的企业而言）。由于基础设施部门同时具备上述三个特征，即较高的固定成本尤其是包含大量具有专用性特征的沉淀成本、相对稳定的技术结构、品牌认同度较低（特别是在电力、水务和交通部门），该部门的投资者往往会遭遇"议价实力衰减"的动态过程，并受困于这种内在脆弱性的侵扰：进入之初面对的有利条件无法抵补后期受到的挤压，投资回报率的补偿不足。这种公共性风险的存在有可能抑制私人投资，带来投资不足的问题。

需要强调指出的是，在缺乏尊重私有产权、严格履行合同的传统时，政商博弈中的策略性行为和具有租金转移效应的合同重新谈判问题可能尤其明显。因此，未来在进一步推进 PPP 模式过程中，针对潜在的公共政策的时间非一致性风险，能否真正实现政府承诺的可信性成为矫正私人投资预期、便利资金进入，进而缓解公共投资压力的关键。当然，考虑到整个投资周期内风险条件可能发生改变的情况，也应灵活把握风险贴水和投资回报的动态变化，确保政府合理调整合同条款的权利，避免激励不足和道德风险问题的产生。

严监管下金融机构还偏好政府项目吗？

自 2016 年下半年特别是进入 2017 年以来，在金融领域去杠杆、防范化解金融风险的政策导向下，金融机构的资金融出行为受到严格监管，由此对地方政府债务约束形成了从资金供给和需求双侧发力的局面。这方面有两大政策的影响尤其显著。

2018 年 3 月，财政部出台《关于规范金融企业对地方政府和国有企业投融资行为有关问题的通知》（财金〔2018〕23 号），再次重申除购买地方政府债券外，直接或通过地方国有企事业单位等间接渠道为地方政府及其部门提供任何形式的融资均受到严格限制。文件针对金融企业尤其是国有金融企业参与地方政府违法违规和变相举债的一些重点风险领域，例如，与地方政府合作设立实为债务融资平台的投资基金，发行资产管理产品筹资与地方建设项目债务对接，通过与地方政府及其部门签署一揽子协议等方式"捆绑"地方政府信用，在为地方国有企业提供债券发行中介服务时强调政府背景，参与"伪 PPP"项目投融资等，均提出了规范要求。由此显著收紧了地方政府的违规融资通道。

2018 年 4 月，中国人民银行等四部门联合发布《关于规范金融机构资产管理业务的指导意见》（银发〔2018〕106 号），对资金池模式、多层嵌套、通道服务、非标业务等重点领域进行了严格管控，地方融资平台用于规避投资范围限制的影子银行渠道受到进一步冲击。

相关融资渠道的萎缩，特别是社会融资规模总量中以信托贷款和委托贷款为代表的非标融资增速的较快下降（见图 6 - 17），在较大程度上限制了以政府为主导的基建类项目的资金来源。2017 年以来持续放缓的基础设施投资增速自进入 2018 年后加速下滑，固定资产投资的增速也相应受到较大影响（见图 6 - 18），已经接近历史低位（出现于亚洲金融危机冲击期间）。在外需环境存在不确定性、净出口对经济拉动的作用下降，消费也面临一定下行压力的情况下，固定资产投资增速放缓或将导致经济增速继续回落。在这种形势下，能否顶住压力继续保持对地方政府融资的强力约束，有待持续观察。

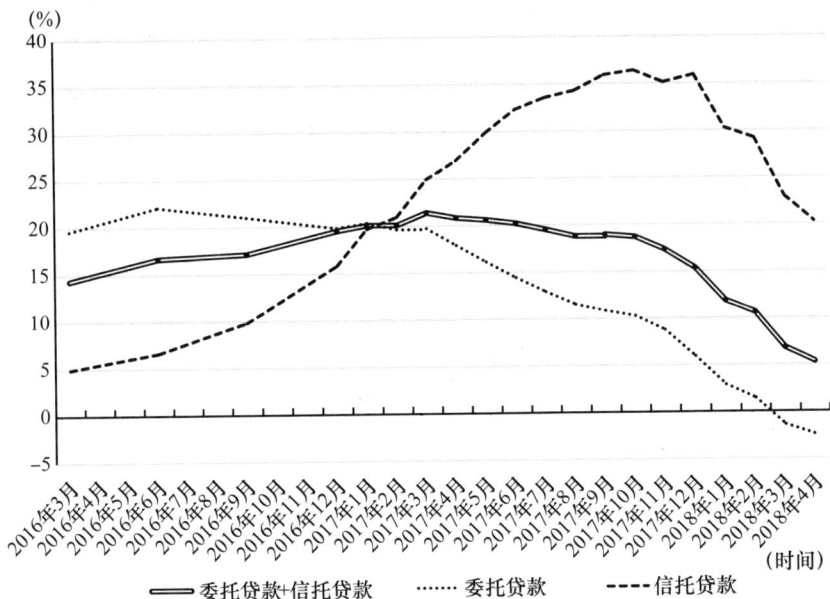

图 6 - 17 信托贷款和委托贷款增速的变化

资料来源：中国人民银行

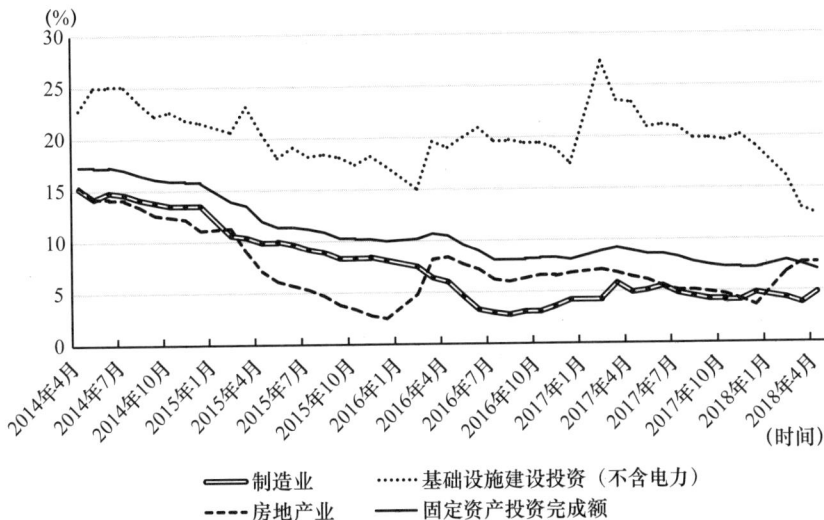

图 6 - 18 分类型固定资产投资完成额增速的变化

资料来源：国家统计局。

　　在化解金融风险的过程中，银行业资产和负债从"出表"到"回表"意味着某种程度的金融抑制的复归。鉴于此种情况，我们特别关注的是，金融机构的风险厌恶程度如何变化？有各种增信支持的政府项目会不会仍然受到偏好？

　　一直以来，包括国有企业在内的广义政府部门都是金融机构优质的客户资源。一方面是由于国有企业的抵押物相对充足。由于资产重型化程度较高，包括固定资产和存货在内的有效抵押物资产规模可观，显著缓解了信贷市场不完美和金融摩擦问题，相应提高了企业通过外部债权渠道融资的能力。另一方面也是由于政府隐性担保和信用背书的存在，导致金融机构预期发生损失的概率较低，进而缩小了其资产业务的风险敞口。对信用资质优良的国有企业而言，无论是表内还是表外、传统银行还是影子银行、直接融资还是间接融资，各种渠道都是比较畅通的，即便在金融去杠杆的背景下，受到的边际影响也是最小的。因此，即使到期债务规模大，依然可以通过可持续的借新还旧，实现债务滚动续发。

　　相对而言，民营企业本身处于融资弱势，由于企业与银行部门这类金融中介之间固有的信息不对称，加之抵押、担保方面的问题，导致其资金融通过程中的风险性较高。在金融强监管的环境下，受到挤压泡沫、打击金融空转和同业套利运作的影响，金融机构对信用风险的承受力显著弱化，民营企业面临的融资条件进一步恶化。

　　从量上看，在信贷市场上，随着银行抽贷、停止授信等情况的出现，小微企业贷款增速显著放缓，大中企业贷款增速尽管也面临一定下行压力但放缓的程度相对较轻，导致两类企业贷款增速的缺口趋于收窄（见图 6-19）。而在公司信用债市场上，民营企业的发行量占比在下降，同时发行取消以及延迟情况的占比却在增加。

　　从价上看，中国人民银行发布的 2018 年第 1 季度货币政策报告显示，银行贷款利率中枢持续上升。3 月，非金融企业及其他部门贷款加权平均利率为 5.96%，比 2017 年 12 月上升 0.22 个百分点。贷款结构分解表明，执行上浮利率的贷款占比明显增加，而执行基准、下浮利率的贷款占比则趋于下降。3 月，一般贷款中执行上浮利率的贷款占比为

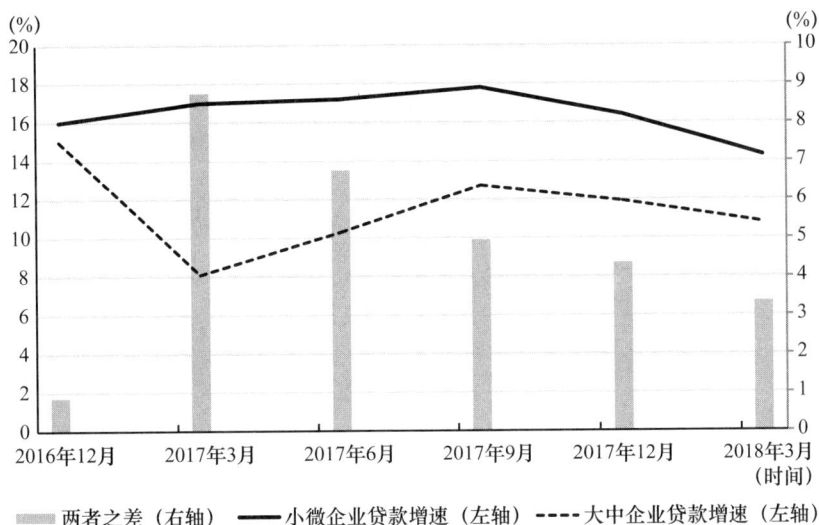

图 6-19 大中企业和小微企业贷款增速的变化与两者缺口的变动

资料来源：中国人民银行，国家资产负债表研究中心（CNBS）。

74.35%，比 2017 年 12 月上升 9.94 个百分点；执行基准利率的贷款占比为 16.04%，比 2017 年 12 月下降 5.27 个百分点；执行下浮利率的贷款占比为 9.61%，比 2017 年 12 月下降 4.67 个百分点（见图 6-20）。由于适用最低利率的客户范围很小，主要是大型国企，因此融资成本的上述变化无疑将对民营企业带来较大影响。而在债券市场上，伴随信用收紧，在以国有企业为代表的高等级主体的信用利差变化相对不大的同时，以民营企业为代表的低等级主体的信用利差也明显上升，表明民营企业要比国有企业支付更高的溢价才能获得融资。这种风险溢价完全相反的走势可能造成去杠杆的主体错位，不利于结构性去杠杆（稳定并逐步降低地方政府和企业特别是国有企业的杠杆率）的推进。

总之，在强监管的金融生态下，长期存在的二元融资结构是否有进一步固化的趋势，是观察金融条件变化对地方政府行为以及债务发展趋势影响的重要维度。这也在相当程度上决定了金融功能财政化的倾向能否得到根治性的治理。

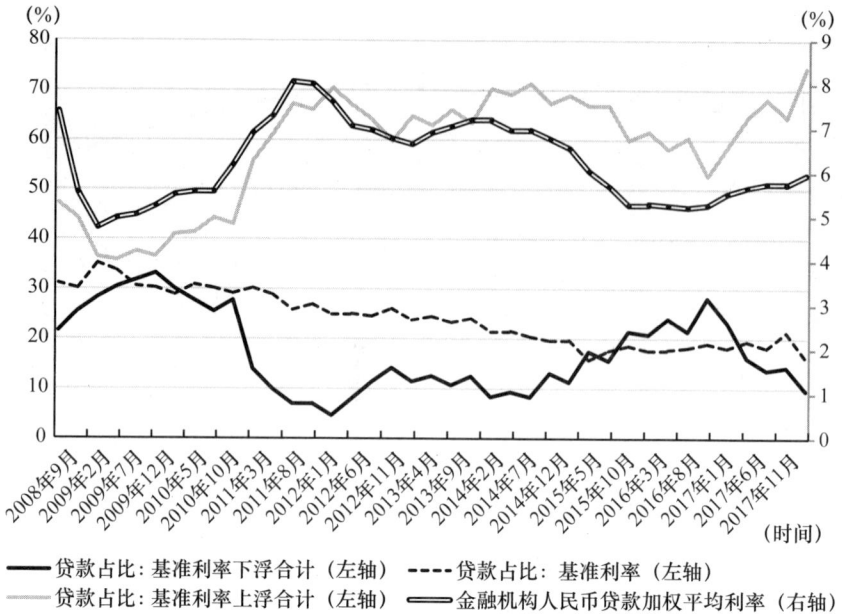

图 6 – 20 贷款利率水平及浮动情况的变化

资料来源：中国人民银行。

政府债券市场的现有架构对地方政府融资形成了足够的市场化约束吗?

改革开放以来，中国城市基础设施建设的资金筹集方式，从早期的财政拨款逐步发展到通过银行贷款的融资模式，市场化程度经历了一个渐进提高的过程。近年来，在土地财政与平台负债结合基础上的银政合作模式面临深度调整的情况下，扩大利用地方政府债券这种更加市场化的方式逐渐提上日程。

自 2009 年允许试点发行地方政府债券特别是 2015 年正式实施"自发自还"并将其作为地方政府新增债务唯一合法形式后，该市场快速发展。截至 2017 年年底，地方政府债券余额升至 14.74 万亿元，占全部地方政府债务余额的近 90%；在整个债券市场托管总量中的占比也达到近 1/5，成为中国债券市场中重要的债券种类（见图 6 – 21）。

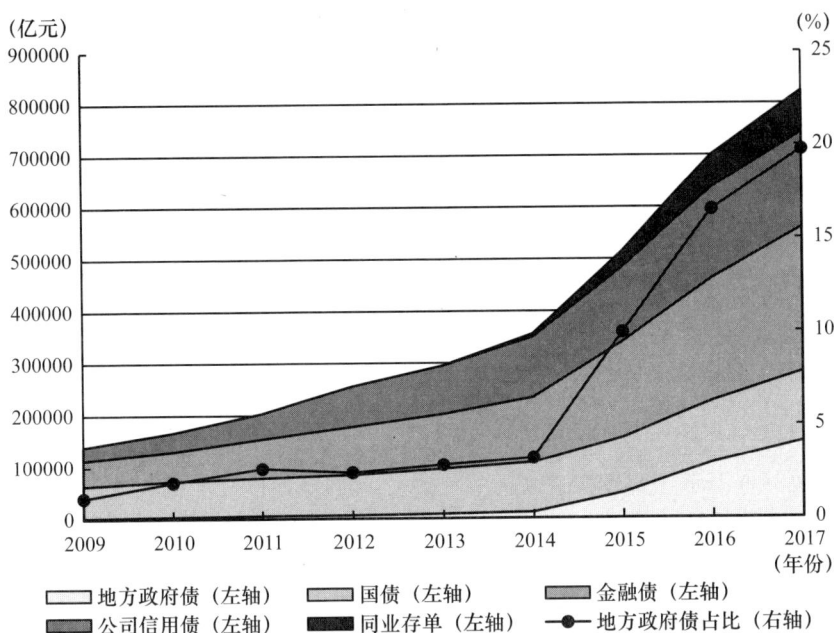

图6-21 债券市场中主要券种规模及地方政府债券占比的变化

注：因数据来源上的差异，依存量数据计算的比例与图中的比例数据略有出入。

资料来源：中国人民银行，Wind。

在促进地方政府债券市场发展的过程中，自2017年以来重点推出了项目收益与融资自求平衡的地方政府专项债券，同步建立专项债券与项目资产、收益相对应的制度，旨在打造中国版的地方政府"市政项目收益债"。根据安排，优先选择土地储备、政府收费公路两个领域开展试点，并允许地方自行选择其他重点项目（能够产生持续稳定、反映为政府性基金收入或专项收入的现金流，且现金流应当能够覆盖专项债券还本付息）试点分类发行专项债券。2017年，全国共28个省级政府（含计划单列市）累计发行土地储备专项债券2406.98亿元（占专项债发行规模的12.06%），以项目对应并纳入政府性基金预算管理的国有土地使用权出让收入或国有土地收益基金收入偿还；12个省级政府累计发行收费公路专项债券440.04亿元（占专项债发行规模的2.2%），以项目对应并纳入政府性基金预算管理的车辆通行费收入、专项收入作为偿债资金来源。此外，深圳市在深交所发行轨道交通专项债券 20 亿元，以项目对应的运营收入、物业开发收入、沿线土地出让收益偿还本息。按照财政部 2018 年年初部署，下一阶段还将丰富债券品种，在重大区域发展以及乡村振兴、生态环保、保障性住房、公立医院、公立高校、交通、水利、市政基础设施等领域选择符合条件的项目，进一步扩大项目收益专项债券试点范围。例如，财政部于 4 月发文推出棚户区改造专项债券，以项目对应并纳入政府性基金预算管理的国有土地使用权出让收入、专项收入（包括属于政府的棚改项目配套商业设施销售、租赁收入以及其他收入）偿还。2015 年前 3 季度，26 个省（市、区）累计发行棚户区改造专项债 2968.08 亿元。

目前来看，中央对新增专项债务实行严格的限额管理，限额规模与各地资金需求还有较大差距。鉴于新增专项债券投资项目具有相对稳定的收益现金流，形成的专项收入和政府性基金在覆盖债券本息的能力方面较强，可继续扩大新增专项债务限额规模，并在分配时更多地考虑各地建设需求，进一步打开规范举债融资的"前门"，尽可能弱化地方隐性负债的动机。更重要的是，通过加大资本市场上的公开融资行为，也有助于强化市场化的风险约束机制。当然，要真正达到这一目的，还需在价格形成与收益率波动、投资者约束、信用评级、信息披露、违约惩戒等方面进一步完善相应的制度基础。

第一，在定价机制方面，目前距离真正的市场化尚有不小的距离。尽管从发展趋势上看，地方债与国债的利差是在扩大；而且不同地方政府信用资质上的差异已经在价格上有所体现，区域信用利差与发行主体的经济实力、综合财力以及债务负担水平之间也逐渐呈现出一定的相关性。但总体而言，区域间的票面利率和发行利差的分化仍不显著，债券定价对于相应风险的揭示能力依然有限（见图 6-22），尤其是在定向债券和专项债券方面，发行利率市场化程度有待进一步提升。以 2017 年广东省 20 个地级市发行的土地储备专项债券为例，各项目对应地块预期出让收入对债券募集资金的保障倍数差异明显，最高的两只分别达到 50.84 和 41.5，另外还有 8 只介于 10—30，但这种差异却没有对发行利率产生明显影响，各只债券均为 3.8%，未现分化（中债资信，2017）。就现阶段而言，地方财政部门在地方政府债券发行中通过采用"指导投标""商定利率"等非市场化方式干预定价的情况仍然存在；

同时，商业银行认购地方政府债券的隐形利益（获得资金留存或政府存款）也在某种程度上成为干扰性因素。总之，如何进一步发挥市场在地方政府债券发行和交易中的决定性作用，依然困难重重。

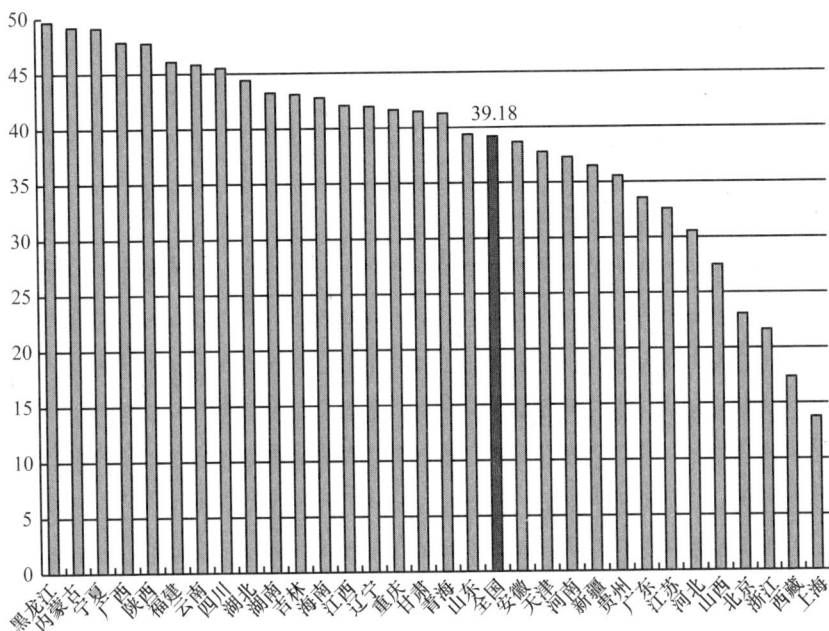

图6-22 2017年地方政府债券加权平均发行利差情况（BP）
资料来源：中债资信报告。

第二，在投资者约束机制方面，现阶段的主要问题是投资者结构相对单一，流动性也比较有限。从地方政府债券的投资机构看，仍然主要为商业银行，相对而言，个人投资者和非银行机构投资者等交易型投资者持有比例明显偏低（截至2017年年底，在中央结算公司登记托管的地方政府债共计14.74万亿元，其中，商业银行持有12.76万亿元，占到86.6%，其余持有者则包括特殊结算成员、信用社、基金、证券公司、境外机构、保险机构、非银行金融机构）。未来还需要进一步丰富投资者类型，除了商业银行外，积极吸引证券公司、保险公司等各类机构和个人参与地方政府债券投资；亦可探索在商业银行柜台销售地方政府债券，便利非金融机构和个人投资者购买，以推动投资主体多元化。

　　在改善二级市场流动性方面，已经采取了若干举措。例如，针对已上市交易的债券探索建立续发行机制，2017 年，云南、广东、四川、广西和河南共 5 个省份试点续发 9 只，合计 116.64 亿元的地方政府债，旨在增加单只债券发行和交易规模、提高债券流动性。再比如，扩大利用财政部上海和深圳证券交易所政府债券发行系统，以改变发行场所以银行间市场为主的局面。2017 年，共有 22 个发行主体在上海、深圳证券交易所发行约 1.03 万亿元地方政府债，远高于 2016 年 100 亿元的规模。由此拓宽债券发行融资渠道，促进流动性改善。此外，也试图推动各交易场所和市场服务机构不断完善地方政府债券现券交易、回购、质押安排，尤其是地方财政部门鼓励各类机构在回购交易中更多地接受地方政府债券作为质押品等手段来提高地方政府债流动性。尽管已有如上措施，但客观而言，短期内还难以明显改善流动性不足的问题，若无法形成足够的流动性溢价，将影响投资者对地方债的配置需求，进而牵制债券市场投资者约束机制的发挥。

　　第三，在信用评级方面，目前面临的主要矛盾是各地发债的信用区分度不充分，高度拥挤在 AAA 级别。究其原因，与信息披露不完全、发债主体信用区隔度不明显（都是信用水平相对较高的省级地方政府，并且还带有一定的国家信用成分）、付费模式不合理（由发行人即地方政府通过招投标的方式来选择评级机构，在地位不对等的情况下容易产生恶性竞争）均密切相关。近期财政部门在区分地方政府债券的不同类型特点的基础上，有针对性地提出信息披露要求①。未来除了继续完善地方政府债券信息披露机制外，尝试投资者"埋单"、打破刚性兑付、提高违约发生率和探索发行主体下沉都是解决高等级信用密集度过大问题的关键。这也牵涉到下面的第四点分析内容。

　　第四，在惩戒机制方面，当前存在的突出问题是债券违约的发生概

---

　　① 对于一般债券，应当重点披露本地区生产总值、财政收支、债务风险等财政经济信息，以及债券规模、利率、期限、具体使用项目、偿债计划等债券信息；对于专项债券，应当重点披露本地区及使用债务资金相关地区的政府性基金预算收入、专项债务风险等财政经济信息，以及债券规模、利率、期限、具体使用项目、偿债计划等债券信息；对于土地储备、收费公路专项债券等项目收益专项债券，在专项债券信息披露的基础上，还应当充分披露对应项目详细情况、项目融资来源、项目预期收益情况、收益和融资平衡方案、潜在风险评估等信息。

率极低，不足以形成警示作用，同时也在无形间拉高了信用评价等级。从国际上看，一些国家引入了明确的地方政府破产标准和程序，不但允许债务违约，而且提高违约成本。违约者将面临强制性的财政和债务重组，不仅财政收支受到限制，同时公共部门雇员被迫裁撤，甚至还可能接受刑事处罚，以此抑制地方政府过度举债。未来我们在引入地方政府财政破产制度方面恐怕还有很长的路要走。

惩戒机制的作用不力还体现在债务主体不明晰、资金获取与偿债责任出现分离方面。2014 年《中华人民共和国预算法》对地方政府举债权的放开只限于省级层次（含计划单列市），省以下地方政府仍然无法直接进行融资，只能由省级政府在统借统还的基础上统筹使用发债资金。这就造成债券发行主体、资金使用主体和债务偿还主体一定程度的脱节，加剧了道德风险，弱化了偿债责任；而且由省级政府代为举债同样也在无形间拉升了信用层次，不利于增扩信用分布区间，相应带来评级过度集中的问题。而要进一步放松融资主体上的限制，推进省以下的市级（甚至县级）政府自主发债，真正做到自发自用自还，显然还面临一定的挑战。

中央政府不救助的承诺是可置信的威胁吗？

近年来为治理地方政府过度举债，"中央不救助"原则被反复提及，而且特别强调要坚决打消地方政府认为中央政府会"埋单"的"幻觉"，坚决打消金融机构认为地方政府不会破产也不敢破产、财政会兜底的"幻觉"。但要真正打破中央财政作为风险最终承担者（As a Last Resort）的传统，就涉及上、下级政府财政关系的厘清，尤其是地方政府软预算约束问题的解决，而这又以地方财政的相对独立性为前提。

"软预算约束"（Soft Budget Constraint）这一概念最早于 20 世纪 80 年代由匈牙利经济学家科尔奈（1979；1980）提出，当时探讨的主要是企业预算约束软化的问题，即在传统社会主义经济体制中，当国有企业陷入财务困境时，政府出于"父爱主义"（Paternalism）情结为防止企业破产而动用各种资源施以援手，这种援助预期导致企业的预算约束软化，支出行为无度。之后，斯卡福（Schaffer，1989）基于简单的博弈论模型论证了企业的软预算约束源于政府承诺的动态不一致,即无法向企业做出不给予事后救助的可置信承诺(A Creditable Commitment)。德瓦特里庞和马斯金(1995)又进一步从政治因素之外的经济因素分析出发,考察了承诺的时间不一致性与预算软约束之间的联系机制,即当信贷市场中存在着信息不对称,且已经发生大量沉没成本的情况下,贷款方事先做出的断贷威胁会不可信(对无效率的投资项目追加投资和再贷款是有利可图的),预计到这一点之后,借贷人将出现过度投资等扭曲性行为。

软预算约束概念后来被广泛用于其他问题的研究,其中就包括了财政分权理论兴起以来财政联邦制视角下央地关系衍生的地方政府预算软约束问题,这一分析同样是在博弈论的基础上引入了委托代理框架下的中央政府动态承诺不一致问题。其核心内容是,如果下级政府在面临财政困境的情况下,预期上级政府会采取救济措施(Bailout),其预算约束就是软化的,就会在逆向激励下突破原有预算过度支出和增加借债。这里的关键是为什么中央政府事前做出的不会援助的承诺不可置信?

相关跨期模型分析表明,软预算约束问题可看作是中央和地方政府之间围绕"违约—救助"展开的序贯博弈问题(Inman,2003)。在博弈的上半阶段,中央政府宣告不为地方政府的过度举债承担责任,地方政府相应做出其支出和借款决策。如果没有发生超额借贷,则博弈结束,否则进入下一阶段。在博弈的下半阶段,当地方政府出现偿债困难时,中央政府需要在遵守事前承诺(拒绝救助)和违背承诺(提供救助)之间进行选择。在这一期博弈上半阶段中地方政府所表现的财政行为取决于其对中央政府反应函数即信守承诺可能性作出的估计,而这又取决于上一期博弈中中央政府所采取的策略。在二者连续动态的反复博弈中,地方政府会依据过去的经验不断修正对中央政府援助概率的估计。如果中央政府未能建立起兑现承诺的历史声誉,将在某种程度上降低其拒绝援助的可信性。

在从多期博弈视角进行分析的同时,也有大量研究关注到了纵向财政制度安排对中央政府承诺可信度的影响。罗登(2005)强调政府间财政关系是影响地方政府对中央政府所属类型估计的重要因素。认为纵向财政缺口越大,地方政府提供辖区内公共物品所需要的资金越依赖于中央政府的转移支付，则地方政府向中央政府转嫁违约成本的可能性越大，地方政府对中央政府的援助预期越强烈。巴斯卡伦（2011）也强调了特定财政制度的影响，验证了相较于竞争性联邦制（Competitive Federations）来说，合作性联邦制（Cooperative Federations）会加剧地方政府的预算软约束和过度负债倾向。因为在该种制度环境中，对中央政府承担财政责任的期望更大，实施财政救助的预期也更强。事实上，财政均等化方案的大量存在就是在向地方政府传递某种信号，当深陷债务困境时，合作性联邦制的特点决定了其既有制度能力也有政治意愿进行兜底。弗里蒙尼（2011）同样强调了地方政府对纵向平衡措施的依赖与救助预期的高度相关性，指出地方政府的财政自主支配权越低，出现财政问题时自我调整的空间越小，中央政府的介入可能性越大。

国际经验表明，当不同层级政府间财政制度设计呈现如下特征时，中央政府拒绝实施救济的可信度就大大降低。（1）地方政府的税收自主度较低，缺少独立的税收立法权，无法自主地确定税种、税基和税率，自有收入数量有限，通常要在既定的框架内与中央政府共享同一税收来源。（2）中央政府与地方政府在事权与支出责任上的划分不够清晰，存在交叉重叠，并且地方政府在支出安排上的自由性和灵活性不足，需要满足某种刚性要求。（3）地方政府的支出资金大量来源于中央政府的转移支付，而与其自身的税收努力无关，规模可观的均等化转移支付相应带来公共池资源（Common Pool Resource）和纵向外部性（Vertical Externality）问题，使得地方政府提供公共物品所支付的成本与辖区内居民消费公共物品所获得的收益之间缺乏直接的关联（或者说不能充分实现成本的内部化），进而导致地方公共物品的供给数量高于社会最优水平[①]。

从中国的财政实践看，在较大程度上契合了这些特征。比如，就量化度较高的中央对地方税收返还和转移支付这一指标而言，不仅在规模上逐年增大，而且在增速上还逐渐恢复了缓慢上升的态势。相应地，地

[①] 这种事权和财权的配置模式有些类似弗里德曼在《自由选择》一书中提出的消费理论矩阵所描述的"花别人的钱、办别人的事"的情形，这在四种花钱行为模式的对比分析中会落入"既不讲节约，也不讲效果"的象限类型，相应导致"成本高、效率低"的结果。

方财政对转移支付的依赖程度近两年也结束了之前的跌势而有所回升，
2017 年，转移支付占地方公共财政收入和地方财政支出的比重仍然达
到42%和38%（见图6-23）。在一些欠发达省份，这一依存度更高。
有关中国地方层次上预算软约束的经验研究表明，由于西部地区更依赖
于中央政府预算转移资金，它们可能更缺乏有效使用预算资金的意愿，
易于产生"软约束"的财政预算激励。相关统计分析验证了这一推论，
即从预算软约束出现的频次看，西部省份最高，中部省份次之，东部省
份则相对较少（陈志勇、陈思霞，2014）。

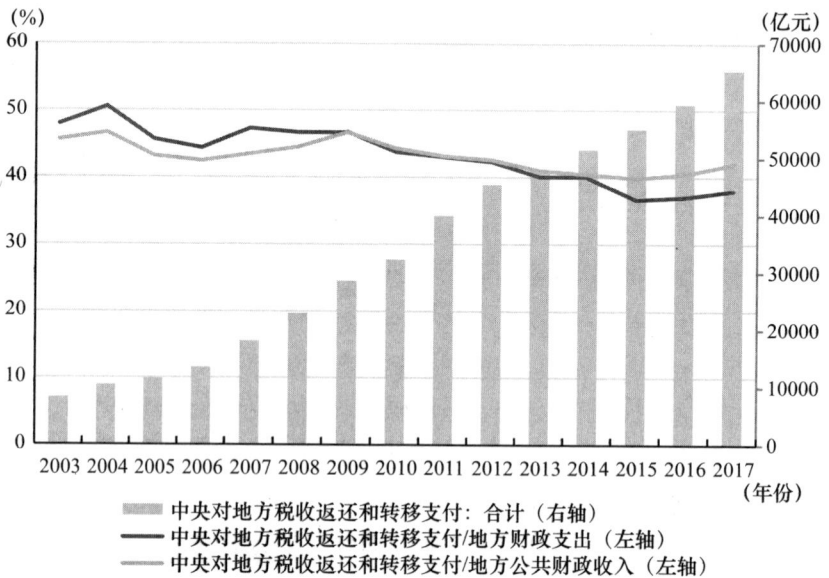

图6-23 转移支付的规模与地方财政对转移支付的依存度变化
资料来源：财政部，国家资产负债表研究中心（CNBS）。

回顾过去一段时间在平衡支出责任和收入权力方面的改革举措，基
本上是从支出端发力，从 2016 年出台《推进中央与地方财政事权和支
出责任划分改革指导意见》到 2018 年年初出台《基本公共服务领域中
央与地方共同财政事权和支出责任划分改革方案》，适当强化了中央政
府的支出责任。但收入端始终没有破题，中央与地方收入划分改革，地
方主体税种的构建，时间表和路线图依旧不甚明了。在两端改革力度不

一、地方对中央财政依赖度减幅有限、纵向财政失衡（Vertical Fiscal Imbalance）现象犹存的情况下，地方政府独立的信用基础就难以建立起来，"中央不救助"的威慑力就相对不足，相应的地方政府预算约束软化和举债冲动问题恐怕也会持续存在。

7

金融机构部门资产负债表

　　相比过去两版，本书的金融部门资产负债表有了非常重要的改进，主要体现在三方面。首先，加入了影子银行的资产负债。过去的编制中，我们只是简单加总了银行、保险和券商的资产负债表，没有包括基金、信托、银行表外理财等影子银行资产负债，而影子银行在近几年发展较快，加入这部分资产负债有利于我们更准确理解全社会总资产和负债的扩张，尤其是金融资产和负债扩张的原因。其次，将央行与金融机构这两个部门合并，统一都放在一章中进行估算。央行、商业银行和影子银行是金融部门的三大组成部分，我们将这三部分都在本章中一并估算。最后，重新划分了各项资产和负债科目。过去两次估算的金融部门资产负债表都是建立于企业资产负债表核算的基础上，并没有遵循SNA体系对各分项的划分标准。本次估算的重要工作是将企业资产负债表在SNA体系下转化为国家资产负债表，使得各部门资产负债表的加总得以实现。

　　金融部门的主要资产持有方式是金融资产，非金融资产只占到金融部门总资产中很小的比例。并且，金融部门所持有的金融资产占全社会全部金融资产的一半以上，只有将金融部门的金融资产估算清楚才能形成完整意义上的国家资产负债表。因此我们在本章中将重点介绍SNA体系下金融部门资产负债表的估算方法，并用估算的结果来厘清近年来货币供给、存款、贷款等主要分项资产走势的分化，剖析影子银行发展对金融体系结构的影响。

7.1　编制的基础

金融机构部门的分类

从大类上分，金融机构包括商业银行、非银行金融机构和中央银行。

商业银行以存贷款为主营业务，是货币创造和信用创造的主体。除商业银行外，银行部门还包括政策性银行：国家开发银行、进出口银行和农业发展银行。信用社的职能与银行类似，信用社存款也纳入到广义货币的统计中，因此也应将信用社资产负债纳入。

非银行金融机构的种类繁多。凡从事金融业务的商业机构且并不划分为银行的，都属于非银行金融机构。主要包括信托公司、证券公司、保险公司、基金公司，以及小额贷款公司、P2P 平台、金融租赁公司、保理公司等。

中央银行是特殊的金融机构，存在的主要目的是货币政策调控和金融监管。中央银行是银行的银行，其资产负债表的变化对于全部金融业资产负债表的变动具有放大效应，即"货币乘数"。央行资产负债表的规模相对全部金融机构来说占比较小，但它包括了国际储备资产、准备金和央行贷款等重要的金融资产负债，因此也应将中央银行资产负债表并入金融部门。

商业银行部门资产负债表

中国人民银行定义有"存款性公司"和"其他存款性公司"的概念。其中的"存款性公司"是指从事金融中介业务和发行广义货币的金融性公司和准公司。而"其他存款性公司"是指除去央行之外的存款性公司。因此，这里的"其他存款性公司"对应的就是银行部门，包括国有商业银行、股份制银行、城市商业银行和农村商业银行、城市信用社和农村信用社、外资银行、农业发展银行、国家开发银行、进出口银行和企业集团的财务公司等。中国人民银行按月度公布《其他存款性公司》资产负债表，我们将基于此表而编制并作以下两方面的调整。

第一，对于有两个及以上数据来源的数值，首选在资产负债表资产方所公布的数值。例如，商业银行在中央银行的准备金存款同时反映在《其他存款性公司资产负债表》和《货币当局资产负债表》中，2016年两个数字分别为 24.0 万亿元和 23.4 万亿元。我们认为这种情况下资产方的记账一般更为客观，负债方的记账往往倾向于低估，因此全部采用资产方的数值，此处采纳 24.0 万亿元。银行间的资产和负债、银行与非银部门的资产和负债都采用这一原则。

第二，对于表中某些汇总的项目，我们根据其他数据来源进行细项的拆分。例如"其他存款性公司"的资产方有一项为"对非金融机构债权"，这一项应再具体划分为"对企业的贷款""对政府的贷款"和"持有企业债券"。根据《信贷收支表》获得对企业贷款的数据以及《金融流量表》推算出"对政府的贷款"规模，可估算出"持有企业债券"规模。"对其他存款性金融机构债权""对非金融机构及住户负债"等项都采用类似的拆分方法。

非银行金融机构部门资产负债表

金融部门除银行外还包括信托投资公司、证券公司、保险公司、公募基金、私募基金、小额贷款公司、P2P 平台、保理公司、财富管理公司、财务公司、金融租赁公司等。本书对非银行金融机构部门的资产负债表只估算其主要部分，对于金融租赁、保理、财富管理等规模较小的部分暂时忽略。

非银行金融业不同行业的资产负债表结构并不完全一致。有些行业的管理资产规模是合并至公司整体的资产负债表之中的，如证券公司、保险公司，其所发行的大部分金融产品包含在公司自身的资产负债表之中。而另外一些金融机构，如基金公司，其公司自身的资产负债表很小，所有基金产品都是以单独金融工具的形式出现，这些金融工具有其独立的资产负债表。因此我们在核算非银行金融业资产负债表时，不应以这些金融机构的资产负债表为基础，而是应该以各类金融工具为起点，将主要金融工具的资产负债表改造为非银行金融业整体的资产负债表。这种划分方式使其方便并入国家资产负债表体系，并与其他部门的资产负债相关联。

按金融工具来划分，本章所统计非银行金融业的金融工具包括银行理财、信托、证券公司资管、保险公司资管、公募基金、公募基金专户、公募基金子公司专户、社保基金、小额贷款、P2P 等。这些金融工具的总资产对应着非银行金融部门的资金来源，记在负债方。资产方项目则对应着这些金融工具的资金运用，包括在央行的存款、在商业银行的存款、国债、企业债、银行债、对银行的资金拆借、信托贷款、对非银金融部门的同业债权、股票投资和其他股权投资等。在金融机构的创新中，存在大量金融部门内部的资产负债关系。以影子银行中典型的银证信合作为例，资金会经历银行理财产品、券商资管产品、信托产品几个渠道最终才能流入待融资企业，如图 7 - 1 所示。

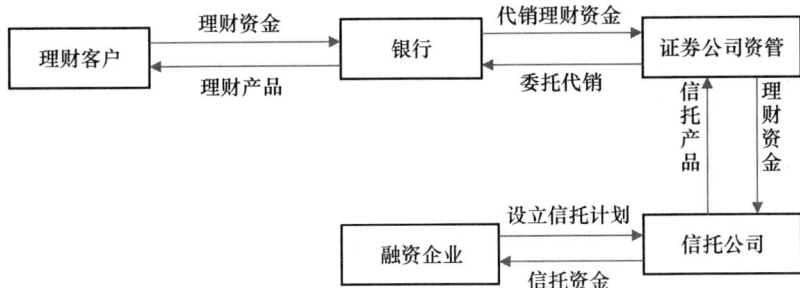

图 7 - 1 银证信合作模式下的企业融资流程
资料来源：国家资产负债表研究中心（CNBS）。

这种多层嵌套模式使得金融资产规模成倍上升。在传统的银行中介模式中，这笔资金直接从存款转化为贷款，金融部门资产负债表中只增加一笔贷款资产和相应的存款负债。但当转型为这种"发起—分销"（Originate-and-distribute）模式后，银行的资产负债表增加了一笔券商集合资管产品的资产和相应的理财资金负债，证券公司增加了一笔信托产品资产和相应对银行理财产品的负债，信托公司增加了一笔企业信托计划资产和相应对券商资管产品的负债。金融机构加总的资产和负债增加了企业融资规模的 3 倍，但其本质与传统的存款和贷款是没有区别的。这个例子同时也说明非银行金融机构部门的总负债（资金来源）中，有相当一部分比例来自部门内部。信托产品资金来自券商资管，券商资管资金来自银行理财。因此我们需要估计全部资金运用（总资产）中，有多少投向了非银行金融机构，即非银行金融机构间的同业资产。根据每种金融产品资金来源与资金运用相平衡的原则，我们将估算出居民、非金融企业对全部非银行金融机构产品的投资总量，那么剩余部分可认为是被金融机构自身所持有。

中央银行部门资产负债表

中央银行也称货币当局，是银行的银行。中央银行通过调节其资产负债表即可调节全社会的货币数量、信用数量、货币价格和信用价格。虽然央行资产负债表的总规模和整个金融部门相比微不足道，但其货币创造和信用创造对于金融体系甚至宏观经济都能产生重大影响，其资产负债表也具有更重要的意义。中国人民银行每月公布《货币当局资产负债表》，本章对央行资产负债表的编制也以此表为基础。其资产项目主要包括国外资产、央行贷款、持有国债和其他资产，负债项目包括国外负债、发行现金、央行存款、央票、实收资本和其他负债。

货币当局资产负债表中的国外资产包括外汇、货币黄金和其他国外资产三部分，主要是外汇。中国在过去很长一段时间都采用强制结售汇制度，中国加入 WTO 之后经常账户与资本账户的双顺差，在央行资产负债表中积累了大量的外汇储备，这些外汇储备被记在国际储备项下。2016 年资产余额为 23.0 万亿元，占央行全部资产的 67%。对外负债是指由于货币互换协议等，国外央行在中国人民银行的存款。这一项目自 2002 年开始出现，2016 年余额仅为 3195 亿元。国外资产与国外负债的差值对应着金融部门资产负债表中的"国际储备资产"。此外国际投资头寸表中也有储备资产的对应项，2016 年余额为 3.1 万亿美元。央行资产负债表和 IIP 表中的数据稍有差别，我们统一采用货币当局资产负债表中的数据。

7.2　编制的说明

本节根据国家资产负债表中各类资产负债划分，对每一项资产负债的具体含义和估算方法，做出具体说明。

金融资产与负债

金融机构部门的金融资产包括通货、存款、贷款、金融机构往来、债券、股票与股权、证券投资基金份额，准备金、央行贷款和国际储备资产。金融机构部门的负债包括通货、存款、保险、金融机构往来、准备金、债券、央行贷款、证券投资基金份额、股票与股权和其他负债。

通货是中央银行的负债，包括流通中的现金（M0）和银行库存现金两个部分。通货被包括金融部门在内的所有部门共同持有。其中金融部门持有的通货也包括 M0 和库存现金两部分。由于通货并不会产生价值重估，我们通过对现金流量表加总的方法估算各部门通货资产和央行的通货负债。

存款主要是指各个部门在商业银行的存款，此外我们还加入了居民的公积金存款和银行的非保本理财。银行理财产品在近十年里经历了较大的发展，2016 年年底全部银行理财资金规模已达到 29 万亿元，接近居民在银行存款的一半。银行理财又可分为保本型的表内理财和浮动收益型的表外理财。对于有保本承诺的理财产品，监管部门将其视同为存款等价物，已经在商业银行资产负债表中有所体现，是银行存款的一部分。而对于浮动收益型的理财产品，从名义上来说其性质与存款并不类似，其本质更类似于契约型基金，需要投资者自担风险，不计入银行资产负债表，属于商业银行的表外业务。2016 年浮动收益型理财产品的规模达到 23 万亿元，占到全部理财产品的绝大部分比例，成为不可忽视的一类资产。虽然在名义上不属于存款，但从资金来源来看，这部分资金实际上是从传统的银行存款中分流出来，在持有者看来依然属于银行存款的替代品。从银行角度来看，过去也一直存在着资金池和刚性兑付的问题，与存款的处理方式极为类似。因此我们将这一部分也划入存款。金融部门持有的存款资产是指非银行金融机构在银行的存款，包含在 M2 中。由于非银机构存款中有很大一部分是居民的证券交易账户在银行的存款，因此具有较大的波动性。

金融机构往来是指金融机构内部通过银行同业以及银行与非银金融

机构之间非存款的形式所形成的债务关系，包括银行与银行间的同业资产负债以及银行对非银行金融机构的负债。这一项目属于金融部门内部的资产负债关系。我们估算的金融机构往来包括两部分：一部分是银行内部的资金拆借，数据来源于其他存款性公司资产负债表中的"对其他存款性公司负债"；另一部分是非银金融机构对银行的资金拆借，估算方法为银行的"对其他金融性公司负债"减去非银金融机构在银行的存款。

准备金是指银行和非银行金融机构根据法定准备金要求以及适当的超额备付金在央行的准备金存款，主要以银行的准备金为主。这也属于金融部门内部的资产负债关系。商业银行在中央银行的准备金存款数据来自其他存款性公司资产负债表中的"准备金存款"，非银行金融机构的准备金存款数据来自货币当局资产负债表中的"不计入储备货币的金融性公司存款"。

金融部门的债券负债包括银行发行的金融债券和央行为抑制外汇储备过快增长所发行的央票。商业银行的债券数据来自其他存款性公司资产负债表中的"债券发行"，央票数据来自货币当局资产负债表中的"债券发行"。金融部门持有的债券资产包括金融债、企业债和国债，由银行、非银金融机构和央行所持有。本章对这部分债券资产的估算采用倒推法：用全部债券规模减去居民、非金融企业、政府和国外部门所持有的部分后所剩下的余值来表示金融部门所持有的部分。2016 年年底，全社会债券规模为 61.7 万亿元，其中由金融部门发行的规模为 20.2 万亿元，金融部门持有的规模为 56.3 万亿元，绝大多数比例的债券都被金融部门所持有。

央行贷款是货币政策的重要调节工具，包括再贷款、逆回购、各种借贷便利等，主要以对商业银行的贷款为主。近几年来，由于外汇储备结束了高速增长时期，开始平稳，央行贷款再次成为重要的基础货币和流动性调节工具，出现了较高增速。数据来自货币当局资产负债表中的"对其他存款性公司债权""对其他金融性公司债权"和"对非金融公司债权"，2016 年年底三者分别为 8.5 万亿元，0.6 万亿元和 81 亿元，合计 9.1 万亿元。可见央行贷款主要为金融部门内部的资产负债关系。

证券投资基金是一种契约型金融工具，包括公募基金、私募基金、基金专户、券商资管产品、信托产品以及券商自营产品等。2016年年底全部金融机构负债方的证券投资基金份额包括信托资产20.2万亿元、证券公司资管产品17.2万亿元、基金专户产品16.9万亿元、保险资管产品13.4万亿元、私募基金7.9万亿元、非货币型公募基金4.9万亿元、货币型公募基金4.3万亿元、券商自营资产1.7万亿元，共计73.1万亿元，数额非常庞大。各类基金产品规模数据来自几大监管部门的年报。但由于前文所介绍的各类资管产品之间存在多重通道问题，这些产品存在相当大程度上的交叉持有，这也体现在金融部门所持有的证券投资基金占比较高上。与金融机构债券资产的估算方法相同，这里也采用倒推法，即全部证券投资基金规模减去被其他部门所持有的部分，剩余为金融部门持有。我们所估算出的金融部门2016年持有的证券投资基金达到53.5万亿元。也就是说仅有1/4左右的证券投资基金是被实体经济所持有的，其余部分都由金融体系内部的嵌套而产生。这些资产的结构较为复杂，既包括股票型基金在二级市场购买股票这类纯股权投资，也包括信托公司投向公司的信托受益权这类具有债权性质的投资，即影子银行形式对非金融企业所形成的投资。这类资产自2010年开始快速上升，也造成了大量非金融企业的隐性杠杆。随着2017年金融监管的加强，这类资产的快速增长趋势将得到抑制。

贷款是金融机构资产的主要成分，除银行贷款外还包括公积金贷款、信托贷款和委托贷款。2016年年底银行贷款达到107.8万亿元，委托贷款13.2万亿元，信托贷款6.3万亿元，公积金贷款4.1万亿元，再加上国外部门的贷款，共计135.3万亿元。银行贷款、委托贷款和信托贷款数据都来自于社会融资规模存量表，公积金贷款数据来自于住房和城乡建设部公布的公积金贷款余额，国外贷款数据来自于国际投资头寸表。

负债方的股票及股权负债是指金融机构的净资产，即所有者权益。金融机构的性质是资金中介，即汇集实体经济的剩余资金再投向实体经济，其总资产规模较大，远大于净资产规模。因此金融部门负债方的股票及股权占比相对较低。银行、保险和券商是金融机构部门最主要的组成部分，我们只核算这三者的净资产规模，数据来自各行业统计年鉴。2016 年银行的净资产为 17.4 万亿元，保险公司净资产 1.7 万亿元，证券公司净资产 1.6 万亿元，加总共计 20.8 万亿元。金融部门所持有的股票及股权资产是指非金融企业和金融部门净资产中由金融部门所持有的部分。这一部分的估算，与债券和证券投资基金方法相同，全部股票及股权规模减去其他部门持有后剩余的部分，被看作由金融部门所持有。2016 年金融机构持有股票及股权的资产规模达到 31.5 万亿元。

非金融资产

与实体经济部门相比，金融机构最明显的特征是资产负债规模相对较大。这主要是由于金融机构本身经营的就是金融资产与负债业务，金融资产与负债是金融机构对外提供的产品，自然会具有更大的规模。而金融机构中的实物资产相对于全部资产规模来说，占比微不足道。

我们根据上市公司中存续时间最长的几个银行、券商和保险的资产负债表结构，简要的计算了非金融资产与金融资产比例，并将这个比例应用于对金融部门非金融资产的估算。金融企业没有存货资产，其非金融资产只包括固定资产和其他非金融资产。2016 年年底非金融资产的估算规模为 2.9 万亿元，其中固定资产 1.3 万亿元，其他非金融资产 1.6 万亿元。

1952—1992 年金融机构部门资产负债表

中国在 1952 年正式清理了之前旧币和法钞并存的局面，全面采用以唯一的人民币为货币的金融体系，本书对金融部门资产负债表的编制自 1952 年开始。在 1993 年之前并未形成中央银行、商业银行和非银金融并存的现代金融制度，当时中国人民银行的主要功能是经理国库，同时也起到存贷款中介和货币调节的作用，但占比很小。1952—1992 年金融机构部门的内部结构比较简单，在现代金融体系中起重要作用的准备金、央行贷款、金融机构往来等项目并不存在，因此我们对于这段时期单独编制资产负债表。

这段时期金融部门的资产负债也主要以存贷款为主，资产方包括国外资产、持有国债、财政贷款、对企业的贷款和其他资产，负债方包括存款、发行现金、银行债、实收资本和其他负债。这部分资产和负债规模的主要数据来源是《金融机构人民币信贷收支表》，以下简要介绍具体的资产负债项目的数据估算。

金融部门的国外资产主要是黄金占款和外汇占款，这一部分在改革开放前占比极低，在某些年份甚至是负数，改革开放之后开始快速增长。数据来源于《金融机构人民币信贷收支表》中的"金银库存占款"和"外汇库存占款"。

企业贷款是金融部门资产方的主要项目，这一项目在40年的时间中也经历了较大的变化。最初的企业贷款由"工业生产企业贷款""商业企业贷款""城镇集体企业贷款"和"农业贷款构成"，1960年加入了"物资供销企业贷款"，1978年又加入了"个体工商业贷款"并重新调整了原有划分结构，1981年开始加入了"信托类贷款"。我们将这些项目全部统计进入企业贷款中。

存款又可划分为企业存款、政府存款和居民存款三项。居民存款是"城镇储蓄存款"和"农户储蓄存款"之和。非金融企业存款又包括"企业存款""基本建设存款"和"农村存款"，1981年加入了"信托及其他存款"。政府存款包括"财政存款"和"机关团体存款"。

现金是金融部门所发行的流通中的货币（M0）。数据来源于《信贷收支表》中"流通中货币"。银行债自1988年开始出现，数据来源于《信贷收支表》中的"金融债券"。实收资本是金融部门的所有者权益部分，数据来源于《信贷收支表》中的"信贷基金及自有资金"和"当年结益"。

金融部门的总资产和总负债直接采用了《信贷收支表》中的"资金运用总计"和"资金来源总计"。总额与已知各类资产负债规模之差，记为"其他资产"和"其他负债"。

1993—2016年金融机构部门资产负债表结果如表7-1和表7-2所示。1952—1992年金融机构部门资产负债表结果如表7-3所示。

表 7－1 金融机构部门各项资产（1993—2016 年）

单位：亿元

| 年份 | 非金融资产 | | 金融资产 | | | | | | | | | | 总资产 |
	固定资产	其他非金融资产	通货	存款	贷款	金融机构往来	债券	股票与股权	证券投资基金余额	准备金	中央银行贷款	国际储备资产	
1993	930	2518	538	564	31786	1269	1448	3598	356	5541	10614	1550	60712
1994	1499	3087	634	825	37161	2004	3004	3958	387	7468	11315	4451	75793
1995	2089	3677	855	1279	47010	2582	3990	4354	418	9673	12036	6670	94632
1996	2881	4469	833	1536	57631	3368	4766	4789	447	14355	15014	9562	119651
1997	3561	5149	1004	1126	72117	5138	6424	5268	472	16115	16601	13229	146205
1998	4001	6355	1061	1635	85872	6445	12706	7318	490	14745	16125	13560	170312
1999	4156	6510	1818	2702	94984	8125	16074	8050	498	15018	19309	14459	191703
2000	4476	6830	1489	5870	103697	8958	21169	8855	490	15532	22230	15583	215178
2001	4816	7170	1382	10488	115414	10933	24152	9740	459	17226	20055	19860	241694
2002	5175	7529	1512	10781	136055	15445	29778	10714	395	19301	19735	22820	279240
2003	5556	7910	1696	12546	164081	18154	38604	11786	637	23079	19445	30659	334154
2004	5960	8314	1992	12299	196161	20749	51204	12964	730	36063	19426	46398	412262
2005	6389	8742	2023	17326	217006	22963	78798	14261	1012	38542	25985	62698	495745
2006	6842	9196	2267	5214	251318	28667	106072	15687	1218	48400	28533	84846	588260
2007	7324	9678	2797	14149	297976	44043	137676	17255	4547	68228	20899	123878	748450
2008	7834	10188	3098	8808	350960	55802	155374	18981	10242	91822	20329	161811	895247

续表

项目/年份	非金融资产		金融资产										总资产
	固定资产	其他非金融资产	通货	存款	贷款	金融机构往来	债券	股票与股权	证券投资基金份额	准备金	中央银行贷款	国际储备资产	
2009	8374	10728	3510	15111	466113	71072	194269	20879	19476	102040	18736	184571	1114881
2010	8947	11301	4179	12905	555501	87098	206733	22967	30655	133659	20837	214700	1309482
2011	9555	11909	5415	42330	637150	94963	219415	56745	51708	168811	20917	235199	1554117
2012	10199	12553	6331	58182	754735	113454	248437	87388	92023	192495	26765	239953	1842513
2013	10881	13235	6782	69506	880901	115696	276256	114181	155737	206699	22080	270145	2142102
2014	11605	13959	7536	107385	1017867	116134	325546	154478	252808	228155	32846	276789	2545108
2015	12372	14726	7667	151011	1177964	136210	424345	268941	395776	215487	33355	252023	3089876
2016	13185	15539	8186	152016	1353153	150096	563288	314908	535318	246352	91144	226601	3669784

资料来源：国家资产负债表研究中心（CNBS）。

表 7 - 2　　金融机构部门资产负债表（1993—2016 年）

单位：亿元

项目/年份	通货	存款	保险准备金	金融机构往来	准备金	金融债券	央行贷款	证券投资基金份额	其他负债	股票与股权	总负债
1993	6402	27056	785	1269	5541	1273	10614	527	3435	3809	60712
1994	7884	39120	942	2004	7468	1738	11315	595	-392	5118	75793
1995	8575	52361	1130	2582	9673	2349	12036	673	-1172	6425	94632

续表

项目年份	通货	存款	保险准备金	金融机构往来	准备金	金融债券	央行贷款	证券投资基金份额	其他负债	股票与股权	总负债
1996	9435	67470	1356	3368	14355	2945	15014	762	-2457	7403	119651
1997	10981	81287	1628	5138	16115	3735	16601	862	1498	8360	146205
1998	12064	93833	1953	6445	14745	5378	16125	1083	10049	8636	170312
1999	15074	107111	2344	8125	15018	6401	19309	1679	7666	8978	191703
2000	15941	124156	3037	8958	15532	7437	22230	2096	6111	9681	215178
2001	16870	148020	4132	10933	17226	8454	20055	2234	3370	10400	241694
2002	18589	173573	5845	15445	19301	10896	19735	2809	1944	11103	279240
2003	21240	209519	8211	18154	23079	14600	19445	3944	2353	13609	334154
2004	23259	247450	10668	20749	36063	24699	19426	6059	7287	16600	412262
2005	25854	293906	13703	22963	38542	45307	25985	8229	144	21112	495745
2006	29139	328098	17758	28667	48400	57622	28533	13247	9148	27649	588260
2007	32931	384411	26104	44043	68228	72198	20899	43435	19327	36874	748450
2008	37116	450493	30077	55802	91822	85018	20329	37098	42409	45084	895247
2009	41556	587186	36571	71072	102040	106557	18736	57755	39751	53656	1114881
2010	48646	758959	45433	87098	133659	99379	20837	70422	-24373	69422	1309482
2011	55850	885184	54124	94963	168811	97734	20917	91662	0	84873	1554117
2012	60646	1028911	66191	113454	192495	105027	26765	147453	0	101571	1842513
2013	64981	1201018	76873	115696	206699	113973	22080	223050	0	117729	2142102

续表

项目 年份	通货	存款	保险准备金	金融机构往来	准备金	金融债券	央行贷款	证券投资基金份额	其他负债	股票与股权	总负债
2014	67151	1378542	93314	116134	228155	129683	33846	353690	0	145592	2545108
2015	69886	1613531	111795	136210	215487	166233	33355	560721	0	182658	3089876
2016	74884	1832665	133911	150096	246352	201636	91144	731151	0	207945	3669784

资料来源：国家资产负债表研究中心（CNBS）。

表7-3　金融机构部门资产负债表（1952—1992年）

单位：亿元

项目 年份	资产						负债							
	国外资产	国债	财政贷款	企业贷款	其他资产	总资产	企业存款	政府存款	居民存款	现金	银行债	实收资本	其他负债	总负债
1952	11			108		119	37	48	9	28		11	-13	119
1953	10			135		145	40	56	12	39		16	-18	145
1954	14			186		200	46	92	16	41		21	-16	200
1955	15			207		221	44	78	20	40		26	13	221
1956	8			239		248	55	56	27	57		38	15	248
1957	8			283		291	63	70	35	53		54	16	291
1958	8			498		506	114	135	55	68		97	37	506
1959	2			815		816	146	193	68	75		294	40	816

续表

项目 年份	资产						负债							
	国外资产	国债	财政贷款	企业贷款	其他资产	总资产	企业存款	政府存款	居民存款	现金	银行债	实收资本	其他负债	总负债
1960	-9			984		975	159	243	66	96		370	41	975
1961	-6			815		808	189	247	55	126		183	8	808
1962	-2			692		690	221	150	41	107		201	-30	690
1963	6			577		583	245	124	46	90		230	-152	583
1964	15			589		603	229	154	56	80		103	-19	603
1965	15			657		671	261	155	65	91		107	-8	671
1966	15			767		781	286	196	72	109		124	-6	781
1967	14			807		821	311	197	74	122		145	-29	821
1968	15			903		917	307	236	78	134		167	-5	917
1969	23			959		982	295	271	76	137		193	11	982
1970	13			1048		1061	305	318	80	124		220	15	1061
1971	14			1131		1144	330	350	90	136		152	86	1144
1972	17			1164		1181	350	327	105	151		139	109	1181
1973	15			1287		1302	415	333	121	166		183	83	1302
1974	22			1373		1396	477	290	136	177		223	93	1396
1975	22			1487		1509	535	298	150	183		258	86	1509
1976	25			1574		1599	570	264	159	204		303	98	1599

续表

项目 年份	资产						负债							
	国外资产	国债	财政贷款	企业贷款	其他资产	总资产	企业存款	政府存款	居民存款	现金	银行债	实收资本	其他负债	总负债
1977	36			1700		1736	576	323	182	195		360	100	1736
1978	27			1890	14	1931	597	347	211	212		489	74	1931
1979	33			2082	13	2128	748	334	281	268		533	-35	2128
1980	4		170	2478	32	2684	904	390	396	346		549	100	2684
1981	102		170	2853	32	3157	1105	469	523	396		548	116	3157
1982	230		170	3163	67	3630	1266	507	675	439		622	119	3630
1983	278		200	3567	97	4141	1389	602	893	530		668	60	4141
1984	276		261	4747	161	5444	1936	585	1215	792		698	219	5444
1985	105		275	6198	189	6767	2208	730	1623	987		946	273	6767
1986	50		370	8143	261	8824	2958	738	2238	1218		1040	631	8824
1987	144		516	9814	239	10713	3528	781	3083	1454		1124	743	10713
1988	170	122	577	11964	278	13111	4304	687	3819	2134	86	1806	275	13111
1989	277	136	685	14249	328	15673	4582	943	5184	2344	81	1881	658	15673
1990	611	206	801	17511	360	19490	5799	1024	7120	2645	108	1948	846	19490
1991	1240	338	1068	21116	318	24080	7470	1258	9245	3178	149	2238	543	24080
1992	1114	744	1241	25743	317	29159	10449	937	11757	4336	300	2368	-988	29159

资料来源：国家资产负债表研究中心（CNBS）。

7.3 资产负债表分析

资产负债表快速扩张

2016 年年底，中国金融部门总资产达到 367 万亿元，为 GDP 的 5 倍。这一比例自 20 世纪 90 年代以来始终处于上升趋势，自 2009 年开始以更快的步伐加速上升。金融部门总资产大致相当于全社会全部存款和资管产品规模之和，总资产与 GDP 的比例越大，意味着产生相同 GDP 所需要的金融资产越多，金融中介的成本相对越高。自本轮国际金融危机以来，美国的比值趋于平稳略有上升，德国的比值趋于下降。中国当前也已经上升到 500% 的水平，与美国接近，高出德国很多，如图 7-2 所示。

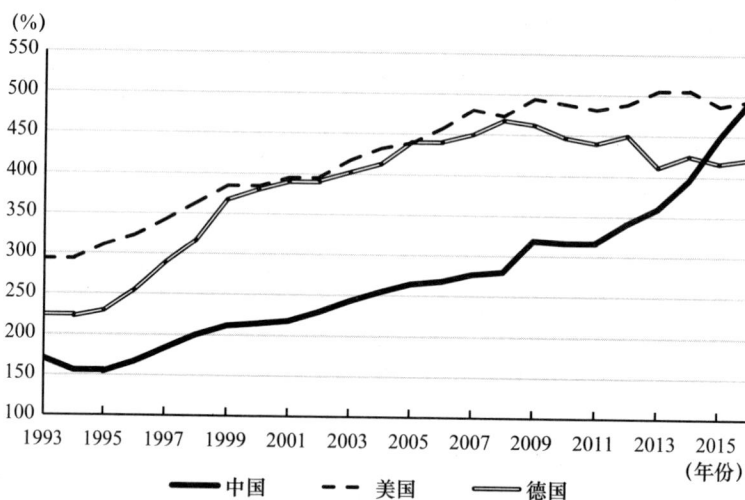

图 7-2　中美德三国金融部门总资产/GDP
资料来源：OECD，国家资产负债表研究中心（CNBS）。

金融资产占比上升与金融杠杆率上升的趋势是一致的。从金融部门资产方来看，除了以贷款和债券形式为实体经济提供的债务融资之外，其余主要都是各类金融部门内部债权债务关系。金融杠杆率正是这种金

融部门内部资产负债关系的反映，因此金融部门总资产占比上升是实体
经济杠杆率和金融部门杠杆率共同作用的结果。中国自 2009 年以来实
体经济杠杆率和金融部门杠杆率双双快速攀升，造成金融部门总资产以
更快的速度上升，金融部门总资产占 GDP 的比重自 2008 年年底的
280% 上升到 2016 年年底的 490%。中国在金融危机后启动了 4 万亿元
财政刺激计划，这既导致了杠杆率的攀升，也使得金融部门总资产快速
增长，且金融部门总资产的增速还要快于 M2 和贷款的增速，如图 7 - 3
所示。金融部门总资产的快速上升，既意味着实体经济流动性相对充
裕，也意味着金融体系内部的资产负债链条拉长，实体经济融资成本被
推高。同时，金融加杠杆的过程也推升了资产价格泡沫，破坏了金融系
统的稳定性。但金融资产的扩张趋势从 2017 年开始得到了控制，随着
金融去杠杆的推进，金融通道业务被严格限制，金融部门杠杆率也将有
望进一步下降。

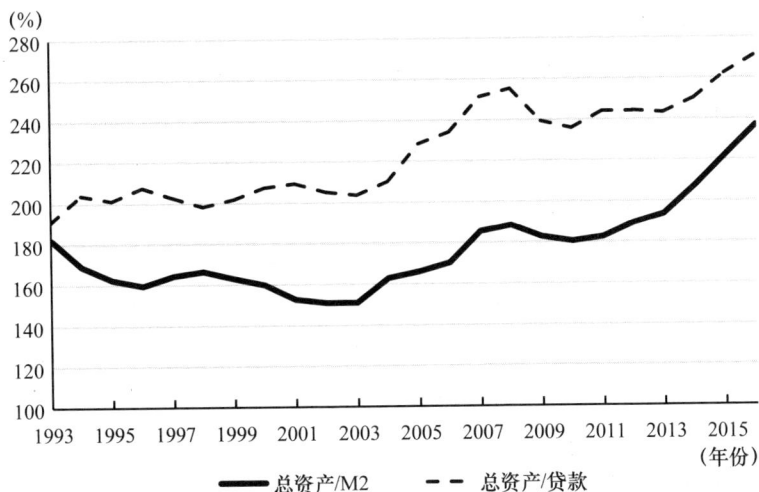

图 7 - 3　金融部门总资产与 M2 和贷款之比

资料来源：中国人民银行，国家资产负债表研究中心（CNBS）。

影子银行占比及其创造出的信用规模上升

　　影子银行是近年来中国金融体系变革的重要特征，对银行传统业务
的监管以及金融自由化发展促进了非银行金融体系的快速发展。商业银

行与影子银行都是金融市场的组成部分，二者都具有金融中介的本质特征，但也具有一些重要区别。第一，影子银行可以创造信用，但不创造货币。相比货币创造，信用创造是更为广义的概念，其包括银行通过贷款所进行的信用创造，也包括各类资管产品投向企业后所形成的各类投资基金和收益权等形成的信用创造。只有银行贷款和银行购买债券才能创造出新的货币，而影子银行所创造的信用并不与银行存款相对应，不会影响到货币总量。第二，由于并不具备货币创造职能，影子银行受货币政策和金融监管政策的约束相对较小。传统央行的数量控制政策主要盯住广义货币，而对全社会总信用的关注度较小。此外，由于影子银行并不需在央行保有存款准备金，且创新速度很快，金融监管政策对其影响也更小。第三，影子银行所造成的金融不稳定性更为严重。由于没有相应的存款准备金制度，且大量持有金融部门内部的资产，影子银行更易遭受流动性冲击的风险。在遭遇流动性风险时，影子银行如果无法顺利获得央行所提供的流动性资金，只能抛售短期资产，缩紧资产负债表，从而对整个金融部门带来系统性冲击。Krishnamurthy 等（2014）的研究指出，影子银行在遭受最初损失后，其偏向于抛售抵押资产短期的逆回购或资产抵押商业票据（ABCP），叠加对未来流动性环境的悲观预期，更容易引发金融体系内债务滚动续借的停止，造成金融体系的被动去杠杆，资产负债表收缩并最终影响到实体经济。

在影子银行发展的同时，商业银行与影子银行之间开展各类金融创新活动，导致资金在金融体系内部空转，金融杠杆率上升。金融中介的本意在于汇集资金，并投向经济效率更高的领域，达到资源优化配置。但由于监管政策不完善，金融机构为了规避监管，获取监管套利，通过业务创新让资金在金融体系内部循环空转。房地产、地方融资平台、高污染高耗能等被限制债务融资的企业转到从影子银行获取资金。然而这部分资金的初始来源依然是传统商业银行，只是增加了从商业银行到影子银行之间的各类通道。这导致了金融机构杠杆率的提高，如图 7 - 4 所示。

随着金融监管的强化，未来影子银行体系将出现两点显著变化。第一，影子银行内部的多重嵌套关系将有所下降，这会使影子银行总资产规模增速放缓，甚至出现资产规模绝对值的下降。第二，由影子银行体系所产生的信用创造比例也会下降。这是因为过去影子银行的发展虽然也符合金融创新趋势，但其中很大一部分来自监管套利，使得本质上仍是银行贷款的资金通过影子银行流入了实体经济。金融监管更为统一后，这部分套利空间将不复存在，相应的信用创造功能也应回流到传统银行。

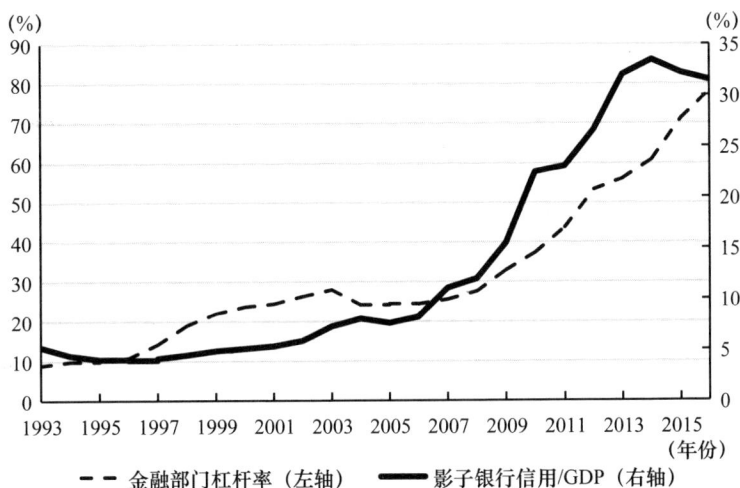

图 7-4　金融杠杆率与影子银行信贷

注：影子银行信用规模为信托贷款、委托贷款和未贴现银行承兑汇票之和。金融部门杠杆率来自 CNBS 的杠杆率估算。

资料来源：中国人民银行，国家资产负债表研究中心（CNBS）。

货币与金融资产的背离

货币的衡量一般划分为三个维度：流通中的货币（M0）、货币（M1）和广义货币（货币和准货币，M2）。这三个维度的货币数量都在金融部门的资产负债表中具有明确的对应项。流通中的货币（M0）的计算公式为：中央银行资产负债表中负债方的"货币发行" - 银行部门资产负债表中资产方的"库存现金"。央行的"货币发行"对应着全部现金，即钱包中确实能够看到摸到的货币现金，其中有一部分在银行的库存中，并未上市流通，剩余的部分即为流通中的现金 M0。货币（M1）的计算公式为：M0 + 银行部门资产负债表中负债方的"单位活期存款"。这里的单位包括非金融企业和政府部门，也就是说居民的存款并不计量为货币（M1）。广义货币（M2）为货币和准货币之和。准货币的计算公式为：银行部门资产负债表负债方的"单位定期存款"＋"个人存款"＋"非银行金融机构存款"。广义货币是最常用的计量标准，简单来说是流通中的现金和银行存款之和。还有部分存款是以"可转让存款"等其他形式存在的，这类存款并不计入广义货币，大约占全部存款的5%。

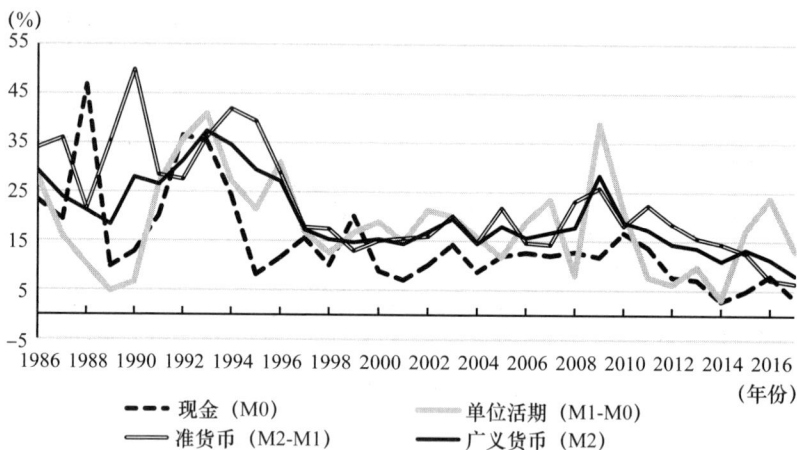

图7-5 广义货币中各分项年增速

资料来源：中国人民银行，国家资产负债表研究中心（CNBS）。

图7-5为广义货币各分项自1986年以来的增速，从中可以发现三点特征。第一，单位活期存款（M1-M0）的波动性最大。非金融企业和政府部门在活期存款与定期存款之间的选择更多依赖于其最近几个月的流动性需求以及活期和定期存款的利率差，这与货币政策和货币需求的关系不大，因此表现出更大的波动性。第二，流通中的现金（M0）增速自2012年以来大幅下降，近几年基本保持在5%左右。这反映出全社会对现金的需求的下降，互联网金融的发展将促进这一趋势继续延续。第三，广义货币（M2）以及准货币（M2-M1）自2009年以来也处于增速下降的趋势中。M2的增速在2010年以前几乎全部高于15%，2009年达到28%；随后开始下降，2017年增速已降至7%。对于M2

增速的下降可以从两个方面来理解。

　　首先，央行基础货币供应量增速下降是广义货币增速下降的主要原因。央行的基础货币可表示为通货与准备金，二者自 2012 年以来增速大幅下降，从之前 10 年 20% 左右下滑到 5% 左右。广义货币增速下降随基础货币下降的趋势较为一致，如图 7－6 所示。与此同时，基础货币增速的波动性远大于广义货币，在某些基础货币增速下降的年份中，如 2005 年、2009 年和 2015 年，广义货币增速不降反升。这说明中国的货币供给更趋向于内生性，货币乘数的波动性较大，商业银行和实体经济的货币需求对货币数量具有较大影响。

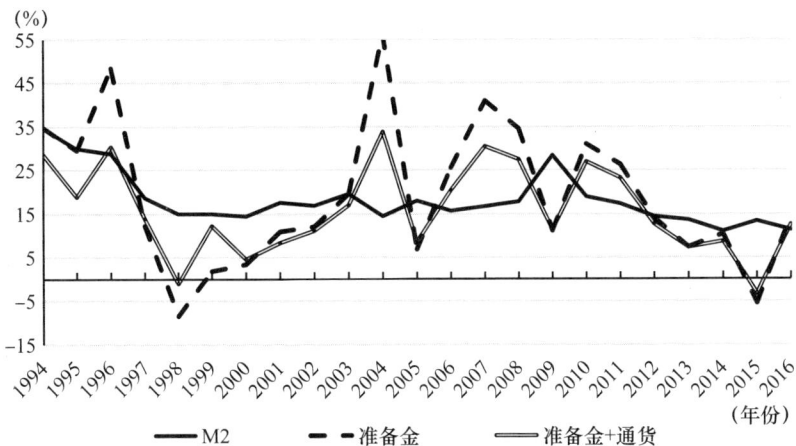

图 7－6　基础货币与广义货币增速

资料来源：中国人民银行，国家资产负债表研究中心（CNBS）。

　　另一方面，金融产品创新也促进了货币增速的下降。最初将广义货币定义为现金加存款的出发点是流动性。货币是金融资产的一部分，金融资产中除了流动性最高的货币外还包括股票、证券投资基金、保险等。随着互联网金融的发展，金融资产的流动性也在发生根本性的变化，如阿里支付宝和微信理财通等金融产品，并不属于银行存款，而是货币型基金，但具有很强的流动性和支付便捷性，在现实生活中很多人已将其视为银行存款的替代品。与之类似的是银行理财产品，保本型银行理财与存款极为相似，已经被核算为银行表内存款的一部分；而非保本型理财，从合同形式上与存款差距较大，但事实上由于隐性刚性兑付的存在，在投资者眼中与银行存款的功能也很类似。货币型基金与银行非保本理财在很多时候甚至好于公积金存款的流动性，而后者是被统计到广义货币之中的。因此，传统意义上的广义货币统计口径已越来越不适合于对真实流动性金融资产的统计，应从更广泛的意义上统计具有较高流动性的金融资产，以之作为对广义货币的替代。

我们在存款中加入非保本理财和货币型基金后，再与广义货币中的存款余额对比，如图7-7所示。自2010年之后，调整后存款的增速相对更为稳定，下降幅度小于M2中的存款。由此也可判断出2010年之后M2增速的下降还有一个重要原因在于金融资产储存方式的转移，从原先的银行存款转移为理财产品或货币型基金。

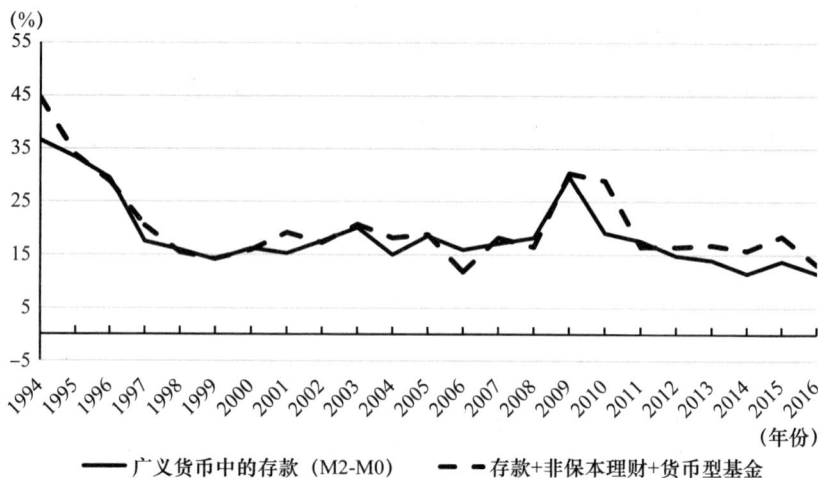

图7-7 调整后的存款与M2中的存款增速
资料来源：中国人民银行，国家资产负债表研究中心（CNBS）。

金融资产中除了银行存款外，还有大量其他形式的资产，如证券投资基金、股票及股权投资等。随着金融体系发展，这些资产与M2之间的界限也越来越模糊，同样起到了分流银行存款的作用，也将对M2增速的下行趋势有所贡献。

贷款与债务融资的背离

传统的债务融资方式以贷款为主，但随着各类金融工具的发展，债务融资形式也开始丰富起来。人民银行创造了社会融资规模的概念，指除政府外的非金融部门各类融资，除传统银行贷款外，还包括信托贷款、委托贷款、未贴现银行承兑汇票、企业债和股票融资①。除股票融资属于股权类融资外，其余融资方式都是对银行贷款债务融资的补充。2016 年银行对居民、非金融企业和政府部门提供的贷款余额为 106.6 万亿元，加入非银行提供的部分，总贷款为 133.2 万亿元。而包括贷款在内的全部债务融资规模达到 177.6 万亿元，超出银行贷款将近 70%。各类口径的债务融资规模及年增速如图 7－8 和图 7－9 所示。

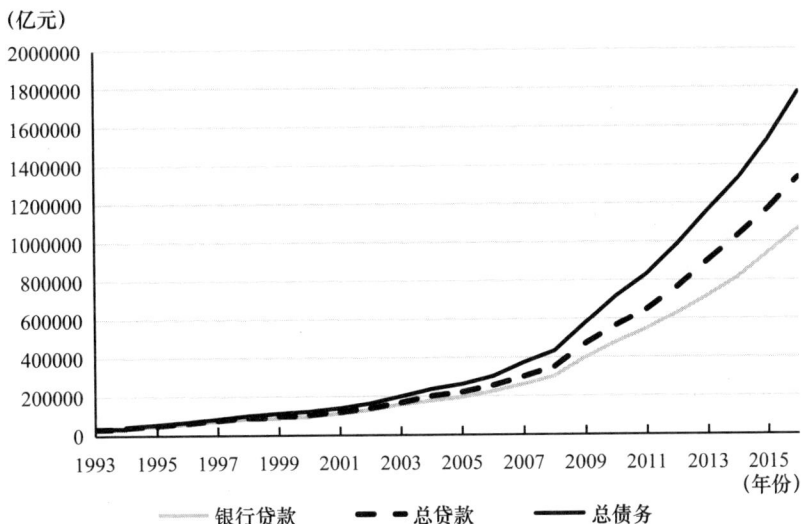

图 7－8 实体经济债务融资规模
资料来源：中国人民银行，国家资产负债表研究中心（CNBS）。

---

① 2018 年 7 月起，人民银行完善社会融资规模统计方法，将"存款类金融机构资产支持证券"和"贷款核销"纳入社会融资规模统计，在"其他融资"项下反映；2018 年 9 月起，人民银行又将"地方政府专项债券"纳入社会融资规模统计。

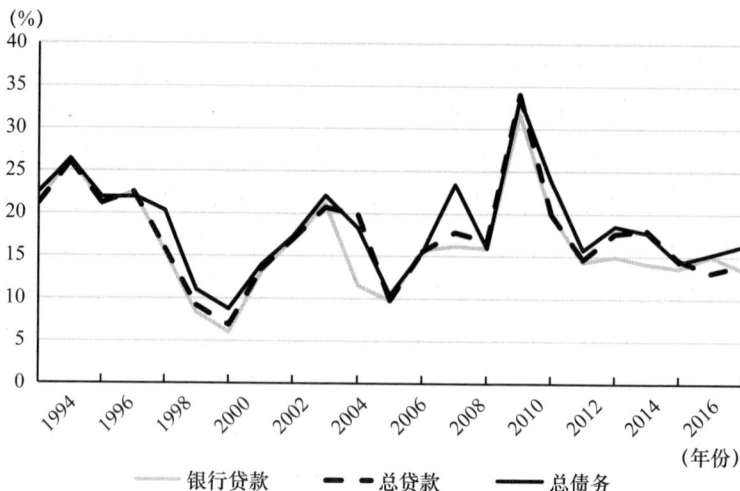

图 7 - 9 实体经济债务融资规模的增速
资料来源：中国人民银行，国家资产负债表研究中心（CNBS）。

存款与贷款的背离

中国商业银行存款与贷款结构在 1995 年发生了较大的变化。在 1995 年之前银行贷款大于存款，贷存比大于 100%，存贷差小于 0，而 1995 年之后贷款小于存款，贷存比小于 100%，存贷差大于 0。1995—2010 年存贷差不断扩大，相应的贷存比也在下降，如图 7 - 10 所示。

从最表面的关系来看，贷存比下降的原因是贷款下降或者是存款上升。保持分子或分母不变，改变另一方就能使这个比例产生变化。但这样的解释违背了国家资产负债表的四式记账原则。银行每一笔贷款的创造，必然也对应着存款创造，这反映在国家资产负债表中需要记四笔账。例如向企业发放 100 元贷款，首先银行资产方准备金减少 100 元，贷款增加 100 元。而由于银行的行为，企业也需要记两笔账，其资产方增加 100 元银行存款、负债方增加 100 元银行贷款。由于企业 100 元存款的增加，银行又需在资产方增加 100 元准备金，在负债方增加 100 元企业存款，这个过程合并后如表 7 - 4 所示。贷款与存款同增同减，存贷差保持不变，贷存比会有所变化，但方向是向 100% 靠拢。在一般存贷款业务中，贷款与存款是同方向变动的，并不能以简单的鼓励存款或鼓励贷款来改变贷存比。

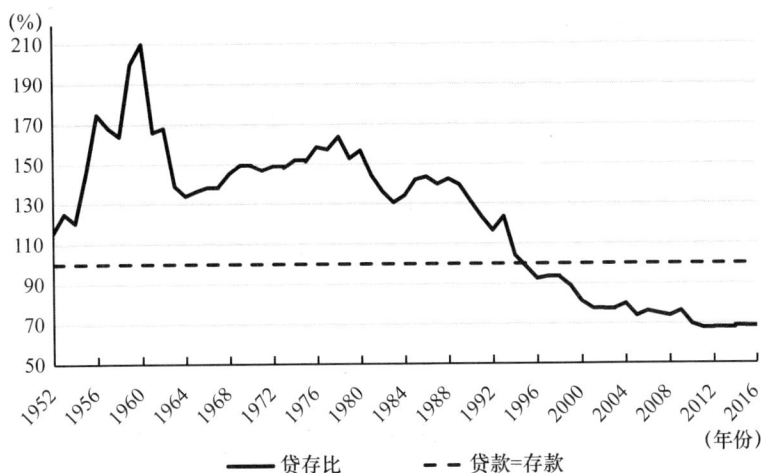

图 7 – 10　银行贷款与银行存款的比例

资料来源：中国人民银行，国家资产负债表研究中心（CNBS）。

表 7 – 4　　　　　　　　　　银行向企业发放贷款的四步式记账法

银行		企业	
贷款 + 100	存款 + 100	存款 + 100	贷款 + 100

资料来源：国家资产负债表研究中心（CNBS）。

　　对这一问题的解释需要用到资产负债表恒等式。存款与贷款分别对应在银行资产负债表中的负债方与资产方，将商业银行与中央银行的资产负债表合并，可得出资产负债表恒等式：

　　国际储备资产 + 贷款 + 债券 + 对非银行金融机构债权 = 存款 + 通货

　　等式左边是合并资产负债表的资产方。国际储备资产是央行持有的外汇储备，贷款是商业银行对实体经济的贷款余额，债券是银行所持有的国债和非金融企业债（这里假设银行所发行的债券全部由银行体系持有，因此从等式两边消除），对非银行金融机构的债权是金融体系内部的资产负债，包括银行所持有的证券投资基金以及银行与非银金融机构的资金往来。等式右边是合并资产负债表的负债方，是银行体系的资金来源，包括央行所发行的通货以及非银行部门在银行的存款。还有一些资产负债项目占比较小，如银行的净资产、非金融资产等，为清晰表达影响存贷差的主要因素，在此处省略。将以上等式变形，得出表示存贷差的恒等式：

存贷差＝存款－贷款＝国际储备资产＋债券＋对非银行金融机构债权－通货

基于这一恒等式，孙国峰（2001）、李斌（2006）等都认为外汇占款、债券购买和不良资产核销是银行存贷差扩大的主要原因。

我们认为从国家资产负债表出发，可以将这几点可能的原因作进一步分解，来找到最核心的影响因素。首先根据金融资产负债表的性质对以上恒等式作进一步变形。债券是商业银行和中央银行持有的国债和非金融企业债余额。对于企业和政府来说，向银行申请贷款和发行债券都是债务融资的方式，二者不存在本质上的区别。银行贷款是银行以贷款合同关系所持有的居民、企业或政府债权，而银行持有的债券则是以证券形式对其他部门的债权。据此可以将二者合并称作银行的广义贷款。另一方面，中央银行所发行的通货也是实体经济所持有的对央行的债权，其功能与存款类似。我们也可以将二者合并称作广义存款。以上恒等式可简化为：

广义存款－广义贷款＝（存款＋通货）－（贷款＋债券）
＝国际储备资产＋对非银行金融机构债权

相对来说，广义上的贷存比更能反映出整个金融体系的资产负债结构。图 7－11 显示了我们从金融部门资产负债表数据中提取出的贷存比与调整后的广义贷款比走势。虽然贷存比本身从 20 世纪 90 年代到 21 世纪有显著下降，但调整后的广义贷存比基本稳定，甚至自 2010 年以来有所上升。可见，外汇储备并非造成贷存比下降的原因，真实原因在于银行资产方配置多元化，持有债券占比上升，以及电子支付手段日趋先进导致社会对现金持有比例的下降。从资产负债表的角度来看，贷存比或存贷差并非是衡量金融体系风险的有效指标。中国在 20 世纪 90 年代之前，始终处于贷差的状态，即贷款大于存款。当时外汇占款规模有限，非银金融体系尚未建立，金融部门的资产方除了少量国债外都是贷款，贷款自然要高于存款，但这并不意味着金融体系风险大。2000 年之后外汇占款大量增加，影子银行也快速发展，金融部门资产方多了两项主要内容，贷款增速自然小于存款增速。存款与贷款本质上是一枚硬币的两面，在大部分情况下共生共灭，只有在一些特殊的情况中才会产生不同的走势。这对于理解当前金融去杠杆的逻辑具有重要意义。

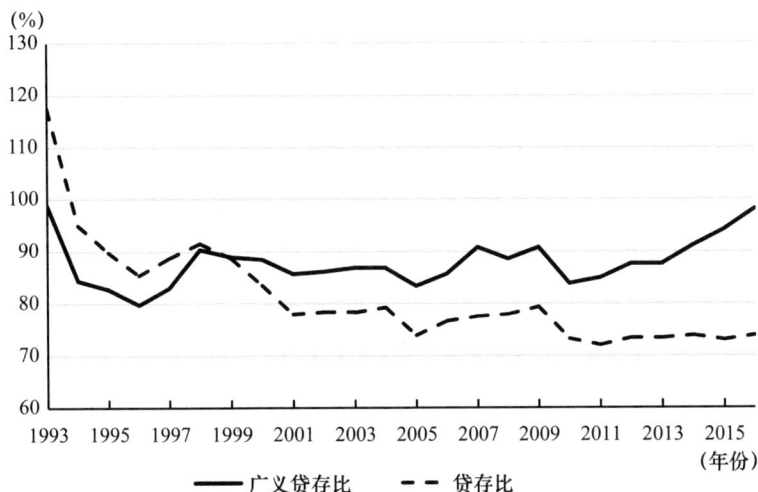

图7-11 贷存比与调整后的广义贷存比

注：贷存比的计算方法为金融部门资产方的贷款比金融部门负债方的存款。广义贷存比的分子为资产方贷款 + 资产方持有债券 – 负债方债券，分母为负债方存款 + 负债方通货 – 资产方存款 – 资产方通货。

资料来源：中国人民银行，国家资产负债表研究中心（CNBS）。

8

对外部门资产负债表

　　对外部门资产负债表作为国民账户体系不可分割的一部分，主要描述的是一国居民与非居民之间的经济关系。在开放经济条件下，一国对外资产与负债状况、变化趋势和持有结构对该国经济的健康平稳发展有着重要影响和意义。一国对外部门的资产负债存量和流量状况分别在《国际投资头寸表》（International Investment Position，IIP）和《国际收支平衡表》（Balance of Payments，BOP）中得以反映。《国际收支头寸表》是特定时点一国居民对非居民的债权或作为储备资产持有的黄金等金融资产，以及一国居民对非居民的负债价值的统计表。《国际收支平衡表》是特定时期内居民与非居民之间的交易汇总统计表，主要组成部分包括货物和服务账户、初次收入账户、二次收入账户、资本和金融账户。

　　鉴于全球化的快速发展、资产负债表问题的日益细化和金融创新的影响，国际货币基金组织对《国际收支和国际投资头寸手册》进行了修订，第六版（BPM6）于 2008 年发布，在保持了 1993 年第五版总体框架的基础上，对服务贸易、货物贸易、旅游、汇款、直接投资、储备和债务统计，以及金融统计等方面进行了修订。主要包括以下 7 个方面的内容：（1）修改有关加工贸易和易货贸易的处理办法；（2）修改金融服务的计量办法，包括间接测算的金融中介服务，证券买卖价差以及保险和养老金服务的计量；（3）细化直接投资的内容（与 OECD《外国直接投资基准定义》保持一致）；（4）引入与储备有关的负债、标准化担保和未分配黄金账户等概念；（5）引入用以计量国际汇款的新概念；（6）更重视资产负债表及其脆弱性问题，介绍了由国际收支之外的其他因素所引起的流量变化；（7）加强与国民账户体系之间的协调。

相应的，近年来中国《国际投资头寸表》和《国际收支平衡表》的统计方法和统计框架有过若干次重要调整。一是对直接投资收益的处理，直接影响到直接投资资产和负债项目，以及对外投资收益分析。自2010年第3季度起，外商直接投资收益中的未分配利润和已分配未汇回利润，同时记入BOP表的经常账户收益项目的借方和金融账户直接投资项目的贷方。2010年各季度数据及2005—2009年年度数据也据此进行了追溯调整。二是对人民币外债和境外上市企业负债的处理，直接影响到证券投资负债和其他投资负债，以及净资产项目。自2015年起，人民币外债纳入中国对外负债统计，并据此对2014年年底国际投资头寸表的负债数据进行了调整。此外，2015年起境外企业上市股价由成本法改为市值法统计，这一调整使得当年证券投资负债增加3600亿美元。三是自2015年起中国遵循BPM 6的编制方法，并在此基础上对2014年年底的数据进行了修订，因此2014年前后的数据序列不可比。如无特别说明，本章所采用的数据和分析均为基于BPM 6的统计数据。

此外，还需要注意的是，IIP表和BOP表所含有的信息对分析与移民有关的资产状况和跨境资金流动帮助不大。国际收支框架以识别每个经济体的居民和非居民为基础，没有定义移民概念。例如，"个人转移"和"汇款"的概念就是基于居民地位，而不是移民地位。居民地位根据其主要经济利益中心确定，在某经济体停留或计划停留1年及以上的，即定义为该经济体的居民。但对于特定身份人群，无论他们在境外停留的时间多长，均视为原籍居民，如学生、求医病人、船员、外交官、军事人员和公务员等。

8.1 中国对外部门资产负债表

主要特征

如表8-1所示，2006—2016年中国对外部门资产负债表扩张明显。①

---

① 本书讨论的对外资产和负债均不包括香港特别行政区、澳门特别行政区和台湾地区对外资产和负债。

对外总资产从 2006 年年底的 1.69 万亿美元增至 2016 年年底的 6.51 万亿美元,年平均增长率为 14.4%;对外总负债则从 1.05 万亿美元增至 4.56 万亿美元,年平均增长率为 15.8%。

中国对外净资产从 2006 年的 6402 亿美元增加至 2016 年的 1.95 万亿美元,年平均增长率为 10.9%。净资产与 GDP 之比从 2006 年的 23.6% 下降至 2016 年的 17.4%。需要注意的是 2014 年净资产骤降 3960 亿美元,主要原因是统计因素造成的负债项目调整,主要是调整境外上市企业估值和补计人民币外债造成的。而 2015 年净资产增长缓慢,增速仅为 4.4%,其主要原因则是资本外流导致储备资产大幅下降。

从对外资产负债表来看,2015 年是一个分水岭。2015 年中国出现了较大规模的外储下降、外国资本撤离和本国企业集中偿还外债,其结果是对外资产负债表收缩。当年对外资产(-4.4%)和负债(-7.3%)均为负增长。2016 年虽然恢复正增长,但在低基数的情况下,资产和负债增速分别仅为 5.7% 和 1.6%,显著低于 2006—2013 年的年平均增速 22.4% 和 22.1%[1]。随着中国经济发展进入新常态,经常账户顺差收窄,双向资本流动趋于平衡,中国对外资产负债表将告别过去的高速扩张阶段,进入低速增长期,资产负债结构将更加平衡。

对外部门资产负债表还呈现出两个重要特征:一是中国对外资产持有者结构发生了显著变化。过去由于中国实行资本管制和人民币强制结汇制度[2],中国的对外资产主要为政府持有,在总资产中的占比最高时达到 74.6%。2009 年以后经历了一个"藏汇于民"的过程,储备资产在政府部门与私人部门之间进行了重配[3]。2016 年年底,私人部门持有的对外资产占比已经接近一半,约为 49.4%。二是中国对外资产配置呈现多元化趋势,直接投资和其他投资占比显著提升,同时外汇储备的币种结构也更加平衡。中国对外直接投资和其他投资在总资产中所占比重分别由 2006 年的 5.4%、15.0% 上升至 2016 年的 21%、26.0%;官

---

① 因统计标准和统计口径的调整,2014 年的数据不可用于比较。

② 2012 年 4 月,中国才终止人民币强制结汇制度。

③ 本章中的政府部门与其他各章的定义有所不同,这里将政府部门持有的资产定义为:央行持有的官方储备资产和主权财富基金(中投公司)的资产之和。

方储备资产所占比重则由 2006 年的近 2/3 下降至 2016 年的不到 1/2，而占官方储备资产 97.2% 的外汇储备的币种结构也更加多元化。据估算 2015—2016 年中国外汇储备的平均构成为：美元 47.8%，欧元 22.5%，英镑 13.8%，日元 5%，其他货币 10.9%。

表 8-1   中国国际投资头寸表（2006—2016 年）   单位：亿美元

项目 \ 年份	2006	2008	2010	2012	2013	2014	2015	2016
净头寸	6402	14938	16880	18665	19960	16028	16728	19504
A. 资产	16905	29567	41189	52132	59861	64383	61558	65070
1 直接投资	906	1857	3172	5319	6605	8826	10959	13574
1.1 股权	709	1389	2123	3917	4693	7408	9123	11274
1.2 关联企业债务	197	468	1050	1403	1911	1418	1836	2300
2 证券投资	2652	2525	2571	2406	2585	2625	2613	3670
2.1 股权	15	214	630	1298	1530	1613	1620	2152
2.2 债券	2637	2311	1941	1108	1055	1012	993	1518
3 金融衍生工具	0	0	0	0	0	0	36	52
4 其他投资	2539	5523	6304	10527	11867	13938	13889	16797
4.1 其他股权	0	0	0	0	0	0	1	1
4.2 货币和存款	736	1529	2051	3906	3751	4453	3598	3653
4.3 贷款	670	1071	1174	2778	3089	3747	4569	5768
4.4 保险和养老金	0	0	0	0	0	0	172	123
4.5 贸易信贷	922	1102	2060	3387	3990	4677	5137	6145
4.6 其他	210	1821	1018	457	1038	1061	412	1107
5 储备资产	10808	19662	29142	33879	38804	38993	34061	30978
5.1 货币黄金	123	169	481	567	408	401	602	679
5.2 特别提款权	11	12	123	114	112	105	103	97
5.3 在国际货币基金组织的储备头寸	11	20	64	82	71	57	45	96
5.4 外汇储备	10663	19460	28473	33116	38213	38430	33304	30105
5.5 其他储备资产	0	0	0	0	0	0	7	2
B. 负债	10503	14629	24308	33467	39901	48355	44830	45567
1 直接投资	6144	9155	15696	20680	23312	25991	26963	27551

续表

项目＼年份	2006	2008	2010	2012	2013	2014	2015	2016
1.1 股权	5731	8527	14711	19425	22149	24076	24962	25370
1.2 关联企业债务	413	628	985	1255	1163	1915	2002	2181
2 证券投资	1207	1677	2239	3361	3865	7962	8170	8111
2.1 股权	1065	1505	2061	2619	2977	6513	5971	5795
2.2 债券	142	172	178	742	889	1449	2200	2316
3 金融衍生工具	0	0	0	0	0	0	53	60
4 其他投资	3152	3796	6373	9426	12724	14402	9643	9844
4.1 其他股权	0	0	0	0	0	0	0	0
4.2 货币和存款	595	918	1650	2446	3466	5030	3267	3166
4.3 贷款	985	1030	2389	3680	5642	5720	3293	3205
4.4 保险和养老金	0	0	0	0	0	0	93	88
4.5 贸易信贷	1196	1296	2112	2915	3365	3344	2721	2883
4.6 其他	377	552	222	277	144	207	172	408
4.7 特别提款权	0	0	0	107	108	101	97	94

注：从 2015 年第 1 季度开始，中国按照国际货币基金组织《国际收支和国际投资头寸手册》（第六版）标准进行编制和列示。除 2014 年年底外，往期数据未进行追溯调整。

资料来源：国家外汇管理局。

资产结构

过去十年间中国对外资产的结构出现了显著变化。对外资产主要分为 5 个部分，官方储备资产、直接投资、证券投资、其他投资和金融衍生工具等，过去中国一直以官方储备资产为主，而近年来直接投资和其他投资的占比呈现快速上升的趋势①。如图 8 - 1 所示，中国的官方储备资产在对外资产中的占比经历了一个先升后降的过程，从 2006 年的 63.9% 上升至 2009 年的高点 71.4%，然后逐步下降至 2016 年的 47.6%。直接投资和其他投资所占的份额快速上升，分别由 2006 年的 5.4%、15% 上升至 2016 年的 21%、26%。同时，证券投资占比则在美国次贷危

① IIP 表中按照 BPM6 框架增加了"金融衍生工具"项目，但该项目数值在 2015 年前一直为 0，且占比仅为 0.1%，在我们的分析中基本可以忽略不计。

机后呈现快速萎缩的态势，由2006年的15.7%下降至2016年的5.7%。

官方储备资产包括外汇储备、货币黄金、特别提款权和在国际货币基金组织的头寸等，其中外汇储备占比最高，虽然近年来有所下降，但仍然高达97.2%。由于外汇储备的资产配置要求兼具安全性、流动性和营利性，考虑到美元在国际贸易和结算中的主导地位，美元资产是中国外汇储备的重要组成部分，特别是被视为无风险资产的美国国债，配置比例一直约为外汇储备的1/3。中国于2008年首次成为美国国债的最大外国持有者，持有规模为6180亿美元，占当期外汇储备的32.4%。而截至2016年年底，中国持有约1万亿美元美国国债，在当期外汇储备中占比为35.1%。

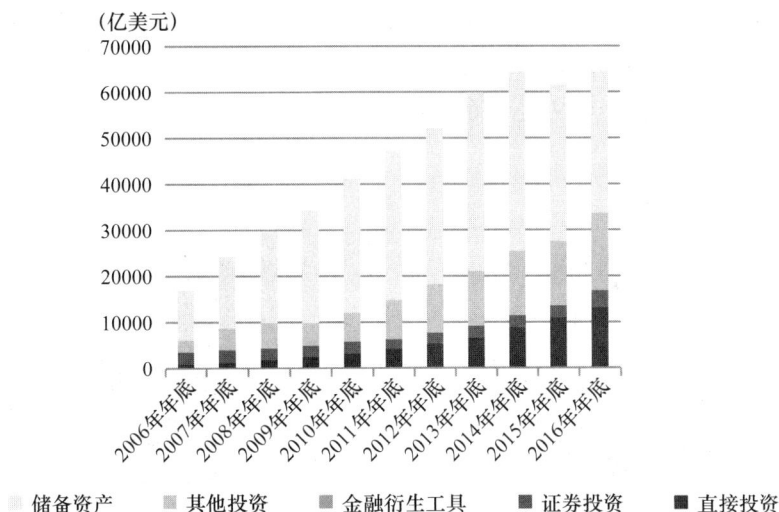

图 8 - 1 中国对外资产的构成 （2006—2016 年）

注：从2015年第1季度开始，中国按照国际货币基金组织《国际收支和国际投资头寸手册》（第六版）标准进行编制和列示。除2014年年底外，往期数据未进行追溯调整。

资料来源：国家外汇管理局。

从币种结构来看，中国外汇储备的资产配置趋于平衡和多元化，美元资产所占份额呈下降趋势。外管局并不对外公布中国外汇储备的构成，现有文献中不乏对外汇储备币种构成的估计，如盛柳刚和赵洪岩（2007）、张斌等（2010）和曾诗鸿等（2015）。但现有研究大多假定外汇储备由美元、欧元、英镑和日元组成，忽略了非 SDR 篮子货币，而 IMF 数据显示这并非可以忽略不计。截至 2015 年底，中国持有的非 SDR 篮子货币资产约占外汇储备的 10.9%[①]。为此，我们在上述文献的基础上进行了重新估算，结果显示 2015—2016 年中国外汇储备的平均构成约为美元资产（47.8%）、欧元资产（22.5%）、英镑资产（13.8%）、日元资产（5.0%）和其他货币资产（10.9%）。考虑到在外储快速下降的背景下，央行曾于 2016 年 6—11 月减持美国国债近 2000 亿美元，美元资产占比应低于外界预期，因而这一估计可能同实际情况较为接近。[②]

如图 8-2 所示，与 2001—2004 年相比，目前中国外储中美元资产的配置比例已经下降了约 25.4 个百分点，占比从接近 3/4 下降至 1/2，显著低于同期美元资产在全球已分配外汇储备中的占比（65.3%）。同时，欧元、英镑和其他货币资产的配置比例有了明显提升，这是中国近年来推动外汇储备配置多元化的结果。而日元资产配置比例较低且无显著变化，应与其资产收益率低有关。

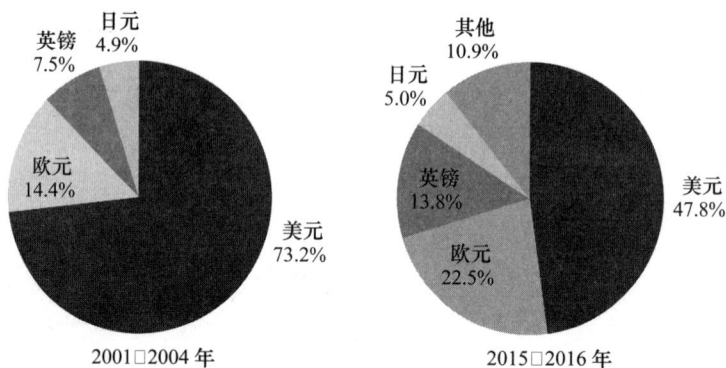

图 8-2　中国外汇储备资产币种结构变化

资料来源：IMF COFER 数据库和 CNBS。

① 见 IMF COFER（外汇储备的货币构成）数据库。
② 中国央行持有的美国国债规模与外储波动并无统计上的显著关系，但 2016 年下半年表现出一定的相关性，原因值得探究，不排除为干预人民币汇率或出于流动性需要而减持美债的可能性。2017 年人民币汇率和外汇储备回升后，央行重新增持了美国国债，至 2017 年年底已经回升至 1.17 万亿美元的水平。

从资产持有者结构来看，中国对外资产持有者结构发生了重大变化，私人部门持有对外资产占比显著提升。2006—2014 年中国官方储备资产规模大幅上升，由 10808 亿美元增加到 38993 亿美元，但随后经历了两年负增长，降至 2016 年年底的 30978 亿美元。与此同时，中国私人部门持有的对外资产由 2006 年的 6097 亿美元上升至 2016 年的 33687 亿美元，其中 2014—2016 年平均增长率为 17.1%。

如图 8-3 所示，在经历了一个"藏汇于民"的过程后，政府部门持有的资产在对外资产中占比大幅下降，在 2009 年达到最高点 74.6% 后，随着资本账户管制的放松和"走出去"战略的实施，政府部门持有比例逐年下降至 2016 年的 50.6%，而私人部门持有比例则由不到 1/3 提升至 49.4%。① 根据外管局公布的最新数据，2017 年私人部门占比进一步上升至约 50.5%，上升势头明显较 2015 和 2016 年放缓，这表明重新收紧资本管制对私人部门配置境外资产的增长起到了一定的遏制作用，但私人部门资产配置多元化的趋势并未被逆转，预计未来几年私人部门的持有比例仍将缓慢上升。

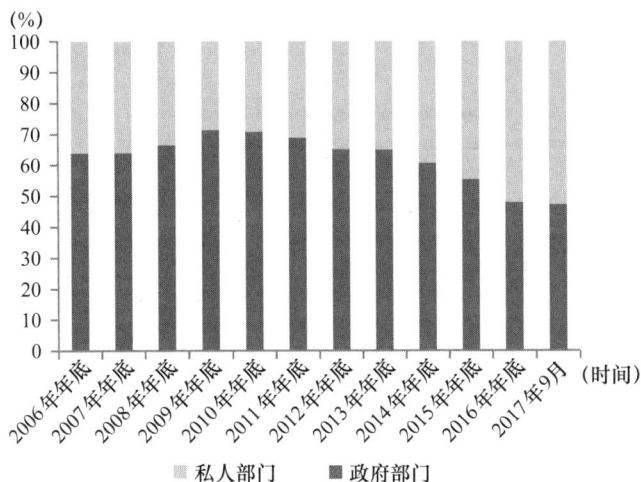

图 8-3 政府部门和私人部门持有对外资产比例

资料来源：国家外汇管理局。

---

① 这里的私人部门包含国有企业。

负债结构

2016 年中国对外负债中直接投资为 27551 亿美元,证券投资为 8111 亿美元,其他投资为 9844 亿美元,金融衍生工具为 60 亿美元。从负债来源来看,中国的对外负债长期以来一直以直接投资为主,但随着人民币国际化的推进和国内资本市场开放度的提升,证券投资的比重在上升。

如图 8 - 4 所示,直接投资占比一直在 60% 上下波动。2009—2014 年直接投资虽稳定增长,但其占比却呈逐年下降趋势,从 67.5% 一路下滑至 53.8%,同时其他投资和证券投资占比快速上升,分别从 22.7%、9.8% 上升至 29.8%、16.5%。2015—2016 年在人民币汇率持续贬值的背景下,直接投资继续保持增长,证券投资保持稳定,而其他投资则缩水了约 4800 亿美元,主要是货币与存款、贷款的下降,导致其他投资占比快速下降至 21.6%,直接投资占比再次回升至 60.5%。随着 2017 年中国金融开放的推进,证券投资在总负债中的占比上升至 1/5,其他投资占比也上升至 22.7%,而直接投资占比则下降至 56.8%。

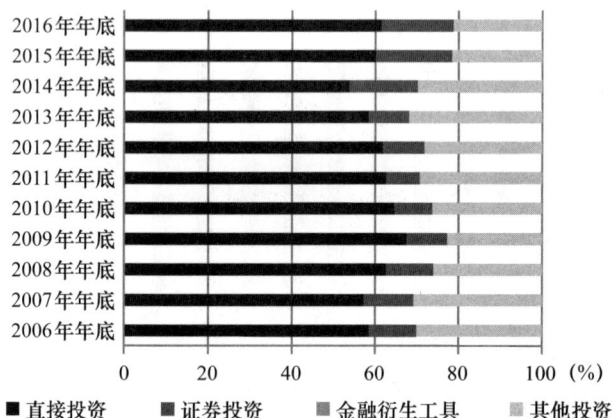

图 8 - 4 中国对外负债的构成(2006—2016 年)

资料来源:国家外汇管理局。

另外，根据国家外汇管理局公布的全口径外债数据和《中国国际收支报告》，① 2016 年年底中国外债（含人民币外债）余额为 14158 亿美元，较 2015 年增长 2.4%。2016 年中国外债增长主要是由于债券和贸易信贷与预付款的增长。其中，外债的增长约 45% 来自债券的增长，约 20% 来自贸易信贷与预付款的增长。这主要是在央行推动银行间债券市场对外开放的努力下，境外机构在境内债券市场的参与程度不断上升，以及中国进出口贸易回暖的结果。2017 年下半年，出于平衡双向资本流动的考虑，中国开通了"债券通"的"北向通"，且目前没有额度限制，可以预见未来两年中国的外债规模和债券占比都将继续提升。

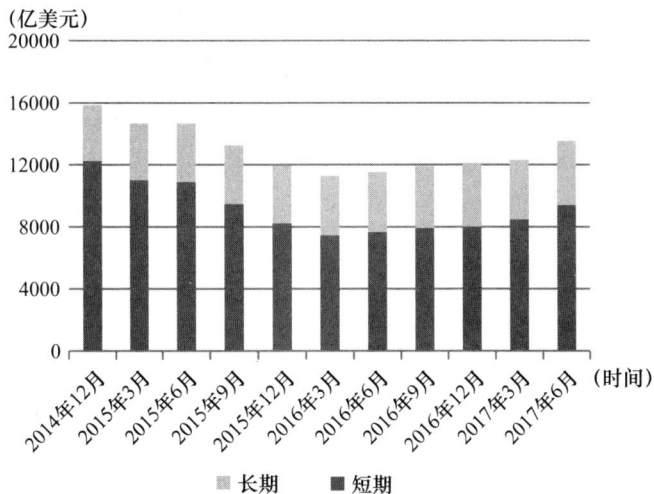

图 8 - 5　中国外债的期限结构

资料来源：国家外汇管理局《全口径外债情况表》。

如图 8 - 5 所示，从期限结构来看，中国外债一直以短期外债为主。2016 年年底短期外债余额为 8709 亿美元，占比为 61.3%，其中与贸易有关的信贷占比为 47.5%。中长期外债余额为 5498 亿美元，占比为 38.7%。

① 全口径外债统计的外债金额显著低于 IIP 表中的对外负债，估计主要是因为全口径外债中不包含直接投资和证券投资中的"股权"投资。

从债务工具来看，主要包括贷款、货币与存款、贸易信贷与预付款、债券和直接投资公司间贷款 5 种。2016 年贷款余额为 3244 亿美元，占比约为 23%；货币与存款余额为 3112 亿美元，占比约为 22%；贸易信贷与预付款余额为 2883 亿美元，占比约为 20%；债务证券余额为 2301 亿美元，占比约为 16%；直接投资公司间贷款余额为 2094 亿美元，占比约为 15%。

影响对外部门资产负债表的因素

除统计方法调整外，资产负债表中各项目会受到汇率变动、资产价值重估和跨境资本流动等因素的影响。

由于中国的资产负债存量规模庞大，短期较大幅度的汇率变动可能对中国对外资产负债项造成显著影响。例如，在以美元计价时，人民币贬值会导致人民币负债的账面价值减少，从而造成总负债减少和净资产增加。2014—2016 年人民币兑美元贬值了 14.8%，仅来华直接投资形成的对外负债一项造成的负债减少就可以达到 4000 亿美元，在其他条件不变的情况下，这会导致对外净资产上升。另外，境外机构和个人持有的境内人民币金融资产也都是以人民币计价的负债，如非居民人民币存款，QFII、RQFII 投资，"沪港通"、"深港通"，"债券通"等，汇率贬值不仅会造成境外投资者减持此类资产，也会影响其价值折算，2014—2016 年这一因素造成的负债减少近 700 亿美元。此外，美元与其他主要货币之间的汇率变动也会对非美元资产的账面价值造成影响。例如，2014 年美元指数升值约 15%，假如当年中国对外资产中非美元资产占 40%，则汇率变动会造成约 6%（3600 亿美元）的账面损失。

通常资产价格变动造成的价值重估是较为次要的影响因素，但在资本市场大幅动荡时期也会造成显著影响。例如，2018 年 2 月中国外汇储备在持续小幅增长 12 个月后再次出现下降，降幅为 270 亿美元，引起了各方普遍关注。但是，2 月中国银行结售汇逆差仅为 82 亿美元，可以说跨境资本流动基本平稳。因此，2 月份美元指数单月上升 1.7%，同时国际市场债券价格下跌，以及美国、欧洲、日本股票市场的普遍下跌 4%—5%，是造成以美元计价的外汇储备账面价值损失的主要原因。

国际收支平衡表所反映的跨境资本流动是导致对外资产负债变化最重要的驱动因素之一，应对跨境资本流动的趋势性变化给予重点关注。

8.2 中国国际收支平衡表与跨境资本流动

由于国际收支平衡表与对外部门资产负债表最直接的联系是国际收支金融账户逆差（或顺差）形成国际投资头寸表对外净债权（或净债务）的增加，这里我们主要关注国际收支平衡表中的金融账户。

国际收支平衡表的新特征

2017 年中国国际收支平衡表金融账户呈现出两个新特征。一是中国的双向资本流动趋于平衡，流出规模大幅收窄，流入规模由降转升（见表 8−2）。随着中国经济步入新常态，国内资本回报率下降，私人部门对外投资需求高涨，人民币贬值预期上升，2015—2016 年在其他新兴市场经济体整体呈资本净流入的情况下，中国私人部门资本净流出的规模达到 1.3 万亿美元①。为防范跨境资本流动风险，2015 年以来外管局和央行等主要监管部门密集出台或修订了 63 个文件以加强资本账户和外汇市场监管②。虚假贸易、非理性投资、地下钱庄、内保外贷、资金池、"蚂蚁搬家"等资金出境渠道均受到严格监管，境内企业对外投资如涉及资金出境需要经发改委、商务部、外管局和央行四部委审查、批准和备案。同时，推动中国银行间债券市场对外开放，便利境内企业跨境融资，放宽 QFII 和 RQFII 额度和锁定期限制，放宽外商直接投资行业和股权比例限制。在"宽进严出"的政策背景下，中国对外直接投资大幅收窄（见图 8−6），外债水平回升，跨境资本流动趋于平衡，人民币汇率贬值预期被成功扭转，外汇储备由降转升。

---

① 此处将国际收支平衡表中的净误差与遗漏计为资本流出。
② 涉及综合管理、经常项目外汇管理、资本项目外汇管理、金融机构外汇业务监管、人民币汇率与外汇市场、国际收支与外汇统计、外汇检查与法规适用、外汇科技管理等八大类。

表 8 - 2　　　　　中国私人部门跨境资本流动规模估算　　　单位：亿美元

年份	外国资本净流入	本国资本净流出	净值	NEO	本国资本净流出（修正）[1]	净值（修正）
2014	4115	-4629	-514	-669	-5298	-1183
2015	-1010	-3335	-4345	-2130	-5465	-6475
2016	2596	-6756	-4161	-2295	-9051	-6456
2017	4353	-2897	1486	-2219	-5116	-733

注：1. 根据国际收支恒等式，$CA = -KA = \Delta R - NFI = \Delta R - (FI_{inward} - FI_{outward})$，其中 CA 为经常账户余额，KA 为资本和金融账户余额，ΔR 为官方储备资产变动，这里同国际收支平衡表中的记账方式不同，储备资产增加为"+"，减少为"-"；NFI 为私人部门资本净流入，FI_{inward} 为外国资本净流入，$FI_{outward}$ 为本国资本净流出，则 $FI_{outward} = CA + FI_{inward} - \Delta R$。

资料来源：国家外汇管理局和 CNBS。

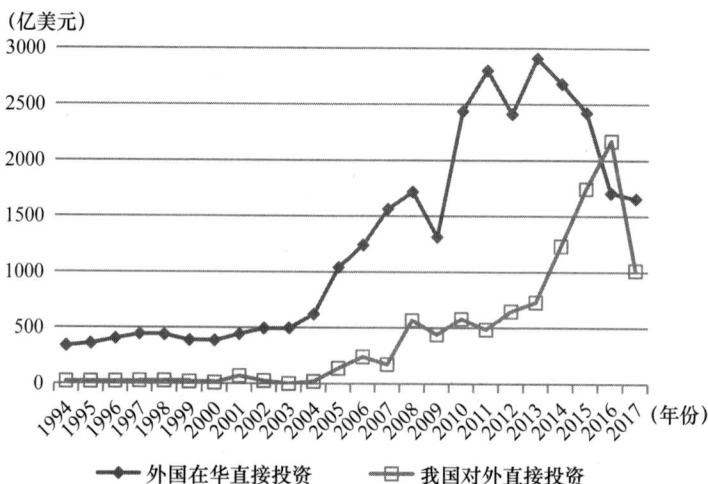

图 8-6　中国双向直接投资

注：图中所示均为双向直接投资的净值，即外国在华直接投资净流入和本国对外直接投资净流出。

资料来源：国家外汇管理局《国际收支平衡表》。

　　二是外国对华投资方式由直接投资为主，转为直接投资和证券投资并举。过去由于中国缺乏一个发达和完善的资本市场，加上 1997 年亚洲金融危机的前车之鉴，为避免短期大规模跨境资本流动对国内经济可能造成的冲击，中国在吸收外国投资时倾向于直接投资，而对证券投资加以严格限制。因此，国际收支金融账户项下，2004年以来外国在华直接投资占比大多在60%上下波动。然而，近年来外国在华直接投资呈逐年下滑态势。如图8-6所示，外国对华直接投资净流入从2013年的峰值2909亿美元下降至2017年的1682亿美元，降幅达到42.2%。受国内投资回报率下降、中美贸易摩擦等因素的影响，这一下降趋势可能还将持续。为促进中国跨境资本流动的平衡发展，近年来外管局和商务部等部门出台了一系列举措，以进一步推动国内资本市场开放，如2017年下半年推出"债券通"的"北向通"，使得2017年证券投资流入大幅上升131%，达到1168亿美元，预计外国在华证券投资规模在不久的将来会接近甚至超过直接投资规模。

跨境资本流动的新动向

分析跨境资本流动主要基于国家外汇管理局公布的国际收支平衡表和银行结售汇数据。2017年中国经常账户和非储备性质的金融账户双顺差再现，分别为1649亿美元和1486亿美元，但官方储备资产仅上升915亿美元，同时净误差与遗漏项（Net Error and Omissions，NEO）为−2219亿美元，这意味着私人部门资本流出并未在资本账户统计中得到真实体现。

从净误差与遗漏项来看，中国的国际收支统计可能已经失真。2016年净误差与遗漏项为货物与服务贸易进出口总额的5.4%，已经远远超出IMF设定的合理范围①。如图8-7所示，近20年来，中国只有在亚洲金融危机后出现过此等比例的统计误差，但由于中国对外贸易规模已今非昔比，当前国际收支的统计误差已高达2217亿美元，约为GDP的2%。并且2014年第2季度以来净误差与遗漏项连续14个季度出现负向偏误，若以年度值计算，则截至2017年已持续9年之久。如此大规模和长时间的单方向偏误，对研判当前的国际收支形势以及相关政策制定都可能产生误导。

---

① IMF设定的净误差与遗漏项的合理范围为不超过一国货物贸易总额的5%。

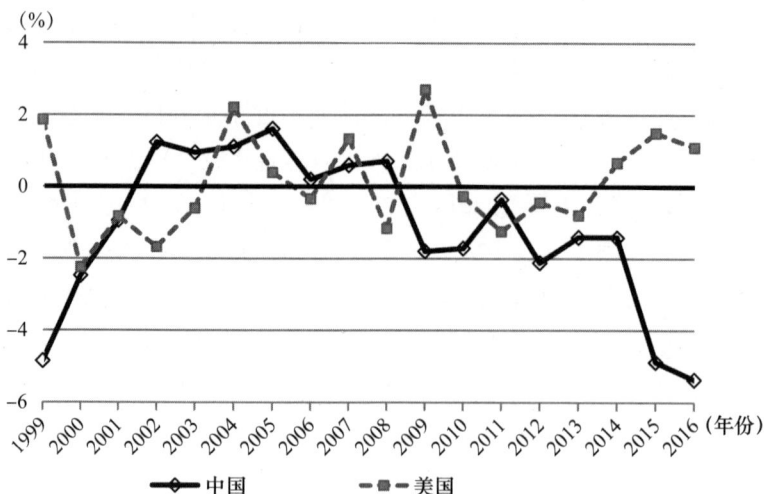

图 8-7 国际收支统计误差与贸易总额之比

资料来源：国家外汇管理局，美国经济分析局（BEA）。

此外，在 2014—2016 年人民币单边贬值的情况下，经常账户"旅行"项下资金流出却居高不下也十分异常。相关性分析表明中国"旅行"项下的资金流入和流出与人民币兑美元汇率的相关性高于人民币名义有效汇率。OLS 回归结果显示 1994—2012 年"旅行"项目资金流出与人民币兑美元汇率显著正相关，即人民币贬值则"旅行"支出减少，而 2012 年之后则不存在统计性显著关系。Zivot-Andrews 检验也显示 2012 年存在着一个结构性变化。这意味着可能自 2012 年起"旅行"项目就成了资本流出的重要途径之一。因此，中国当前真实的国际收支情况可能是货物贸易盈余被低估，服务贸易赤字被高估，私人部门资本流出规模被显著低估。

如果将中国 2014 年来的统计误差计为资本流出，会发现 2014—2017 年中国私人部门均为资本净流出。如表 8-2 所示，2015 年以外资撤资和本国资本流出为主要特征，2016 年以本国资本流出为主要特征，2017 年则是以平衡为主要特征。2017 年外国资本流入规模略高于 2014 年的水平，而本国资本流出规模则显著低于 2014 年的水平，净流出规模较 2014 年有所收窄。修正后的私人部门资本净流出为 733 亿美元，同比大幅下降89%；本国资本净流出为 5116 亿美元，虽然比 2016 年大幅下降43%，但是仅比2014年和2015年的规模略低；外国资本净流入为4353亿美元，同比上升68%。因此，2017年双向资本流动趋于平衡的背后是本国资本流出下降和外国资本流入上升共同作用的结果。

如果观察银行结售汇数据，也可得到相似的结论。外管局公布的最新数据显示，2017年中国的银行结售汇仍为逆差，逆差规模为1116亿美元，同比大幅下降67%。但是，如果仔细分析结售汇情况，会发现2017年银行结汇总额上升14.3%，而售汇总额仅下降1.1%。而衡量企业购汇意愿的售汇率为65%，比2016年下降了9个百分点；衡量企业结汇意愿的结汇率为63%，比2016年上升了3个百分点①。同时，居民境内外汇存款下降7亿美元，而2016年则是上升了363亿美元。因此，可以说结售汇逆差收窄的一个重要原因是人民币汇率重回升值轨道，从而企业购汇意愿下降、结汇意愿上升、居民持汇需求下降。然而，一旦人民币汇率贬值预期升温，这一脆弱的平衡可能会被再度打破。

对中国对外部门资产负债表的影响

当前中国跨境资本流动趋于平衡，汇率也趋于稳定，但这一局面是建立在加强本国资本流出管制和放宽外国短期资本流入限制的政策基础之上的，这对中国对外部门资产负债表的直接影响是对外资产增速放缓，同时对外负债持续扩张，从而净资产增长缓慢甚至下降。这在一定程度上解释了为什么中国官方储备资产2017年持续回升，而同期对外净资产（以美元计）却不升反降②。

从负债端来看，若中国经济能够保持平稳增长并在金融开放上不断取得新进展，如A股被全面纳入MSCI指数、人民币债券被逐步纳入彭博巴克莱全球综合指数等，国际投资者增持以人民币计价的股票、债券等资产的趋势将得以延续，这将推动证券投资负债的规模持续扩大、占比不断上升，对中国的负债来源结构产生较为深远的影响。2014—2016

①　售汇率为企业从银行购买外汇与企业涉外外汇支出之比，结汇率为企业向银行卖出外汇与企业涉外外汇收入之比。

②　另一个重要原因是汇率波动。2017年人民币兑美元升值约6.72%，美元指数下跌9.8%，这会造成负债的账面价值上升，资产的账面价值下降，从而净资产下降。

年证券投资在中国对外负债中的占比平均为 17.3%，比 2011—2013 年平均上升了 8 个百分点，而 2017 年证券投资在总负债中的占比进一步上升至 20.4%。

从资产端来看，资本账户管制措施的短期效果显著，主要表现为对中国对外直接投资规模、投向和投资主体的影响。根据商务部公布的数据，2017 年中国对外非金融类直接投资约为 1200 亿美元，同比下滑 29.4%。此外，中国对外直接投资正在向"一带一路"沿线国家倾斜。2016 年中国对"一带一路"沿线国家直接投资额约为 74 亿美元，在对外直接投资中的占比为 8%，而 2017 年投资金额上升了 110.8%，为 156 亿美元，占比也提升至 13%。此外，由于加强了对民营企业对外投资的资金使用和行业投向的限制，可以预见对外投资主体有可能将再次向国有企业倾斜，而这将影响到中国对外投资的收益率。

未来如果中国储蓄相对投资过剩、实体经济投资回报率下降的状况没有改变，私人部门资产配置多元化驱动下的对外投资需求会持续存在，资本管制的长期效果有限。而由于证券投资有顺周期特征，外国在华证券投资占比的提高意味着跨境资本流动的波动性和汇率超调的可能性上升，也是一种潜在的不稳定因素。

8.3　对外投资收益和潜在风险分析

对外投资收益分析

中国推动外汇储备多元化配置和"走出去"战略已经多年，中国对外投资收益水平和收益率究竟如何，现有文献对此不乏深入的研究，如盛柳刚和赵洪岩（2007）、张斌（2010）等，但这些研究都没有涵盖中国主权投资基金的收益情况。由于不同投资主体的投资风险偏好不同，本节将尝试从政府和私人两个部门出发对此进行探讨和剖析。

国际收支平衡表显示，中国对外投资净收益长年为负。1992 年及以前中国对外投资净收益总体为顺差，之后中国加大改革开放力度，外商在华直接投资存量快速上升，自 1993 年起中国对外投资净收益总体为逆差，只有 2007 年、2008 年净收益为正。如图 8 - 8 所示，1993—

2004 年，无论是中国对外直接投资收益，还是外国对华直接投资收益均增长缓慢，净收益逆差也不大，而 2005 年以后则进入一个快速增长时期。中国对外投资收益由 2005 年的 359.4 亿美元上升至 2016 年的 1983.7 亿美元，年复合增长率为 16.8%。外国在华投资收益由 2005 年的 535.7 亿美元上升至 2016 年的 2634.1 亿美元，年复合增长率为 15.6%。中国对外投资净收益由 1993 年的 - 12.8 亿美元扩大到 - 650.3 亿美元，年复合增长率为 12.6%，是经常账户收入项下的一个重要逆差项。

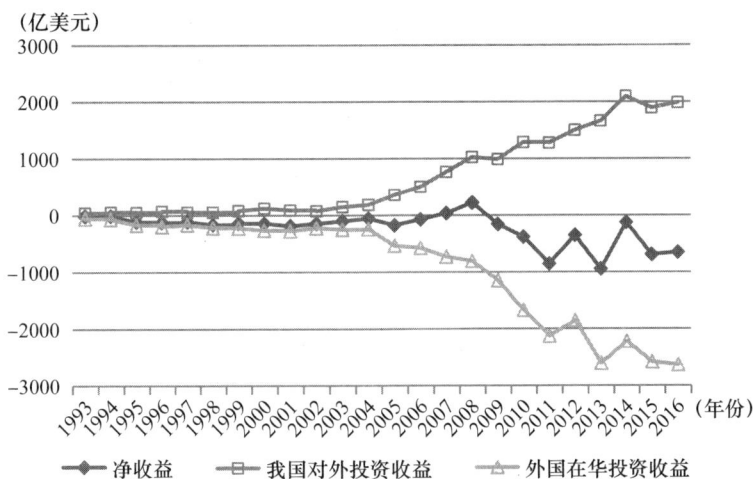

图 8 - 8 中国对外投资收益（1993—2016 年）

资料来源：国家外汇管理局《国际收支平衡表》。

中国对外投资收益长年逆差的主要原因是中国对外部门的资产负债有着结构性差异，存在资产端收益低、负债端成本高的问题。如前文所述，尽管近年来私人部门资产占比上升，中国对外资产一直是以官方储备资产为主，投资对象主要为安全性高、流动性好但收益率低的外国长期国债，因此资产端收益率较低，2005—2016 年平均资产收益率为 3%。与之相反，外国对华投资主体为私人部门，受中国政策限制又主要以直接投资为主，导致中国利用外资成本较高，2005—2016 年平均成本为 6%。因此，尽管 2016 年中国对外资产为负债的 1.39 倍，净资产为 1.8 万亿美元，对外投资净收益却仍然为负。

这里中国政府部门的对外资产主要指央行持有的官方储备资产和财政部管理的主权投资基金①。央行持有的资产中约97%为外汇储备，其中99.6%为证券，由于需考虑安全性和流动性，主要投资于各国长期国债。中国持有美国国债的情况如图 8-9 所示②。2000—2011 年中国持有的美国国债的金额持续上升，从714 亿美元上升至 2011 年的 13149 亿美元。2012 年短暂下降后 2013 年升至最高点 13167 亿美元，之后 3 年持债规模均较为稳定。然而，2015—2016 年中国官方外汇储备快速缩水约 1 万亿美元。在此背景下 2016 年 6 月央行开始减持美国国债，半年间减持 1929 亿美元。随着中国双向资本流动趋于平衡，官方外汇储备企稳回升，中国持有美国国债的规模也于 2017 年年底再次回升至 11700 亿美元，约占中国外汇储备的 35%。

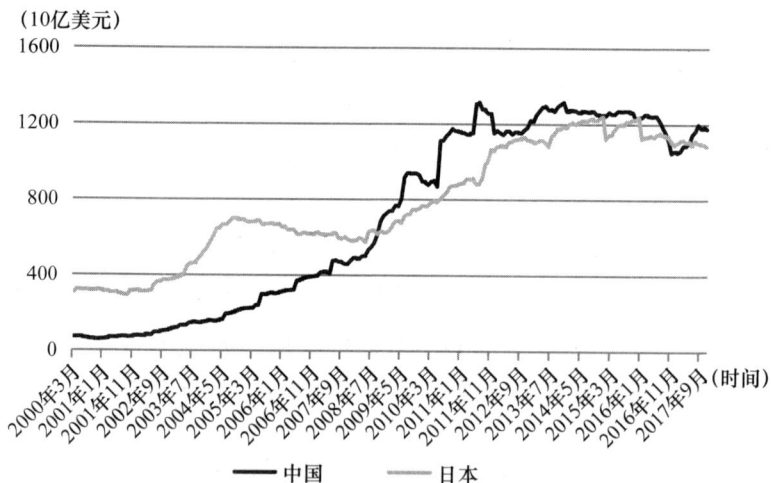

图 8-9 中国持有的美国国债规模（2000—2017 年）

资料来源：美国财政部 International Capital System（TIC）。

---

① 这里中国的主权基金指的是 2007 年成立的中国投资公司负责管理的 2000 亿美元资本金。2016 年新成立的亚洲基础设施投资银行、丝路基金等机构开展对外投资业务时间较短，形成的对外投资规模也较小，暂不纳入我们的讨论范围。

② 由于美国财政部并没有公布中国政府和私人部门各自持有的美国国债数据信息，我们认为企业和居民部门持有美国国债的规模较小，因此这里假定均为中国政府部门持有。

　　中国主权投资基金——中国投资公司的对外投资则相对多元化，主要以国家外汇资金的稳健增值为目的，投资方式以股权投资为主，直接投资为辅。2007年9月成立时中国投资公司的注册资本金为2000亿美元，其中50%由其子公司中央汇金公司用于投资国内资产，主要是国内重点金融机构的股权；另外50%由中投国际公司和中投海外公司用于投资国外资产。2011年12月国家又对新成立的中投国际公司注资300亿美元，使中国主权基金的资本金上升为2300亿美元。

　　如表8-3所示，成立十年来中国投资公司的资产规模实现了快速增长，由2007年年初的2000亿美元上升至2016年的8135亿美元，年均增长率为16.8%。国内资产增值贡献了绝大部分的增长，资产规模由1000亿美元上升至6204亿美元，年均增长率为20.0%，在总资产中占比由1/2上升至超过3/4；而国外资产仅1000亿美元上升至1931亿美元，年均增长率为4.8%，在总资产中占比由1/2下降至不到1/4。从资产收益率来看，国外资产2008年、2011年、2015年收益率为负，而国内资产在2016年也出现了负增长，从而导致2016年总资产规模没有延续以往的稳定上升态势，而是转为轻微下降。

　　中国投资公司的国外资产配置以金融资产为主，地域上以发达国家为主。2016年金融资产占比约为2/3，其中股票占比为45.9%，具体分布为美国股票51.4%，非美发达国家股票37.6%，新兴市场股票11.0%；债券占比为15.0%，其中发达国家主权债占比54.0%，新兴市场主权债为3.6%，公司债为27.1%，结构化产品及其他为15.4%；现金（含存款和短期美国国债）占比为1.9%。另类资产占比约为1/3，主要投资于对冲基金、私募基金、资源/大宗商品、房地产和基础设施等，具体比例和地域分布不明。

表8-3　　　　　　　　　　　中国投资公司的资产结构

年份	总资产（亿美元）	增长率（%）	国外资产（亿美元）	国内资产（亿美元）	国外资产（%）				
					现金	股票	固定收益	另类资产	年收益率
2007	2000	—	1000	1000	—	—	—	—	—
2008	2975	48.77	979	1996	87.4	3.2	9	0.4	-2.1

年份	总资产（亿美元）	增长率（%）	国外资产（亿美元）	国内资产（亿美元）	国外资产（%）					
					现金	股票	固定收益	另类资产	年收益率	
2009	3324	11.71	1094	2230	32.0	36.0	26.0	6.0	11.7	
2010	4096	23.22	1221	2874	4.0	48.0	27.0	21.0	11.7	
2011*	4822	17.72	1469	3353	11.0	31.0	21.0	37.0	-4.3	
2012	5750	19.25	1625	4125	3.8	32.4	19.1	44.7	10.6	
2013	6527	13.52	1776	4751	2.6	40.4	17.0	40.0	9.3	
2014	7467	14.40	1873	5594	3.6	44.1	14.6	37.7	5.5	
2015	8138	8.98	1818	6320	3.3	47.5	14.4	34.8	-3.0	
2016	8135	-0.03	1931	6204	1.9	45.9	15.0	37.2	6.2	

注：* 2011年成立中投国际公司，专门从事境外投资和管理业务，同年增资约300亿美元，使得当年国外资产规模上升，但实际该年境外投资收益率为-4.3%。

资料来源：中国投资公司年报。

　　中国私人部门的对外资产主要为企业持有（含国有企业），以直接投资为主。居民的对外投资以金融投资（主要是银行存款和证券投资）和房地产投资为主。由于难以对居民部门的境外房地产投资规模进行准确的估算，也很难将其与企业部门的对外资产进行区分，本节并未尝试对企业和居民部门进行划分，而是统一视为私人部门。这是因为居民对外投资的资金大多通过企业部门流出，或通过地下钱庄、"蚂蚁搬家"等形式流出，只有"蚂蚁搬家"的一部分被计入国际收支平衡表的"旅行"项下，其他部分则未在表中得到充分反映，因此仅从国际投资头寸表出发会显著低估居民部门的对外资产。

　　在运用国际收支平衡表对外投资收益数据进行分析之前，还需要说明两点：一是2005年以后BOP表中的对外投资收益项并不对应当期的实际资本流动，只是账面收益；二是只有2005年及以后的数据相对充分地反映了实际收益情况，可以用于对外投资收益分析。这是由于外管局在2010年对直接投资收益的统计方法进行了调整，将外商直接投资收益中的未分配利润和已分配未汇回利润，同时记入BOP表的经常账户收益项目的借方和金融账户直接投资项目的贷方，2005—2009年度数据也据此进行了追溯调整。

中国对外投资收益可以划分为政府部门和私人部门投资收益。政府部门投资收益由外汇储备投资收益和主权基金投资收益两部分构成，私人部门投资收益为总对外投资收益与政府部门投资收益之差。在计算分部门对外投资收益和收益率时，我们基于以下假定：（1）中国外汇储备中证券占比在99.6%上下，但具体类别和期限不明，这里我们统一假定为各国长期国债。尽管忽略了较低收益的短期国债和较高收益的其他证券的存在，但由于两者占比较小且相互抵消，造成的误差应在可接受的范围内。（2）在考虑各时期中国外汇储备的币种结构时，我们参考了张斌等（2010）和前文的估计，并假定欧元资产为德国长期国债，以德国10年期国债收益率计算投资收益。（3）由于官方储备资产中SDR、货币黄金等资产占比不超过3%且价值变动较小，在此忽略不计。（4）假定2005年后的国际收支平衡表中的"投资收益"项较为充分地反映了中国的对外投资收益，而实际情况可能并非如此，这可能是主要的误差来源之一。（5）在计算年投资收益率时，未考虑汇率变动的影响。例如2013—2016年美元进入升值周期，美元指数持续攀升了27.7%，这可能造成非美元资产的减值，但同时也会造成非美元资产收益的减值，估计由此造成的误差也在可接受的范围。

估算结果如图8-10所示，随着中国对外资产持有主体结构的变化，私人部门对外投资收益已经成为中国主要的收益来源。若计入主权基金的对外资产，中国政府部门对外资产占比由2005年的67.5%上升至2009年的74%，投资收益占比也由67.8%上升至78.4%。2010年起政府部门对外资产占比开始逐年下降，从约3/4降至2016年的二分之一，投资收益占比则大幅下降至21.3%，降幅大大超过了资产规模的降幅，这反映出2010年以来私人部门不仅对外资产规模快速上升，投资收益率也显著高于政府部门。

如图8-11所示，2005—2016年中国对外资产平均收益率为3%，波动性并不大。其中2005—2011年中国的对外资产收益率低于美国长期国债收益率，平均低了77个基点，反映出这段时期中国的对外资产配置效率较低，没有能够获得理想的回报。2012—2016年这一情况有了明显改善，资产收益率显著高于美国长期国债收益率，平均高出88

个基点。由于这一时期政府部门投资收益率呈下降趋势（见图 8 – 12），这主要是私人部门对外投资占比与收益率同时提升的结果。

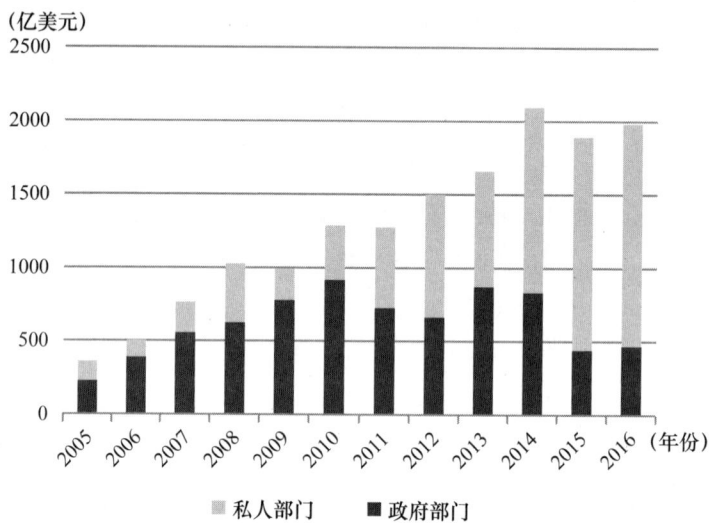

图 8 – 10　政府和私人部门对外投资收益

资料来源：CNBS。

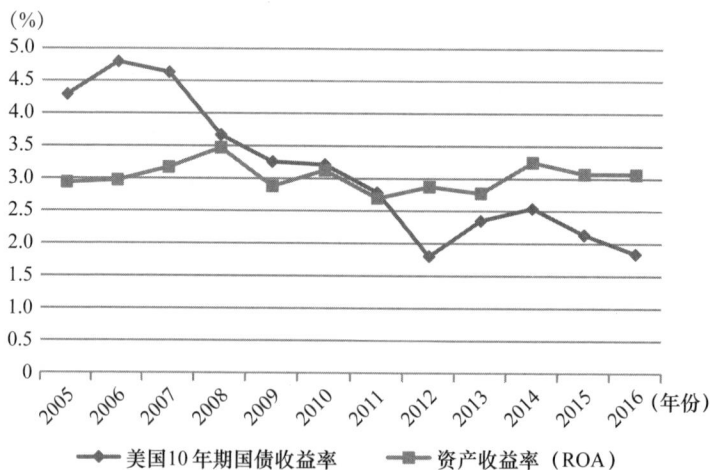

图 8 – 11　中国对外投资资产收益率

注：资产收益率 = 对外投资收益/对外总资产 × 100%。

资料来源：OECD stat，国家外汇管理局。

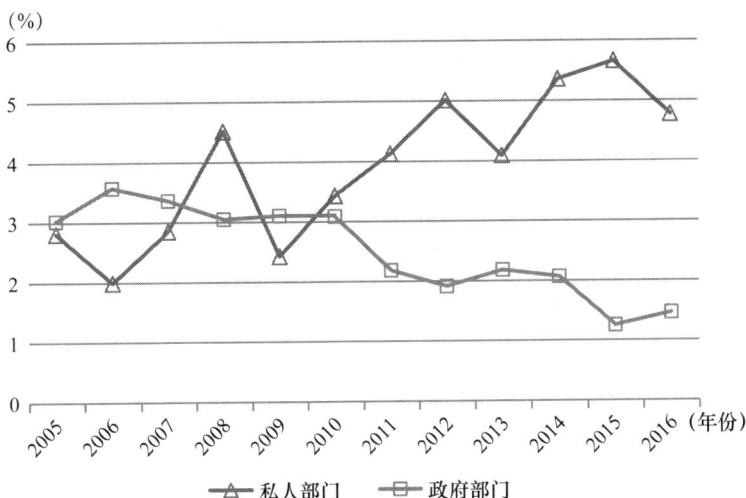

图 8 – 12　中国政府和私人部门对外投资资产收益率
资料来源：国家外汇管理局，OECD 数据库，美国财政部 TIC 数据和 CNBS。

　　中国政府和私人部门对外投资收益率的估算结果如图 8 – 12 所示。政府部门投资收益率较为平稳，2006 年以来总体呈下降趋势，这一趋势并未因主权基金的设立而发生变化。这一方面是因为国际金融危机后资本市场风险偏好下降，导致无风险资产收益率被不断压低。在中国对外资产配置中占比最大的美国长期国债收益率从 2006 年的 4.79% 降至 2016 年的 1.84%（见图 8 – 11），同期英国、德国和日本的长期国债收益率也分别从 4.50%、3.76%、1.74% 一路下滑至 1.31%、0.09% 和 –0.07%。另一方面，虽然成立了主权基金，但其资本金规模仅为政府对外资产的 6% 左右，年平均收益率也仅为 5.1%，比同期美国国债年均收益率仅高了 2.5 个百分点，因此对政府部门收益率的影响有限。

　　与政府部门不同，私人部门投资收益率主要呈现两个特征。一是波动性较大。这是由于私人部门对外投资风险水平较高，追逐高收益的同时也带来了高风险，使得某些年份的综合收益低于政府部门的投资收益。二是 2010 年以来收益率均高于政府部门收益率，并总体呈上升趋势。这一方面可能与私人部门对外投资经验的积累从而成功率提升有关，另一方面可能与对外投资主体由国有企业为主转为民营企业为主有关，2016 年民营企业在私人部门对外投资中占比约为 70%。

　　需要注意的是，2008 年私人部门收益率的跳升很难解释，可能是统计口径调整或者误差的结果。2008 年美、德、英、日国债收益率均下跌，中投公司收益率也为负，故政府部门收益率出现了下滑。然而，在国际资本市场大幅动荡，全球股市大幅下跌的情况下，私人部门理应受到更大的负面冲击，因为私人部门风险偏好高于政府部门，无风险资产配置占比较低，货币与存款在当年私人部门对外资产中占比仅为 7.3%。不过，我们注意到当年 BOP 表中中国对外投资收益不降反升 260 亿美元，升幅达到 34%，这可能是导致私人部门收益率跳升的直接原因。

　　总之，近年来私人部门与政府部门对外投资收益率正在走向分化。2015—2016 年私人部门平均投资收益率为 5.2%，比政府部门平均投资收益率高出 3.8 个百分点，① 接近同期外国在华平均投资收益率（5.7%）。由此可见，中国私人部门对外投资正在走向成熟，在中国对外投资中正逐步发挥主体作用，是未来扭转中国对外投资收益逆差的主要发展方向。

对外资产负债表的潜在风险分析

　　目前中国对外部门的债务风险较低。债务风险主要包括期限错配、货币错配和资本结构错配三种风险。

　　期限错配风险主要指对外部门的资金来源和运用在期限上不匹配，从而存在因缺乏流动性导致债务违约的风险。从期限结构看，中国面对的期限错配风险较低。2016 年年底中国短期外债为 8709 亿美元，中长期外债为 5498 亿美元，短期外债占比约为 61.3%，比 2015 年下降了 2.9 个百分点，短期外债与外汇储备之比为 28.9%。2017 年前 3 季度中国的外债水平有所上升，短期外债升至 10233 亿美元，但与此同时外汇储备也回升至 31000 亿美元，故短期外债与外汇储备之比上升至 32.9%，这与国际警戒线 100% 还有很大的距离，因此可以说短期内中国不存在由期限错配造成债务违约的风险。

———————————

　　① 这里我们对政府部门的收益率可能有所低估。因为外汇储备中配置了一定比例的证券资产，这部分在我们的估算中被假定为美国国债。

　　货币错配风险主要是指由于货物和资本流动采用不同货币计价，使得一国资产和负债、进出口贸易的收入和支出易受汇率变动的影响，出现支付困难的可能。一国对外部门资产负债表对汇率变动越敏感则货币错配风险越强。由于中国对外资产负债规模较大，面临的货币错配风险也在逐渐提高。但是，这类资产负债变动仅为账面损益，只有资本实际流出时，这类持有损益才会实现。在目前由美元和欧元主导的国际货币体系中，除美国和欧元区国家以外，所有国家都面临着货币错配的风险。从中国外债的币种结构看，中国的货币错配风险较低。根据国家外汇管理局的数据，2016 年年底中国外币外债余额（含 SDR 分配）为9330 亿美元，占 66%；本币外债余额为 4877 亿美元，占 34%。在外币外债中，美元债务占 82%，约为 7651 亿美元；欧元债务占 7%，约为653 亿美元；日元债务占 3%，约为 280 亿美元。假设前文估计的中国外汇储备币种构成贴近实际情况，则中国拥有的美元储备约为 1.4 万亿美元，欧元储备约合 6800 亿美元，日元储备约合 1500 亿美元，其他货币储备约合 3280 亿美元，均能覆盖对应外债。另外，中国目前实行的是盯住一篮子货币的汇率政策，也有助于降低中国的货币错配风险。

　　资本结构错配风险主要是指权益实体过分依赖负债融资，而资本金或所有者权益在融资中的比例过低而带来的风险。如前文所述，中国长期以来以直接投资为主要融资方式，而不是发展中国家常见的依赖于负债融资。因此中国的资本结构错配风险也较低。在平衡双向资本流动等一系列因素的考量下，中国正在逐步开放国内的金融市场。2017 年开通了债券通"北向通"，允许境外投资者投资于内地银行间债券市场，并不设投资额度限制，QFII 和 RQFII 投资额度也在不断放宽，与此同时还推出便利自贸区企业发行外币外债的举措，这一系列政策措施都使得 2017 年流入中国的证券投资规模快速上升，若干年后这可能会造成中国的资本结构错配风险。

　　此外，国际通用的衡量外债风险的主要指标有三个，即负债率、债务率和偿债率。中国这三个指标均低于国际警戒线。根据外管局公布的数据，2016 年年底中国负债率为 13%，债务率为 65%，偿债率为 6%，短期外债和外汇储备比为 29%，各指标均在国际公认的安全线（分别为 25%、100%、25%）以内，故目前中国外债风险总体可控。

　　另外，如果全球经济保持稳步复苏，美联储和其他主要经济体央行将加快推进货币政策正常化，中国的货币政策也将逐步收紧，有触发金融风险的可能，届时资本外流和汇率贬值压力将会再现，未来还需密切关注中国的跨境资本流动的新动向和对外资产负债表的新发展。

第三编

专题分析

9

机关事业单位养老保险隐性债务[*]

9.1 2015 年改革以来养老保险的进展

在《中国国家资产负债表 2013》第十六章中，我们曾经计算了中国职工和居民养老保险的资金缺口和隐性债务问题，并且做了政策模拟以分析不同改革措施对隐性债务的影响，得出了许多有价值的结论。而在《中国国家资产负债表 2015》第十二章中，我们更新了相关数据，计算发现养老保险收支的资金缺口状况要比第一次的预测结果更加糟糕。我们还分析了养老保险改革的一些问题，包括城乡居民养老保险和机关事业单位养老保险改革、延迟退休年龄和养老金入市、国有资本划拨补充养老保险、养老保险跨地区统筹等。

从《中国国家资产负债表 2015》到现在又已过去近 3 年时间，这段时间里养老保险体系又发生一些变化。其中，从制度层面，颁布了许多新的政策措施，进一步完善养老保险体系（特别是机关事业单位养老保险），2015 年颁布《国务院关于机关事业单位工作人员养老保险制度改革的决定》（国发〔2015〕2 号）和《国务院办公厅关于印发机关事业单位职业年金办法的通知》（国办发〔2015〕18 号）后，又陆续颁布了相关配套制度明确、细化和完善机关事业单位养老保险体系，包括 2015 年颁布的《在京中央国家机关事业单位工作人员养老保险制度改革实施办法》（人社部发〔2015〕112 号）明确了中央国家机关事业人员的养老保险改革范围和改革办法；2017 年颁布的《人力资源社会

---

* 感谢中国社会科学院财经战略研究院汪德华研究员提供的建议。

保障部财政部关于机关事业单位基本养老保险关系和职业年金转移接续有关问题的通知》（人社部规〔2017〕1号）明确了参保人员在不同单位、体制和地区间流动时养老保险的转移接续问题；2018年颁布的《国务院关于建立企业职工基本养老保险基金中央调剂制度的通知》正式开始推动建立养老保险的全国统筹制度，明确了实行养老保险基金中央调剂的办法，自2018年7月1日起实施；等等。

从实践落实层面，近3年时间里变化较明显的主要是机关事业单位养老保险改革[①]。随着2015年《国务院关于机关事业单位工作人员养老保险制度改革的决定》的颁布，以及相关配套措施的出台，机关事业单位养老保险快速推进，近几年机关事业单位保险的参保人数、基金收支均有快速的增长。企业职工的养老保险基金收入一直保持稳定增长，到2016年企业职工养老保险基金收入为2.87万亿元，机关事业单位在2015年前的基金收入的增长则相对缓慢，2014年机关事业单位养老保险基金收入只有2004亿元，只相当于企业职工的8.6%，但2016年基金收入已达6365亿元，是2014年的3倍多，已相当于企业职工的22.2%（见图9－1）。机关事业单位养老保险的基金收入、支出和累计结余自2015年以来迎来快速增长阶段。

自20世纪90年代以来，企业职工逐步建立社会化基本养老保险制度，但机关事业单位养老保险制度并未纳入相应改革，而继续由财政负担职工的养老责任。2000年国务院《关于印发完善城镇社会保障体系试点方案的通知》中明确指出，公务员和全额拨款事业单位维持现行养老制度不变，差额拨款事业单位养老办法另行制定。2008年国务院《事业单位工作人员养老保险制度改革试点方案》中要求，结合事业单位分类改革，逐步推行事业单位养老保险向企业职工养老金制度并轨，并先期确定在山西、上海、浙江、广东、重庆5省（市）开展试点。但由于事业单位人事等配套制度改革没有同步推进，且事业单位的养老

---

① 城镇和农村居民养老保险分别于2011年和2009年起逐步建立，2014年颁布的《国务院关于建立统一的城乡居民基本养老保险制度的意见》（国发〔2014〕8号）又将城镇和农村居民养老保险合并，由于一来城镇居民养老保险和新农村居民养老保险本来在制度设计上就差异不大，制度的变迁难度较小，二来城乡居民养老保险已实现全国覆盖，建立全国统一的城乡居民基本养老保险制度已具备条件，因此改革的难度和改革带来的变化相对要小。

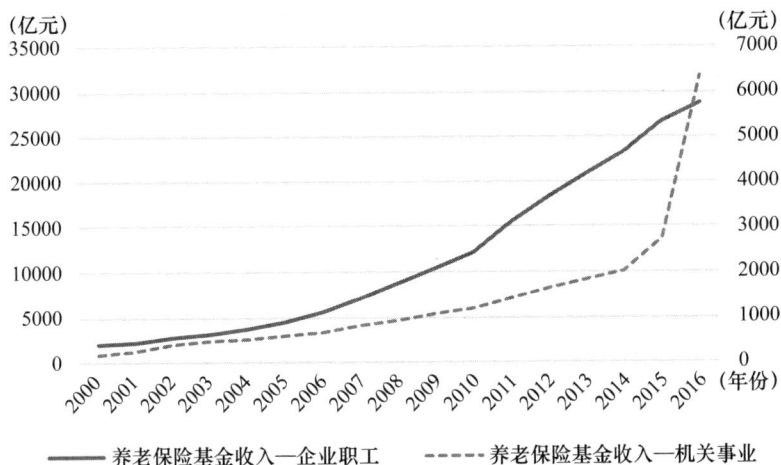

图 9 – 1　历年城镇企业和机关事业职工养老保险基金收入

注：左轴为企业职工缴费收入，右轴为机关事业单位缴费收入。

资料来源：《中国人力资源和社会保障年鉴》。

金替代率要明显高于企业职工，现行情况下改革会导致事业单位职工养老金待遇降低，因此遇到很大阻力，改革几乎未得到有效推进（朱恒鹏等，2015）。并且，已经实现改革的机关事业单位职工养老保险收支在《中国人力资源和社会保障年鉴》等统计资料中被纳入城镇职工养老保险，而并未单独列出，使得其也缺乏相应公开统计资料来分析。因此，在之前有关养老保险收支、可持续性等方面的绝大多数研究中，或者完全没有考虑机关事业单位养老保险，或者考虑了机关事业单位，但将其放入企业养老保险而并没有独立出来。

　　因此，本章对养老保险的研究，将试图把机关事业单位养老保险独立出来，单独测算其收支状况和可能存在的隐性债务问题。目前，已有许多关于机关事业单位养老保险问题的研究，但定量地测算和预测保险收支和资金缺口的文献较少，过去的研究多集中在企业职工的基本养老保险上。本章将延续李扬等（2013；2015）研究的思路和基础数据，特别是基于人口预测模型的数据，并加之以合适的参数设定，来进一步细化分析养老保险的收支缺口问题。

9.2　机关事业单位养老保险的收支缺口和隐性债务分析

机关事业单位养老保险人口的测算

与企业职工养老保险改革时一致，根据参加工作时间和退休时间的不同，机关事业单位养老保险人口分为三种类型：一是改革决定实施前已退休的，继续按照国家规定的原待遇标准发放基本养老金，这部分人被称作"老人"；二是改革决定实施前已参加工作，决定实施后退休的，退休后的基本养老金除基础养老金外，还根据其视同缴费年限长短计发过渡性养老金，以弥补其养老金积累不足的问题；三是《国务院关于机关事业单位工作人员养老保险制度改革的决定》实施后参加工作的，被称为"新人"。其规定实施日为 2014 年 10 月 1 日，因此，我们将老、中、新人的区分时点定为 2014 年年底。

我们假定，《中国人力资源和社会保障年鉴》的城镇职工养老保险里，排除企业职工，剩余的都是机关事业单位职工，得到 2014 年已退休机关事业单位职工总数为 579.8 万人。但是，这只是已在养老保险范围内的机关事业单位人群。由于改革的快速推进，根据《中国人力资源和社会保障年鉴》，2016 年职工养老保险中机关事业单位离退休职工达 1079.5 万人，扣除 2014 年及以前已退休的 579.8 万人，则 2015 年和 2016 年两年新增机关事业单位离退休职工近 500 万人。显然，这 500 万人大多数并不是因为他们恰好在 2015 年和 2016 年退休，而是因为机关事业单位养老保险改革将那些在原退休金体制下已退休的职工，整体转移到新的机关事业单位养老保险形成的。并且，由于改革的逐步推进，还有大量退休职工尚未实现新老转换①。与之类似，机关事业单位养老保险在职人口从 2014 年的 1598.7 万人扩大到 2016 年的 2586.7 万人，这也主要是由于从退休金向养老保险的整体转移造成的。由于改革尚未完成，又缺乏足够数据，无法直接得到未来改革完成后机关事业单

---

① 根据相关资料，2017 年机关事业单位养老保险改革也在快速推进。

位的养老保险人口数量。

1. "老人"数量估算和预测

因此，我们需要首先得到 2014 年已退休和在职的机关事业单位职工数量。根据《中国人力资源和社会保障年鉴》，2014 年机关事业单位职工人数达 4586 万人，但是机关事业单位退休职工数据查无所获。《中国劳动统计年鉴 2006》中有 2005 年及以前的机关事业单位离退休人员数据，其中 2005 年机关事业单位离退休人员数达 1113.8 万人（退休人员 1052.3 万人），且以平均每年超过 5% 的速度在增长。而 2005 年机关事业单位职工人数则达 3917 万人，离退休人员与在职职工人数之比为 28.4%，且这一比值在随时间不断增长，平均每年提高 1.12 个百分点，按这个速度，到 2014 年这一比例将达到 38.8%。因此，若假定 2014 年机关事业单位离退休人员与在职职工比例达到 38.8%，则可推算 2014 年机关事业单位离退休人口为 1781 万人①。同时，有研究认为，到 2014 年年底，中国政府的机关事业财政供养人员已达到 6400 万人②。若减去 4586 万人的在职人口，则离退休人口为 1814 万，与上面我们推算的 1781 万人十分接近。此外，在《中国人力资源和社会保障年鉴》中，有 2014 年的机关事业单位养老保险职工人口数据和离退休职工人口数据，分别为 1598.7 万人和 579.8 万人，离退休职工占在职职工的比例达到 36.3%③，这是已经完成试点改革的机关事业单位的情况，若假定已完成养老保险试点改革单位的这一比例与机关事业单位总体一致，则 2014 年机关事业单位总体离退休人口为 1663.2 万人。因此，多种不同方法推算结果均显示，2014 年机关事业单位养老保险人口在 1700 万人左右。最终，我们选定第三种方法算得的 1663.2 万人，作为

---

① 曾益等（2015）的研究里，根据财政部公布的中国 2002—2011 年平均 5.02% 的财政供养系数，再乘以总人口，得到的财政供养人员作为机关事业单位人口。然后假定退休人员和在职人员比例为 32.55%，从而得到 2014 年机关事业单位在职职工数 4631.47 万人、离退休职工 2235 万人。但这一方法有问题，首先，财政供养人员的口径要比机关事业单位职工的口径大许多，还包括军队等人员。若用 2005 年《中国劳动统计年鉴》上公布的机关事业单位在职和离退休职工数 5030.8 万人计算，则占总人口的比重为 3.85%，低于 5.02%。其次，机关事业单位职工数在逐步提高，2000—2014 年机关事业单位职工人数增长了 19.4%，显然人口没有这样大的增长，因此假定供养系不变可能是不太合适的。

② 《四项经济改革亟须推进》，《经济参考报》2015 年 9 月 17 日。

③ 同样，这个比例在不断增长，从 2000 年的 15.7% 增加到 2014 年的 36.3%。

机关事业单位离退休人口的估算结果。

用 2010 年人口普查数据中城镇离退休人员男女比例来计算得到这 1663.2 万已退休职工的分性别数量。然后，为了模型的一致性，这里用李扬等（2013）人口预测模型算得的 2014 年城镇分年龄人口数据，来得到这部分已退休人群的年龄结构（假定男性 60 岁退休，女性 55 岁退休）。同时，用 2014 年年底机关事业单位离退休人口，除以相应年龄和性别的城镇人口总量，得到 2014 年城镇相应年龄人口进入机关事业单位退休人口的平均比例为男性 16.31%，女性 12.71%。之后，依据我们在李扬等（2013）中建立的人口预测模型，用年龄移算法来计算这些人的动态轨迹。

（百万人）

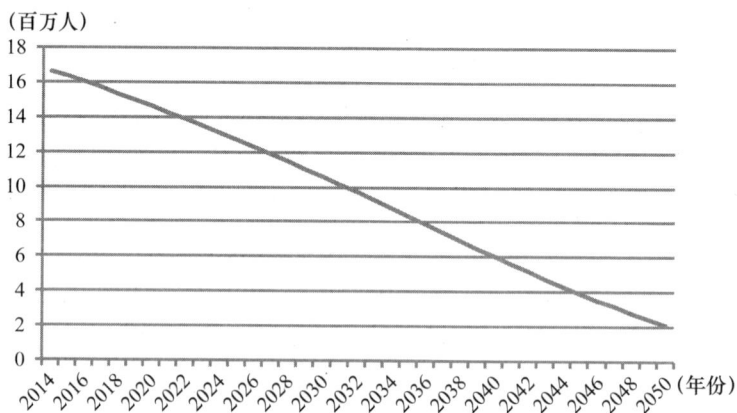

图 9 - 2　机关事业单位养老保险退休人口（老人）

注：假定机关事业单位职工会全部转为机关事业单位养老保险人口。

资料来源：国家资产负债表研究中心（CNBS）。

2. "中人""新人"数量估算和预测

根据《国务院关于机关事业单位工作人员养老保险制度改革的决定》（国发〔2015〕2 号），改革决定实施前参加工作、实施后退休的，在发给基础养老金和个人账户养老金的基础上，再依据视同缴费年限长短发给过渡性养老金。这部分常被称作"中人"，2014 年年底机关事业单位 4586 万职工显然都属于"中人"群体。与李扬等（2013）一致，我们用 2010 年人口普查城镇相应行业就业人员数中男性和女性人口比，从而得到这 4586 万人中有 2419.6 万男性，2166.4 万女性。假设这些职工的人口年龄和性别结构与 2014 年人口相应年龄人口结构一致，然后再用我们的人口预测模型中 2014 年的城镇年龄结构数据，得到这些人的年龄结构。

得到 2014 年年底机关事业单位人口的性别和年龄结构后，就可按照李扬等（2013）设定的人口预测模型，推算未来的在职和退休人口规模。其中，用分年龄和性别 2014 年年底机关事业单位就业人口除以相应年龄和性别的城镇人口，得到城镇相应年龄男性进入机关事业单位工作占比为 9.87%，女性进入机关事业单位工作占比为 10.36%。简便起见，我们假定未来机关事业单位就业人口和离退休人口占城镇相应人口的比例在未来不会变化，这样来预测未来的城镇机关事业养老保险人口。

图 9 - 3 展示了预测得到的"老人""中人"和"新人"的离退休养老保险人口。可以看出，"老人"规模会随着时间而逐步减小，到 2050 年，这批人口将从 1663.2 万人减至 212 万人。但中人的增长速度更加迅猛，从 2015 年开始积攒，到 2050 年中人规模将达到 6058 万人[①]。此外，由于我们假定机关事业单位就业人员参加工作年龄为 23 岁，在目前退休年龄条件下，则 2015 年参加工作男性到达退休年龄时将为 2052 年，2015 年参加工作女性到达退休年龄时为 2047 年。因此新人退休的职工很晚才出现，在本章的时间跨度中起不到重要的作用。

将"老人""中人"和"新人"的离退休养老保险人口相加，就得到总的机关事业单位离退休养老保险受益人口。可以看出，样本期内养老保险受益人口一直在不断增长。

同时，我们也算得机关事业单位养老保险的缴费人口，如图 9 - 4 所示，2014 年这一人数为 4586 万人，之后不断增长，到 2036 年，机关事业单位缴费人口将达到最大值，为 5309 万人。2036 年后，缴费人口不断下滑，到 2050 年，机关事业单位缴费人口总规模将落至 4573 万人。

---

① 图 9 - 3 中虽未呈现，但如企业的养老保险人口预测一样，中人群体直到全部进入退休年龄后，才开始逐步衰亡减少。假设 23 岁开始工作 60 岁退休，则直到 2052 年中人才全部进入退休年龄。

（千万人）

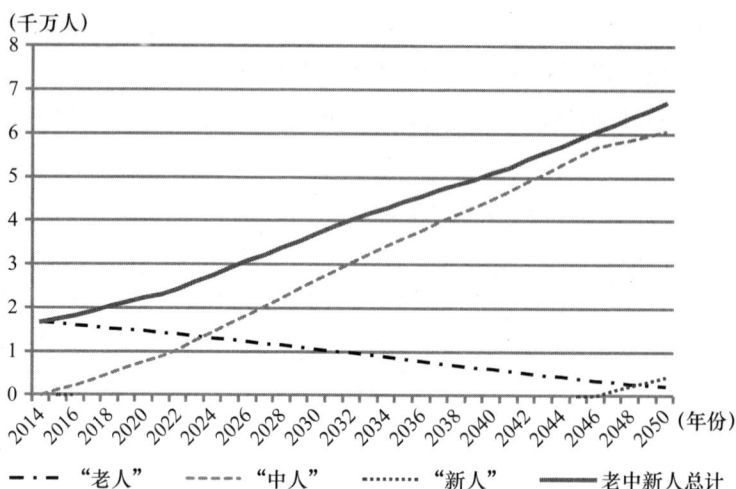

图 9 - 3　机关事业单位养老保险退休人口——"中人"和"新人"

注：假定机关事业单位职工会全部转为机关事业单位养老保险人口。

资料来源：国家资产负债表研究中心（CNBS）。

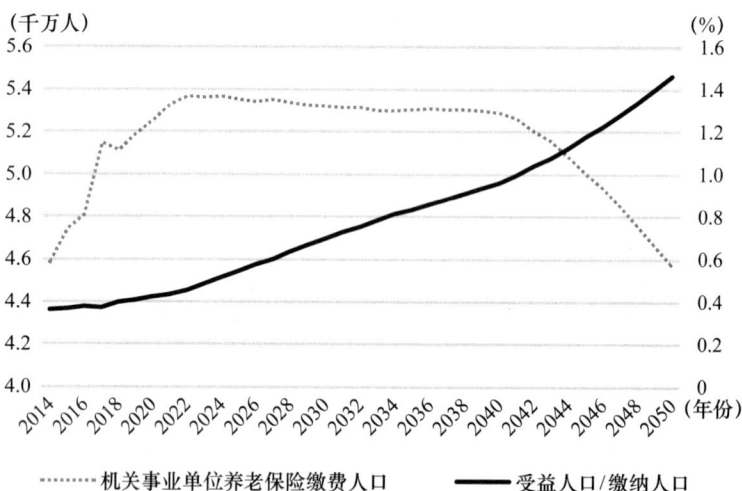

图 9 - 4　机关事业单位养老保险缴费人口及赡养率

注：左轴为缴费人口数，右轴为养老保险赡养率。

资料来源：国家资产负债表研究中心（CNBS）。

养老保险赡养率，即受益人口（老、中、新退休人口合计）与在职缴费人口之比亦如图 9-4 所示。在 2014 年，中国机关事业单位养老保险的退职比只有 0.363，换言之 2.760 个在职人口供养一个退休人口，但这一比例在加速扩大，在 2042 年这一比例超过 1，到 2050 年这一比例将达到 1.463，即一个在职人口需要供养 1.463 个退休人口。

机关事业单位养老保险收支预测

1. 缴费和养老金等标准设定

在之前的研究中，由于缺乏相关数据，所以假定机关事业单位的缴费率与企业职工是一样的。而利用养老金征缴收入/养老金缴费人口/全社会平均工资，得到的职工实际缴费率在 2010—2012 年平均只有 15.49%。自 2016 年《中国人力资源和社会保障年鉴》开始独立公布机关事业单位养老保险的收入、支出和累计结余数据，因此可以让我们更加了解机关事业单位养老保险的基本情况。

不过，需要注意的是，由于在 2015 年迎来改革，2015 年和 2016 年改革快速推进，使得相关数字有极大变化，同时改革又仍未完成，使得数字的变化仍不稳定，在研究中需小心。表 9-1 整理了 2000—2016 年历年的机关事业单位养老保险人口和收支的情况，计算得到 2016 年养老保险的缴费人口和离退休人口分别是 2014 年的 1.62 倍和 1.86 倍，而 2016 年的养老保险收入和支出则分别是 2014 年的 3.18 倍和 3.14 倍，人口的增长和缴费的增长倍数有很大的差异。这显然不是因为 2015 年改革后新进入养老保险体系的人员与 2015 年前就已经存在的人员有巨大的差异造成的[①]。

同时，用 2016 年的数据，计算得到的缴费率是 36%，替代率是 82%。这两个数字也是不太可能的。法定缴费率最高不超过 28%，同时由于养老保险缴费基数要小于平均工资收入，因此 36% 的缴费率是不可能的，82% 的替代率同样如此。在 2014 年这两个数字分别是 22% 和 58%。

---

① 如前所述，机关事业单位养老保险的试点改革主要集中在部分差额拨款事业单位上（如医院等），改革后进入养老保险的单位和职工肯定与改革前的有所不同，但没有理由认为两类单位人员的收入有如此大的差异，使得新进入的人员的缴费和待遇不同而令养老保险收支有如此大的增长。

表 9-1　　　　　　　　　机关事业单位养老保险人口和收支情况

年份	养老保险缴费人口（万人）	养老保险离退休人口（万人）	养老保险收入（亿元）	养老保险支出（亿元）	人均养老保险收入（元）	人均养老保险支出（元）	城镇单位年平均工资（元）	缴费率（%）	替代率（%）
2000	977.6	153.4	189.8	145.4	1941.5	9478.5	9333	0.21	1.02
2001	1068.9	209.3	253.0	204.4	2366.9	9765.9	10834	0.22	0.90
2002	1199.4	258.6	387.8	340.1	3233.3	13151.6	12373	0.26	1.06
2003	1322.0	303.3	470.6	405.9	3559.8	13382.8	13969	0.25	0.96
2004	1346.4	327.6	529.9	470.9	3935.7	14374.2	15920	0.25	0.90
2005	1409.8	362.3	601.6	545.0	4267.3	15042.8	18200	0.23	0.83
2006	1512.9	396.8	677.2	609.4	4476.2	15357.9	20856	0.21	0.74
2007	1492.6	409.7	823.6	811.3	5517.9	19802.3	24721	0.22	0.80
2008	1504.1	435.6	940.1	882.0	6250.2	20247.9	28898	0.22	0.70
2009	1524.0	458.9	1070.3	1007.8	7023.0	21961.2	32244	0.22	0.68
2010	1579.6	493.4	1201.1	1145.0	7603.8	23206.3	36539	0.21	0.64
2011	1595.0	512.2	1409.9	1339.3	8839.5	26148.0	41799	0.21	0.63
2012	1620.2	534.8	1638.0	1023.8	10109.9	19143.6	46769	0.22	0.41*
2013	1612.6	556.2	1831.7	1729.0	11358.7	31085.9	51483	0.22	0.60
2014	1598.7	579.8	2004.2	1907.4	12536.4	32897.6	56360	0.22	0.58
2015	1632.4	605.6	2727.7	2671.8	16709.8	44132.8	62029	0.27	0.71
2016	2586.7	1079.5	6364.9	5988.7	24606.3	55476.6	67569	0.36	0.82

注：①人均养老保险收入＝养老保险收入/养老保险缴费人口，人均养老保险支出＝养老保险支出/养老保险离退休人口；缴费率＝人均养老保险收入/平均工资，替代率＝人均养老保险支出/平均工资。

②*2012年数据有些异常，当年养老保险支出额明显下降，使得当年平均替代率只有0.41。

资料来源：《中国人力资源和社会保障统计年鉴》《中国统计年鉴》。

　　在相关统计资料中，并未讨论2015年和2016年改革期间的数字存在的问题。笔者猜测，这一时期数字反常可能是因为养老保险改革逐步推进，由此引发的补缴和补发造成的：《国务院关于机关事业单位工作人员养老保险制度改革的决定》规定实施日为2014年10月1日，但2015年养老保险人口并未大幅增长，统计数字大幅增加集中在2016

年。因此，大量改革涉及职工需要在 2016 年完成转轨后补缴从 2014 年
10 月开始的养老保险（支出同理），这造成了养老保险收入在 2016 年
有超过 3 倍的增长。由于改革尚未完成，因此尚未发布的 2018 年《中
国人力资源和社会保障统计年鉴》可能存在同样的问题。

　　鉴于此，我们仍利用 2014 年及以前的数据来确定如缴费率、替代
率等参数，而避免可能有问题的 2015 年和 2016 年数据。根据表 9 - 1
中的计算，机关事业单位养老保险的实际缴费率在 2014 年为 22%，缴
费率数字较为稳定，除了个别年份（如 2002—2004 年），基本稳定在
21%—23%①。在未来的预测中，我们假定实际缴费率数字维持 22% 保
持不变，其中，20/28 的部分进入基础养老金账户②。

　　从替代率来看，机关事业单位养老保险的替代率处于逐步下降过
程，到 2013 年替代率已降至 60% 的水平，2014 年继续下降至 58%
（个别年份会有异常值，如 2012 年）。参照以前的研究，以及《国务院
关于机关事业单位工作人员养老保险制度改革的决定》的规定，假定
"老人"的替代率继续维持 2014 年的 58% 不变③。假定机关事业单位的
"新人"基础养老保险替代率为 40%④。由于有过渡性养老金的存在，
假定"中人"的养老保险替代率从老人的 58% 逐步降低到"新人"的
水平。目前，有关"中人"的过渡性办法，很多地方实行了"十年"
的过渡期，在过渡期内实行新老待遇计发办法对比，"保低限高"。"十

---

　　① 这一缴费率比企业部门的高许多。在李扬等（2013；2015）的研究中，由于缺乏相
关数据，因此假定机关事业单位的实际缴费率与企业一样，为 14.2%。高的原因包括比如机
关事业单位职工平均收入要高于企业水平，机关事业单位职工工作更稳定，更少出现断供等
情况等。

　　② 因此，需注意到本次有关机关事业单位养老保险研究与之前两次的不同，这里在收
入端只考虑了进入基础养老金账户的部分，而在支出端则只考虑了基础养老金所提供的替代
率，而没有加入个人账户部分所能提供的保障。

　　③ 2014 年已退休的人群均是老人，因此 2014 年的养老保险替代率同时也是老人的替
代率。

　　④《国务院关于机关事业单位工作人员养老保险制度改革的决定》规定，退休时的基础
养老金月标准以当地上年度在岗职工月平均工资和本人指数化月平均缴费工资的平均值为基
数，缴费每满 1 年发给 1%。因此若 23 岁参加工作，60 岁退休，则养老保险替代率将达到
37%，若 55 岁退休，则替代率为 32%，男女平均则约有 35% 的替代率。同时，如前所述，由
于机关事业单位职工比企业有更高的实际缴费率和更稳定的缴费，这里暂假定新人替代
率将达到 40%。

年"过渡期后,"中人"便不再享受过渡期待遇,而是直接执行与"新人"相同的养老金计发办法。

其他参数,如 GDP 增速、利率、工资增速等指标均参照李扬等(2013)的设定,一些数据如 GDP 等更新到最新,此处不再赘述。

2. 收支预测和分析

从测算结果来看,如图 9 - 5 所示,2014—2024 年机关事业单位养老保险支出中还以"老人"为主要,但由于"中人"人口的快速增长和老人的逐渐减少,从 2025 年开始中人的养老保险支出就开始超过老人,并成为机关事业单位养老保险支出的主要。而新人支出,如同新人人口的预测那样,直到 2047 年才开始出现,因此在样本期内起不到重要作用。

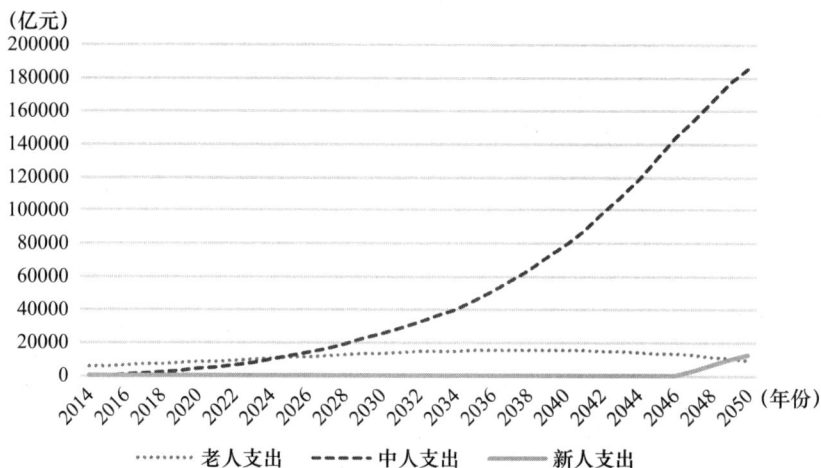

图 9 - 5 机关事业单位养老保险支出预测

注:数据为当年价格。

资料来源:国家资产负债表研究中心(CNBS)。

将"老人""中人"和"新人"的养老保险支出合并,得到总的养老保险支出,同时缴费收入减去支出,即得到历年的养老保险收支差额。如图 9 - 6 所示,由于这里收入端只计算统筹部分的收入,而"老人"和"中人"的支出则全部计入,使得养老保险从一开始就是收不抵支的①。到 2050 年，养老保险累计缺口将达到 246 万亿元（2050 年价格），占当年 GDP 的比例达到 29%。当然，与李扬等（2013）的测算中得到的企业职工养老保险超过 800 万亿元的缺口相比，机关事业单位的收支缺口的规模要小于企业，但仍不可小觑。

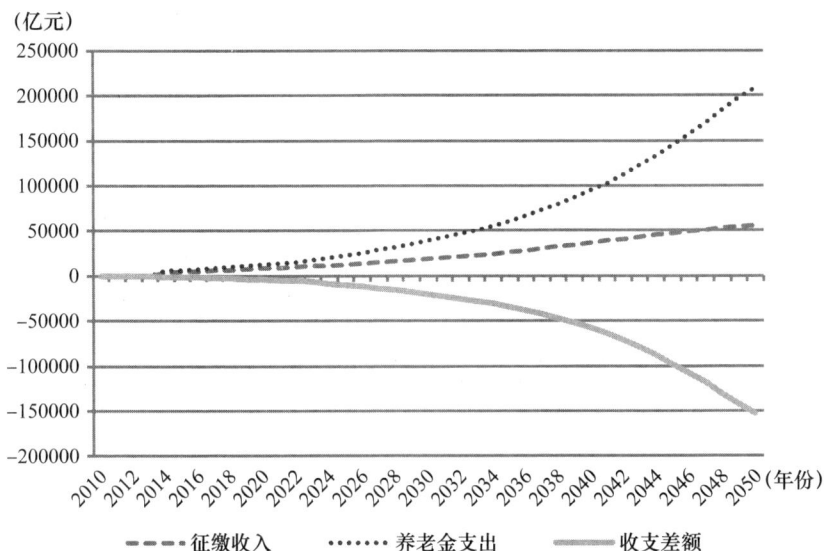

图 9－6　机关事业单位养老保险收支和收支缺口

注：数据为当年价格。

资料来源：国家资产负债表研究中心（CNBS）。

　　如前所述，假如机关事业单位养老保险出现收支缺口且累积结余不足以弥补缺口时，若政府不采取任何行动，则到 2050 年累积缺口将达到 246 万亿元，占 2050 年当年 GDP 的 29%。但假设政府不采取任何行动任由缺口扩大是不现实的。假设当机关事业单位的养老保险收支出现缺口且累积余额不足以偿付养老金支出时，政府财政进行补贴来维持机关事业单位养老保险运转，但仅限于熨平收支缺口。结果如图 9－7 所示，与企业职工养老保险类似，当把养老保险补贴的支出责任分配到各

---

① 在模型设定中，养老保险累计结余的收益率为 3%，若养老保险累计结余已经消耗殆尽，则假设需要以 5% 的利率为其融资。

年时，看起来政府的压力就没那么大了，到 2050 年时，补贴占 GDP 比
例将达到 1.77%。2020—2050 年补贴占 GDP 比例平均为 0.9%。而机
关事业单位养老保险支出占 GDP 的比例将从 2014 年的 0.86% 逐渐增高
至 2050 年的 2.40%。这与当前英国等发达国家公共部门养老支出占
GDP 约 2.00% 的比例相距不远。

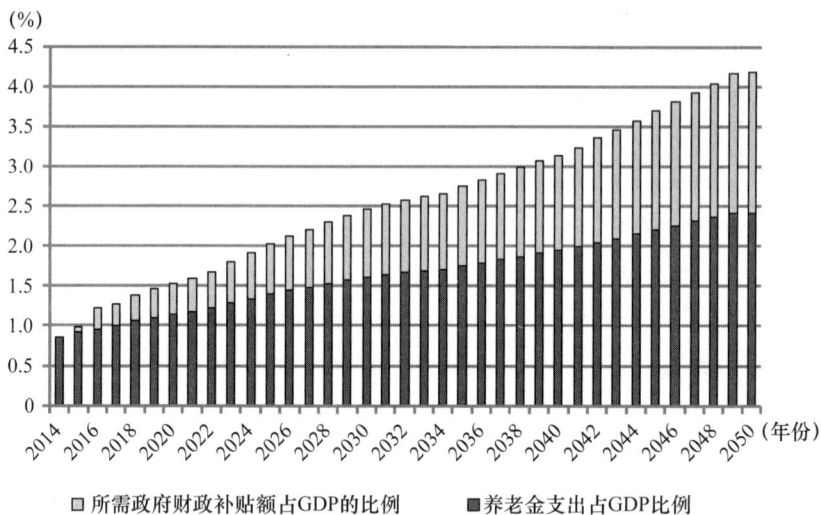

图 9-7 维持机关事业单位养老保险体系所需政府补贴占 GDP 的比例
资料来源：国家资产负债表研究中心（CNBS）。

　　把每年所需要的财政补贴折现并加总，即得到有关机关事业单位养
老保险的隐性债务。我们把财政补贴折现到 2016 年，得到的隐性债务
规模为 24.9 万亿元，相当于 2016 年 GDP 的 33.5%。同样，与前面一
致，这比企业部门的隐性债务规模要小许多①。

_____

　　① 2018 年 7 月 20 日，中办国办印发的《国税地税征管体制改革方案》明确："从 2019
年 1 月 1 日起，将基本养老保险费、基本医疗保险费、失业保险费、工伤保险费、生育保险费
等各项社会保险费交由税务部门统一征收"。一些分析认为，这将加大社保征缴力度，或进一
步增加企业社保负担。如果这一观点成立，那么，从养老保险的角度，将可以起到增强养老
保险缴费的作用，从而降低收支缺口和隐性债务。但个税改革可能不会对养老保险收支造成
明显影响，因为个税征收是扣完社保后再计税的。

机关事业单位养老保险转轨成本测算

与企业职工养老保险一样，机关事业单位养老保险制度也存在转轨成本的问题。机关事业单位从过去的在职时不缴费，退休后财政直接发放退休金，完成向现收现付与个人账户结合的部分积累制养老保险体系转变。这时，2015年前已经退休的"老人"人口并未缴纳过养老保险（特别是个人账户无缴纳和积累），2015年前参加工作，2015年后退休的"中人"则并未足额缴纳养老保险，但又要给他们完全的养老保险保障。而在新的统账结合模式下在职职工所缴纳的养老保险部分理论上应进入个人账户，这时留给统筹账户的缴费收入与对"老人"和"中人"的养老金发放之间就存在资金缺口。这就是养老保险新老体制转换带来的所谓"转轨成本"。转轨成本与个人账户的空账问题密切关联，由于没有采取措施解决资金缺口，养老保险管理部门必须挪用个人账户的资金才能保证已退休职工的养老金发放，由此导致按新体制缴费的在职职工的个人账户事实上沦为空账，名义上的统账结合制蜕化成事实上的现收现付制。

在李扬等（2013）的研究中，我们已经计算和分析过城镇职工的转轨成本问题，现在再来测算机关事业单位养老保险的转轨成本问题。参考之前的研究，转轨成本可以通过比较在旧制度的基础上建立新制度的养老金支出与假定没有旧制度负担的新养老金制度在支出上的差异得到①。这里，假定无负担的新制度的替代率为40%，即不管"老人""中人"还是"新人"，都使用40%的养老保险替代率。

表9-2　　机关事业单位养老保险转轨成本估算的替代率设定

	假设无负担新制度的替代率（%）	现实新制度的替代率设定
老人	40	保持58%不变
中人	40	从58%逐步降至40%

---

① 与之前的研究一致，我们认为孙祁祥等（2001）、贾康等（2007）把"老人"的基本养老金均算作转轨成本的界定方法是有问题的，"老人"的基础养老金部分不能计入转轨成本。

续表

	假设无负担新制度的替代率（%）	现实新制度的替代率设定
新人	40	40

资料来源：国家资产负债表研究中心（CNBS）。

  历年的转轨成本估算结果如图 9 - 8 所示，2015—2050 年每年机关事业单位养老保险的转轨成本在 2000 亿—7000 亿元（当年价格），在 2015 年时，转轨成本最高可以占到机关事业单位养老保险支出的 31.4%①。与企业养老保险一样，"老人"和"中人"的转轨成本造成的资金缺口很有可能仍然通过挪用个人账户资金发放。

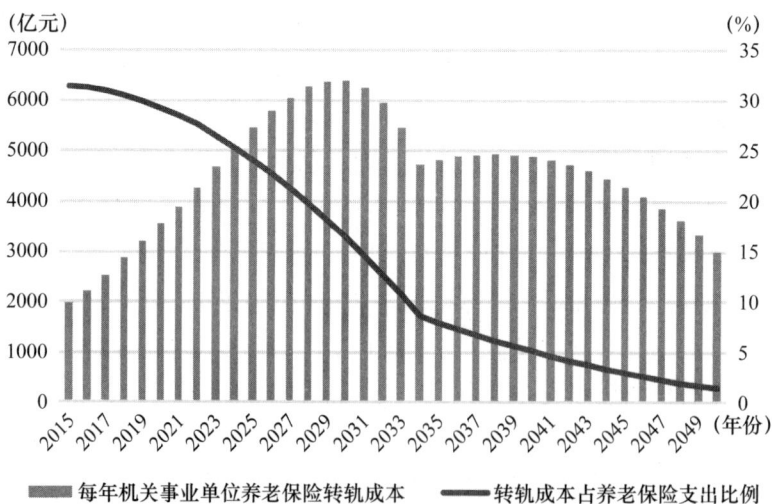

图 9 - 8 历年转轨成本支出额（当年价格）
资料来源：国家资产负债表研究中心（CNBS）。

  图 9 - 9 是估算得到的历年留存转轨成本②（当年价格）以及其与 GDP 的比例。由于价格因素和人口因素的影响，留存转轨成本额从

---

  ① 2015 年时只有老人存在，而老人并没有个人账户积累，因此相当一部分养老金都以转轨成本的形式存在。
  ② 转轨成本存量，即折现过的未来仍需支付的转轨成本，均用名义 GDP 指数折现到当年，若换用比如国债利率这种方式折现，则金额会明显升高。

2015 年的 4.96 万亿元扩张到 2025 年的 6.45 万亿元，随后保持逐步下降趋势。留存转轨成本额占 GDP 比例则一直保持下降趋势。2016 年的留存转轨成本为 5.14 万亿元，占当年 GDP 比例达到 6.91%。

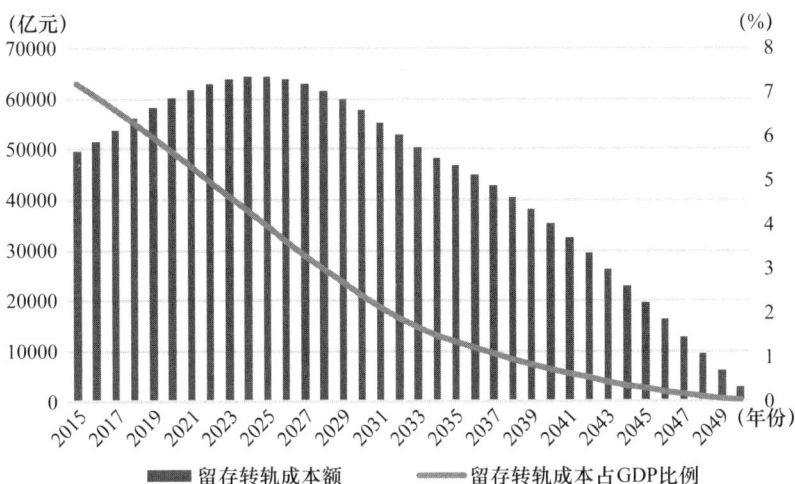

图 9-9　留存转轨成本额
资料来源：国家资产负债表研究中心（CNBS）。

　　回顾前面我们计算得到的 2016 年机关事业单位养老保险体系隐性债务规模 24.9 万亿元，占当年 GDP 比例达到 33.5%。由于转轨成本是隐性债务的一部分，所以我们可以将隐性债务分解，得到由体制转轨导致的隐性债务占总职工养老保险隐性债务的比例为 20.6%，而由人口结构因素导致的隐性债务占总职工养老保险隐性债务的比例则为 79.4%①。因此，可以发现，短期内体制转轨成本相对十分重要，并形成严重的个人账户空账。但从长期来看，更主要的问题是由于人口结构导致的养老保险隐性债务。

　　不管是对企业部门养老保险的隐性债务，还是机关事业单位养老保险的隐性债务，政府都应负有责任，但负责的程度和方式又有不同。其

---

　　① 转轨成本的占比明显高于企业职工的养老保险计算结果，这一结果可以预料，除了由于机关事业单位"老人"和"中人"的养老保险有更高的替代率外，很重要的是，这一结果受养老保险计算周期的影响。若计算周期越长，转轨成本的作用相对就会变小。

中，机关事业单位养老保险的隐性债务需要政府用财政兜底，责无旁贷地为职工养老；而企业部门的养老保险隐性债务，政府的责任在很大程度上是道义上的，且有不同的承担方式。在李扬等（2015）的研究中，我们指出，企业部门的养老保险隐性债务部分可以通过国有企业资本的划拨等方式实现，概因老人和中人主要是以前的国有企业职工，他们本应缴纳的养老保险被截留下来，成为国有企业的利润，进而变成国有资本的累积。但机关事业单位的养老保险隐性债务显然没有这样的机制，其责任应完全由政府财政负担。

情景分析

在李扬等（2013）的研究中，我们曾对城镇职工养老保险做了许多参数的情景模拟分析，包括改变退休年龄、提高养老保险投资收益率、改变养老金替代率等，并做了综合的情景模拟分析，发现提高退休年龄对降低养老保险收支缺口起到很大作用；提高养老保险收益率有一定作用，但作用有限；而维持养老保险高替代率毫无疑问在一定程度上会扩大养老保险的收支缺口。由于机关事业单位职工养老保险和企业职工养老保险在制度上没有本质不同，这一分析结论也适用于机关事业单位养老保险。我们简单试算了不同替代率假定下，机关事业单位养老保险收支缺口和隐性债务的情况，结果显示，若把新人的替代率降低到35%，并相应调整中人的过渡性养老金水平，则到2050年，养老保险累计缺口将达到210万亿元（2050年价格），折现到2016年的隐性债务规模为21.4万亿元，占当年GDP的比例降至28.8%；而若把替代率提升至45%（个人账户再提供约10%的替代率，这将使得"新人"的总替代率基本与"老人"一致），则2050年累计缺口将达到282万亿元，折现到2016年的隐性债务规模为28.4万亿元，相当于GDP的38%。

此外，由于过去机关事业单位职工与城镇企业职工的养老保险合并在一起，而现在独立出来，这会让城镇企业职工的养老保险收支缺口和隐性债务的规模一定程度上缩小。

职业年金简析

除了机关事业单位基本养老保险制度的改革，《国务院关于机关事业单位工作人员养老保险制度改革的决定》（国发〔2015〕2 号）还提出要建立机关事业单位职业年金。2015 年 4 月 6 日，国务院办公厅印发《机关事业单位职业年金办法》（以下简称《办法》），明确从 2014 年 10 月 1 日起实施机关事业单位工作人员职业年金制度，这是机关事业单位构建多层次养老保险体系改革的重要组成部分。《办法》规定，单位缴纳职业年金费用的比例为本单位工资总额的 8%，个人缴费比例为本人缴费工资的 4%，由单位代扣。

职业年金单位和个人缴费基数与机关事业单位工作人员基本养老保险缴费基数一致，这相当于在 28% 的养老保险缴纳占比之外，又增加了 12% 的养老保险缴费比例，总计达到 40%。不同的是，职业年金是完全个人账户积累制的，而基本养老保险是部分积累制（统账结合，同时由于个人账户是名义账户制，被挪用于给老人发放养老金，因此一定程度上又退化成完全的现收现付制）。在理论上，完全个人账户积累制的养老保险制度是没有现收现付制的养老保险收支缺口和隐性债务问题的。

不过，《办法》又提出，对财政全额供款的单位，单位缴费根据单位提供的信息采取记账方式，每年按照国家统一公布的记账利率计算利息，工作人员退休前，本人职业年金账户的累计储存额由同级财政拨付资金记实；对非财政全额供款的单位，单位缴费实行实账积累。实账积累形成的职业年金基金，实行市场化投资运营，按实际收益计息。财政全额拨款单位和非全额拨款单位的制度区别，令财政全额拨款单位的职业年金制度看起来又像是回到基本养老保险制度的统账结合制，而不是真正的积累制。

机关事业单位基本养老保险大约可为"新人"提供近 40%—50% 的养老保险替代率（其中个人账户约提供 10%），而职业年金也将提供约 20% 甚至更高的替代率[①]，两者相加，则机关事业单位的替代率可达到约 60% 以上的水平，这就与"老人"的替代率水平基本一致。因此，

---

① 一方面，职业年金的缴费比例为 12%，比基本养老保险个人账户的 8% 高出 50%；另一方面，职业年金理论上有更高的投资收益率，这使得人们在退休时，职业年金比基本养老保险个人账户能提供更高的保障。

若改革最终施行，机关事业单位"新人"的替代率水平不会比"老人"有明显降低。不过，这一定程度上是以降低部分"中人"和"新人"的在职时可支配收入实现的（更高的缴费率），如李扬等（2015）中所说的，这里再重申，即机关事业单位养老保险的改革应与机关事业单位的收入体制改革一同进行。当然，从现有资料来看，职业年金还并未广泛推行，因此以上更多是理论逻辑上的分析，还缺乏切实的数据佐证。

由于职业年金尚未真正开始运行，很多细节尚不清楚，因此难以对这部分的隐性债务进行测算；且如果职业年金真正采用完全个人账户积累制的模式，则不存在现收现付制会出现的收支缺口和隐性债务问题。

9.3 养老保险收支缺口、隐性债务与资产负债表的关系

我们计算了各种口径和不同情景下机关事业单位养老保险收支和隐性债务。那么，一个问题是，各种口径和情景下的养老保险隐性债务应该如何与国家资产负债表结合起来？在之前的研究中（李扬等，2013；2015），使用的是城镇职工养老保险中的转轨成本，作为资产负债表中的一个或有、隐性债务而存在。而实际上，就政府所应承担的支出责任而言，企业、机关事业、居民等不同部门的养老保障，政府的责任是不同的。对于企业部门而言，我们过去进行了养老保险收支缺口和隐性债务的测算，隐性债务分为转轨成本和老龄化导致的隐性债务两部分[1]。这些债务既是隐性的，是或有债务，同时，政府不见得负有完全的支出责任。其中老龄化导致的隐性债务可以通过降低保障率、延迟退休等措施减轻，而转轨成本则是因为当初的企业并未给职工缴纳养老保险，这部分支出节省下来自然成为企业的利润和国有资本的累积，由于在建立企业职工养老保险制度时主要是国有企业职工，因此追根溯源，一定意义上隐性债务的最终责任人是那些国有企业。这也是为什么我们主张通

---

[1] 其中，根据我们的测算（李扬等，2013），人口老龄化导致的隐性债务占主要，而转轨成本占比相对较小，占隐性债务的比例仅为7.5%。

过国有资本划拨充实养老保险基金以解决城镇职工养老保险的空账和转轨成本问题。

而作为政府及其相应部门的雇员，机关事业单位人口的养老保险隐形债务的责任人毫无疑问是政府。从国际上看，将应付政府职工养老金计入政府负债也是普遍做法。不论是由于人口老龄化导致的潜在隐性债务，还是由于体制改革造成的转轨成本，理论上都应由政府承担责任，而用像国有资本充实企业职工养老保险的措施在这里则是不太恰当的。

因此，如本章测算，假定新人替代率为40%，则2016年机关事业单位养老保险中政府所应承担的隐性债务规模达到24.9万亿元，占当年GDP比例达到33.5%。我们简单试算了不同替代率假定下，机关事业单位养老保险收支缺口和隐性债务的情况，结果显示，若把新人的替代率降低到35%，并相应调整中人的过渡性养老金水平，则到2050年，养老保险累计缺口将达到210万亿元（2050年价格），折现到2016年的隐性债务规模为21.4万亿元，占当年GDP的比例降至28.8%；而若把替代率提升至45%（个人账户再提供约10%的替代率，这将使得新人的总替代率基本与老人一致），则2050年累计缺口将达到282万亿元，折现到2016年的隐性债务规模为28.4万亿元，相当于GDP的38%。对政府养老金负债在国家资产负债表中的核算方法，各国并不完全一致。在OECD各国中，2016年政府负债中的养老金占比较高的国家有澳大利亚（38%）、冰岛（31%）、美国（17%）、加拿大（15%）、瑞典（13%）和英国（3%）。其他国家或者这块债务极小，或者也没有列入政府负债。

原则上，机关事业单位养老保险缺口将直接进入政府债务项，与此同时，这部分缺口也会相应进入居民的资产项。限于相关估算还不是非常成熟，因此，这一缺口目前只是作为国家资产负债表的一个补充，让我们了解有这一部分的政府负债存在。待条件成熟，再把它放到正表中。

10

中国的债务风险及其化解[*]

10.1 引言

如何维护金融稳定，以及更进一步，如何去杠杆和化解金融风险，切实防范"灰犀牛"的到来，仍然是摆在中国面前的重要任务。

对于"黑天鹅"这一概率低、难以预见但冲击力巨大的危机或事件，人们已经耳熟能详了。那么，什么是"灰犀牛"？与"黑天鹅"相反，"灰犀牛"指的是高概率的风险：灾难发生之前有征兆，但通常被视而不见，疏于防范。危机政策专家、美国学者米歇尔·渥克（Michele Wucker）于2013年1月首次提出这一概念，并在2016年写成一本书《灰犀牛》。本章所讨论的金融风险，很大程度上相当于"灰犀牛"，似乎很远，但已若隐若现。

中国的债务负担沉重，若不做改变，很难持续。2014年，为描述中国经济的一个典型现象，笔者曾提出一个观点，即"债务不可能三角"：所谓"三角"，一是高杠杆，二是低效率，三是信贷扩张不能带动有效的经济增长；所谓"不可能"，指这三者难以长期共存，必须做出改变。高杠杆会继续加重低效率，使转型难以完成；低效率因高杠杆

　　* 感谢国家金融与发展实验室理事长李扬教授、国家金融与发展实验室副主任张晓晶研究员提供的宝贵评论和建议。本章也曾受益于与哈佛大学的 Tony Saich 教授、Martin Feldstein 教授、Carmen Reinhart 教授、Benjamin Friedman 教授和 Edward Cunningham 博士的讨论，而哈佛大学的 Robert Glauber 教授和 Hal Scott 教授则帮助笔者更深入地理解金融体系的相互联结和复杂性的含义。中信证券的曹巍、崔莉莉、杨恩百、牛露莎、霍飞鹏、张泽、王正国、刘鹏和张百仲提供了部分数据支持。

而恶化，并使得高杠杆潜藏危机；在经济放缓过程中，若继续用高杠杆维持低效率，将导致问题加重并形成长期趋势，使转型难以完成。而改变的途径则是或者调降杠杆，或者提高效率，或者同时调降杠杆和提高效率，别无他法，单靠宽松的货币、信贷政策来维持经济的运转，早晚会走到尽头。

好在中国正在进行供给侧结构性改革，其核心之一是去杠杆，化解产能过剩，改善资源配置，提高经济效益。这是正确的方向。对供给侧结构性改革取得成功有充分的信心，但同时也必须认识到，这需要付出持续的努力，花费相当的时间，在此过程中，要高度重视金融风险隐患，绝不能掉以轻心。

本章的结构如下：第二节讨论中国的"债务不可能三角"及去杠杆的最新进展。第三节分析中国金融体系的复杂性。第四节讨论必须引起密切关注的三类金融风险。第五节提出维护金融稳定的几点建议。第六节在全球大背景下，讨论金融风险的可能触发因素。第七节是结论。

10.2　中国的"债务不可能三角"

近年来，中国的债务问题再一次被推到了风口浪尖。较为宽松的货币、信贷条件，虽导致杠杆率日渐抬升，但并不能拉动有效的经济增长。资本产出比在提高，全要素生产率处于跌势。企业的净资产回报率（ROE）大幅下降，很多行业的 ROE 低于其融资成本甚至为负值。企业的现金流负债比持续滑落。存货和应收账款的周转效率降低，周转天数上升，周转率下降。由此，出现了"高杠杆、低效率，以及信贷扩张不能带动有效的经济增长"这一难以长期共存的"债务不可能三角"。而全球经济形势和政策的分化，加之愈演愈烈的贸易战，使得解决上述问题的难度陡然加大。在此背景下，银行的不良资产和企业的债务问题备受关注，债券市场违约事件频发，伴随流动性的高度紧张和收益率的显著波动。

去杠杆初见成效

自 2016 年第 4 季度以来，为挤泡沫、去杠杆和防风险，中国货币收紧和监管加强"双管齐下"，并取得了一定效果，信用扩张步伐有所放缓。

国家金融与发展实验室（National Institution for Finance and Development，NIFD）资产负债表研究中心的研究显示，中国非金融企业债务总量占 GDP 的比重由 2016 年的 158.2% 回落至 2017 年的 156.9%，下降了 1.3 个百分点；政府债务占 GDP 的比重也下降了 0.4 个百分点；而居民债务占 GDP 的比重则上升了 4.1 个百分点。实体经济部门总杠杆率由 2016 年的 239.7% 上升到 2017 年 242.1%，上升了 2.3 个百分点。相比于本轮国际金融危机以来每年总杠杆率攀升 12.3 个百分点，宏观杠杆率得到了有效控制（见图 10 - 1）。

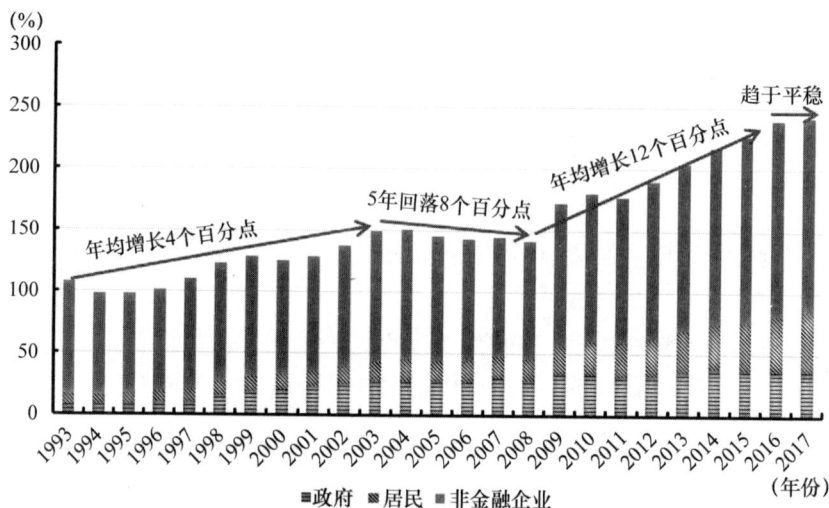

图 10 - 1　去杠杆初见成效

资料来源：国家资产负债表研究中心（CNBS）。

另据国际清算银行（BIS）测算，1995 年至今，中国的信用缺口（Credit-to-GDP gap）——即信用扩张超出其长期趋势水平的程度，高

于 10 表示进入警惕区域——峰值为 2016 年 3 月的 28.8，自那时起逐季
下降，2017 年 6 月降至 18.9，与 2013 年的水平相当，而 2017 年 9 月
和 12 月，更是大幅降至 16.6 和 12.7。2018 年 3 月底，又略上升至
14.9，但仍低于 2017 年 9 月的水平（见图 10-2）。

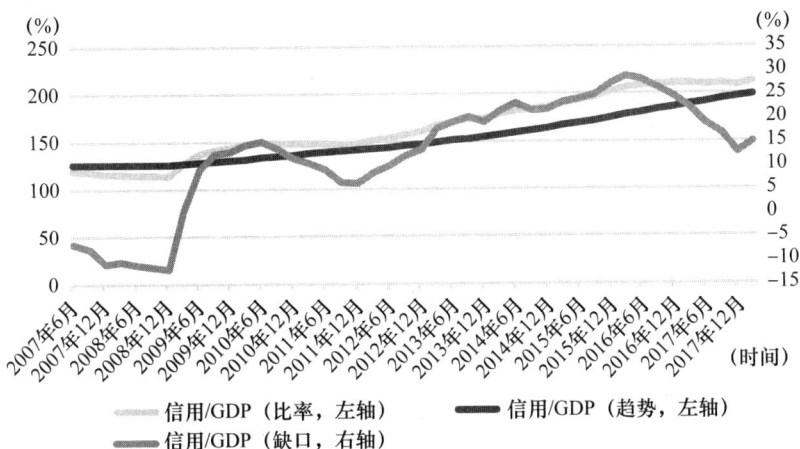

图 10-2 中国的信用缺口明显收缩

注：读数为 10 或高于 10 被视为处于预警区域。

资料来源：BIS。

　　而来自中国人民银行的数据显示，2017 年至今，货币和社会融资
总量增速明显下行，部分反映了去杠杆的成果。2018 年 8 月末，广义
货币（M2）余额 178.87 万亿元，同比增长 8.2%，增速分别比上月末
和上年同期低 0.3 个和 0.4 个百分点；狭义货币（M1）余额 53.83 万
亿元，同比增长 3.9%，增速分别比上月末和上年同期低 1.2 个和 10.1
个百分点。另外，至 2017 年年底，非金融企业杠杆率下降，盈利增强，
偿债能力提高。

　　于是，在挺过了 2015 年的股市崩盘，2015 年 8 月至 2016 年的人民
币贬值和资金外流，以及 2016 年第 4 季度的债市风险之后，在 2017 年
年底和 2018 年年初，对中国经济悲观的人显著减少，而一些乐观的人
甚至开始憧憬新周期。

新的挑战

但在憧憬的同时，必须保持头脑的清醒。杠杆率虽有企稳，偿债能力虽在提高，然而要看到，在很大程度上，房地产热度不减、原材料价格上涨和居民杠杆率上升，对此起了相当作用。金融风险远未消除，且有新挑战出现。中国长期的过度信用扩张所积累的问题，同样需要持续的努力才能得到根本解决。

国际货币基金组织（IMF）近年来高度关注中国的债务和金融风险。为了与中国对比，IMF 做了一项案例研究，样本是曾经有过显著信用扩张的 43 个国家（或地区）；信用显著扩张的标准用非金融部门杠杆率（债务/GDP）指标衡量，即在任何连续 5 年的时间里，若该比率增加了 30 百分点以上，便满足条件。这份于 2018 年 1 月发布的成果显示，在全部 43 个样本中，有 38 个结局惨淡：不是经历了大幅的经济滑坡，就是遭遇到可怕的金融危机。

据 IMF 测算，中国在 2008—2012 年的 5 年中，非金融部门杠杆率增加了 48 个百分点，而自 2012 年至今，又提高 55 个百分点，10 年里净增 103 个百分点；而且起点高，2008 年的杠杆率是 131%，而 2012 年是 179%，均远超 100% 的警戒门槛。以如此高的起点、巨大的增幅和长达 10 年的时间跨度，竟然没有发生危机或严重经济衰退，在众多研究者看来，简直匪夷所思。

在 IMF 的 43 个案例中，有 5 个例外，但这 5 个样本与中国不具可比性。新西兰自 1988 年开始的是一次性、低起点的信用扩张；香港在 20 世纪 80 年代正发展成为全球金融中心；芬兰的信用扩张是在 20 世纪 90 年代后期大规模去杠杆后经济复苏的结果；印度尼西亚和瑞士虽然在 1990 年和 1985 年暂时避过风险，但在经历进一步的信用扩张后，仍最终爆发危机。

中国至今仍安然无恙，取决于诸多因素，包括储蓄率高、经常项目顺差、外债有限、企业和国家净资产均为较大正值、外汇储备高以及银行法定准备金比率全球第一等。但这种状态不可能长期维持，必须坚持去杠杆，并大力推动改革。

更何况，近来杠杆率趋稳只是结构性的，僵尸企业的债务和银行的不良资产问题仍十分严峻。且按下葫芦浮起瓢，房地产热度居高不下、居民杠杆率迅速上升和地方隐性债务增加，又构成新的挑战。

　　居民债务的迅猛上升尤其令人担心。自 2006 年以来，居民部门从金融机构的贷款以年均24%的速度增长，2017 年年底规模已高达40.5万亿元，占 GDP 的48.97%（见图 10 - 3）。若不加控制，到2020 年，其规模有可能达到 80 万亿元。曾被视为中国金融风险隔离墙的居民部门，若摇身一变成为又一风险隐患和新一轮去杠杆的重点，那可真是莫大的讽刺。

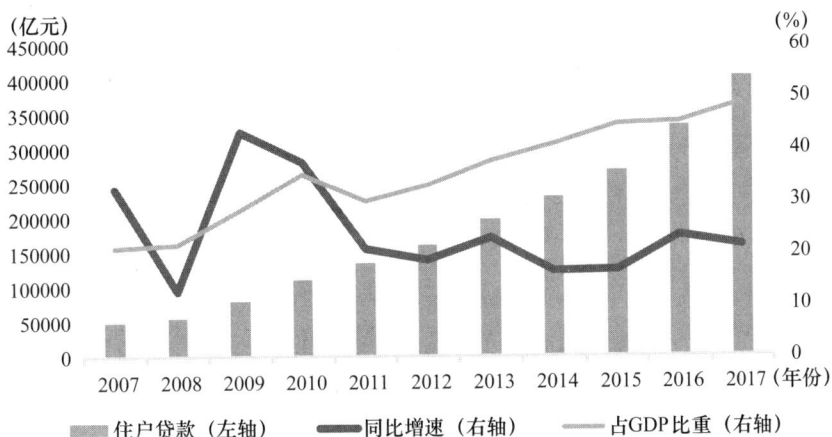

图 10 - 3　中国住户部门银行贷款：规模、增速及占 GDP 比重变化

资料来源：国家统计局，中国人民银行，Wind，国家资产负债表研究中心（CNBS）。

10.3　金融体系的复杂性

　　深刻理解金融风险，需要站在整个经济和金融体系的高度去观察和认识，并具备全球视野。受如下因素影响，对于中国可能发生的金融风险，必须高度警惕。

　　第一，如上所述，中国的债务负担沉重，若不做改变，很难持续。

　　第二，金融体量已变得十分巨大，不能同日而语。当信贷扩张不能带动有效的经济增长时，资金必然流向金融而非实体经济。例如，中国债券余额由5年前的不到30万亿元增至近80万亿元，现券交易量由40万亿元增至120万亿元，货币市场融资交易量由230万亿元增至1000万亿元且以隔夜融资为主。而影子银行和银行表外资产也大幅扩张。面对现在这个市场，需要用与以往完全不同的眼光、方式和理念来看待，其越发难以驾驭，而且牵一发往往会动全身。

第三，中国的金融体系不仅庞大，且彼此之间紧密联结，盘根错节。2017年年底，社会融资总量已达171万亿元；银行业表内总资产接近250万亿元，其与存款的比重近年来显著上升，说明越来越多的资产所对应的负债不再是稳定性较强的存款；银行业表外资产100万亿元，占表内总资产的比重持续提高，且以多种形式存在；银行业同业资产近60万亿元；银行体系委外规模15.7万亿元且增速很快；银行对非银行金融机构的债权，由2014年的不到10万亿元增至28万亿元，反映了银行和非银行金融机构之间的联系日益密切；全社会资产管理规模高达112万亿元（扣除重复计算后为78万亿元），涉及几乎所有金融机构、金融市场和金融产品，而从管理方式上看，业务模式复杂、交叉。

表10-1至表10-4为商业银行委外、表外及全社会资产管理规模数据。其中，商业银行委外规模测算中，按照主动管理产品的口径做了测算；表外业务余额中包括委托贷款、委托投资、信托贷款、承兑汇票、表外理财等细项；资管规模中有相当一部分是重复计算的。笔者估计重复计算的部分约占全部资产规模的1/3。

表10-1   **银行委外规模测算**

	资产管理规模（亿元）	银行资金占比（%）	银行资金规模（亿元）	委外规模（主动管理）（亿元）	主动管理占比（%）	通道占比[9]（%）
证券公司	16.52	—	13.65	4.71	28.52	71.48
集合计划	2.12	57.10[1]	1.21	0.60	28.52	71.48
定向资管计划	14.39	86.40[2]	12.43	4.10	28.52	71.48
专项资管计划	0.01	86.40[3]	0.01	0.00	28.52	71.48
基金管理公司	26.05	—	8.89	4.44	—	—
公募基金	11.60	—	0.54[4]	0.54	—	—

续表

	资产管理规模（亿元）	银行资金占比（%）	银行资金规模（亿元）	委外规模（主动管理）（亿元）	主动管理占比（%）	通道占比[9]（%）
基金公司专户	6.43	58.10[5]	3.74	2.57	68.70	31.30
基金子公司	7.31	63.10[6]	4.61	1.33	28.90	71.10
信托	26.25	—	5.79	5.79[7]	—	—
保险	16.75	23.06[8]	3.86	3.86	—	—
总计	84.86	—	32.19	8.80	—	—

注：①②为《证券投资基金业年报（2016）》（证券投资基金业协会）中公布的总规模中机构客户占比，并假设所有的机构客户均为银行，以及此比重2017年保持不变。

③专项资管计划资金大部分来自机构，我们假设总规模中机构客户占比与定向资管计划中的机构客户占比相同，并假设所有的机构客户均为银行。

④公募基金中疑似委外定制基金的规模的筛选方法为成立日期在2017年12月末前，基金规模大于10亿元，基金份额持有户数小于300户。

⑤⑥为《证券投资基金业年报（2016）》中，银行委托资金分别占基金管理公司专户资金及基金子公司特定客户资产管理业务资金来源的比重。假定2017年此比重不变。

⑦信托为信托业协会公布的证券投资信托中银信合作规模。

⑧保险为保险资产管理业协会《保险资产管理发展报告（2015）》中，保险资产管理公司及养老险公司受托管理的资产中非保险资金占比。假定其他年度此比重保持不变。

⑨主动管理与通道产品比例均来自《证券投资基金业年报（2016）》。并假定2017年此比重保持不变。

资料来源：笔者根据信托业协会、保险业协会、证券业协会、证券投资基金业协会、国家资产负债表研究中心（CNBS）的数据计算、整理。

表10-2　　　　　**银行委外投资的增长（2014—2017）**　　　单位：万亿元

日期	证券公司	基金管理公司	信托	保险	委外规模总计
2014年12月	1.19	2.13	1.19	2.15	6.67
2015年3月	1.94	2.61	1.32	2.28	8.15
2015年6月	2.24	3.26	1.78	2.39	9.67
2015年9月	2.39	3.85	2.10	2.40	10.73
2015年12月	2.58	4.61	2.22	2.58	11.99
2016年3月	2.95	5.12	2.18	2.77	13.02
2016年6月	3.20	5.99	2.18	2.90	14.27

续表

日期	证券公司	基金管理公司	信托	保险	委外规模总计
2016 年 9 月	3.37	6.61	2.30	2.96	15.24
2016 年 12 月	3.77	6.59	2.26	3.09	15.70
2017 年 3 月	5.52	4.92	4.88	3.73	19.05
2017 年 6 月	5.32	4.64	5.16	3.79	18.91
2017 年 9 月	5.11	4.55	5.43	3.82	18.91
2017 年 12 月	4.71	4.44	5.79	3.86	18.80

资料来源：笔者根据信托业协会、保险业协会、证券业协会、证券投资基金业协会、国家资产负债表研究中心（CNBS）的数据计算、整理。

表 10 – 3　　　　　　　　　商业银行表外业务余额

年份	表外业务余额（万亿）							表外余额占表内总资产比重（%）
	总计①	委托贷款	委托投资②	依托贷款③	未贴现银行承兑汇票	表外理财④（非保本）	其他⑤	
2017	168.88	13.97	6.66	8.53	4.44	22.17	113.11	68.71
2016	131.60	13.20	5.74	6.31	3.90	23.10	79.35	54.45
2015	82.36	12.38	4.94	5.39	10.43	17.43	31.79	42.41
2014	70.44	10.69	4.26	4.60	9.83	10.09	30.97	40.87
2013	57.70	8.20	3.67	3.93	8.94	6.53	26.43	38.12
2012	48.65	6.11	3.16	3.96	7.23	4.26	24.54	36.41
2011	39.16	4.96	2.72	2.87	6.69	2.59	19.33	35.10

注：①2011—2016 年总计来自中国人民银行《金融稳定报告》有关各期；2017 年总规模估算方法为 2016 年年底规模与 2011—2016 年年均增速（算术平均）的乘积。

②2013 年和 2014 年的委托投资数据来自中国人民银行，其他各年数据为按这 3 年的增速推算而得。委托投资指接受客户或其他单位委托而进行的投资。委托人提供资金，受托人根据委托人确定的投资标的、金额、期限等代理投资，受托资金由委托人提供不得代垫，风险由委托人承担。

③委托贷款和未贴现银行承兑汇票这两项数据，2011 年的数据来自中国人民银行的《金融稳定报告》，2012 年以后的数据则来自中国人民银行的社会融资规模统计。

④表外理财（非保本理财）数据来自中央结算公司。

⑤ "其他" 项指 "合计" 项减去表中其余 5 个项目的差值。

资料来源：笔者根据中国人民银行，中国人民银行《金融稳定报告》（2011—2017），中央结算公司，国家资产负债表研究中心（CNBS）的数据计算、整理。

表 10-4   全社会资产管理规模   单位：万亿元

	2017 年年底	2016 年年底	2016 年年中	2015 年年底	2014 年年底
银行理财资金总额	29.54	29.05	26.28	23.50	15.02
依托公司资金依托规模	21.83	17.46	15.30	14.69	13.04
保险业资金运用余额	15.02	13.39	12.56	11.18	9.33
证券公司受托管理本金总额	16.88	17.82	14.78	11.88	7.97
基金管理公司公募基金资产总额	11.6	9.16	7.95	8.40	6.68
基金管理公司及其子公司专户	13.74	16.89	16.50	12.60	9.05
私募基金管理机构	11.1	7.89	5.58	4.16	1.49
总计（未剔除重复计算）	119.71	111.66	98.95	86.41	62.58
总计（剔除重复计算）	83.80	78.16	69.27	60.49	43.81

注：信托公司项下，用资金信托；保险业项下，用资金运用余额。同时，按30%比例剔除重复计算因素。信托业2017年年底资产管理规模数据系按照2017年前3季度平均增速推算。

资料来源：笔者根据中国信托业协会（CTA）、中国保险业协会（IAC）、中国证券业协会（SAC）、中国资产管理协会（AMAC）、中国中央登记结算有限公司（CCDC）、国家资产负债表研究中心（CNBS）的数据计算、整理。

10.4 "金融不稳定假说"与潜在金融风险

美国经济学家海曼·明斯基是研究金融危机的权威人物之一，曾提出过著名的"金融不稳定性假说"。该假说认为，长时期的经济稳定会使参与者承担更多风险，导致债务迅速增加以至于无法维持，从而爆发金融危机，并因债权人的追索产生连锁反应，严重时甚至会陷入漫长的去杠杆周期，并导致经济危机。在笔者看来，上述无法维持的债务导致的崩溃，往往由流动性风险、信用风险和溢出风险而触发。

流动性风险指的是资金过度紧张的状态，在此状态下，市场参与者无法融到资金，或即便融得到资金，但成本远超过能够承受的水平。

从流动性的角度，近年来中国的金融部门经常出现如下几个反常现象：一是资金全面紧张，不仅非银行金融机构紧，银行体系也经常紧；

二是不仅中小银行紧，大银行也紧；三是钱紧的时候央行想给钱，但机构拿不出抵押品；四是收益率曲线倒挂，比如10年政策性金融债的利率有时会远低于银行发行的1年以内的同业存单（NCD）的利率；五是只要钱一松，杠杆马上就上来。

在这种背景下，流动性风险极易发生，尤其是当市场环境不利、投资者杠杆率高企和业务模式过于复杂的情况下。2016年12月和2017年前3季度债券市场出现剧烈波动，很多机构资金链断裂或接近断裂，就是一个典型案例。

信用风险指的是债券发行人违约的可能性。从中国的情况看，近年来信用风险在增加。2016年，债券市场有80余起违约风险发生，涉及金额400多亿元，有民企、地方国企和央企，产品有私募也有公募，涉及省份也大增至18个。2017年略有下降，但仍有18家发行体、37支债券违约，违约金额合计356亿元。

当市场参与者相互信任度显著降低时，还可能出现交易对手风险，此时自我保护意识增加，交易处于冻结状态，市场功能可能丧失。2016年12月出现了国海证券的"萝卜章"事件和"代持"风波，造成交易对手间的普遍不信任，加大了市场的波动。

所谓溢出风险，就是当前述几大风险集中爆发时，可能会出现相互加强和共振现象，并传染至股票、外汇等其他市场，导致一个或多个市场投融资功能丧失，资本恐慌性流出，实体经济也会因此而受牵连。溢出风险是一种系统性风险，其影响已远超单一市场、单一产品本身，它是在多种风险叠加下产生的，在不同的金融子市场、交易对手和金融产品间相互传染和交织。2008年美国的金融危机就是次贷问题爆发后，因风险溢出而发生连锁反应的结果。

信用风险

1. 中国债券市场的三轮信用重估

大致说来，最近15年来的中国债市，共经历了三轮信用重估。第一轮是在2008年，当时出现了江铜、魏桥、航天晨光和力诺等案例，虽有惊无险，最终都顺利化解，但也造成了信用利差的大幅上行。这一轮信用重估，很大程度上缘于美国金融危机的外部影响，算是偶尔出现的信用事件。

第二轮发生于2011年，是以城投债为焦点的内部冲击。城投企业的特点是盈利能力弱，现金生产能力不强，短期偿债压力大，靠其自身实力并不足以支付利息和到期债务，必须依靠借贷维持资金周转。但这种非企业内生的现金流具有天然的脆弱性，一旦融资紧缩将导致短期偿债指标迅速恶化，其流动性风险便会暴露。2011年上半年正是对城投企业债务担心较重，而监管部门对其再融资渠道收紧之时。更令投资者焦虑的是，部分城投企业行为不规范，且有逃废债务的倾向。多家城投公司违规划转核心资产，也有因现金流不足暂停利息支付，引起轩然大波。因城投债利率高，投资者一度十分偏好，大量参与投资和交易。但从当年5月开始，这样的事件频繁出现，加上当时的经济环境和宏观调控，导致城投债大跌，几百个基点的信用利差很快就上去了，有很多机构尤其是基金和一些保守机构迫于各种压力，大量卖出甚至清仓，加剧市场下挫。

第三轮信用重估始于2013年，目前正在进行，产业债是重点，预计其持续的时间及影响的深度和广度，都将远远超出前两轮。

2. 债券违约事件增多，并迅速扩散

2016年，债券市场信用事件显著增加，全年有34家企业违约，涉及债券80只，金额超过418亿元，违约支数和金额同比分别增加247%和231%。2017年略有好转，但仍有18家发行体、37只债券违约，违约金额合计356亿元。信用违约常态化，且呈现出如下四个显著特征（见表10-5）。

表10-5 2017年债券市场信用债违约一览

发行人名称	债券余额（亿元）	企业性质	涉及债券	违约时间	处置方案
国企					
四川省煤炭产业集团有限责任公司	15	地方国有企业	14川煤炭PPN002	2017年9月28日	仅兑付利息，本金未有明确偿还方案
		地方国有企业	14川煤炭PPN001	2017年5月19日	
		地方国有企业	12川煤炭MTN1	2017年5月15日	

续表

发行人名称	债券余额（亿元）	企业性质	涉及债券	违约时间	处置方案
东北特殊钢集团有限责任公司	30.7	地方国有企业	15 东特钢 PPN002	2017 年 7 月 17 日	公司进行破产重整，为首例中国在岸违约债务重组，债务人可选择清偿部分债务或债务全部转为股权
		地方国有企业	13 东特钢 MTN2	2017 年 4 月 12 日	
		地方国有企业	13 东特钢 MTN1	2017 年 1 月 16 日	
民企					
珠海中富实业股份有限公司	5.9	民营企业	12 珠中富 MTN1	2017 年 3 月 28 日	本息已兑付
中国城市建设控股集团有限公司	146	民营企业	12 中城建 MTN2	2017 年 12 月 17 日	暂无具体偿债方案
		民营企业	14 中城建 PPN003	2017 年 11 月 30 日	
		民营企业	12 中城建 MTN1	2017 年 11 月 28 日	
		民营企业	14 中城建 PPN004	2017 年 11 月 27 日	
		民营企业	15 中城建 MTN002	2017 年 11 月 17 日	
		民营企业	15 中城建 MTN001	2017 年 7 月 14 日	
		民营企业	14 中城建 PPN002	2017 年 6 月 12 日	
		民营企业	16 中城建 MTN001	2017 年 3 月 1 日	
亿利资源集团有限公司	15	民营企业	14 亿利集 MTN002	2017 年 11 月 21 日	本息已兑付
信阳市弘昌管道燃气工程有限责任公司	7	民营企业	13 弘燃气	2017 年 6 月 19 日	本息已按 6.2 折兑付
五洋建设集团股份有限公司	13.6	民营企业	15 五洋债	2017 年 8 月 14 日	暂无具体偿债方案，公开发行公司债首次违约
		民营企业	15 五洋 02	2017 年 8 月 14 日	
上海市建设机电安装有限公司	1.6	民营企业	12 沪机电	2017 年 11 月 30 日	暂无具体偿债方案
山东玖龙海洋产业股份有限公司	1.5	民营企业	14 海益宝	2017 年 11 月 24 日	暂无具体偿债方案
内蒙古奈伦集团股份有限公司	8	民营企业	11 蒙奈伦债	2017 年 5 月 4 日	本息已兑付

续表

发行人名称	债券余额(亿元)	企业性质	涉及债券	违约时间	处置方案
内蒙古博源控股集团有限公司	11	民营企业	12 博源 MTN1	2017 年 11 月 21 日	暂无具体偿债方案
	8	民营企业	16 博源 SCP002	2017 年 2 月 3 日	本息已兑付
江苏保千里视像科技集团股份有限公司	12	民营企业	16 千里 01	2017 年 12 月 1 日	暂无具体偿债方案
大连机床集团有限责任公司	28	民营企业	15 机床 MTN001	2017 年 7 月 31 日	进入重整程序,暂无具体偿债方案
		民营企业	14 机床 PPN001	2017 年 5 月 24 日	
		民营企业	16 大机床 SCP002	2017 年 2 月 13 日	
		民营企业	16 大机床 SCP003	2017 年 2 月 7 日	
		民营企业	15 机床 PPN001	2017 年 2 月 6 日	
		民营企业	16 大机床 MTN001	2017 年 11 月 6 日	
春和集团有限公司	5.4	民营企业	12 春和债	2017 年 4 月 24 日	暂无具体偿债方案
其他					
山东山水水泥集团有限公司	12	外商独资企业	14 山水 MTN002	2017 年 5 月 12 日	已达成和解协议,部分偿付,剩余部分未有明确安排
	10	外商独资企业	14 山水 MTN001	2017 年 2 月 27 日	
华盛江泉集团有限公司	8	集体企业	12 江泉债	2017 年 3 月 13 日	本息已兑付
湖州厉华好婕联合纺织有限公司	0.39	外商独资企业	14 厉华债	2017 年 8 月 10 日	暂无具体偿债方案
丹东港集团有限公司	10	中外合资企业	14 丹东港 MTN001	2017 年 10 月 30 日	本金未支付,暂无具体偿债方案

资料来源:Wind,国家资产负债表研究中心(CNBS)。

第一,各行业信用分化加大。具体看,易发生信用风险的行业具有如下特征:第一类行业具有强周期性,产品需求容易受到宏观经济波动的影响,当经济增速放缓时,这些行业销售规模大幅减少,现金流容易出现紧张,如化工、设备制造等行业;第二类行业是以钢铁、煤炭为代表的产能过剩行业，具有较大的库存压力，这些行业是信用风险的高发地，也是推行供给侧结构性改革的核心产业，未来供给侧结构性改革与去产能将进一步深化，属于这类行业的发债主体资质将进一步分化；第三类行业集中在大宗商品、贸易等领域，其商品销售价格曾出现大幅下降，导致企业销售收入和净利润大幅度减少，经营陷入困境，未来其信用资质的变化很大程度上依赖于价格走势的变化，若产品价格持续走弱，这部分企业的信用风险将会进一步暴露。

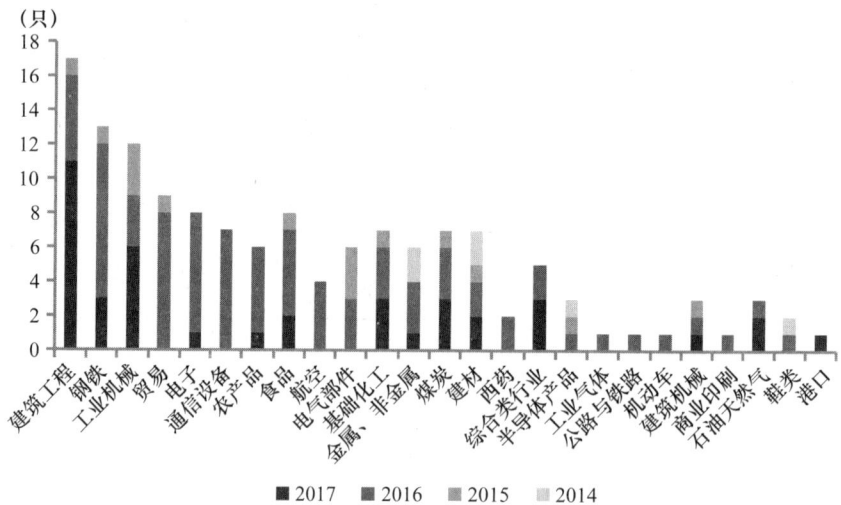

图 10 - 4 债券违约只数（按行业）

资料来源：Wind，中信证券。

以上是总体的情况。而 2017 年信用环境变化的亮点，在于周期性行业。得益于供给侧改革与房地产需求的支撑，债转股等国企降杠杆政策的推进，煤炭、有色金属、机械、钢铁、建材、化工等周期性板块经营业绩的改善已非常明确。具体看，2017 年煤炭、钢铁、有色金属行业实现规模以上工业企业利润总额分别为 2959 亿、3419 亿和 2023 亿元，分别实现 290%、177% 和 28% 的同比增长；机械类相关行业——通用设备制造业、专用设备制造业实现规模以上工业企业利润总额 3125 亿和 2490 亿元，同比增长 13.5% 和 29.3%；化工类相关行业——化学原料、化学纤维实现规模以上工业企业利润总额 6045.6 亿和

444.9 亿元，同比增长 40.9% 和 38.3%。

第二，从企业属性看，信用风险逐渐由民营企业向地方国有企业乃至中央国企传递。2014 年及以前，没有发生过国有企业违约，2015 年有 5 家国企违约（3 家央企、2 家地方国企），2016 年大幅增至 13 家（1 家央企、12 家地方国企），2017 年有 6 家国企违约（均为地方国企）。随着市场化改革的推进，加之地方政府债务负担沉重，地方政府对于当地国企的外部支持正在减弱，想"兜底"也有心无力（见表 10 - 6）。

第三，违约的债券类型基本做到全覆盖。2016 年，中票、超级短期融资券和私募品种的违约次数较 2015 年均显著增加，而短期融资券首次发生违约。自此，中国债券市场的违约债券已基本覆盖主要的债券类型（见表 10 - 6）。2017 年，除短期融资券外，其他类型的非金融企业债券都出现违约，整体违约只数较 2016 年有所下降。

表 10 - 6 债券市场违约情况概览

		2017 年	2016 年	2015 年	2014 年
违约总览	违约债券只数	40	80	23	6
	违约金额（亿元）	377	418	126	13.4
按类型分（违约只数）	公募债	28	32	11	1
	私募债	12	48	14	4
按企业性质分（主体数量）	中央国企	0	1	3	–
	地方国企	6	12	3	–
	民企	28	20	13	4
	其他	6	1	1	1
按债券类型分（违约只数）	超短融	3	4	1	–
	短融	–	15	0	–
	中票	10	9	3	–
	PPN 和交易所私募债	8	26	14	5
	其他	19	26	5	1

资料来源：Wind，国家资产负债表研究中心（CNBS）。

第四，违约债券发行人所属区域猛增。2016 年，出现过企业债券违约的省级行政单位共 18 个，较 2015 年增加 1 倍；其中新增信用违约的省级行政单位共 7 个，包括辽宁、江苏、湖北、内蒙古、山西、浙江和甘肃，扩散区域大幅增加。2017 年，在 10 个省级行政单位发生过企业债券违约，较 2016 年有所下降（见图 10 - 5）。

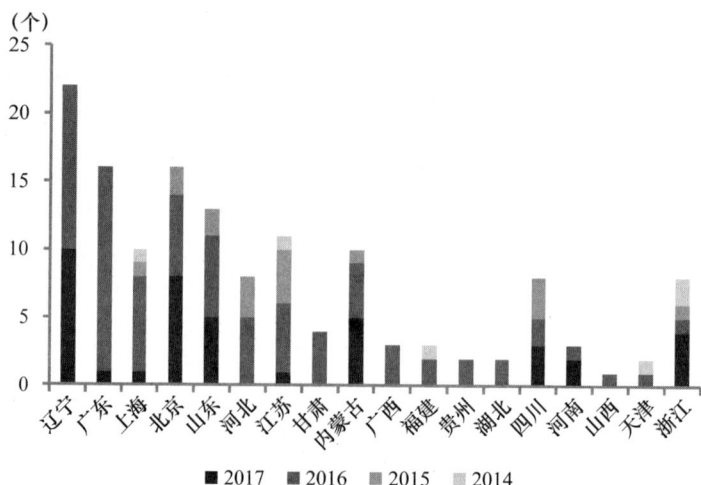

图 10 - 5　各地区信用债违约主体个数
资料来源：Wind，国家资产负债表研究中心（CNBS）。

3. 债券违约事件不同处置方式背后的深层含义

随着债券违约数量不断增多，违约后的处置问题备受关注。中国债券违约处置主要有破产诉讼和违约求偿诉讼两种途径。破产诉讼要求企业必须满足债务违约和资不抵债两项条件，目前已经进入或已完成破产程序的发债主体有超日、天威、二重、东特钢和桂有色。其中，仅桂有色最终宣告破产清算，其资产被拍卖后，根据债权人受偿顺序分配。

除了破产重组，违约求偿是中国债券违约后的主要处置手段。相对破产重组，适用违约求偿的发债主体的信用资质相对较好，有一定偿债能力，发行人可与债权人相互协商，确定最终的违约处置方案。

由于私募债违约处置信息多不公开，我们统计了公募市场债券违约后的处置情况（见表 10 - 7）。

表 10-7　　　　　公募债违约处置情况（2015—2017 年）

发行人名称	企业性质	涉及债券	违约时间	处置方案
国企				
中煤集团山西华昱能源有限公司	中央国有企业	15 华昱 CP001	2016 年 4 月 6 日	本息已兑付
中国中钢股份有限公司	中央国有企业	10 中钢债	2015 年 10 月 19 日	以所持股票对债券追加质押担保，持有人进行回售登记
中国第二重型机械集团公司	中央国有企业	12 二重集 MTN1	2015 年 9 月 15 日	破产重整，仅偿还本金
四川省煤炭产业集团有限责任公司	地方国有企业	15 川煤炭 CP001	2016 年 6 月 15 日	本息已兑付
		14 川煤炭 PPN002	2017 年 9 月 28 日	仅兑付利息，本金未有明确偿还方案
		14 川煤炭 PPN001	2017 年 5 月 19 日	仅兑付利息，本金未有明确偿还方案
		12 川煤炭 MTN1	2017 年 5 月 15 日	仅兑付利息，本金未有明确偿还方案
山东山水水泥集团有限公司	地方国有企业	15 山水 SCP001	2015 年 11 月 12 日	暂无具体偿债方案
		13 山水 MTN1		
		15 山水 SCP002		
		14 山水 MTN001		
河北省物流产业集团有限公司	地方国有企业	15 冀物流 CP002	2016 年 11 月 17 日	本息已兑付
广西有色金属集团有限公司	地方国有企业	14 桂有色 PPN003	2016 年 9 月 12 日	公司破产清算（银行间债权市场第一家破产清算的企业）
		13 桂有色 PPN001		
东北特殊钢集团有限责任公司	地方国有企业	15 东特钢 CP003	2017 年 7 月 17 日	公司进行破产重整，为首例中国在岸违约债务重组，债务人可选择清偿部分债务或债务全部转为股权
		15 东特钢 CP001		
		15 东特钢 SCP001		
		13 东特钢 MTN2		
		15 东特钢 CP002		
		15 东特钢 PPN002		
		13 东特钢 MTN2		
		13 东特钢 MTN1		
		11 天威 MTN1		

续表

发行人名称	企业性质	涉及债券	违约时间	处置方案
保定天威集团有限公司	中央国有企业	11 天威 MTN2	2015 年 4 月 21 日	进入破产程序，暂无具体偿债方案
民企				
淄博宏达矿业有限公司	民营企业	15 宏达 CP001	2016 年 3 月 8 日	本息已兑付
珠海中富实业股份有限公司	民营企业	12 中富 01	2015 年 5 月 25 日	本息已兑付
		12 珠中富 MTN1	2017 年 3 月 28 日	本息已兑付
中科云网科技集团股份有限公司	民营企业	12 湘鄂债	2015 年 4 月 7 日	本息已兑付
中国城市建设控股集团有限公司	民营企业	12 中城建 MTN2	2016 年 11 月 28 日	同意支付罚息，暂无具体偿债方案
		12 中城建 MTN2	2017 年 12 月 17 日	暂无具体偿债方案
		14 中城建 PPN003	2017 年 11 月 30 日	暂无具体偿债方案
		12 中城建 MTN1	2017 年 11 月 28 日	暂无具体偿债方案
		14 中城建 PPN004	2017 年 11 月 27 日	暂无具体偿债方案
		15 中城建 MTN002	2017 年 11 月 17 日	暂无具体偿债方案
		15 中城建 MTN001	2017 年 7 月 14 日	暂无具体偿债方案
		14 中城建 PPN002	2017 年 6 月 12 日	暂无具体偿债方案
		16 中城建 MTN001	2017 年 3 月 1 日	暂无具体偿债方案
亿利资源集团有限公司	民营企业	14 亿利集 MTN002	2017 年 11 月 21 日	本息已兑付
亚邦投资控股集团有限公司	民营企业	15 亚邦 CP004	2016 年 2 月 14 日	部分本金兑付，公司同意兑付全部本息
信阳市弘昌管道燃气工程有限责任公司	民营企业	13 弘燃气	2017 年 6 月 19 日	本息已按 6.2 折兑付
协鑫集成科技股份有限公司	民营企业	11 超日债	2014 年 3 月 5 日	本息已兑付
武汉国裕物流产业集团有限公司	民营企业	15 国裕物流 CP001	2016 年 8 月 8 日	暂无具体偿债方案
五洋建设集团股份有限公司	民营企业	15 五洋债	2017 年 8 月 14 日	暂无具体偿债方案，公开发行公司债首次违约
		15 五洋 02	2017 年 8 月 14 日	暂无具体偿债方案，公开发行公司债首次违约

续表

发行人名称	企业性质	涉及债券	违约时间	处置方案
四川圣达集团有限公司	民营企业	12 圣达债	2015 年 12 月 7 日	暂无具体偿债方案
上海市建设机电安装有限公司	民营企业	12 沪机电	2017 年 11 月 30 日	暂无具体偿债方案
山东玖龙海洋产业股份有限公司	民营企业	14 海益宝	2017 年 11 月 24 日	暂无具体偿债方案
内蒙古奈伦集团股份有限公司	民营企业	11 蒙奈伦债	2017 年 5 月 4 日	本息已兑付
内蒙古博源控股集团有限公司	民营企业	16 博源 SCP001	2016 年 12 月 5 日	暂无具体偿债方案
	民营企业	12 博源 MTN1	2017 年 11 月 21 日	暂无具体偿债方案
	民营企业	16 博源 SCP002	2017 年 2 月 3 日	本息已兑付
江苏保千里视像科技集团股份有限公司	民营企业	16 千里 01	2017 年 12 月 1 日	暂无具体偿债方案
大连机床集团有限责任公司	民营企业	14 机床 PPN001	2017 年 7 月 31 日	进入重整程序，暂无具体偿债方案
		15 机床 CP003		
		15 机床 MTN001		
		15 机床 PPN001		
		16 大机床 SCP001		
		16 大机床 SCP002		
		16 大机床 SCP003		
		16 大机床 MTN001		
春和集团有限公司	民营企业	15 春和 CP001	2016 年 5 月 16 日	暂无具体偿债方案
		12 春和债	2017 年 4 月 24 日	暂无具体偿债方案
波鸿集团有限公司	民营企业	14 波鸿 CP001	2015 年 4 月 12 日	本息已兑付
其他				
山东山水水泥集团有限公司	外商独资企业	14 山水 MTN002	2017 年 5 月 12 日	已达成和解协议，部分偿付，剩余部分未有明确安排
		14 山水 MTN001	2017 年 2 月 27 日	已达成和解协议，部分偿付，剩余部分未有明确安排

续表

发行人名称	企业性质	涉及债券	违约时间	处置方案
南京雨润食品有限公司	外商独资企业	13 雨润 MTN1	2016 年 3 月 17 日	本息已兑付
华盛江泉集团有限公司	集体企业	12 江泉债	2017 年 3 月 13 日	本息已兑付
湖州厉华妤婕联合纺织有限公司	外商独资企业	14 厉华债	2017 年 8 月 10 日	暂无具体偿债方案
丹东港集团有限公司	中外合资企业	14 丹东港 MTN001	2017 年 10 月 30 日	本金未支付，暂无具体偿债方案
保定天威英利新能源有限公司	公众企业	11 威利 MTN1	2015 年 10 月 13 日	暂无具体偿债方案

资料来源：Wind，国家资产负债表研究中心（CNBS）。

在所有国企违约主体中，华昱能源、川煤、河北物流已全部偿付本息；二重集团破产重组后扭亏为盈，偿还了公募债本金；中钢股份以所持股票对债券追加质押担保，准备进行债券持有人回售登记；山水水泥暂无具体偿债方案，而东北特钢尚在破产重组。国企违约主体中，本息均付的占比达到 37%，并不是很高。另外，东北特钢、天威集团、二重机械均已进入或完成破产重整程序。作为对比，在所有民企违约主体中，亚邦、协鑫、中科云网、波鸿、中富、宏达矿业 6 家主体已全部偿还或同意偿还违约债券本息；中城建、奈伦集团 2 家主体同意支付罚息，但目前暂未公布偿债方案；圣达、春和、国裕、大连机床、博源 5 家主体没有公布偿债方案。民企违约主体中，本息均付的占比达到 46%，高于国企。同时，目前所有民企违约主体均没有进入破产重组程序，情况略好于国企。

表 10-8 分析了违约债券已全额或部分偿付本息的资金来源。国企、民企违约债券兑付资金来源有所不同。国企方面，中央国企违约债券兑付的资金来源主要源于大股东支持，由集团承接债务完成兑付，而地方国企主要依靠地方政府协调，由当地国企与银行共同支持完成偿付；而民企违约债券的兑付，主要依靠自身筹措和市场化手段，方式相比国企较为丰富，其中包括利用壳资源引用新的投资者，使用土地质押获得再融资，以及自筹资金，等等。

无论从违约主体债券处置进度上，还是从已兑付债券的资金来源上，都可以发现一个引人深思的现象，这就是一旦发生违约，国企所面临的局面反而更为被动，对外依赖度也高于民企。这或许因为，国企作为一个整体，其自身的信用资质是高于民企的，本来不容易发生违约，但那些违约的国企由于积聚了过度的信用风险救助成本太高，往往使得股东和政府在权衡利弊后主动放弃，选择违约。而民企违约的因素多元，不少是因短期资金周转问题所造成，并不是严重到资不抵债。另外，民营企业家多珍惜自己创立和管理的企业，尤其是如果企业拥有上市资源的话，企业家有很强的"保壳"动机。另外，有时民营企业本身的资产价值并不差，对违约债券的清偿赔付也提供了较好的支持。所以，在已违约的债券中，民企债券的"价值"经常大于国有企业。

表 10 - 8 违约债券兑付资金来源

发行人名称	企业性质	违约债券兑付资金来源
中国第二重型机械集团公司	中央国有企业	央企股东国机集团承接
中煤集团山西华昱能源有限公司	中央国有企业	央企股东中煤集团承接
四川省煤炭产业集团有限责任公司	地方国有企业	四川省政府协调当地国企委贷支持
河北省物流产业集团有限公司	地方国有企业	技术性违约，第二天兑付
亚邦投资控股集团有限公司	民营企业	自行筹措，部分本金兑付，同意兑付全本本息
协鑫集成科技股份有限公司	民营企业	新股东江苏协鑫支付股权对价、长城资管和上海久阳提供担保
中科云网科技集团股份有限公司	民营企业	债务和解，引入代偿方
波鸿集团有限公司	民营企业	技术性违约，第三天兑付
珠海中富实业股份有限公司	民营企业	未受限土地抵押获取的借款。
淄博宏达矿业有限公司	民营企业	自行筹措，于违约第三天兑付

资料来源：Wind，国家资产负债表研究中心（CNBS）。

4. 信用风险事件的冲击

综上所述，近年来中国债券违约已呈现出次数多、金额大、企业属性全面、产品类型广泛以及覆盖地区迅速扩大等特点，信用事件趋于常态化，刚兑信仰进一步打破。同时，债券违约后的处置方案也日趋丰富，并呈现国企、民企处置方案分化的现象。一旦发生违约，国企的信用资质、清偿价值可能比民企还要差，其债券兑付更依赖外部机构和政府的支持，而民企违约处置则相对灵活。因企业的杠杆率过高，债务负担沉重，随着经济放缓，信用风险的进一步暴露不可避免，其对参与主体和金融市场的冲击也会越来越大，极端情况下，甚至可能发生风险外溢。

2016 年，债券市场发生了大量的信用事件。有些事件虽并未形成实质性违约，但因不循常规，不确定性极大，反而可能造成大的市场动荡，如"铁物资"暂停交易事件的爆发，直接挑战了市场的神经。

该事件的经过是这样的。2016 年 4 月 11 日，中国铁路物资股份发布公告称，"正在对下一步的改革脱困措施及债务偿付安排等重大事项进行讨论"，申请其旗下 168 亿元债券暂停交易。中国铁路物资股份是中铁物资总公司的子公司，由国资委实际控制，2014 年受钢贸风险事件影响，公司经营确实遇到了较大困难，但从此后报表看，似乎正逐渐走向正轨。作为央企二级子公司，它是中国唯一的铁路大维修钢轨供应商，具有较高的市场地位，投资者对其具有较强的政府隐含支持的期待。此公告一出，立即在债券市场造成恐慌，被解读为企业债务问题的严重性可能超预期，可能还有很多类似铁物资的公司未被发现，而在去杠杆背景下，投资者也一时摸不清政府的态度。从该事件爆发，至 4 月 25 日铁物资债券恢复交易，5 年期 AAA 和 AA 信用债券收益率分别上行了 44 和 48 个基点。当然，其存量债券暂停交易导致流动性的突然枯竭，也推动了收益率的上涨。这种恐慌情绪也蔓延到了一级市场；4 月 11 日铁物资事件爆发后至当月末，共有 129 只债券取消或推迟发行，超过当年第 1 季度债券取消或推迟发行的总和，其中亦不乏高等级国有企业。债券投资者仿佛如履薄冰，曾经的企业债券信用格局也开始面临重建。4 月 29 日国资委宣布铁物资由诚通集团托管，5 月 10 日铁物资公告将对要到期的 15 铁物资 SCP004 如期总付，至此，这场信用风波才逐渐平息（见图 10-6）。

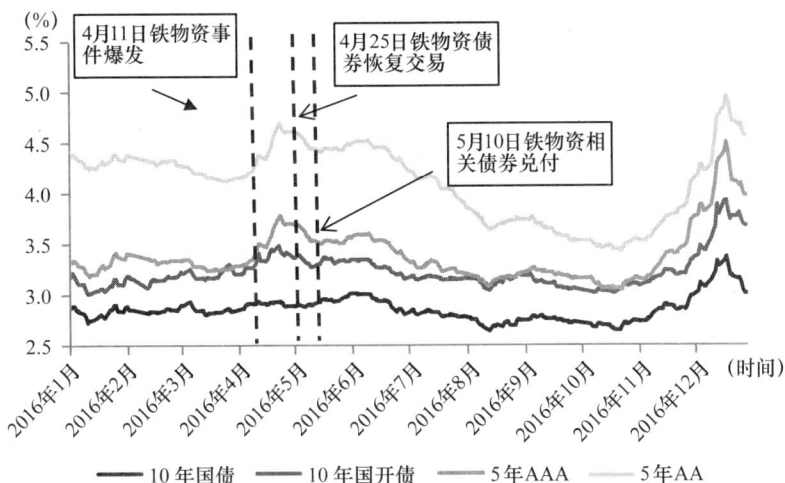

图 10 - 6 2016 年铁物资事件对债券市场的扰动

资料来源：Wind，国家资产负债表研究中心（CNBS）。

铁物资事件带来的一个教训和反思是：作为发债主体，要按市场化原则行事，不能违背市场规矩。宣布债券暂停交易是一件非同寻常的事件，不可轻易为之。如果市场猜测债务人有逃废债嫌疑，且因暂停交易导致流动性完全丧失，此时连卖出债券的机会都没有，自然会引起惊吓。尤其是，中铁物资还是市场信任度较高的大型中央国有企业，这类企业尚且如此，难免会引致各方对企业部门的整体偿债能力产生担忧，市场出现剧烈动荡就不可避免。

当然，2016 年第 2 季度市场对企业部门的整体偿债能力产生担忧，"铁物资事件"只是触发因素之一。另一个重要触发因素是，有关部门宣布拟通过债转股，以解决企业部门的债务问题。此外，包括国际货币基金组织（IMF）在内的国际组织和机构对中国债务风险也多有强调。以上因素叠加，共同导致了避险情绪的蔓延。之后，随着一些缓解市场担心措施的提出，以及若干澄清工作，市场避险情绪缓解。但到了 12 月，又有一批企业集中违约，对当时的市场波动起到了助推作用（见图 10 - 7）。

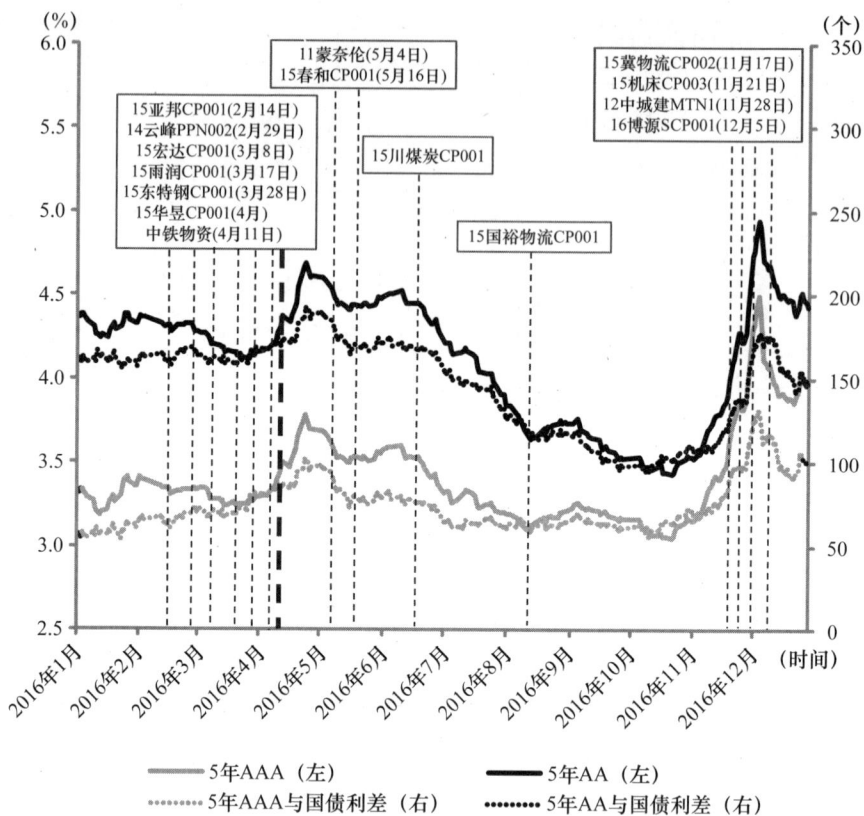

图 10 - 7 2016 年违约背景下的信用债利差变动

资料来源：Wind，国家资产负债表研究中心（CNBS）。

不同行业债券的信用利差是反映各行业风险的指标，也体现出投资人对不同行业的偏好。2017 年年底，行业利差最大的三个行业分别是化工（137 个基点）、房地产（97 个基点）和采掘（96 个基点），而交通运输、国防军工和公用事业的排名靠后，利差水平分别是 26 个、22 个和 10 个基点。从行业利差的变化情况看，随着供给侧改革的逐步推进，钢铁、采掘等产能过剩行业盈利能力好转，行业景气度回升，行业利差较年初分别收窄了 80 个和 38 个基点；而房地产在调控政策加码、融资难度增加的背景下，行业利差由年初的 57 个基点走阔至 97 个基点，走阔幅度为 40 个基点；而经营相对稳定的交通运输、休闲服务等行业的利差水平变动幅度较小。

对个别行业而言，信用事件的爆发会在短时间内导致行业利差出现大幅波动，如 2017 年影响较大的信用事件主要为"鲁宏桥事件"和"万达事件"。"鲁宏桥事件"是由港股上市公司中国宏桥控股有限公司（以下简称中国宏桥）受到沽空引发：2017 年 3 月初，中国宏桥被沽空机构质疑存在利益输送，其后接连遭遇股票停牌、国际机构下调评级等负面事件；3 月末，中国宏桥发布无法按时披露审计年报的公告，由于此举或将导致 7 亿美元的银团贷款加速到期，投资者对中国宏桥的流动性产生担忧，中国宏桥对应的国内运营实体山东宏桥新型材料有限公司（以下简称山东宏桥）和山东魏桥铝电有限公司（以下简称魏桥铝电，为山东宏桥一级子公司）存续债券的估值出现大幅上行，幅度分别达到 320 个和 252 个基点。作为国内最大的铝产品生产企业，山东宏桥及魏桥铝电的存续债券规模超过 500 亿元，相关债券估值的波动导致行业利差迅速拉升，由 3 月 29 日的 77 个基点扩大至 4 月 7 日的 152 个基点。4 月上旬，受到中国宏桥 7 亿美元银团贷款获得债权方豁免和银行流动性支持较大等因素影响，宏桥系相关债券收益率开始回落，带动有色金属行业利差迅速缩窄至 118 个基点，该事件影响基本结束（见图 10 - 8）。

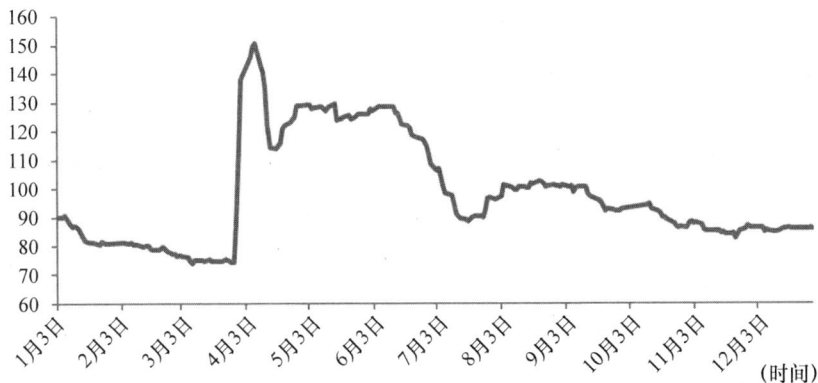

图 10 - 8　2017 年有色金属行业信用债利差变动

资料来源：Wind，国家资产负债表研究中心（CNBS）。

流动性风险

流动性风险一向被视为金融体系的最大威胁。2008 年美国金融危机中诸多大牌金融机构的倒下，都是因为受到挤兑，资金抽逃，无法继续融得资金所致；而此负面效应的扩散引发的最严重后果，是市场参与者纷纷寻求自保，整个金融体系流动性枯竭，金融危机加重，经济危机爆发。在这一轮危机中，美国的债券市场和货币市场首当其冲。其后备受困扰的欧债危机，也概莫能外。

反观中国，债券市场流动性问题曾多次出现，但均被一一化解。大概人们印象最深的，一是 2013 年 6 月的"钱荒"，二是 2016 年 12 月部分金融机构资金链的险些断裂。其实，2010 年年底、2011 年年中和 2015 年年初，类似的流动性紧张也发生过多起，因其影响仅限于金融体系局部，受到的关注度远没有前述两次那么高。

流动性问题的产生，通常与杠杆率过高有关，而参与者成分的日益复杂、金融各部门之间的紧密联结以及市场的结构性缺陷，在不利的经济和政策环境下，会加大流动性风险的暴露，并产生风险溢出。比如，2017 年曾出现几个反常现象，尤其值得注意。

第一，在理财市场，大银行的理财产品一向成本最低，但其收益率一度开始高于银行体系的平均水平，十分罕见（见图 10 - 9）。这说明银行体系的资金困难，并非局部。

第二，银行大规模发行同业存单（NCD），其利率中枢接近4.5%，为 2015 年第 2 季度以来的最高水平。非但如此，自 2013 年下半年问世，同业存单利率在多数时间大幅低于理财产品收益率，而2017 年曾一度持平甚至高于理财产品收益率，显示资金需求不仅强，且十分迫切。

第三，相较存款类金融机构，非存款类金融机构获得资金日益困难，成本很高。考虑到非存款类金融机构在银行间市场 4 万多亿元的回购融资中，占比高达 30% 以上，这种结构性矛盾是相当突出的（见图10 - 10）。

在整体资金偏紧而"短板"突出时，一旦出现风吹草动，流动性风险极易发生。

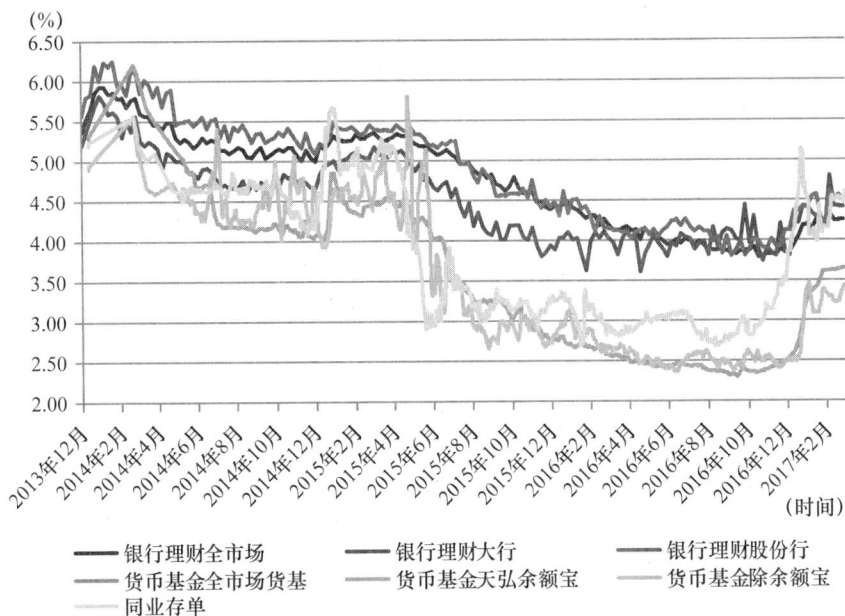

图 10-9 3个月理财产品与货币市场、同业存单利率比较

资料来源：Wind 资讯，中信证券。

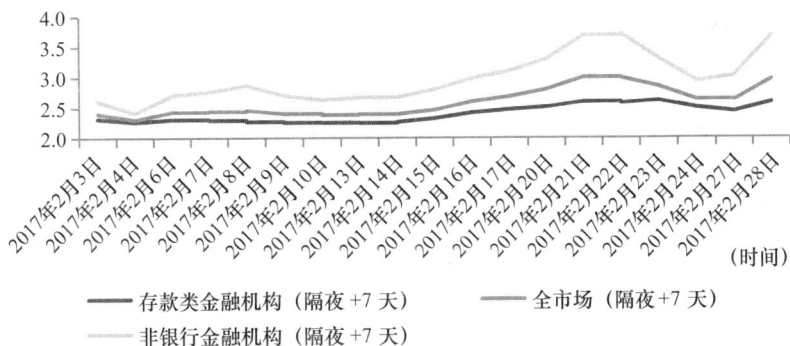

图 10-10 不同类别金融机构融资成本比较

资料来源：Wind，国家资产负债表研究中心（CNBS）。

溢出风险

溢出风险是一种系统性风险。金融风险并不是孤立的，当信用风险、市场风险、交易对手风险和流动性风险集中爆发时，可能会出现相互加强和共振现象，并在不同的金融子市场、交易对手和金融产品间相互传染、交织和叠加，严重时会导致市场失灵，资本恐慌性流出，实体经济也会受牵连。2008 年美国的金融危机和经济危机，就是在次贷问题爆发后，因风险溢出而发生连锁反应的结果。

大体说来，债务过高可能产生三个后果。一是危害金融稳定。国际清算银行（BIS）认为，如果私人部门的债务增长偏离其长期趋势过久，3 年后银行体系就会出大问题。企业部门出问题，再牵上银行体系，并关联到金融市场，自然不会稳定。二是削弱经济增长潜力。2008年危机爆发后，全球经济恢复缓慢，便与债务沉重有关。三是如果债务过高，可能出现债务和通缩的恶性循环。这三个影响叠加，债务（从而经济和金融）就不可持续。

中国金融体系庞大，各部门之间盘根错节，杠杆不低。要坚持金融部门去杠杆的大方向，但也应注意有序，避免共振。

10.5 维护金融稳定的政策建议

化解金融风险，要从大局着眼，综合施策。信用风险的根源是企业杠杆率高、产能过剩、资源错配和刚性兑付，并缺乏完善的违约处置机制，应对症下药。流动性经常有"短板"，资金链的断裂往往最先发生在这些薄弱处，要坚持金融去杠杆，但也必须注意循序渐进，同时让利率的形成真正市场化，以及重建资金供应渠道。而化解溢出风险的关键，是保持政策的连续性而非依靠一时的急风暴雨般的运动，重视制度和法律法规建设，让市场机制发挥作用，加强监管协调，并在重大风险隐患强化时及时出手。

化解信用风险的政策建议

1. 打破刚性兑付

很多人都误以为在 2015 年 3 月超日债未足额支付利息之前，中国债券市场没发生过实质性违约，其实不然。回顾历史，20 世纪 90 年代曾有大量企业债券违约未能如期兑付，其中甚至包括相当数量的重点建

设债券。2000 年广东罗定铁路债券延期兑付，引起震动；其后几乎同
时，也有某大型发行体因支付危机，最终不得不诉诸央行再贷款予以
解决。

债券市场真正的好年景是在 2001 年之后。十几年里，没有发行体
实质性违约。那些胆子够大、较为勇敢的投资者，都稳稳地拿到了信用
利差，享受到了高风险溢价的好处。即便偶尔出现信用事件，也都有惊
无险。但超日债之后，情况发生变化。投资人由此变得谨慎。监管部门
也如临大敌，紧张评估市场潜在风险，并探讨化解之策。

要客观看待债券违约。违约率合理稳定，其实是债券市场成熟的标
志。美国 1981 年以来平均违约率为 1.69%，2009 年危机期间达到最高
的 5.71%，1981 年则为最低的 0.15%。欧洲自 1991 年以来债券市场平
均违约率为 0.57%，2002 年最高为 2.06%，只有个别年份违约率为
零。从全球范围看，1981 年以来债券违约率平均 1.45%（见图 10 -
11）。

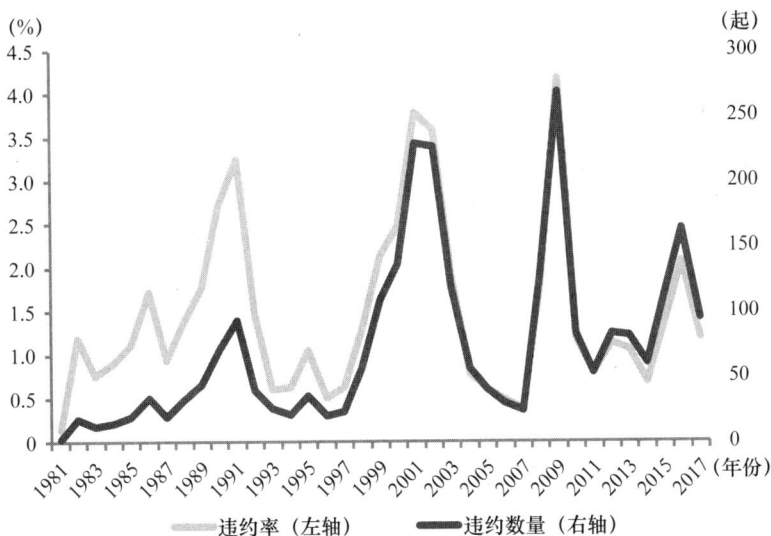

图 10 -11　全球债券市场违约率

资料来源：Standard & Poor's Financial Services LLC。

所以，若债市长期没有违约，其实极不正常；只有极不发达或由政

府信用主导，才会如此。但中国不同：一是中国已成为全球第二大信用债市场，规模大增速也快。二是供给结构多元化，目前信用等级从最高的 AAA 到最低的 CCC 都有，AA + 及以下的占比已达40% 左右；发行体除中央国企和地方国企外，19% 的发行人是城投企业和民营企业。这表明中国债券市场正走向成熟，一定水平的违约率也将相伴而生。

违约率合理稳定，有利于优胜劣汰，市场出清，是成熟的标志。不必谈违约而色变。要通过打破刚性兑付，引导风险有序释放。同时也要认识到，打破刚性兑付，还具有多方面极为重要的意义。

第一，中国经济的结构调整和产业升级，在很大程度上要靠淘汰落后，削减过剩产能，并通过兼并重组提高效率，发挥规模效应。打破刚性兑付正有助于实现上述目标。第二，能够防范道德风险。在存在刚性兑付的情况下，债务人往往忽视还债压力，不惜以高成本融资，预算约束软化，即便回报无法覆盖成本，也极力扩规模、铺摊子，导致盈利能力和效率低下。这也会导致治理结构问题。中国的负债率近几年极度膨胀，存在道德风险是重要原因之一。第三，可帮助建立切实有效的监督机制。如果有刚性兑付，投资者挑选收益率高的债券买就是了，一般会疏于风险评判和风险定价，对融资行为起不到有效的制约，也培养不起承担风险的意识和能力。第四，让价格信号切实发挥配置资源的作用。刚性兑付扭曲价格与风险信号，难以建立让市场起决定性作用的机制，与市场化取向背道而驰。只有收益率曲线合理有效，利差充分反映信用差异，价格信号才能成为有力的工具和参照。

打破刚性兑付，不会诱发系统性风险，反能有效降低风险。刚性兑付则会进一步累积风险。曾有人将超日债违约视为中国的"雷曼事件"，实为危言耸听。打破刚性兑付也并非刻意为之，只意味着要遵循按市场化的原则，并使违约有序进行。市场已经为违约做好了准备。目前新一轮的风险定价正平稳进行。

不必过分担心债券违约对社会稳定的影响。与20 年前相比，个人投资者承担风险的意识和能力均显著增强。股票、基金投资者从最初亏损时的情绪激动到如今的平静，说明这种转变可顺利完成。

2. 完善债券违约的处置机制

债券违约后主要有三种处置方法，即破产讼诉、违约求偿诉讼和抵押物处置，这三种处置方法都存在各自的问题，尤其是对债权人的保护不够，需要予以完善和解决。

天威集团的债券（11 天威 MTN2）的违约处置是破产诉讼的典型，由此案例可以看出，目前制度设计对于投资人保护不足。该债券违约后，发行人天威集团及其 3 家子公司向法院提交破产重整申请并被裁定破产。就此，法院召开了破产重整债权人会议，查封了天威集团的股票、股权、土地房产等相关资产。目前，集团破产管理人正在公开招募意向重整方，相关破产重整评估工作正在进行。问题在于，在债券募集说明书中，关于触发召开持有人大会的条件定义较为模糊，致使天威保变将亏损资产置换给天威集团后，并未及时触发召开持有人大会，最终造成债券违约损失。在现阶段，债券持有人大会是保护债券投资者的主要机制，但由于其触发条件经常无具体条款设置，导致持有人大会不能及时召开，大大削减了该机制的有效性。另外，即使召开持有人大会，投资人也面临着审议事项意义不大，所提议案不具有强制执行力等问题。未来，应努力促进保护投资人的法规条款更加制度化、清晰化，使法规执行有明确的参考依据，以促进发行人公司治理、增强投资者的自我保护能力。

除进入破产程序外，若债务人还有一定债务清偿能力，投资人可采取违约求偿诉讼的方式。在保证投资者可以通过求偿诉讼、避免损失的过程中，应着重打击"逃废债"的行为，使求偿诉讼能最大程度进行财产保全。未来应进一步清晰界定逃废债的标准，建立失信名单机制，对失信企业加大惩戒力度。一个正面的案例是在"12 湘鄂债"违约后，债券受托管理人发起了违约求偿诉讼，申请财产保全措施；最终，公司实际控制人的股票和房产被冻结，发行人通过变卖资产，找到湘实业有限公司进行债务代偿，全额兑付了违约债券的本息。

另外，投资人对于有抵质押担保的违约债券，可以要求处置抵质押资产进行求偿。以"12 圣达债"的违约处置为例，由于该债以发行人持有的股票及股权作为担保，最终投资人与发行人签订了《和解协议书》，双方同意处置质押物四川圣达水电开发公司 7800 万股股份，同时发行人承诺配合法院执行处置其持有的长城动漫 1000 万股 A 股流通股用以还本付息。但是，目前在处置抵押物求偿的过程中，普遍存在担保物执行困难，"担而不保"现象较为突出。建议加强投资人处置抵押物的可操作性，例如，在募集说明书中明确持有人可追加担保的条件，对拒绝代偿的责任方进行法律责任追究，加强承销商对抵质押权有效性的尽职调查，完善对专业担保机构的监管和培育等。

3. 债转股应避免逆向选择和道德风险

通过"债转股"，有助于在一定程度上化解企业的债务风险。债转股可以直接降低企业的债务率，改善财务指标。但若使用不当，也可能触发逆向选择和道德风险。对于债券投资者来说，若所持债券被纳入债转股范围，投资则会面临较大的不确定性。自"债转股方案"提出以来，债券市场经历了观望（2016 年 3 月债转股政策初步提出时）、恐慌（4 月"铁物资事件"爆发）、稳定（6 月国新办、发改委阐释市场化债转股原则）和相对正面（10 月债转股指导意见正式出台）的态度转变。

1999 年，中国也曾实施过债转股。当时，从商业银行剥离 1.4 万亿元不良贷款，其中近 30% 进行了债转股。四大资产管理公司的承接资金中，5800 亿元来自央行再贷款，8200 亿元由资产管理公司对四大行发行定向债券而得，债券由财政隐性担保。这是典型的政府救助，全部不良贷款也是按账面价值剥离。

市场最初之所以对债转股政策有些担心，主要来自两个方面：第一，不按市场化、法治化方式进行债转股；第二，企业和地方政府有可能通过债转股变相逃废债。后来疑虑被澄清后，便放心许多。

如何确定债转股企业的选择标准，是一个核心关键。不能继续助长产能过剩和放任僵尸企业苟延残喘，是底线。受产业政策鼓励，技术领先，产品有市场，成本具竞争力，企业未来能产生可预见的内生现金流，只是遇到周期性或暂时因素的影响才需借外力运转的，为首选。按正确标准筛选债转股企业，也有助避免强化刚性兑付预期，让好不容易建立起的"打破刚性兑付"的脆弱共识，再次碎裂。需防止逆向选择和道德风险，并避免出现企业绑定银行的日本病。

有利的方面是随着金融工具的丰富，退出渠道的增加，加之不乏可动员的大量社会资金，以及相当活跃的并购市场，条件比前次债转股优越许多。相较 200 万亿元的非金融企业债务、110 万亿元的银行贷款（2017 年年底），曾在坊间传闻的 1 万亿元债转股不算天文数字。若能腾挪成功，应可为结构调整赢得些许宝贵时间。

化解流动性风险的政策建议

第一，应坚持货币政策的稳健中性，避免信用过快扩张。高杠杆、低效率以及信贷扩张不能带动有效的经济增长，是中国经济的突出问题，并导致资金脱实向虚，推高实体与金融部门的杠杆率；此状态持续过久，必然容易发生流动性问题，并导致资金链的断裂。

第二，阻断金融部门之间不必要的连接，控制银行体系表外规模，规范资产管理业务。要提高市场参与者的门槛和风控要求，鼓励可持续的业务模式，降低债市杠杆率，并建立有效的监管标准。

第三，流动性的提供者不能只是央行，须设法为银行体系"消肿"，重建其传统的流动性提供者的功能，否则，整个体系会因为这种不平衡而变得极度脆弱。当前的银行体系，因过度膨胀而失去了安全垫，过分依赖央行，其突出表现之一是央行试图在流动性紧张时向银行体系投放资金，但银行却拿不出足够的合格抵押品。

第四，转变观念，让利率形成真正市场化。中国的金融市场利率很早便已市场化，而金融机构的存贷款利率也不再设置上限，表面看，利率市场化已经完成，但其实不然。即以货币市场利率而言，一家机构向另一家机构的短期融资，利率并不能根据供求设定，是受到央行监测和窗口指导的。一定程度的监测和窗口指导或许需要，但若对此利率过分压制，反而会抑制流动性，并助长非市场化的融资行为，形成定价扭曲和资金流动不畅，甚至可能导致货币政策传导机制失效。

第五，去杠杆应循序渐进，并给市场以稳定预期。例如，2017年前3季度流动性曾出现三大"短板"：一是银行将发行同业存单作为其重要融资渠道之一，但发行艰难，利率也过高；二是规模高达30万亿元的银行理财，出现周转困难；三是非存款类金融机构融资压力巨大，成本难以承受。去杠杆，自然要使金融机构在负债端产生压力，但也应注意轻重缓急，避免结构性矛盾过于突出，加大不必要的风险隐患。自2017年第4季度以来，随着流动性投放力度的加大，上述状况已出现显著缓解。

防止溢出风险的政策建议

所谓溢出风险，就是当金融市场的几大风险集中爆发时，可能会出现相互加强和共振现象，并传染至股票、外汇等其他市场，导致一个或多个市场投融资功能丧失，资本恐慌性流出，实体经济也会因此而受牵连。如何防止这种极端局面发生？这里提出如下政策建议。

1. 使政策保持连续，远胜过急风暴雨般的运动

应坚持货币政策的稳健中性，避免信用过快扩张，防止资金脱实向虚，推高杠杆。同时，加强监管，阻断金融部门之间不必要的连接，控制银行体系表外规模，规范资产管理业务，提高市场参与者的门槛和风控要求，鼓励可持续的业务模式，降低债市杠杆率，并建立有效的监管标准。

在此过程中，更重要的是必须认识到，使政策保持连续，远胜过急风暴雨般的运动。否则，可能会有三种不利局面出现。第一，容易出现大起大落，并导致反复和"夹生"。而"夹生饭""回锅"不易，不"回锅"则难以下咽。一个例子是 2014 年对影子银行的监管已经生效，但 2015 年因不再强调，导致反复，让好不容易取得的效果付之东流。第二，可能削弱监管的权威，影响对监管的信心，结果是永无休止的"猫捉老鼠"的游戏。第三，可能会忽视制度建设，压抑市场机制，难以抓住关键点，在轻重缓急、循序渐进方面，也不易兼顾周全。

2. 建章立制，以市场化方式实施监管

防范溢出风险，需更多依靠制度和法律法规，这样既系统周全，又可持续。尽量避免过多的行政方式，否则易陷入"一松就出问题，随后再紧，乃至周而复始"的怪圈，令市场参与者和监管部门都无所适从。真正的好监管，是在完成法律法规和制度安排后，以监督其执行为己任，以对违反制度和法律法规的行为问责为主。在这方面，要做的事情很多，这里仅就 2016 年年底搅乱市场的货币基金挤兑问题和"国海事件"暴露出的"代持"问题，提若干制度建议。

（1）如何解决"国海事件"暴露出的"代持"问题

2016 年 12 月爆发的国海证券"萝卜章"违约事件，引发各方对于代持交易的广泛关注，集中暴露了代持业务中存在的交易对手风险。

"代持"是一种融资业务，类似于非标准化的买断式回购，即委托方将债券交给对手方代为持有，并约定到期买回的交易。

非标准化的"代持"交易的快速发展，部分与现有的标准化回购交易存在较为严格的约束有关：就银行间质押式回购来说，证券公司融资额不能超过其净资本的80%，基金不得超过其净资产的40%；银行间买断式回购额度存在上限，且对交易对手、履约保证、交易价格、交易期限、债券比例等均有限制；交易所回购市场也存在关于抵押物和杠杆倍数的限制，目前公司债的质押率平均70%左右，整体杠杆低于4倍，上交所规定回购标准券的使用率不得超过90%，回购放大倍数不能超过5倍。

当然，代持业务的灵活性、隐秘性和杠杆倍数不受限制的特点，同样带来了巨大的风险。首先，当市场出现大幅调整时，代持规模过多的机构由于高杠杆迅速放大损失，代持成交价与市价偏离过远，可能出现毁约，引起市场混乱——国海"萝卜章"事件的本质，即是如此。其次，代持交易不断续作，期限过长，也会导致交易约定价格与估值偏离度增大，触发交易对手违约。无论是哪种情况下的违约，都容易引起交易双方甚至全市场的信任危机，加剧市场机构之间的不信任，增加流动性风险，甚至有可能冻结交易。

在规范和限制"代持"操作的同时，要完善做市商制度，推动债券市场分层建设。将做市商打造成债券市场整个体系的核心，其他的机构，包括"非法人机构"，只能与做市商发生交易。做市商可以通过授信、收取保障金等方式，控制交易对手风险。这会改善市场流动性，减少对类似"代持"这种非正规融资渠道的依赖。

同时，改进现有的标准化融资方式。应增加更多期限的买断式回购合约品种，或将固定期限改为浮动期限，以适应回购双方灵活的交易需求。当前买断式回购的期限虽有多种选择，但每一个期限都是固定的，回购双方必须到期才可以交割结算，若能改成到期或到期之前均可以实行结算，则可在不增加风险的前提下，增加标准化回购的灵活性和有效性。

（2）完善货币基金的相关制度安排

建议一：将估值方法由摊余成本法改为浮动净值法。为使每份价格保持稳定，国内大部分货币基金使用摊余成本法计价，即按购买成本而不是市价估值。而且，各种证券获得的利息（加上价格折扣或减去购买额外成本）按照购买时的到期时间累加，使基金可以将累计利息作为每天红利支付给投资人。因为货币市场基金通常持有短期优质证券，所以摊余成本法一般能够提供基金资产组合的非常准确的近似值。摊余成本法计价方便简单，但问题是，一旦出现流动性危机，会导致先被赎回的基金按面值赎回，后被赎回的基金承担所有亏损，易导致挤兑。将摊余成本法改为浮动净值法，能更真实反映资产组合市值的变动，便于投资者了解基金风险状况，公平赎回基金，从而避免挤兑事件发生。

建议二：对货币市场基金实行分类监管。可以将货币市场基金按照投资人的不同，划分为机构型和零售型，前者对机构，后者为散户，在监管政策方面，实行区别对待。以 2016 年年底发生的货币基金大规模赎回为例，遭到挤兑的基金多为机构型基金，而零售型基金，如天弘余额宝，其市值规模不降反增，由 8000 亿元升至 8100 亿元。因此，在美国证监会进行针对货币基金的 2a-7 法案改革时，对机构型和零售型货币基金做出了不同监管要求，比如，对机构型基金实施浮动净值计价，而零售型基金则不需要。

建议三：允许在特定情况下限制投资者赎回，包括收取赎回费或者暂停赎回。这样做一方面可抑制早期赎回者的赎回动力，另一方面，收取流动性费用也可部分抵消赎回对基金带来的损失，一定程度上减轻传染效应。以美国为例，2013 年 6 月 5 日，美国证监会出台了改革货币市场基金的两份方案，方案一使用浮动资产净值，方案二则是限制基金赎回。最终方案于 2014 年年中确立，包括对面向机构投资者的货币基金实行浮动净值计价，并允许所有货币市场基金在危机发生时，收取流动性费用和设定赎回限制，以降低挤兑风险。

3. 加强监管协调

2017 年 3 月以来，各监管部门密集出台文件，以达到杜绝金融业套利和不当行为，避免金融脱实向虚，从而专注于服务实体经济的目的。这些文件涵盖的范围之广、力度之大，可谓空前。中国人民银行曾于 2016 年启动升级版的宏观审慎监管评估（MPA），并于 2017 年第 1 季度将表外理财正式纳入，很多机构不得不做主动调整，从而对金融去杠杆起到了积极作用。MPA 考核有力度，且愈加严厉，银行业金融机构较以前更加严肃对待，一些压力大的机构甚至疲于应对，货币市场和债券市场也感受到巨大压力。但因规则清晰，且中国人民银行在流动性的调控上，注重张弛有度，因此 2017 年 3 月末表外理财首次纳入考核，虽压力沉重，仍平稳过渡。如今各监管文件密集出台，叠加中国人民银行的 MPA 管理，在稳健中性的货币政策背景下，流动性的紧张可能加剧，资产价格不排除出现超预期的调整。当然，各方对目前监管协调的能力高度信任，对监管层在风险防范以及当危机出现苗头时的应紧水准高度认可，因此，局面失控的危险应当可以避免，但仍不能掉以轻心。

中国目前是实际上的混业经营，但分业监管。在部门利益严重和监管竞争加剧背景下，可能推高系统性风险。必须加强监管协调，以降低决策成本，消除信息割裂和不必要的相互猜疑，精确识别与判断风险，并采取及时、有力措施预防和解决。美国次贷危机之所以爆发，并演变成百年不遇的金融危机，原因之一便是经营混业而监管分业，不同业务相互深度渗透，但监管都是"自扫门前雪"，看不到甚至根本不去看本领域之外的风险状况及其内在传染性，从而未能有效预警，甚至出现危机已愈演愈烈，但监管部门连究竟发生了什么都难以判断，自然会贻误决策时机。

在多管其下的重压之下，若政策和监管协调不到位，可能加大发生意外事件的概率。为加强监管协调，中国于 2013 年建立了金融监管协调机制（即金融监管协调部际联席会议制度），这是非常有益的尝试。为进一步加强金融监管协调、补齐监管短板，2017 年 7 月，在北京召开的全国金融工作会议上宣布设立国务院金融稳定发展委员会，并于 2017 年 11 月正式成立。这将有利于金融风险的防范和化解。

要修改和完善现有的法律法规体系。目前的法律法规体系是为适应分业经营、分业监管的需要形成的，但金融业已从原本的分业经营走向实际上的混业经营。业态已变，若监管和法律未相应改变，一方面会导致市场主体无所适从，另一方面也一定会留下诸多制度、法律漏洞，从而加大风险隐患。

4. 对"灰犀牛"不能视而不见，应对重大风险必须有预案

当金融市场波动较大时，可能会有一些风险出现，然而并不总是需

要中央银行和监管当局出面。正常情况下，大部分风险市场都能够自行消化，此时就应当交给市场，让市场调节机制发挥作用。但是，当市场波动剧烈并可能导致失控而风险溢出时，则要求有关当局及时做出适当反应。

2016 年年底的债券市场暴跌，可算是一个经典案例。当时，现券收益率大幅上行，货币市场趋于冻结。市场的恐慌情绪在 12 月 15 日达到顶点，各期限国债期货主力合约纷纷跌停，15 分钟熔断收市，场面惊人，历史上属于首次。这次市场暴跌，影响的因素很复杂，归结起来，主要有四个方面：一是基本面和政策面因素，包括中国人民银行收紧货币政策、美联储加息、全球（包括中国）的通缩预期消失而经济前景转好等；二是债券市场的杠杆率较高，所以遇到调整，易放大其影响；三是超预期事件，包括国海证券的"萝卜章"事件，以及货币基金遭遇大额赎回、资金链面临断裂危机；四是企业债券违约风险集中爆发。

这轮债市风暴，市场风险、流动性风险、交易对手风险和信用风险同时出现，并发生交织和共振，进一步传导到其他市场，导致股市大跌，汇率贬值预期强化，风险开始溢出。值此危急关头，市场失灵，亟须有关当局出面，恢复参与者信心和秩序。幸运的是，中国人民银行和有关监管部门及时采取了行动，一是提供了必要的流动性支持，二是为"国海事件"谈判乃至解决方案的形成，发挥了重要的组织和指导作用。这是非常及时和必要的，若非如此，市场信心可能崩溃，风险将进一步发酵和扩散。

"黑天鹅"虽难以预料，但"灰犀牛"是始终若隐若现的，对此应保持警惕，提前做好应对预案，并在必要时坚决实施。防范系统性风险，这至为关键。

10.6　防范金融风险：一个全球性课题

杠杆率高，是金融风险的一个潜在触发因素。而杠杆率不仅中国高，全球都高。来自国际金融研究所（Institute of International Finance，IIF）的数据显示，截至 2018 年第 1 季度末，全球债务合计 247 万亿美元，较十年前增加了 102 万亿美元，占全球 GDP 的比重为 318%。债务过多，被认为是 2008 年金融危机的诱因之一，而现在全球债务比那时还高，问题是否更严重了呢？债务虽高而迄今并未爆发新的危机，是因为管理风险的能力提高了，还是全球债务的分配比以前合理了？抑或是时候未到？尤其是现如今，全球资产价格不低，经济虽好转但仍步履蹒跚，货币政策正常化压力逐渐加大，各经济体冷热不均、政策继续分化，再加上贸易摩擦升级和政治不确定性增强，更凸显金融问题的复杂。

2017 年 10 月 5 日，国际货币基金组织（IMF）总裁拉加德应邀在哈佛大学进行了一场对话，并专门做了一次演讲。她演讲的主题是"趁天晴抓紧修补屋顶"，意思是当前全球经济有所恢复，银行业稳定，金融条件好转，要趁这个时候采取适当政策，一方面进行结构性改革，另一方面削减过度债务。在回答笔者提出的"全球高债务是否有可能触发又一轮金融危机"这个问题时，拉加德认为，虽然还没到发出警报的时候，但这个问题确实需要高度关注（not alarming, but concerning）。

2018 年 10 月，IMF 发布的最新一期《全球金融稳定报告》（GFSR）强调，目前全球金融风险有所上升。部分新兴经济体资本流出的压力加大，贸易紧张态势升级，政治和政策不确定性增加，以及快于预期的货币政策正常化，均可能导致金融条件急剧收紧。这是近期面临的风险。而中期风险可能继续上升，主要推动因素是发达经济体过高的非金融部门杠杆率和新兴市场日见提升的外部借贷。报告认为，尽管全球银行体系较 2008 年金融危机前稳健，但面对债务负担沉重的借款人、大量透明度低且流动性差的资产和压力巨大的需要进行滚动融资的外债，风险仍不能小视。通过金融监管改革、完善并充分利用宏观审慎监管政策工具，以提高金融体系的韧性，对于防范风险至为关键。

10.7　结论

中国的杠杆率高企，经济效率下降，而金融体系庞大且盘根错节。

为化解中国经济的"债务不可能三角",防范金融风险,要求或者调降杠杆,或者提高效率,或者同时调降杠杆和提高效率,别无他法,单靠宽松的货币、信贷政策来维持经济的运转,早晚会走到尽头。

美国经济学家卡门·莱因哈特和肯尼思·罗格夫于 2009 年出版的著名畅销书《这次不一样:八百年金融危机史》,分析了全球 66 个国家和地区 800 多年的国际金融危机史,揭示出金融危机的一般规律:历次金融危机都是因为债务过高而导致,并没有哪一次是真正不一样的。人们在危机爆发前,经常会丧失警惕,以为这一次与以往不同,不会再发生危机了——事实证明,他们每一次都错了。这说明,降低杠杆率使之不偏离长期的信用扩张趋势,该有多么重要。

必须认识到,债务的另一面是资产。提高经济效益和企业的盈利能力,就是从资产端解决问题。如果资产盈利能力强了,效率高了,因拉大了分母,本身就有助于降低杠杆率;盈利能力和效率提高了,也可承担高一点的债务水平。美国著名经济学家本杰明·M. 弗里德曼(1990)在讨论美国的公司债务问题时曾经说,如果不出现普遍的经济下滑,虽然债务较高,违约率上升,但其影响通常也不至于大到威胁金融稳定的地步。这说明企业盈利能力高低对于金融稳定的重要性。进行结构性改革,加大经济转型力度,是提高效率的关键。

债务,本身也是一种资源。要采取措施,把现有的债务分配到更有效率的部门。不同的产业,以及同一产业里的不同部门,效率是有差异的。国企虽然重要,但其效率通常不及民企。哪个效率高,资源就应该倾斜给谁。

非常重要的一点是,讨论去杠杆,不能只针对实体经济,还要加入金融部门。不压缩庞大的金融体系,不改变金融部门之间盘根错节的复杂状况,不加强金融部门的风险承担能力,问题就难以根本解决。地方政府和非金融企业举债过高,始终是关注的焦点。而近年来家庭部门杠杆率也在迅速提升,需要警惕。保持货币政策的稳健中性,以市场化和制度化的方式完善金融监管,规范金融机构的行为,提高金融市场的效率和透明度,非常重要。

除此之外,当前的国际环境日益复杂,部分新兴经济体资本流出的压力加大,贸易紧张态势升级,政治和政策不确定性的增加,货币政策正常化也可能快于预期,加之全球债务高企,上述因素均可能导致金融条件急剧收紧。在全球金融风险上升的大背景下,尤其是面对不断升级的贸易摩擦,要做好去杠杆和稳预期的平衡,稳妥化解债务风险。与此同时,扩大经济对外开外,大幅放宽市场准入,全面实行准入前国民待遇加负面清单管理制度,进一步降低税、费负担,保护知识产权,减少企业补贴,大力推动贸易和投资便利化。

附录一

各国非金融资产的统计范围

各国非金融资产的统计的范围有所不同。在 SNA 体系中，金融资产和负债的定义比较明确，各国指标也基本一致，具有较强的可比性，然而非金融资产则具有较大差异。每个国家的经济结构、社会制度、统计能力等因素都不一致，在当前阶段也很难让所有国家的统计体系都遵循同一套非金融资产的统计标准。例如在澳大利亚，农业生产是支撑其国民经济的重要成分，统计局也就将各类农场作为细项进行统计；而在美国和加拿大，居民部门的统计制度建立较为完善，统计局将家庭耐用消费品作为固定资产的一部分进行统计。因此，在比较各国净资产及分布时，有必要首先比较各国统计所包含的非金融资产项目。

各国统计机构在统计非金融资产时，都在经历不断修正扩充资产范围、将过去一些未统计进来的项目逐渐纳入的过程。因此我们这里只能比较截至当前时点各国非金融资产的统计范围。

英国国家资产负债表的统计基本遵循 SNA 体系和欧洲国家与区域账户体系（European System of National and Regional Account，ESA），对非金融资产的统计较为完整。如附图 1 - 1 所示，固定资产占到全部非金融资产的 96%，其中各类建筑物占比 83%，机械设备占比 10%。其中，住宅主要被居民部门所持有的，非住宅建筑分布在非金融各企业和政府中，机械设备主要由非金融企业持有，其中的运输设备（各类交通工具）分布在居民和非金融企业中，如附表 1 - 1 所示。

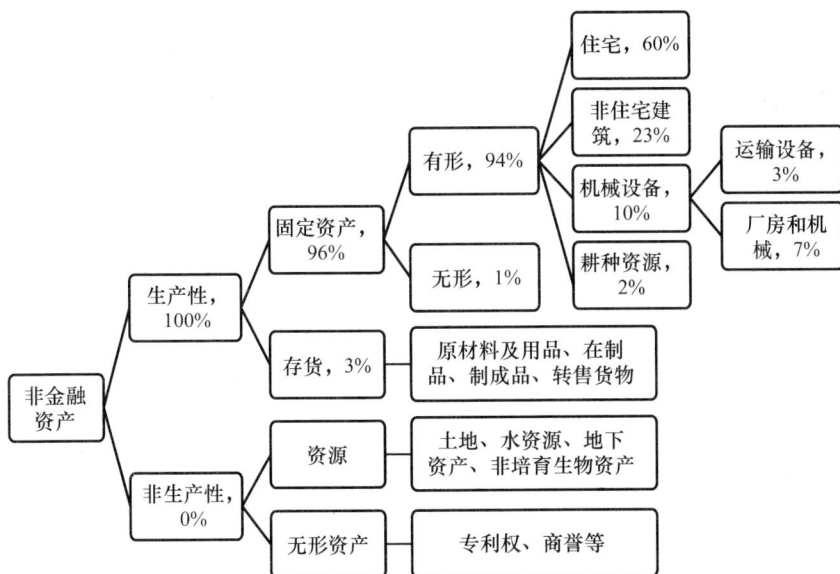

附图 1—1　英国非金融资产的统计项目及各项在全部非金融资产中的占比

注：各项目后的百分比为此项资产在全部非金融资产中所占比例，此比例为 2002—2015 年占比的平均值。

资料来源：英国统计局。

附表 1—1　　　　　英国主要非金融资产的部门分布占比　　　　　单位:%

	居民	非金融企业	政府	金融企业
住宅	95	5	0	0
其他楼宇和建筑	4	45	43	8
机械设备	15	68	15	2
运输设备	44	51	5	0

注：表中比例为 2002—2015 年占比的平均值。

资料来源：英国统计局。

　　美国对非金融资产的统计范围比较窄，如土地、资源等非生产性资源均没有纳入统计范围。但居民部门所持有的耐用消费品则在统计范围之内，且占有 7% 的比例。如附图 1—2 所示，美国非金融资产的最大部分也为地产和建筑，占比 75%。美国的地产和建筑的绝大部分分布在居民和非金融企业之手，如附表 1—2 所示。

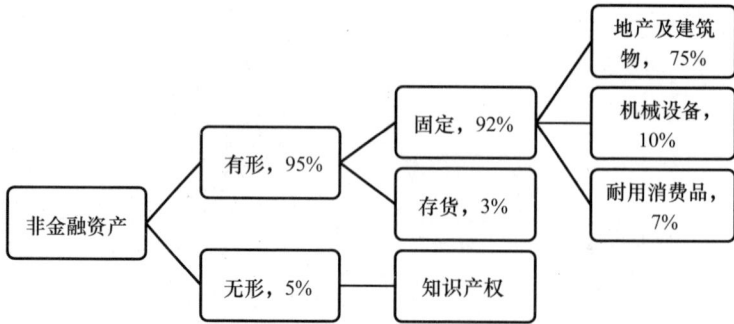

附图 1-2　美国非金融资产的统计项目及各项在全部非金融资产中的占比

注：各项目后的百分比为此项资产在全部非金融资产中所占比例，此比例为 2000—2015 年占比的平均值。

资料来源：美国经济分析局。

附表 1-2　　　　　　　　美国主要非金融资产的部门分布占比　　　　　　单位：%

	居民	非金融企业	政府	金融企业
地产及建筑物	44	36	18	2
耐用消费品	100	0	0	0
设备	4	74	14	8

注：表中比例为 2000—2015 年占比的平均值。

资料来源：美国经济分析局。

　　日本的国家资产负债表由内阁府经济社会综合研究所（Economic and Social Research Institute，ESRI）负责编制。非金融资产中非生产性土地占比 42%，住宅及建筑占比 43%，如附图 1-3 所示。其中固定资产主要由非金融企业持有，土地主要由居民部门持有，如附表 1-3 所示。

　　德国的非金融资产分为固定资产和土地，其中固定资产占比 76%，土地占比 24%，固定资产中有将近一半是住宅，如附图 1-4 所示。

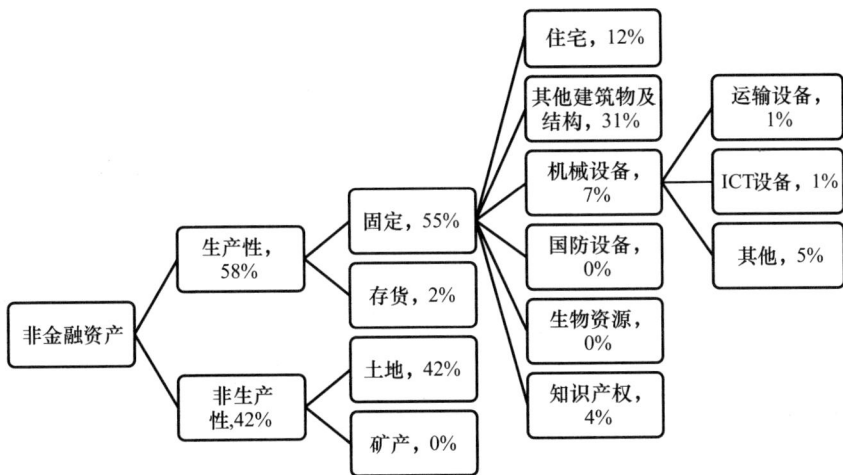

附图 1-3　日本非金融资产的统计项目及各项在全部非金融资产中的占比

注：各项目后的百分比为此项资产在全部非金融资产中所占比例，此比例为 2000—2015 年占比的平均值。

资料来源：日本内阁府经济社会综合研究所。

附表 1-3　　　　　日本主要非金融资产的部门分布占比　　　　　单位:%

	居民	非营利组织	非金融企业	政府	金融企业
固定资产	22	1	45	31	1
土地	60	4	24	10	1

注：表中比例为 2000—2015 年占比的平均值。

资料来源：日本内阁府经济社会综合研究所。

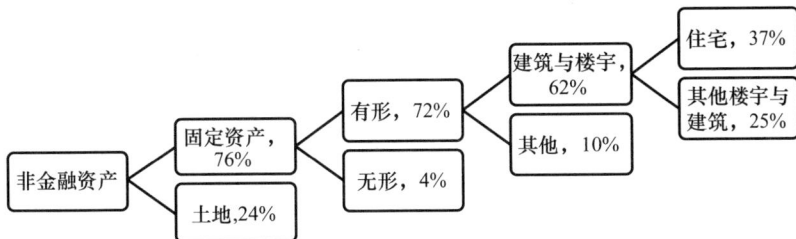

附图 1-4　德国非金融资产的统计项目及各项在全部非金融资产中的占比

注：各项目后的百分比为此项资产在全部非金融资产中所占比例，此比例为 2000—2015 年占比的平均值。

资料来源：德国统计局。

附录二

中国国土资源价值估算

关于国土资源价值估算，此处继续沿用了李扬等（2013；2015）的估算方法，即将土地资源的当年总价值理解为未来一定时期（25年）从该资源中获取的净产出折现值之和（折现率4%）。其中，净产出仍以国家统计局公布的"农林牧渔业总产值"再乘以40%租金率计算。

附表2-1　　　　　　　　　中国国土资源价值估算

年份	国土资源价值（亿元，当年价）	GDP（亿元，当年价）	国土资源/GDP（%）
2000	159362	100280	158.9
2001	167446	110863	151.0
2002	175192	121717	143.9
2003	189910	137422	138.2
2004	231786	161840	143.2
2005	252329	187319	134.7
2006	261027	219439	119.0
2007	312721	270232	115.7
2008	370984	319516	116.1
2009	386071	349081	110.6
2010	443371	413030	107.3
2011	520022	489301	106.3
2012	572144	540367	105.9
2013	620385	595244	104.2
2014	653866	643974	101.5
2015	684736	689052	99.4
2016	716939	744127	96.3

资料来源：国土资源价值来自CNBS；GDP数据来自国家统计局（2016年新口径）。

　　由附表 2 – 1 可见，尽管国土资源价值从 2000 年的 15.9 万亿元持续升至 2016 年的 71.7 万亿元（当年价），但此间其与 GDP 的比率则由 159% 降至 96%。这显示了作为自然资本重要构成的国土资源在国民财富和经济增长中的作用有持续下降的趋势。而这一现象同世界银行（World Bank, 2006；2011；2018）揭示的有关国际经验基本一致，即自然资本的相对规模及对增长的贡献随着经济发展水平的上升而下降。然而，由于世界银行主要按照不同类型土地资源的价值（如农田、牧场、森林、保护区等）分别计算再进行汇总（详见李扬等，2013，第 17 章），所以正如附表 2 – 2 所示，其估算值同本研究有一定差异。

附表 2 – 2	国土资源价值估算比较		单位：万亿美元
研究＼年份	2000	2005	2014
本书	1. 93	3. 08	10. 64
世界银行（2006）	2. 16	—	—
世界银行（2011）	—	4. 19	—
世界银行（2018）	—	—	14. 43

注：1. 本章估值按年平均汇率转换为当年美元价格。

2. 世界银行的土地价值由"自然资本"减去"地下矿产"得来。

资料来源：世界银行。

　　最后，还有两点需要说明：在附录中提及的世界主要发达国家官方资产负债表中，对作为自然资源的土地（大致相当于农业用地）的估算方法差异较大。例如，在美国的 IMA 账户中，对农用地、建设用地并没有明确区分，而是统统归于"不动产"（Real Estate）项目之中，但后者的估算在不同部门之间又有差异（Cagetti et al. , 2014）。英国则列出了包含"建筑物用地"在内的"耕作生态资源"（Cultivated Biological Resources）。德国仅列出了"建筑物用地"而无农用地。意大利则仅报告了居民部门持有的"土地"，但未有详尽说明。日本在"非生成实物资产"（Tangible Non-produced Assets）大类下列出了土地，应该理解为大致相当于农业用地。加拿大、澳大利亚同日本情况类似。相比之下，仅有法国相关统计较为清晰，即分别列出了"农业用地"和

"建筑物用地"的价值。显然，这一核算上的差异，给相关跨国比较带来了一定困难。

此外，在法理层面看，中国土地所有制主要包括国家所有（即全民所有）和集体所有两种，不存在土地私有现象。尽管通过土地长期承包，农民可以享有土地带来的收益，但其并非所有权人，也不能进行充分市场化的买卖交易，因此土地在法理上不能成为其私人资产。类似地，居民所有的住房资产也不牵涉对土地的所有，而仅仅是长期租用。然而，在发达国家大多数土地，包括建设用地和农业用地，归私人所有。这一土地所有制上的本质差异，也给相关国际比较造成扭曲。值得一提的是，前述的 Piketty 等（2017）将中国土地资产在公共部门和私人部门之间进行了分配，但这一方法基于若干假设或推断（主要基于土地流转等市场化改革），并无确实的数据支持，而更类似于某种情景分析。

附录三

中国国家资产负债表（2000—2016年）

单位：亿元

附表 3-1

中国国家资产负债表（2000—2016年）

2016年	居民部门		非金融企业		金融部门		政府部门		国外部门		国内合计		合计	
	资产	负债	资产	负债	资产	负债	资产	负债	资产	负债	资产	负债	资产	负债
一、非金融资产	1771943		1988825		28723		455962				4245453		4245453	
1. 固定资产	1771943		777409		13185		143410				2705946		2705946	
2. 存货			934946				6005				940951		940951	
3. 其他非金融资产			276471		15539		306547				598556		598556	
二、金融资产与负债	1805676	391700	1410097	3398922	3641061	3669784	1005242	272516	325688	454842	7862076	7732922	8187764	8187764
1. 通货	55508		6306		8186	74884	1390		3495		71389	74884	74884	74884
2. 存款	883250		530895		152016	1832665	271064		21836	26397	1837226	1832665	1859062	1859062
3. 贷款	17435	391700		936280	1353153			3536	42336	81408	1370588	1331515	1412924	1412924
4. 未贴现银行承兑汇票			39000	39000							39000	39000	39000	39000
5. 保险	93737		40412			133911			610	849	134149	133911	134759	134759
6. 金融机构往来					150096	150096					150096	150096	150096	150096
7. 准备金					246352	246352					246352	246352	246352	246352
8. 债券	27439		6433		563288	201636	5108	225981	14939	10389	602268	606817	617206	617206
9. 股票及股权	378749		661036	1692606	314908	207945	519726		41005	14873	1874419	1900551	1915425	1915425
10. 证券投资基金份额	141460		34885		535318	731151	19488				731151	731151	731151	731151
11. 中央银行贷款					91144	91144					91144	91144	91144	91144
12. 其他	208097			353564			188466	42999			396563	396563	396563	396563
13. 直接投资	91129		91129	198272					198272	91129	911129	198272	289401	289401
14. 国际储备资产					226601				3195	229796	226601	0	229796	229796
合计	3577619	391700	3398922	3398922	3669784	3669784	1461204	272516	325688	454842	12107529	7732922	12433217	8187764
资产净值	3185919		0		0		1188688		-129154		4374607		4245453	

续表

2015年	居民部门 资产	居民部门 负债	非金融企业 资产	非金融企业 负债	金融部门 资产	金融部门 负债	政府部门 资产	政府部门 负债	国外部门 资产	国外部门 负债	国内合计 资产	国内合计 负债	合计 资产	合计 负债
一、非金融资产	1552614		1804892		27097		439661				3824264		3824264	3824264
1. 固定资产	1552614		714160		12372		129418				2408564		2408564	2408564
2. 存货			838362				6383				844744		844744	844744
3. 其他非金融资产			252371		14726		303860				570956		570956	570956
二、金融资产与负债	1611983	316650	1379532	3184424	3062779	3089876	927102	254179	291966	428232	6981395	6845129	7273362	7273362
1. 通货	51892		5848		7667	69886	1288		3190		66696	69886	69886	69886
2. 存款	766904		455209		151011	1613531	242546		21064	23202	1615669	1613531	1636733	1636733
3. 贷款	13472	316650		847445	1177964			3536	38776	62582	1191436	1167631	1230212	1230212
4. 未贴现银行承兑汇票			58542	58542							58542	58542	58542	58542
5. 保险	78257		34045			111795			602	1108	112302	111795	112903	112903
6. 金融机构往来					136210	136210					136210	136210	136210	136210
7. 准备金					215487	215487					215487	215487	215487	215487
8. 债券	24358		6195	146258	424345	166233	4685	154871	14182	6403	459583	467362	473765	473765
9. 股票及股权	367667		723073	1677241	268941	182658	472171		38496	10448	1831851	1859900	1870347	1870347
10. 证券投资基金份额	121019		25959		395776	560721	17967				560721	560721	560721	560721
11. 中央银行贷款					33355	33355					33355	33355	33355	33355
12. 其他	188414			281088			188446	95772			376861	376861	376861	376861
13. 直接投资	70660	173849	70660	173849					173849	70660	70660	173849	244509	244509
14. 国际储备资产					252023				1807	253831	252023	0	253831	253831
合计	3164597	316650	3184424	3184424	3089876	3089876	1366763	254179	291966	428232	10805660	6845129	11097626	7273362
资产净值	2847947		0		0		1112583		-136266		3960531		3824264	

续表

2014年	居民部门资产	居民部门负债	非金融企业资产	非金融企业负债	金融部门资产	金融部门负债	政府部门资产	政府部门负债	国外部门资产	国外部门负债	国内合计资产	国内合计负债	合计资产	合计负债
一、非金融资产	1372163		1642904		25564		466407				3507037		3507037	
1. 固定资产	1372163		655112		11605		115526				2154406		2154406	
2. 存货			756767				5182				761949		761949	
3. 其他非金融资产			231025		13959		345699				590683		590683	
二、金融资产与负债	1433601	267489	1315494	2958399	2519545	2545108	880873	249985	299078	427610	6149513	6020981	6448591	6448591
1. 通货	49791		5582		7536	67151	1229		3013		64139	67151	67151	67151
2. 存款	644837		400420		107385	1378542	222362		30805	27267	1375004	1378542	1405809	1405809
3. 贷款	10456	267489		761209	1017867				55502	51592	1028324	1032234	1083826	1083826
4. 未贴现银行承兑汇票			68711	68711				3536			68711	68711	68711	68711
5. 保险	65320		27994			93314			0		93314	93314	93314	93314
6. 金融机构往来					116134	116134				0	116134	116134	116134	116134
7. 准备金					228155	228155					228155	228155	228155	228155
8. 债券	19420		2666	116913	325546	129683	3822	107535	8875	6199	351454	354131	360329	360329
9. 股票及股权	337458		741064	1531527	154478	145592	414112		39886	9878	1647112	1677119	1686998	1686998
10. 证券投资基金份额	71303		15005		252808	353690	14573				353690	353690	353690	353690
11. 中央银行贷款					32846	32846		138915			32846	32846	32846	32846
12. 其他	235015			320875		0	224775				459790	459790	459790	459790
13. 直接投资			54051	159164					159164	54051	54051	159164	213215	213215
14. 国际储备资产					276789				1834	278623	276789	0	278623	278623
合计	2805764	267489	2958399	2958399	2545108	2545108	1347280	249985	299078	427610	9655550	6020981	9955628	6448591
资产净值		2538275		0		0		1097294		-128532		3635569		3507037

续表

2013 年	居民部门 资产	居民部门 负债	非金融企业 资产	非金融企业 负债	金融部门 资产	金融部门 负债	政府部门 资产	政府部门 负债	国外部门 资产	国外部门 负债	国内合计 资产	国内合计 负债	合计 资产	合计 负债
一、非金融资产	1288490		1452178		24117		519715				3284500		3284500	
1. 固定资产	1288490		586101		10881		93714				1979186		1979186	
2. 存货			658977				3709				662685		662685	
3. 其他非金融资产			207101		13235		422292				642628		642628	
二、金融资产与负债	1274874	228795	1215566	2667744	2117985	2142102	789586	212196	247499	394674	5398011	5250836	5645510	5645510
1. 通货	48659		5433		6782	64981	1195		2912		62069	64981	64981	64981
2. 存款	562443		380070		69506	1201018	190740		21198	22938	1202758	1201018	1223957	1223957
3. 贷款	8459	228795		668774	880901			3579	55083	43295	889360	901148	944443	944443
4. 未贴现银行承兑汇票			69971	69971							69971	69971	69971	69971
5. 保险	53811		23062			76873			0	0	76873	76873	76873	76873
6. 金融机构往来					115696	115696					115696	115696	115696	115696
7. 准备金					206699	206699					206699	206699	206699	206699
8. 债券	18196		5720	92936	276256	113973	3413	95659	5435	6452	303585	302568	309020	309020
9. 股票及股权	299915		682922	1345635	114181	117729	357502		18204	9360	1454519	1463364	1472724	1472724
10. 证券投资基金份额	47393		7993		155737	223050	11927				223050	223050	223050	223050
11. 中央银行贷款					22080	22080					22080	22080	22080	22080
12. 其他	235998			347850			224809	112958			460808	460808	460808	460808
13. 直接投资			40395	142578					142578	40395	40395	142578	182973	182973
14. 国际储备资产					270145				2088	272234	270145	0	272234	272234
合计	2563364	228795	2667744	2667744	2142102	2142102	1309301	212196	247499	394674	8682511	5250836	8930009	5645510
资产净值	2334569		0		0		1097106		-147175		3431675		3284500	

续表

2012年	居民部门 资产	居民部门 负债	非金融企业 资产	非金融企业 负债	金融部门 资产	金融部门 负债	政府部门 资产	政府部门 负债	国外部门 资产	国外部门 负债	国内合计 资产	国内合计 负债	合计 资产	合计 负债
一、非金融资产	1149695		1300539		22751		424919				2897905		2897905	
1. 固定资产	1149695		550041		10199		70602				1780536		1780536	
2. 存货			582828				2611				585439		585439	
3. 其他非金融资产			167670		12553		351707				531929		531929	
二、金融资产与负债	1123415	183913	1010396	2310935	1819761	1842513	699073	174160	212232	353356	4652646	4511521	4864877	4864877
1. 通货	45409		5112		6331	60646	1117		2677		57969	60646	60646	60646
2. 存款	477464		345124		58182	1028911	157321		15388	24569	1038091	1028911	1053479	1053479
3. 贷款	5977			575955	754735			3550	41483	38777	760713	763419	802196	802196
4. 未贴现银行承兑汇票	62141			62141					0	0	62141	62141	62141	62141
5. 保险	46334		19857			66191			0		66191	66191	66191	66191
6. 金融机构往来					113454	113454					113454	113454	113454	113454
7. 准备金					192495	192495					192495	192495	192495	192495
8. 债券	14079		1162	74827	248437	105027	2854	84378	4669	6968	266531	264233	271200	271200
9. 股票及股权	271524		537862	1112927	87388	101571	309420		16472	8166	1206194	1214499	1222665	1222665
10. 证券投资基金份额	38998		5679		92023	147453	10754				147453	147453	147453	147453
11. 中央银行贷款					26765	26765					26765	26765	26765	26765
12. 其他	223630			355005		0	217608	86232			441237	441237	441237	441237
13. 直接投资			33459	130079					130079	33459	33459	130079	163538	163538
14. 国际储备资产					239953				1464	241417	239953	0	241417	241417
合计	2273110	183913	2310935	2310935	1842513	1842513	1123993	174160	212232	353356	7550550	4511521	7762782	4864877
资产净值		2089196		0		0		949833		-141124		3039029		2897905

续表

2011 年	居民部门 资产	居民部门 负债	非金融企业 资产	非金融企业 负债	金融部门 资产	金融部门 负债	政府部门 资产	政府部门 负债	国外部门 资产	国外部门 负债	国内合计 资产	国内合计 负债	合计 资产	合计 负债
一、非金融资产	1044417		1130461		21464		417846				2614189		2614189	
1. 固定资产	1044417		492099		9555		66042				1612113		1612113	
2. 存货			491462				2191				493653		493653	
3. 其他非金融资产			146900		11909		349613				508423		508423	
二、金融资产与负债	958779	152698	883923	2014384	1532653	1554117	631701	154425	196549	327982	4007057	3875624	4203606	4203606
1. 通货	42164		4790		5415	55850	1039		2442		53408	55850	55850	55850
2. 存款	396062		313981		42330	885184	135753		15677	18618	888125	885184	903802	903802
3. 贷款	3928	152698		492497	637150			3568	39335	31649	641078	648763	680413	680413
4. 未贴现银行承兑汇票			51484	51484							51484	51484	51484	51484
5. 保险	37887		16237			54124			0	0	54124	54124	54124	54124
6. 金融机构往来					94963	94963					94963	94963	94963	94963
7. 准备金					168811	168811					168811	168811	168811	168811
8. 债券	11450		83	51819	219415	97734	2455	78729	2346	7466	233402	228282	235748	235748
9. 股票及股权	228359		466603	940429	56745	84873	265685		13380	5469	1017392	1025302	1030771	1030771
10. 证券投资基金份额	27703		3865		51708	91662	8386				91662	91662	91662	91662
11. 中央银行贷款					20917	20917					20917	20917	20917	20917
12. 其他	211227			357484			218385	72128			429611	429611	429611	429611
13. 直接投资			26881	120671					120671	26881	26881	120671	147552	147552
14. 国际储备资产					235199				2699	237898	235199	0	237898	237898
合计	2003196	152698	2014384	2014384	1554117	1554117	1049548	154425	196549	327982	6621245	3875624	6817794	4203606
资产净值	1850498		0		0		895123		-131433		2745621		2614189	

续表

2010年	居民部门		非金融企业		金融部门		政府部门		国外部门		国内合计		合计	
	资产	负债	资产	负债	资产	负债	资产	负债	资产	负债	资产	负债	资产	负债
一、非金融资产	871851		928085		20249		350201				2170386		2170386	
1. 固定资产	871851		414574		8947		59421				1354793		1354793	
2. 存货			390238				1566				391804		391804	
3. 其他非金融资产			123274		11301		289213				423789		423789	
二、金融资产与负债	819199	125748	820903	1748989	1289233	1309482	516315	135653	162998	288777	3445650	3319871	3608648	3608648
1. 通货	37203		4277		4179	48646	916		2072		46574	48646	48646	48646
2. 存款	342981		314111		12905	758959	91630		10977		761627	758959	772604	772604
3. 贷款	1975	125748		438276	555501			1877	29936	21512	557476	565901	587413	587413
4. 未贴现银行承兑汇票			41253	41253					0	0	41253	41253	41253	41253
5. 保险	31803		13630			45433					45433	45433	45433	45433
6. 金融机构往来					87098	87098					87098	87098	87098	87098
7. 准备金					133659	133659					133659	133659	133659	133659
8. 债券	12244		169	38047	206733	99379	2554	72543	1181	12911	221699	209969	222880	222880
9. 股票及股权	194974		423887	807556	22967	69422	225629		13710	4191	867458	876978	881168	881168
10. 证券投资基金份额	28913		2477		30655	70422	8377				70422	70422	70422	70422
11. 中央银行贷款					20837	20837					20837	20837	20837	20837
12. 其他	169104			319455		-24373	187210	61233			356314	356314	356314	356314
13. 直接投资			21099	104402					104402	21099	21099	104402	125501	125501
14. 国际储备资产					214700				720	215420	214700	0	215420	215420
合计	1691050	125748	1748989	1748989	1309482	1309482	866515	135653	162998	288777	5616036	3319871	5779034	3608648
资产净值		1565302		0		0		730863		-125779		2296165		2170386

续表

2009年	居民部门 资产	负债	非金融企业 资产	负债	金融部门 资产	负债	政府部门 资产	负债	国外部门 资产	负债	国内合计 资产	负债	合计 资产	负债
一、非金融资产	791505		769853		19103		198989				1779449		1779449	
1. 固定资产	791505		354124		8374		53635				1207638		1207638	
2. 存货			314143				1376				315519		315519	
3. 其他非金融资产			101585		10728		143979				256292		256292	
二、金融资产与负债	683098	91543	630424	1400277	1095778	1114881	425732	117978	133791	244145	2835033	2724679	2968824	2968824
1. 通货	31762		3817		3510	41556	786		1681		39875	41556	41556	41556
2. 存款	290974		231678		15111	587186	51971		6397	8945	589734	587186	596131	596131
3. 贷款	0	91543		378584	466113			1683	22208	16512	466113	471810	488322	488322
4. 未贴现银行承兑汇票			17517	17517							17517	17517	17517	17517
5. 保险	25600		10971			36571			0	0	36571	36571	36571	36571
6. 金融机构往来					71072	71072					71072	71072	71072	71072
7. 准备金	12131				102040	102040					102040	102040	102040	102040
8. 债券	161836		0	26737	194269	106557	2221	63517	1039	12850	208622	196811	209661	209661
9. 股票及股权	29231		347980	674301	20879	53656	189055		11933	3726	719750	727957	731683	731683
10. 证券投资基金份额			1681		19476	57755	7367				57755	57755	57755	57755
11. 中央银行贷款					18736	18736					18736	18736	18736	18736
12. 其他	131564			213367		39751	174332	52778	89771	16780	305896	305896	305896	305896
13. 直接投资			16780	89771					762	185333	16780	89771	106551	106551
14. 国际储备资产					184571				133791	244145	184571	0	185333	185333
合计	1474603	91543	1400277	1400277	1114881	1114881	624721	117978	133791	244145	4614482	2724679	4748273	2968824
资产净值	1383060		0		0		506743		−110354		1889803		1779449	

续表

2008年	居民部门		非金融企业		金融部门		政府部门		国外部门		国内合计		合计	
	资产	负债	资产	负债	资产	负债	资产	负债	资产	负债	资产	负债	资产	负债
一、非金融资产	622183		673400		18021		194493				1508096		1508096	
1. 固定资产	622183		319153		7834		48195				997365		997365	
2. 存货			266762				989				267751		267751	
3. 其他非金融资产			87484		10188		145308				242980		242980	
二、金融资产与负债	581651	63568	502840	1176240	877225	895247	382358	89653	98492	217858	2344074	2224707	2442565	2442565
1. 通货	28404		3471		3098	37116	705		1438		35678	37116	37116	37116
2. 存款	238155		167707		8808	450493	40003		6283	10463	454673	450493	460956	460956
3. 贷款	0	63568	0	286863	350960			1576	15915	14868	350960	352007	366875	366875
4. 未贴现银行承兑汇票			12833	12833							12833	12833	12833	12833
5. 保险	21054		9023			30077					30077	30077	30077	30077
6. 金融机构往来					55802	55802			0	0	55802	55802	55802	55802
7. 准备金					91822	91822					91822	91822	91822	91822
8. 债券	11385		164	14359	155374	85018	1874	54783	1178	15814	168796	154160	169975	169975
9. 股票及股权	142371		296036	582557	18981	45084	161416		10300	1464	618804	627640	629104	629104
10. 证券投资基金份额	20826		900		10242	37098	5131				37098	37098	37098	37098
11. 中央银行贷款					20329	20329					20329	20329	20329	20329
12. 其他	119456			216984		42409	173230	33294			292687	292687	292687	292687
13. 直接投资			12706	62644					62644	12706	12706	62644	75350	75350
14. 国际储备资产					161811				733	162544	161811	0	162544	162544
合计	1203834	63568	1176240	1176240	895247	895247	576850	89653	98492	217858	3852170	2224707	3950662	2442565
资产净值		1140266		0		0		487198		-119367		1627463		1508096

续表

2007年	居民部门 资产	居民部门 负债	非金融企业 资产	非金融企业 负债	金融部门 资产	金融部门 负债	政府部门 资产	政府部门 负债	国外部门 资产	国外部门 负债	国内合计 资产	国内合计 负债	合计 资产	合计 负债
一、非金融资产	605464		501215		17001		188320				1312000		1312000	
1.固定资产	605464		260355		7324		43576				916718		916718	
存货			197869				765				198635		198635	
3.其他非金融资产			42991		9678		143979				196647		196647	
二、金融资产与负债	456810	56247	413830	915045	731449	748450	289366	81300	89180	179591	1891454	1801042	1980634	1980634
1.通货	24991		3329		2797	32931	623		1191		31739	32931	32931	32931
2.存款	189979		147957	244304	14149	384411	36665		5827	10165	388750	384411	394576	394576
3.贷款	0	56247	11752	11752	297976			904	18567	15088	297976	301454	316542	316542
4.未贴现银行承兑汇票			7831								11752	11752	11752	11752
5.保险	18272					26104			0	0	26104	26104	26104	26104
6.金融机构往来					44043	44043					44043	44043	44043	44043
7.准备金					68228	68228					68228	68228	68228	68228
8.债券	11998		77	8035	137676	72198	1766	53061	1299	19522	151518	133294	152817	152817
9.股票及股权	104369		233679	461740	17255	36874	135252		9505	1447	490556	498614	500061	500061
10.证券投资基金份额	33888		662		4547	43435	4338				43435	43435	43435	43435
11.中央银行贷款				137371	20899	20899					20899	20899	20899	20899
12.其他	73312			51843		19327	110722	27335		8543	184034	184034	184034	184034
13.直接投资			8543		123878				51843	124825	8543	51843	60387	60387
14.国际储备资产	8543								947		123878	0	124825	124825
合计	1062274	56247	915045	915045	748450	748450	477686	81300	89180	179591	3203454	1801042	3292634	1980634
资产净值	1006026		0		0		396385		-90412		1402412		1312000	

续表

2006年	居民部门 资产	居民部门 负债	非金融企业 资产	非金融企业 负债	金融部门 资产	金融部门 负债	政府部门 资产	政府部门 负债	国外部门 资产	国外部门 负债	国内合计 资产	国内合计 负债	合计 资产	合计 负债
一、非金融资产	482591		410412		16039		163956				1072998		1072998	
1. 固定资产	482591		223086		6842		39121				751641		751641	
2. 存货			153968				37				154005		154005	
3. 其他非金融资产			33358		9196		124798				167352		167352	
二、金融资产与负债	369061	42817	347785	758197	572221	588260	209564	58675	81143	131825	1498630	1447949	1579774	1579774
1. 通货	22250		3073		2267	29139	556		993		28145	29139	29139	29139
2. 存款	177384		120630		5214	328098	25973		4653	5755	329200	328098	333853	333853
3. 贷款	0	42817		212197	251318			903	17059	12460	251318	255917	268376	268376
4. 未贴现银行承兑汇票			4930	4930							4930	4930	4930	4930
5. 保险	12431		5327			17758					17758	17758	17758	17758
6. 金融机构往来					28667	28667					28667	28667	28667	28667
7. 准备金					48400	48400					48400	48400	48400	48400
8. 债券	12234		77	5699	106072	57622	1127	36668	1112	20633	119510	99989	120622	120622
9. 股票及股权	78207		206360	377207	15687	27649	96383		8332	114	396637	404856	404969	404969
10. 证券投资基金份额	8961		297		1218	13247	2770				13247	13247	13247	13247
11. 中央银行贷款					28533	28533					28533	28533	28533	28533
12. 其他	57593			110097		9148	82756	21104			140349	140349	140349	140349
13. 直接投资			7091	48068					48068	7091	7091	48068	55159	55159
14. 国际储备资产					84846				926	85773	84846	0	85773	85773
合计	851652	42817	758197	758197	588260	588260	373520	58675	81143	131825	2571628	1447949	2652772	1579774
资产净值		808834		0		0		314845		-50681		1123679		1072998

续表

2005年	居民部门		非金融企业		金融部门		政府部门		国外部门		国内合计		合计	
	资产	负债	资产	负债	资产	负债	资产	负债	资产	负债	资产	负债	资产	负债
一、非金融资产	432052		345371		15131		110206				902760		902760	
1. 固定资产	432052		195831		6389		34324				668596		668596	
2. 存货			122527				27				122554		122554	
3. 其他非金融资产			27014		8742		75854				111611		111611	
二、金融资产与负债	304734	35364	296252	641624	480614	495745	172368	51503	65245	94978	1253969	1224236	1319214	1319214
1. 通货	19726		2798		2023	25854	496		811		25043	25854	25854	25854
2. 存款	155722		102348		17326	293906	20048		3911	5450	295444	293906	299355	299355
3. 贷款	0	35364		185311	217006			797	15612	11146	217006	221472	232618	232618
4. 未贴现银行承兑汇票			3402	3402					0	0	3402	3402	3402	3402
5. 保险	9592		4111			13703					13703	13703	13703	13703
6. 金融机构往来					22963	22963					22963	22963	22963	22963
7. 准备金					38542	38542					38542	38542	38542	38542
8. 债券	11823		77	3378	78798	45307	719	34353	1048	9428	91418	83038	92466	92466
9. 股票及股权	60538		178095	320674	14261	21112	84160		5139	407	337054	341786	342193	342193
10. 证券投资基金份额	5049		214		1012	8229	1954				8229	8229	8229	8229
11. 中央银行贷款					25985	25985					25985	25985	25985	25985
12. 其他	42284			90777		144	64990	16353			107274	107274	107274	107274
13. 直接投资			5208	38082					38082	5208	5208	38082	43290	43290
14. 国际储备资产					62698				642	63339	62698	0	63339	63339
合计	736786	35364	641624	641624	495745	495745	282574	51503	65245	94978	2156729	1224236	2221974	1319214
资产净值		701422		0		0		231071		-29733		932493		902760

续表

2004年	居民部门 资产	居民部门 负债	非金融企业 资产	非金融企业 负债	金融部门 资产	金融部门 负债	政府部门 资产	政府部门 负债	国外部门 资产	国外部门 负债	国内合计 资产	国内合计 负债	合计 资产	合计 负债
一、非金融资产	352137		295791		14275		108140				770343		770343	
1. 固定资产	352137		174602		5960		30734				563433		563433	
2. 存货			98811				27				98838		98838	
3. 其他非金融资产			22379		8314		77379				108072		108072	
二、金融资产与金融负债	258806	31647	266691	562482	397987	412262	146304	44626	53584	72354	1069788	1051017	1123372	1123372
1. 通货	17598		2567		1992	23259	444		657		22602	23259	23259	23259
2. 存款	131989		90197		12299	247450	14389		3155	4579	248873	247450	252029	252029
3. 贷款	0	31647		169490	196161			554	13984	8453	196161	201692	210146	210146
4. 未贴现银行承兑汇票			3378	3378							3378	3378	3378	3378
5. 保险	7468		3200			10668					10668	10668	10668	10668
6. 金融机构往来					20749	20749					20749	20749	20749	20749
7. 准备金					36063	36063					36063	36063	36063	36063
8. 债券	12208		77	1475	51204	24699	459	31261	1103	7617	63948	57435	65051	65051
9. 股票及股权	48348		162742	283684	12964	16600	73031		3583	383	297085	300284	300667	300667
10. 证券投资基金份额	3502		167		730	6059	1660				6059	6059	6059	6059
11. 中央银行贷款					19426	19426					19426	19426	19426	19426
12. 其他	37694			73917		7287	56321	12811			94015	94015	94015	94015
13. 直接投资			4362	30538					30538	4362	4362	30538	34900	34900
14. 国际储备资产					46398				562	46960	46398	0	46960	46960
合计	610943	31647	562482	562482	412262	412262	254444	44626	53584	72354	1840131	1051017	1893714	1123372
资产净值	579296		0		0		209818		-18770		789113		770343	

续表

2003年	居民部门 资产	居民部门 负债	非金融企业 资产	非金融企业 负债	金融部门 资产	金融部门 负债	政府部门 资产	政府部门 负债	国外部门 资产	国外部门 负债	国内合计 资产	国内合计 负债	合计 资产	合计 负债
一、非金融资产	285230		240097		13467		100947				639741		639741	
1. 固定资产	285230		147002		5556		27284				465072		465072	
2. 存货			75728				31				75759		75759	
3. 其他非金融资产			17367		7910		73632				98910		98910	
二、金融资产与负债	203210	25250	201350	441447	320688	334154	121553	38065	49031	56916	846801	838916	895832	895832
1. 通货	16164		2412		1696	21240	410		558	4288	20682	21240	21240	21240
2. 存款	108601		77385		12546	209519	11855		3419		210387	209519	213806	213806
3. 贷款	0	25250		142642	164081			436	12821	8575	164081	168327	176902	176902
4. 未贴现银行承兑汇票			3672	3672							3672	3672	3672	3672
5. 保险	5747		2463			8211			0	0	8211	8211	8211	8211
6. 金融机构往来					18154	18154					18154	18154	18154	18154
7. 准备金					23079	23079					23079	23079	23079	23079
8. 债券	12414		77	1418	38604	14600	293	27650	855	8575	51389	43668	52243	52243
9. 股票及股权	34724		111219	216620	11786	13609	68968		3870	338	226697	230229	230567	230567
10. 证券投资基金份额	1924		124		637	3944	1259				3944	3944	3944	3944
11. 中央银行贷款					19445	19445					19445	19445	19445	19445
12. 其他	23634			50070		2353	38769	9980	27026	3997	62403	62403	62403	62403
13. 直接投资			3997	27026							3997	27026	31023	31023
14. 国际储备资产					30659				483	31142	30659	0	31142	31142
合计	488440	25250	441447	441447	334154	334154	222500	38065	49031	56916	1486541	838916	1535573	895832
资产净值	463190		0		0		184435		-7884		647625		639741	

续表

2002 年	居民部门 资产	居民部门 负债	非金融企业 资产	非金融企业 负债	金融部门 资产	金融部门 负债	政府部门 资产	政府部门 负债	国外部门 资产	国外部门 负债	国内合计 资产	国内合计 负债	合计 资产	合计 负债
一、非金融资产	253920		199595		12704		72182				538401		538401	
1. 固定资产	253920		127178		5175		24086				410359		410359	
2. 存货			59848				18				59866		59866	
3. 其他非金融资产			12569		7529		48079				68177		68177	
二、金融资产与负债	167307	20366	171215	370810	266536	279240	101994	30475	41280	47441	707051	700891	748332	748332
1. 通货	14116		2190		1512	18589	360		410		18179	18589	18589	18589
2. 存款	91314		63793		10781	173573	8666		3066	4046	174554	173573	177619	177619
3. 贷款	0	20366		116793	136055			2301	11497	8092	136055	139461	147552	147552
4. 未贴现银行承兑汇票			1625	1625							1625	1625	1625	1625
5. 保险	4091		1753			5845			0	0	5845	5845	5845	5845
6. 金融机构往来					15445	15445					15445	15445	15445	15445
7. 准备金					19301	19301					19301	19301	19301	19301
8. 债券	11788		77	1251	29778	10896	187	22358	766	8092	41830	34504	42596	42596
9. 股票及股权	28927		97985	192754	10714	11103	65120		1368	257	202746	203857	204114	204114
10. 证券投资基金份额	1365		80		395	2809	968				2809	2809	2809	2809
11. 中央银行贷款					19735	19735					19735	19735	19735	19735
12. 其他	15705			34637		1944	26692	5816	23750	3712	42397	42397	42397	42397
13. 直接投资			3712	23750					423	23243	3712	23750	27462	27462
14. 国际储备资产					22820						22820	0	23243	23243
合计	421227	20366	370810	370810	279240	279240	174176	30475	41280	47441	1245453	700891	1286733	748332
资产净值	400861		0		0		143701		-6160		544562		538401	

续表

2001年	居民部门 资产	居民部门 负债	非金融企业 资产	非金融企业 负债	金融部门 资产	金融部门 负债	政府部门 资产	政府部门 负债	国外部门 资产	国外部门 负债	国内合计 资产	国内合计 负债	合计 资产	合计 负债
一、非金融资产	200773		170815		11985		55646				439219		439219	
1. 固定资产	200773		112038		4816		21165				338792		338792	
2. 存货			48016				14				48030		48030	
3. 其他非金融资产			10760		7170		34467				52397		52397	
二、金融资产与负债	142082	16804	154244	325059	229708	241694	87102	25125	38034	42489	613137	608682	651171	651171
1. 通货	12797		2047		1382	16870	329		315		16555	16870	16870	16870
2. 存款	77434	16804	54630		10488	148020	6223		3047	3801	148774	148020	151821	151821
3. 贷款	0			100199	115414			2234	11426	7602	115414	119237	126840	126840
4. 未贴现银行承兑汇票			1195	1195							1195	1195	1195	1195
5. 保险	2893		1240			4132			0	0	4132	4132	4132	4132
6. 金融机构往来					10933	10933					10933	10933	10933	10933
7. 准备金					17226	17226					17226	17226	17226	17226
8. 债券	10909		77	926	24152	8454	119	19037	762	7602	35257	28416	36019	36019
9. 股票及股权	24285		91685	173539	9740	10400	57450		1101	323	183160	183939	184262	184262
10. 证券投资基金份额	960		71		459	2234	745				2234	2234	2234	2234
11. 中央银行贷款					20055	20055					20055	20055	20055	20055
12. 其他	12805			27817		3370	22236	3854		3300	35041	35041	35041	35041
13. 直接投资	3300		3300	21384					21384	19860	3300	21384	24684	24684
14. 国际储备资产					19860				0		19860	0	19860	19860
合计	342855	16804	325059	325059	241694	241694	142748	25125	38034	42489	1052356	608682	1090390	651171
资产净值	326051		0		0		117623		-4455		443674		439219	

续表

2000年	居民部门		非金融企业		金融部门		政府部门		国外部门		国内合计		合计	
	资产	负债	资产	负债	资产	负债	资产	负债	资产	负债	资产	负债	资产	负债
一、非金融资产	182148		144964		11307		37076				375494		375494	
1. 固定资产	182148		97325		4476		17579				301529		301529	
2. 存货			37849				13				37861		37861	
3. 其他非金融资产			9790		6830		19484				36104		36104	
二、金融资产与负债	118820	14148	131757	276721	203871	215178	77221	20815	32644	37452	531669	526861	564313	564313
1. 通货	11923		1954		1489	15941	308		267		15674	15941	15941	15941
2. 存款	67209		46737		5870	124156	5732		2411	3803	125548	124156	127959	127959
3. 贷款	0	14148		88873	103697				9042	7607	103697	105131	112738	112738
4. 未贴现银行承兑汇票			1072	1072		3037		2111			1072	1072	1072	1072
5. 保险	2126		911			8958			0	0	3037	3037	3037	3037
6. 金融机构往来					8958						8958	8958	8958	8958
7. 准备金					15532	15532					15532	15532	15532	15532
8. 债券	10145		77	779	21169	7437	76	16248	603	7607	31467	24464	32070	32070
9. 股票及股权	18789		78314	153428	8855	9681	56153		1221	222	162111	163109	163332	163332
10. 证券投资基金份额	971		63		490	2096	573				2096	2096	2096	2096
11. 中央银行贷款					22230	22230					22230	22230	22230	22230
12. 其他	7656			13467		6111	14378	2456			22035	22035	22035	22035
13. 直接投资	2630		2630	19101					19101	2630	2630	19101	21731	21731
14. 国际储备资产					15583				0	15583	15583	0	15583	15583
合计	300968	14148	276721	276721	215178	215178	114296	20815	32644	37452	907163	526861	939807	564313
资产净值	286820		0		0		93482		-4808		380302		375494	

资料来源：国家资产负债表研究中心（CNBS）。

参 考 文 献

中文文献

贝多广:《中国资金流动分析》,上海人民出版社 1995 年版。

蔡真、栾稀、黎紫莹:《从资产回报率看企业杠杆——兼论宏微观杠杆的两层背离》,载李扬主编《管理结构性减速过程中的金融风险》,社会科学文献出版社 2017 年版。

曹远征、马骏:《问计国家资产负债表》,《财经》2012 年第 6 期。

曾刚、栾稀、任梦杰:《去杠杆不仅仅是减负债——中国非金融企业部门高杠杆的趋势、起因与对策》,载李扬主编《中国债券市场 2017》,社会科学文献出版社 2018 年版。

陈志勇、陈思霞:《制度环境、地方政府投资冲动与财政预算软约束》,《经济研究》2014 年第 3 期。

杜金富:《政府资产负债表:基本原理及中国应用》,中国金融出版社 2015 年版。

杜金富等:《中国政府资产负债表:2010—2014》,财新网,2016 年 1 月 27 日。

甘犁:《中国家庭债务风险有多大》,财新网,2018 年 10 月 9 日。

高敏雪:《国民经济核算原理与中国实践》第 3 版,中国人民大学出版社 2013 年版。

格利、肖:《金融理论中的货币》,上海人民出版社 2006 年版。

辜朝明:《大衰退:如何在金融风暴中幸存和发展》,东方出版社 2008 年版。

国际货币基金组织（IMF），《世界经济展望》（*World Economic Outlook*，WEO），金融金融稳定报告（*Global Financial Stability Report*，GFSR），有关各期。

国际清算银行（BIS）：《季度分析》（*Quarterly Review*），《年度报告》（*Annual Report*），有关各期。

黄益平：《防控中国系统性金融风险》，《国际经济评论》2017 年第5 期。

黄益平、沈艳、王靖一：《对个体网络借贷的风险分析与监管建议》（研究报告），北京大学国家发展研究院、新华网思客，2016 年。

贾康、张晓云、王敏、段学仲：《关于中国养老金隐性债务的研究》，《财贸经济》2007 年第9 期。

李斌：《存差、金融控制与铸币税——兼对我国"M2/GDP 过高之谜"的再解释》，《管理世界》2006 年第3 期。

李成、汤铎铎：《居民财富、金融监管与贸易摩擦——2018 年中国宏观经济中期报告》，《经济学动态》2018 年第8 期。

李扬、张晓晶、常欣等：《中国国家资产负债表2013：理论、方法与风险评估》，中国社会科学出版社2013 年版。

李扬、张晓晶、常欣等：《中国国家资产负债表2015：杠杆调整与风险管理》，中国社会科学出版社2015 年版。

李扬：《中国经济对外开放过程中的资金流动》，《经济研究》1998 年第2 期。

联合国、欧盟委员会、经济合作与发展组织、国际货币基金组织、世界银行：《国民核算体系2008》，中国统计出版社2012 年版。

马骏、张晓蓉、李治国：《中国国家资产负债表研究》，社会科学文献出版社2012 年版。

麦金农：《经济发展在的货币与资本》，上海三联书店1988 年版。

明斯基：《凯恩斯〈通论〉新释》，清华大学出版社2009 年版。

清科研究中心：《2017 年中国股权投资市场工作报告》，2018 年，http://www.sohu.com/a/225524880_ 669037。

沈联涛、黄祖顺：《影子银行阳光化：中国金融改革的新机遇》，上海远东出版社2016 年版。

盛柳刚、赵洪岩：《外汇储备收益率、币种结构和热钱》，《经济学》
　　（季刊）2007年第4期。

孙国峰：《信用货币制度下的货币创造和银行运行》，《经济研究》2001
　　年第2期。

孙祁祥：《"空账"与转轨成本——中国养老保险体制改革的效应分
　　析》，《经济研究》2001年第5期。

汤铎铎：《非金融企业部门资产负债表》，载李扬等主编《中国国家资
　　产负债表2015——杠杆调整与风险管理》，中国社会科学出版社2015
　　年版。

汤铎铎、李成：《全球复苏、杠杆背离与金融风险——2018年中国宏观
　　经济报告》，《经济学动态》2018年第3期。

王传纶：《"资金流量分析"的内容和应用》，《世界经济》1980年第
　　1期。

王佳：《非金融企业资产负债表》，载李扬等主编《中国国家资产负债
　　表2013——理论、方法与风险评估》，中国社会科学出版社2013
　　年版。

希勒：《非理性繁荣》（第三版），中国人民大学出版社2016年版。

习近平：《决胜全面建成小康社会　夺取新时代中国特色社会主义伟大
　　胜利——在中国共产党第十九次全国代表大会上的报告》，人民出版
　　社2017年版。

许宪春：《中国资金流量分析》，《金融研究》2002年第9期。

薛洪言、陶金：《现金贷变局》，《清华金融评论》2017年第6期。

余斌：《国家（政府）资产负债表问题研究》，中国发展出版社2015
　　年版。

曾益、刘倩、虞斌：《中国机关事业单位养老保险制度财务可持续性研
　　究——基于转制成本分担的视角》，《经济管理》2015年第10期。

曾诗鸿、姜祖岩、姜雪：《中国外汇储备资产币种结构优化研究》，《经
　　济学家》2015年第3期。

张斌、王勋、华秀萍：《中国外汇储备的名义收益率和真实收益率》，
　　《经济研究》2010年第10期。

张晓晶、常欣、刘磊：《结构性去杠杆：进程、逻辑与前景——中国去

杠杆 2017 年度报告》，《经济学动态》2018 年第 5 期。

张晓晶、常欣：《去杠杆：数据、风险与对策》，《中国经济学人》2017
　年第 1 期。

张晓晶、刘磊：《国家资产负债表视角下的金融稳定》，《经济学动态》
　2017 年第 8 期。

张晓晶、刘磊，2018a，《中国去杠杆成绩丧失过半?》，国家资产负债
　表研究中心报告。

张晓晶、刘磊，2018b，《对宏观杠杆率数据的再解释》，国家资产负债
　表研究中心报告。

张晓晶、刘学良：《中国的债务与杠杆率：基于国家资产负债表的分
　析》，载李扬主编《管理结构性减速过程中的金融风险》，社会科学
　文献出版社 2017 年版。

赵千里：《现金贷风控体系的三个核心要素》，《清华金融评论》2017
　年第 10 期。

中国金融论坛课题组：《杠杆率结构、水平和金融稳定：理论与经验》，
　中国人民银行工作论文（No. 2017/1），2017 年。

中债资信：《2017 年地方债市场全景扫描》，"中债资信"微信公众号，
　2017 年。

朱恒鹏、高秋明、陈晓荣：《与国际趋势一致的改革思路——中国机关
　事业单位养老金制度改革述评》，《国际经济评论》2015 年第 2 期。

英 文 文 献

Allen, M. et al. （2002），"A Balance Sheet Approach to Financial Crisis",
　IMF Working Paper, No. 02/210.

Backus, D., Brainard, W. C., Smith, G. & Tobin, J. （1980），"A Model
　of US Financial and Nonfinancial Economic Behavior", *Journal of Money,
　Credit and Banking*, 12 （2）.

Baskaran & Thushyanthan （2011），"Soft Budget Constraints and Strategic
　Interactions in Sub-national Borrowing: Evidence from the German States,

1975 – 2005", Working Paper, Gothenburg Centre of Globalization and Development, University of Gothenburg.

Blanchard, O. & Shleifer A. (2000), "Federalism with and without Political Centralization: China versus Russia", NBER Working Paper 7616.

Cagetti, M., Holmquist, E. B., Lynn, L., McIntosh, S. H. & Wasshausen, D. (2014), "The Integrated Macroeconomic Accounts of the United States", in Jorgenson D. W., Landefeld, J. S. & Schreyer, P. (eds.), *Measuring Economic Sustainability and Progress*, Chicago: University of Chicago Press.

Chan, J. L. (2018), "How Accurate are the National Balance Sheets for China", *World Economics*, 18 (3).

Copeland, M. A. (1949), "Social Accounting for Money Flows", in Dawson, J. C. (Ed.) (1996), *Flow-of-funds Analysis: A Handbook for Practitioners*, ME Sharpe.

Dawson, J. C. (1991), "The Conceptual Relation of Folw-of-funds Accountsd to the SNA", in Dawson, J. C. (Ed.) (1996), *Flow-of-funds Analysis: A Handbook for Practitioners*, ME Sharpe.

Dawson, J. C. (Ed.) (1996), *Flow-of-funds Analysis: A Handbook for Practitioners*, ME Sharpe.

Dewatripont, M. & Maskin, E. (1995), "Credit and Efficiency in Centralized and Decentralized Economies", *Review of Economic Studies*, 62 (4).

Foremny, D. (2011), "Vertical Aspects of Sub-national Deficits: The Impact of Fiscal Rules and Tax Autonomy in European Countries", Working Paper, Center for European Integration Studies, University of Bonn.

Frecaut, O. (2017), "Systemic Banking Crises: Completing the Enhanced Policy Responses", *Journal of Financial Regulation and Compliance*, 25 (4).

Friedman, B. (1990), "Implications of Increasing Corporate Indebtedness for Monetary Policy", Occasional papers (Group of Thirty), No. 29, New York: Group of Thirty.

Giron, C. & Rodríguez-Vives, M. (2017), "Leverage Interactions: A National Accounts Approach", No. 19, ECB Statistics Paper.

Godley, W. & Lavoie, M. (2006), *Monetary Economics: An Integrated Approach to Credit, Money, Income, Production and Wealth*, Palgrave Macmillan.

Goldsmith, R. W. (1982), *The National Balance Sheet of the United States, 1953 – 1980*, University of Chicago Press.

Gurley J. G. & Shaw, E. S. (1960), *Money in a Theory of Finance*, the Brookings Institution, Washington, D. C.

Holmstrom, B. and Milgrom, P. (1991), "Muti-task Principal-agent Analyses: Incentive Contracts, Asset Ownership and Job Design", *Journal of Law, Economics and Organization*, 24 (7).

IMF & FSB (2009), "The Financial Crisis and Information Gaps: Reports to the G-20 Finance Ministers and Central Bank Governors", http: // www. imf. org/external/np/g20/pdf/102909. pdf.

IMF (2011), "A Status on the Availability of Sectoral Balance Sheets and Accumulation Accounts in G-20 Economies", Conference on Strengthening Sectoral Position and Flow Data in the Macroeconomic Accounts, Reports.

IMF (2017), "Global Financial Stability Report: Is Growth at Risk", IMF.

IMF (2018), "IMF Country Report: People's Republic of China", IMF.

IMF, et al. (2016), "Resolving China's Corporate Debt Problem", IMF Working Papers, 16 (203), 1.

Inman, R. P. (2003), "Transfers & Bailouts: Enforcing Local Fiscal Discipline with Lessons from U. S. Federalism", in Rodden et al. (eds.), *Fiscal Decentralization and the Challenge of Hard Budget Constraint*, The MIT Press, Cambridge Massachusetts.

Kornai, J. (1979), "Resource-constraint versus Demand-constraint Systems", *Econometrica*, Vol. 47.

Krishnamurthy, A. , Nagel, S. & Orlov, D. (2014), "Sizing up Repo", *The Journal of Finance*, 69 (6).

Lavoie, M. (1984), "The Endogenous Flow of Credit and the Post Keynesian Theory of Money", *Journal of Economic Issues*, 18 (3).

Li, C. (2018), "China's Household Balance Sheet: Accounting Issues, Wealth Accumulation, and Risk Diagnosis", *China Economic Review*, 51.

Li, Y. & Zhang, X. (2013), "China's Sovereign Balance Sheet and Implications for Financial Stability", in Udaibir et al. (eds), *China's Road to Greater Financial Stability: Some Policy Perspectives*, IMF Press.

Managi, S. (ed.) & Kumar, P. (ed.) (2018), "Inclusive Wealth Report 2018: Measuring Progress Towards Sustainability", Routledge, London.

Maskin, E., Qian, Y. & Xu, C. (2000), "Incentives, Scale Economies, and Organization Forms", *Review of Economic Studies*, 67.

Mckinsey Global Institute (MGI) (2015), "Debt and (Not Much) Deleveraging", Mckinsey Global Institute.

Minsky, H. P. (1996), "The Essential Characteristics of Post Keynesian Economics", in Deleplace G. & Nell, E. J. (eds), *Money in Motion*, Palgrave Macmillan, London.

Modigliani, F. & Cao, S. L. (2004), "The Chinese Saving Puzzle and the Life-cycle Hypothesis", *Journal of Economic Literature*, 42.

Moran, T. H. (1999), "Political and Regulatory Risk in Infrastructure Investment in Developing Countries: Introduction and Overview", Paper Prepared for the International Conference, Promoting Infrastructure Investment in Developing Countries by Reducing Political and Regulatory Risk, sponsored by The World Bank in conjunction with the Government of Italy, in Rome.

Naughton, B. (2017), "Is China Socialist?", *Journal of Economic Perspectives*, 31 (1).

Piketty, T., Yang, L. & Zucman, G. (2017), "Capital Accumulation, Private Property and Rising Inequality in China", NBER Working Paper, No. 23368.

Piketty, T. & Zucman, G. (2013), "Capital is Back: Wealth-income Ratios in Rich Countries 1700 – 2010", http://piketty.pse.ens.fr/files/PikettyZucman2013WP.pdf.

Qian, Y. & Xu, C. (1993), "Why China's Economic Reforms Differ: the

M-Form Hierarchy and Entry/Expansion of the Non-state Sector", Economics of Transition 1, 135 – 170.

Ritter, L. S. (1963), "A Framework for Financial Analysis", in Dawson, J. C. (ed.) (1996), *Flow-of-funds Analysis: A Handbook for Practitioners*, ME Sharpe.

Robinson, J. (2013), *The Accumulation of Capital*, Palgrave Macmillan.

Rodden, J. A. (2005), *Hamilton's Paradox: The Promise and Peril of Fiscal Federalism*, Cambridge University Press, Cambridge.

Schaffer, M. (1989), "The Credible-commitment Problem in the Center-Enterprise Relationship", *Journal of Comparative Economics*, 13 (3).

Tobin, J. (1969), "A General Equilibrium Approach to Monetary Theory", *Journal of Money, Credit and Banking*, 1 (1).

Vernon, R. (1971), *Sovereignty at Bay: The Multinational Spread of U. S. Enterprises*, New York: Basic Books.

—— (1974), *Big Business and the State: Changing Relations in Western Europe*, Cambridge, MA, Harvard University Press.

—— (1978), "Multinationals: No Strings Attached", *Foreign Policy*, 34.

—— (1980), "The Obsolescing Bargain: A Key Factor in Political Risk", in Winchester, M. B. (ed), *The International Essays for Business Decision Makers*, Volume 5, Houston, TX: Center for International Business.

—— (1980), *Economics of Shortage*, North Holland, Amsterdam.

Winkler, B. , van Riet, A. , Bull, P. & van Riet, A. (eds.) (2013), *A Flow-of-funds Perspective on the Financial Crisis Volume I: Money, Credit and Sectoral Balance Sheets*, Springer.

World Bank (2006), *Where is the Wealth of Nations? Measuring Capital for the 21st Century*, Washington D. C. : World Bank.

World Bank (2011), *The Changing Wealth of Nations: Measuring Sustainable Development in the New Millennium*, Washington D. C. : World Bank.

World Bank (2018), *The Changing Wealth of Nations* 2018: *Building a Sustainable Future*, Washington D. C. : World Bank.

Young, A. (2003), "Gold into Base Metals: Productivity Growth in the

People's Republic of China During the Reform Period", *Journal of Political Economy*, 111 (6).

Zhang, Y. S. & Barnett, S. A. (2014), "Fiscal Vulnerabilities and Risks from Local Government Finance in China", IMF Working Papers, 14 (4).

后　记

　　本书是继《中国国家资产负债表》（2013、2015）之后的第三本专著。相比于前两部著作，本书历时更长，也倾注了研究团队更多的精力。之前对于部门资产负债表与国家资产负债表之间未能完全吻合的问题，即未能将 SNA 方法贯彻到底，在本次的编制中，得到了解决。此外，本书将完整的国家资产负债表数据"和盘托出"，既是希望这个数据库能够得到更多、更有效的使用，也期待同行对数据提出中肯的批评和建议。

　　全书章节分工如下：第 1—3 章（张晓晶、刘磊），第 4 章（李成），第 5 章（汤铎铎），第 6 章（常欣），第 7 章（刘磊），第 8 章（张莹），第 9 章（刘学良），第 10 章（高占军），附录 1（刘磊），附录 2（李成），附录 3（张晓晶、刘磊）。

　　本书由国家金融与发展实验室和中国社会科学院经济研究所的诸位同仁（他们都是国家资产负债表研究中心的核心成员）共同完成，最后由张晓晶负责统稿和修订。感谢中国社会科学出版社赵剑英社长和王茵总编辑助理的鼎力支持，他们高效的工作确保了本书的出版进度和质量。

NIFD
国家金融与发展实验室
National Institution for Finance & Development

中国国家资产负债表2018

李 扬 张晓晶 常 欣 等著

导 读

中国社会科学出版社

《中国国家资产负债表2018》
导读

2011 年以来，李扬、张晓晶、常欣等以"中国国家资产负债表"为总题目，在中国社会科学出版社连续出版了三部专著。2018 年 12 月 26 日，这个系列的第三部《中国国家资产负债表 2018》面世。本书承继前两部专著，将 2000—2016 年中国的资产、负债和财富的"家底"和盘托出，同时，还在编制方法、数据跨度以及国际比较等方面进行了重大改进，取得了新进展。

这项研究填补了中国国家资产负债表数据的空白，为分析中国的国家能力、要素配置、财富构成与债务风险等提供了权威依据，为提高宏观调控的科学性和有效性，完善发展成果考核评价体系，进而，为提高国家治理体系和治理能力现代化，提供了科学的数据基础。

《中国国家资产负债表 2018》的主要发现包括以下几个方面。

一 财富规模与增速

中国净国民财富全球排名第二。2016 年年底，中国社会净财富（非金融资产与对外净资产之和）总计 437 万亿元，其中，国内非金融资产 424 万亿元，对外净资产 13 万亿元。中国社会净财富水平，相当于美国同期财富水平的 70.7%，位居世界第二。同期，中国 GDP 为 74.4 万亿元，相当于美国同期水平的 57.2%，亦位居全球第二。社会净财富规模和 GDP 都是衡量综合国力的重要指标，中国达到如此水平，彰显了改革开放的巨大成就。

金融资产增速快于非金融资产。2000—2016 年，中国非金融资产由 37.5 万亿元增长至 424.5 万亿元，增长了 10.3 倍；金融资产由 53.2 万亿元增长至 786.2 万亿元，增长了 13.8 倍。金融资产增速显著高于非金融资产，导致金融行业增加值占 GDP 的比例快速上升。金融资产中平均增速最高的是证券投资基金、保险和未贴现银行承兑汇票，平均增速分别为 44.2%、26.7% 和 25.2%。这三项资产的增速领先和占比提高，反映出中国非银行金融体系的快速发展以及中国金融结构的不断优化：如今，基金和保险已成为中国居民储存财富的重要方式，同时，银行表外业务也有了长足的发展。

投资对财富积累的贡献最大。社会净财富的增长来自投资和价值重估。投资来源于储蓄，是总收入中未被消费的部分，形成了社会净财富在物量上的增加。价值重估则是由于资产价格变化导致的财富名义价值增长。**2000—2015年，中国非金融资产年均增长23万亿元**，其中68%来自投资的贡献，32%归因于价值重估。企业上市后估值提升、住房价格上涨等因素，是价值重估的主要原因。**中国对外净金融资产年均增长1万亿元**，其中，投资贡献了171%，价值重估的贡献则为－71%。由于对外净资产用人民币计价，所以，汇率的变化对其产生直接影响；2005年以来，人民币持续升值，导致中国以外汇储备为主的对外资产的人民币价格减值。

二　财富分配

2016年，**中国社会净财富的73%归居民所有，剩余27%由政府持有**。有两种不同方向的力量影响居民和政府在净财富上的分配：一是所有制多元化改革的不断推进，这会降低政府财富的占比；二是政府部门掌握的资产经历了较大程度的价值重估，尤其是2000年以来，大量国有企业上市，这会增加政府财富的占比。

政府部门占有大量社会净财富，是中国与发达经济体的显著差异。2016年，英国、美国政府净资产均为负，而日本、德国政府净资产占社会净财富比重均不足5%。中国独特的财富持有结构，既反映了现阶段政府主导经济发展的特点，也体现了公有制为主体的制度性特征。政府主导的经济赶超，积累了

大量的政府性资产，这包括国有企业扩张和地方政府大量负债
所形成的基础设施等资产；而公有制为主体，则使得土地等重
要资源为政府所有，也导致政府资产规模庞大。奉行公共财政
（而非建设性财政）、土地私有化和国企占比很小，是西方发达
经济体政府资产规模显著小于中国的主要体制因素。

从风险维度看，政府部门拥有大量净资产是国家能力的重
要体现；**它使得我们能够有底气地应对风险。但是，从效率维
度看，政府直接拥有和配置大量资产，导致经济的整体效率下
降**。从长远看，中国需要盘活和重置政府存量资产，这包括大
幅减少政府对资源的直接配置，创新配置方式，更多引入市场
机制和市场化手段，提高资源配置的效率和效益。鉴于国有企
业股权也是政府净资产的重要构成，推进国有企业改革和僵尸
国企的退出，应是优化配置政府资产的题中应有之义。

三　财富效率

财富存量是产生收入流量的基础。财富收入比越高，单位
财富所产生的收入越低，产出效率相对越低。中国社会净财富
与 GDP 之比自 2000 年的 380% 上升到 2016 年的 590%，折射
出产出效率不断下降。

国际比较发现，**财富收入比最大差距来自于非金融企业部
门**。中国非金融企业总资产与 GDP 之比，自 2000 年的 280%
上升到 2016 年的 460%。而英国、德国均稳定在 250% 左右。

2000 年，中国的这一比例只略高于美国、英国和德国，但
2008 年以后大幅攀升。非金融企业财富收入比过快上升可从两
个角度理解。一是无效投资。大量僵尸企业的存在，过去投资
所形成的固定资产并非真正意义上的资产，仅是账面资产。这
些无效资产，既推高了企业部门资产占比，也拉低了企业生产
效率。二是财富积累方式。高储蓄带来高投资。投资拉动增长
模式是中国财富积累主要形式，大量投资的结果只能形成企业
部门大量资产存量。可见，**降低财富收入比的关键，在于提高
非金融企业生产效率、降低无效投资、改变投资拉动的增长
模式**。

四　资产负债表视角下的债务风险

　　资产负债表分析方法强调净财富是应对风险能力的重要体
现，需综合考察资产、负债和净财富。这意味着，仅从债务或
杠杆率角度来讨论债务风险，结论可能偏颇。

　　结合中国的国民净财富数据，在应对债务风险问题上，我
们有足够的信心。2000—2016 年，广义政府负债从 2 万亿元上
升至 27 万亿元，规模扩大至原来的 13 倍；政府资产也同步增
长，从 11 万亿元上升至 146 万亿元，规模扩大至原来的 12.8
倍。这样，中国政府所拥有的净财富就从 9 万亿元上升到 119
万亿元，规模亦扩大至原来的 12.7 倍。毫无疑问，**近 120 万
亿元的政府部门净财富，构成应对债务风险的雄厚基础**。

　　不过，也需要考虑以下因素对政府净财富的冲击。**一是未直接计入的各类隐性债务**。这包括地方政府大量的隐性债务（按不同口径估算，约为 30 万亿—50 万亿元）；以及机关事业单位养老保险中政府所应承担的隐性债务（我们估算约为 25 万亿元）。**二是政府资产的流动性**。中国政府部门净资产中，剔除掉变现能力较差的非金融资产，净金融资产也达到 73 万亿元。国有企业股权为 52 万亿元，占政府净资产的 44%。政府非金融资产中，政府土地储备具有较强的流动性，其规模为 23.9 万亿元，占政府非金融资产的 52.4%。总体上，政府资产的变现能力较强。**三是资产价格的顺周期性**。过去十几年来，全部非金融资产增量中有三成的比例来自于价值重估的贡献；金融资产中的股票和投资基金等权益类资产具有更强的顺周期性，其估值水平与经济周期密切相关。这类风险值得关注。

　　鉴于以上，我们认为，**拥有规模较大的政府资产净值，并不能保证我们高枕无忧，面对可能到来的"惊涛骇浪"，我们必须将困难估计充分，并做好预案。从长远看，不断优化存量财富配置，才是迈向高质量发展的关键，在这方面，我们尚有大量改革任务需要完成。**

CNBS

国家资产负债表研究中心
CENTER FOR NATIONAL BALANCE SHEETS

扫一扫
获得更多新书信息